Josef Klemens Kreibig

Die intellektuellen Funktionen

Verlag
der
Wissenschaften

Josef Klemens Kreibig

Die intellektuellen Funktionen

ISBN/EAN: 9783957008282

Auflage: 1

Erscheinungsjahr: 2016

Erscheinungsort: Norderstedt, Deutschland

Hergestellt in Europa, USA, Kanada, Australien, Japan
Verlag der Wissenschaften in Hansebooks GmbH, Norderstedt

Verlag
der
Wissenschaften

DIE
INTELLEKTUELLEN
FUNKTIONEN.

———◇———

UNTERSUCHUNGEN

ÜBER

GRENZFRAGEN DER LOGIK, PSYCHOLOGIE UND ERKENNTNISTHEORIE

VON

DR. JOSEF KLEMENS KREIBIG

PRIVATDOZENTEN FÜR PHILOSOPHIE AN DER UNIVERSITÄT WIEN.

WIEN UND LEIPZIG.

ALFRED HÖLDER,

K. U. K. HOF- UND UNIVERSITÄTS-BUCHHÄNDLER,
BUCHHÄNDLER DER KAISERLICHEN AKADEMIE DER WISSENSCHAFTEN.

1909.

VORWORT.

Der Verfasser setzte es sich in der vorliegenden Arbeit zur
Aufgabe, die einzelnen Funktionen des Intellekts in solcher Weise
klarzulegen, daß die in der herkömmlichen Logik verschmolzenen
psychologischen, rein logischen und erkenntnistheoretischen Bestandteile zur scharfen Sonderung gelangen. Im Sinne dieses Planes galt
es zunächst das Gesamtgebiet der Denkverrichtungen in irreduzible
Grundarten neu zu gliedern, und zwar in solche, die auf die „Inhalte" gerichtet sind, und andere, welche auf die „Gegenstände"
gehen. Als zur ersteren Grundart gehörig wurden die Erneuerungsfunktionen (Reproduzieren, Phantasieren) und die Verarbeitungsfunktionen (Trennen, Verbinden) befunden, während in die zweite
Grundart die Urteils- und die Schlußfunktion zu verweisen waren.

Da eine ins einzelne gehende Untersuchung der genannten
Funktionen eine Reihe prinzipieller Exkurse über Vorstellungen im
allgemeinen und Begriffe im besonderen voraussetzte, wurde zum
Zwecke der Erörterung der einschlägigen Vorfragen ein eigener
größerer Abschnitt an die Spitze gestellt. In demselben versuchte
der Verfasser eine an Lotze anknüpfende Theorie des Begriffes durch-
zuführen, derzufolge die wissenschaftlichen Begriffe eine denkökonomische Auswahl von besonderten Merkmalen (nicht von Merkmalen überhaupt), welche in den Inhalt einer symbolisch festgehaltenen Vorstellung aufgenommen sind, darbieten. Die Abstraktion
vom denkenden Subjekt und von der Beziehung zur Wirklichkeit
der Substrate wurde hiebei als dasjenige befunden, was das Formale
und Gegenständliche am logischen Begriff rein hervortreten läßt.

Im ersten Hauptteile des Buches, der dem Aufzeigen der Natur
der Erneuerungs- und Verarbeitungsfunktionen dienen sollte, wurde
die charakteristische Tatsache herausgearbeitet, daß der Funktions-
verlauf durch einen intellektuellen und einen emotionalen Faktor
bestimmt sei; der erstere entscheidet, welche Inhalte überhaupt er-
neuerungs-, beziehungsweise verarbeitungsfähig sind. der letztere
setzt den Grund, warum in einem gegebenen Zeitpunkte gerade
dieser Inhalt und kein anderer zur Erneuerung, beziehungsweise

Verarbeitung gelangt. Der emotionale Faktor wies den Verfasser auf das biologische Fundament des Denkens, dem somit eine Reihe spezieller Betrachtungen zu widmen war. Unter den Gebilden des verbindenden Denkens erfuhr ein besonders ausführliches Studium die Gestaltqualität, deren Bedeutung für die Philosophie noch lange nicht genug gewürdigt erscheint. Der Verfasser entschied sich nach historischer und kritischer Analyse für die Auffassung, daß unter Gestalt das zur Summe der Bestandteile eines Ganzen auf Grund bestimmter Relationen hinzukommende neue Merkmal des Ganzen selbst zu verstehen sei. Diese Auffassung ermöglichte aufzuzeigen, daß in den Begriffen des Dinges, des Vorganges, des Zustandes und des Ablaufes gewisse Gestaltqualitäten das Wesentliche darstellen.

Im zweiten Hauptteile oblag dem Verfasser zuerst die psychologische und logische Charakterisierung der Urteilsfunktion, wobei er die Forschungen Meinongs über den wahren Urteilsgegenstand weiterzuführen versuchte. Psychologisch fand der Verfasser das Urteilen als jenen psychischen Akt, durch den ein bestimmter Tatbestand als objektiv vorhanden gedacht wird, und zwar besteht der erfaßte Tatbestand darin, daß einem Gegebenen das Sein, eine Beschaffenheit oder ein Beziehungsverhältnis zukommt oder nicht zukommt. Logisch hingegen stellte sich das Urteil als ein Satz dar, durch den ein bestimmter Tatbestand als objektiv vorhanden ausgedrückt wird. Auch für diese Ableitung des Logischen bildete die Abstraktion vom erlebenden Subjekt und von der Beziehung zur Wirklichkeit der Materie die Brücke. Der wichtigste erkenntnistheoretische Bestandteil der herkömmlichen Logik wurde innerhalb dieses Abschnittes in den Kapiteln über Wahrheit und Wahrscheinlichkeit abgehandelt. Als Ausgangspunkt der Betrachtung diente die These, daß die Wahrheit das Merkmal eines Urteiles sei, das denjenigen Tatbestand behauptet, der im Bereiche der beurteilten Gegenstände vorhanden ist. Damit im sachlichen Zusammenhange gelangte der Verfasser dazu, als Wahrscheinlichkeit im engeren Sinne das Merkmal eines Urteils zu erklären, welches einen Tatbestand behauptet im Hinblicke darauf, daß die das Vorhandensein verwirklichenden Umstände im Vergleiche zu den das Nichtvorhandensein bedingenden Umständen überwiegen.

Die Bestimmung des „objektiven Vorhandenseins“ bedeutet, wie der Verfasser nachzuweisen unternahm, bei Erfahrungsurteilen das Sein und Beschaffenheithaben eines Gegenstandes der Außen- oder Innenwelt, wobei der Gegenstand der Außenwelt durch die Erscheinung indirekt, jener der Innenwelt aber direkt erfaßt wird. Bei apriorischen Urteilen bezieht sich die Bestimmung des objektiven Vorhandenseins auf das Bestehen eines Beziehungsverhältnisses zwischen Vorstellungsgegenständen, und zwar unabhängig davon, ob den letzteren reale Wirklichkeiten entsprechen oder nicht.

Eine in der Logik und Psychologie bisher nicht vertretene Grundlehre bemühte sich der Verfasser in dem Abschnitte über die Schlußfunktion zur Geltung zu bringen. Von der Überzeugung ausgehend, daß die beim Schließen sich vollziehende Funktion auf ein Urteilen nicht zurückführbar sei und vielmehr einen eigenartigen Denkgegenstand ergreife, gelangte die Untersuchung zu folgendem Ergebnisse: Das Schließen bedeutet psychologisch das Fürwahrhalten eines Urteils mit dem Bewußtsein, daß dieses Fürwahrhalten von dem Fürwahrhalten anderer Urteile bedingt sei. Dementsprechend stellt der Schluß logisch eine Abfolge von Urteilssätzen dar, bei der das Wahr- oder Wahrscheinlichsein eines Urteilssatzes durch das Wahr- oder Wahrscheinlichsein anderer Urteilssätze bedingt wird. Wenn hiedurch das Wesen der Schlußfunktion in ein Bedingtheitsverhältnis zwischen dem Fürwahrhalten, beziehungsweise dem Wahr- oder Wahrscheinlichsein von Urteilen verlegt wurde, so war damit auch die Grundlage zu einer von der aristotelischen wesentlich abweichenden Gruppierung und Kennzeichnung der einzelnen Schlußformen gegeben, die vielleicht einigen Beifall finden wird.

In einem weiteren Abschnitte sah sich der Verfasser auf die Betrachtung des Denkens als Erkennen geführt. Die im knappen Rahmen sich haltenden kritischen Erwägungen bestimmten ihn zur Vertretung der These des indirekten Erkennens der äußeren Realität, derzufolge die Bewußtseinsinhalte, die auf Physisches gehen, die „Erscheinungen“ zum unmittelbaren Objekt haben; die Erscheinungen sind aber funktional zugeordnete psychische Zeichen der Realität, eine Annahme, in der das unentbehrliche Minimum an Transzendenz gelegen ist. Die psychischen Erlebnisse hingegen werden direkt und mit Evidenz erkannt, was insofern möglich ist, als bei ihnen (mit gewisser Einschränkung) das Erkenntnisobjekt die Realität selbst ist und nicht ein vermittelndes Phänomen. Bei der Durchführung dieser Thesen zeigte es sich, daß sich das durchaus indirekte Erkennen des Physischen in genetischen Stufen, die durch die Begriffe Wahrnehmung, Beobachtung, Erfahrung, wissenschaftliche Erfahrung und empirische Wissenschaft festzuhalten sind, vollzieht, welche Stufen beim Erkennen des Psychischen mit der Modifikation wiederkehren, daß das innere Wahrnehmen und nur dieses eine direkte Erfassung der Gegenstände ermöglicht.

Den Beschluß der Untersuchung lieferte der Verfasser mit einer letzten allgemeinen Bestimmung des Verhältnisses der Logik zur Denkpsychologie. Er glaubte aus dem Vorangegangenen das sichere Ergebnis ableiten zu dürfen, daß die reine Logik (der Kern der üblichen Logik in weiterer Bedeutung) ein Ideal darstellt, das sich von der Denkpsychologie durch prinzipielles Absehen vom Subjekt und von der Wirklichkeit der Denkerlebnisse unterscheidet und anderseits durch den Wertgesichtspunkt des Erkenntnismaximums in das Gebiet der praktischen Wissenschaften eingeht. Die Zusammenfassung dieser Merkmale charakterisiert die Logik als jene praktische Wissenschaft, welche in Lehrsätzen und Gesetzen jene formalen Beschaffenheiten und Beziehungen der Begriffe, Urteile und Schlüsse feststellt, welche zu einem Maximum an Erkenntnis der Denkgegenstände hinführt.

Die hiemit in ihrem allgemeinen Verlaufe skizzierte Untersuchung, die wiederholt in die außerordentlichen Schwierigkeiten des Grenzgebietes von Psychologie, Logik und Erkenntnistheorie führte, wurde wesentlich durch den Umstand erleichtert, daß dem Verfasser in Bolzanos Wissenschaftslehre eine reiche Quelle der Belehrung zur Verfügung stand. Dieses bewundernswerte Werk der älteren österreichischen Philosophie erweist sich bei näherem Studium als „modern" im besten Sinne, als Ansatzpunkt für einen bedeutsamen Weiterbau aller Teile der Philosophie des Denkens. Aufrichtigen Dank stattet der Verfasser an dieser Stelle Meinong ab, der ihn namentlich mit seinen „Erfahrungsgrundlagen unseres Wissens", aber auch im Wege mündlicher Auseinandersetzung in vielfältigster Weise förderte. Wichtiges dankt der Verfasser ferner der Logik und Psychologie seines Freundes Höfler, an dessen Art der Problembehandlung er sich in vieler Hinsicht anschloß. In den psychologischen Teilen der Arbeit war dem Verfasser insbesondere auch die biologisch-genetische Forschungsweise, wie sie durch Spencer, Mach und Jodl nach verschiedenen Richtungen vertreten wird, von großem Wert.

Möge es dem vorliegenden Buche gelungen sein, ein Scherflein zum Fortschritte der Philosophie beizusteuern, jener Wissenschaft, die dem Verfasser nicht bloß eine Berufssache, sondern einen idealen Lebensinhalt bedeutet.

Wien, im Februar 1908.

Der Verfasser.

Inhaltsverzeichnis.

Einleitung.

Wesen und Begriff des Denkens.

1.

Wesen des Denkens überhaupt. Das Denken ist eine elementare Erscheinung im Seelenleben, die als solche einer eigentlichen Definition weder fähig noch bedürftig ist. Die innere Wahrnehmung, oder wie sonst diese Erkenntnisquelle genannt werden mag, zeigt uns neben dem Empfinden, Fühlen und Wollen eine vierte Grundseite an den psychischen Phänomenen, die sich in einer bestimmten Aktivität im Bereiche der Bewußtseinsinhalte äußert: Inhalte der verschiedensten Beschaffenheit werden hervorgerufen und verschwinden, werden in Bestandteile geschieden, mannigfach verschmolzen, verknüpft und in Urteile und Schlüsse gefaßt; die dabei entwickelten Gebilde treten wieder zu höheren Einheiten zusammen oder lösen neuerliche Sonderungsprozesse aus.

Die Erscheinungen des Denkens sind nicht in Sinnesempfindungen oder in Merkmalen solcher Empfindungen auflösbar, wie von einzelnen Vertretern der physiologischen Psychologie behauptet wird. Das Urteil, daß Rot und Grün verschiedene Qualitäten sind, liegt weder in der Empfindung des Rot noch in jener des Grün, sondern tritt als drittes Bewußtseinselement, das dem Denken angehört, hinzu. Farbenempfindungen vergleichen sich nicht selbst, sondern werden verglichen, sind also Gegenstände von Urteilen, die allerdings jene Sinnesdaten als Bestandteile aufweisen. Niemand könnte ja auch die unermeßliche Menge unanschaulicher Vorstellungen für Empfindungen oder für Wiederholungen von Empfindungen erklären, beispielsweise die Vorstellungen von Unrecht, Etwas, $\sqrt{-1}$ u. s. f., wenngleich alle noch so abstrakten Gedanken psychogenetisch von Sinnesnachrichten abstammen. Eben diese Entwicklung des Abstrakten aus ursprünglichen konkreten Empfindungselementen ist eine Leistung der Denkarbeit, der psychischen Aktivität in bestimmter Richtung. Alles Wiedererkennen, alles Wirken der Phantasie, alles Begriffsbilden weist Bestandteile auf, die nicht in Empfindungen oder in Vorstellungen und deren Beschaffenheiten allein auflösbar sind, sondern ein Plus bedeuten, das zu diesem psychischen Stoff hinzutritt, ihn in vielfältigster Weise trennt, verbindet und in Beziehung setzt. Es wäre offenbar ein überflüssiges Bemühen, die Hinweise noch weiter zu häufen, die das Wesen des Denkens als einer irreduzibeln Grundseite des Psychischen beglaubigen; die Möglichkeit, das Denken restlos unter das Vorstellen zu subsumieren, soll übrigens in einem späteren Abschnitte analysiert und verworfen werden. Eine ausführliche Erörterung darüber, daß zwischen Denken und Fühlen eine scharfe phänomenale Grenze bestehe, wäre in Anbetracht der allgemeinen Zustimmung überflüssig. Vielmehr wird es der Mühe verlohnen, im Verlaufe der folgenden Untersuchung die arg vernachlässigten Beziehungen zwischen Denkrichtung und Gefühlsbetonung hervorzuheben, ein Zusammenhang, dessen Nichterkennen zu den bezeichnenden Zügen der Assoziationspsychologie gehört. Keineswegs selbstverständlich ist die Sonderung von Denken und Wollen. Das Denken ist, wenn das Wollen im weitesten Sinne die aktive Seite des Seelenlebens schlechthin bedeutet, ein Teilgebiet desselben, allein der Umstand, daß im Denken ausschließlich Bewußtseinsinhalte erneuert, verbunden, getrennt und in Urteile und Schlüsse gefaßt werden, sichert dieser Funktion auch dann, wenn wir das Denken dem Wollen im weitesten Sinne subsumieren würden, eine zureichende theoretische Begrenzung. Das Wollen im engeren Sinne geht nämlich als äußeres auf das Setzen von Wirkungen in der Außenwelt (Handeln), als inneres auf das klar und deutlich Bewußtmachen (Aufmerken), so daß das einfache Ineinssetzen oder Verwechseln von Wollen im engeren Sinne und Denken leicht abzuwehren ist.

Wenn wir hier zwischen Empfindung, Denkerscheinung, Gefühl und Willensvorgang unterscheiden, so geschieht dies selbstverständlich nur in dem Sinne, daß an den in der Erfahrung stets als Komplexe gegebenen Erlebnissen in wissenschaftlichem Interesse verschiedene Grundseiten für sich beachtet werden; vier Klassen von (gegeneinander isolierten) Seelenzuständen oder Seelenvermögen zu statuieren, fällt uns nicht bei. Wir glauben vielmehr, daß an jedem bewußten Ereignis auf Grund genauer Analyse sowohl ein Empfindungs- und Gefühlselement als auch ein Denk- und Willenselement zu finden sei, wenn auch nicht alle Grundseiten in gleicher

Deutlichkeit in die Erscheinung zu treten pflegen. Es gibt offenbar Denkvorgänge, bei welchen etwa das Empfindungs oder das Gefühlselement so wenig deutlich bewußt wird, daß wir geneigt sind, das Erlebnis im ganzen für ein bloß intellektuelles, als „reines Denken" anzusprechen; erst die sorgsame deskriptive oder genetische Untersuchung enthüllt dann das Vorhandensein der übrigen Grundseiten.

Wenn wir nun im Sinne der soeben gegebenen vorbereitenden Charakteristik die Möglichkeit einer echten Definition des Denkens verneinen, so glauben wir doch eine Umfangsbestimmung liefern zu dürfen und zu sollen. Sie lautet:

Denken ist jene psychische Aktivität, welche die Bewußtseinsinhalte erneuert, trennt, verbindet, in Urteile und Schlüsse faßt, und zwar nach Gesetzen, die ihre Begründung teils in den Beschaffenheiten der von dieser Aktivität ergriffenen Gegenstände, teils in der psychischen Organisation des Subjekts finden.

Der Teil des Nachsatzes, in dem auf die formalen Gesetze der Denkvorgänge hingewiesen wird, kann erst in einem folgenden Abschnitte zur Erörterung gelangen und möge als unentbehrliche Antizipation Entschuldigung finden. Doch sei wenigstens bemerkt, daß auch die Betätigungen des Denkens unter dem Gesichtspunkt einer ausnahmslosen Geltung des Satzes vom zureichenden Grunde aufzufassen sind, wenn dieselben einer wissenschaftlichen Beschreibung und Erklärung unterworfen werden sollen. Ein Verzicht auf dieses Postulat würde direkt zum Geisterspuk führen.

Wie aus unserer Umfangsangabe hervorgeht, glauben wir die außerordentlich differenzierte Mannigfaltigkeit der Denkerscheinungen auf fünf Grundfunktionen reduzieren zu können, deren Zahl und Begrenzung festzustellen die Aufgabe besonderer Induktionen sein wird. Vorgreifend bemerken wir:

Die elementaren Denkfunktionen sind: 1. das Erneuern, 2. das Trennen, 3. das Verbinden, 4. das Urteilen, 5. das Schließen. Alle Leistungen der Denktätigkeit lassen sich auf eine dieser Funktionen oder auf das Zusammenwirken mehrerer derselben zurückführen.

Einem Denkinhalte entspricht jedesmal ein Denkgegenstand oder Denkobjekt, nämlich ein Etwas, auf welches das Denken weist. Allgemein: gedacht wird in Denkinhalten über Denkgegenstände.

Eine Erinnerung an die Scheibe A hat einen psychologisch beschreibbaren Inhalt und einen bestimmten Gegenstand, auf den die

Erinnerungsvorstellung geht; das Erinnern als solches ist Denkakt. Wer urteilt, daß die Scheibe A anders gefärbt sei als die Scheibe B, vollzieht einen Denkakt, dessen Inhalt das Innewerden der Verschiedenheitsrelation ist; der Denkgegenstand ist die Ungleichheit selbst, also ein Tatbestand. Bei dem Schlusse über die Scheiben A und B, welcher setzt „$A > B$, $C < B$, $A > C$“, ist der Inhalt die gedankliche Ableitung des dritten Urteils aus dem ersten und zweiten, der Gegenstand das faktische „Folgen“ des $A > C$ aus $A > B$ und $C < B$. In gleicher Weise läßt sich an allen sonstigen intellektuellen Aktionen (wie auch an sämtlichen Willenserscheinungen) das Vorhandensein eines Aktes, Inhaltes und Gegenstandes aufzeigen. Vorgreifend sei bemerkt, daß Denkgegenstände selbstverständlich nicht bloß reale Dinge, sondern auch Objekte ohne reale Existenz, ja selbst solche ohne anschauliche Vorstellbarkeit sein können.

An einer Denkerscheinung unterscheiden wir den Denkakt, den Denkinhalt und den Denkgegenstand. Der Denkakt ist die in einer gewissen Funktionsform zutage tretende Aktivität selbst, welche von einem (merklichen oder untermerklichen) Anstrengungsgefühl begleitet ist. Der Denkinhalt oder das Denksubstrat ist der Inbegriff der psychischen Elemente, die zur Erneuerung, Trennung, Verbindung, Urteils- oder Schlußbildung gelangen; wir nennen diese Elemente (unter Vorbehalt nachträglicher Rechtfertigung) Vorstellungen, genauer Vorstellungsinhalte. Die letzteren können sein: a) Inhalte von Sinnesempfindungen, b) Inhalte von inneren Erlebnissen, c) Produkte des Denkens.

2.

Sinn der Namen „Bewußtes“ und „Unbewußtes“ im Denkbereiche. Die seelische Verfassung bei dem Erleben von Ereignissen, das von einem Wissen um dieses Erleben begleitet ist, nennen wir Bewußtsein, ohne damit eine Erklärung dieses schlechthin undefinierbaren elementaren Zustandes geben zu wollen [1].

---

[1] „Selbstbewußtsein“ ist das Bemerken, daß im eigenen Subjekt Ereignisse stattfinden; dagegen bedeutet „Sachbewußtsein“ das Bemerken, daß Erscheinungen an einem Wahrnehmbaren außerhalb des eigenen Subjekts stattfinden. Will man die Merkmale der Einheit und Einerleiheit nicht richtiger der Seele, sondern dem Bewußtsein zuschreiben, so ist die Einheit des Bewußtseins das Band, das die einzelnen gleichzeitigen Phänomene zum Gesamterlebnisse eines Subjekts zusammenfaßt, also der Ausdruck für die einigenden Relationen.

Nach unserem Dafürhalten fallen die Begriffe „psychisch oder seelisch" und „bewußt" nicht zusammen, das Bewußte ist vielmehr nur ein umfänglich kleiner Ausschnitt aus dem Psychischen, das auch das Unbewußte einschließt. Hiernach nennen wir „unbewußt" oder „unterbewußt" ein Vorhandensein oder Stattfinden von psychischen Zuständen, beziehungsweise Abläufen ohne das Wissen um dieses Vorhandensein oder Stattfinden. Für Psychisch halten wir das Unbewußte darum, weil dessen Dasein an den Wirkungen im Psychischen (an Verbindungsprodukten, Schlußergebnissen) erkannt wird. Der Gedanke, daß es unbewußt Psychisches gebe, verliert seine Schwierigkeiten, wenn wir die Erfahrungstatsache der verschiedenen Helligkeitsgrade des Bewußtseins beachten. Das psychisch Unbewußte stellt sich von diesem Gesichtspunkte aus nicht als der Gegensatz zum Helligkeitszustand überhaupt oder als das Gebiet jenseits des Nullpunktes der Helligkeitsskala dar, sondern als Minimum von Helligkeit im Sinne der Differentialrechnung. (Der Gegensatz zum Bewußten ist vielmehr das absolut Bewußtlose.)

Die Berechtigung dieser Ansicht mag an der Hand der nachstehenden schematischen Zeichnung überprüft werden.

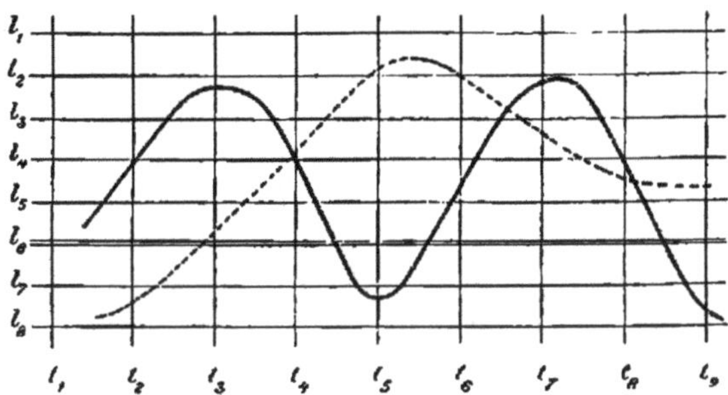

In diesem Schema bedeuten die Ordinaten t_1, t_2, t_3 ... die Zeiteinheiten des psychischen Ablaufes (Sekunden oder $\sigma = ^1/_{1000}$ Sekunde), dagegen die Abszissen l_1, l_2, l_3 ... die Grade der Helligkeit des Bewußtseins. Als l_1 mag die vollste Helligkeit bei maximaler Spannung und Konzentration der Aufmerksamkeit (z. B. während einer mikroskopischen Prüfung) gelten, als l_6 die naivempirische Schwelle des Bewußtseins; l_2, l_3, l_4 und l_5 drücken

<hr>

Einerleiheit des Bewußtseins hingegen liegt in dem Bande, das die einzelnen abfolgenden Erlebnisse als solche desselben Subjekts charakterisiert. Jeder Wachzustand ist eine Gestaltqualität der darin erlebten Zustände und Abläufe; eine Gestaltqualität hoher Ordnung bedeutet das gesamte Leben des Subjekts.

mittlere Helligkeitsgrade (nämlich gesteigerte und normale Aufmerksamkeit, Zerstreutheit des Alltags oder Müdigkeit, Dämmerzustand)
aus. Für den Laienstandpunkt mag, wie erwähnt, etwa l_6 die Grenzabszisse des Unbewußten bilden, während die experimentelle Kunst
diese Grenze allenfalls etwas tiefer setzt. Als absolut Null an Helligkeit werden wir im Sinne unseres Schemas auch das Gebiet l_6 bis
l_7 und l_7 bis l_8 nicht bezeichnen dürfen, l_8 stellt vielmehr ein
Minimum von l dar.

Die in das Koordinatensystem eingezeichneten Kurven versinnbildlichen zwei Vorstellungsketten, wie sie etwa bei einem leichten
Zwiegespräch ablaufen, wobei die Kette des Gesprächstoffes durch
die kontinuierliche Linie, ein den Teilnehmer beschäftigender
Nebengedanke durch die unterbrochene Linie ausgedrückt ist. Je
nach dem Stande der Reproduktionsbedingungen steigt die eine oder
die andere Kette in das Gebiet des Vollbewußten auf oder taucht
ins Unbewußte. Gegen Ende des Verlaufes findet eine Art Oszillation
zwischen den Ketten statt und tritt in einer gewissen Zerstreutheit
des Gesprächsteilnehmers zutage.

Die Zeichnung ist als Schema für diskordante Vorstellungsreihen gedacht; unschwer ließe sich dieselbe auch für konkordante
Ketten, die zu Assimilaten und Kolligaten führen, ausgestalten. Auch
kann jede Linie als Diagonale eines Vorstellungsbündels gedeutet
werden, wenn die Erscheinungen eines bestimmten psychischen Verlaufes eine solche Beschaffenheit der Elemente voraussetzen lassen.

Das unbewußte Gebiet des Denkens ist nicht minder groß und
reich als das des unbewußten Empfindens, Fühlens und Wollens.
Zu demselben gehört der Schatz an Erneuerungsdispositionen (Gedächtnisspuren), die Unzahl der unbemerkten Vorgänge des Trennens,
Verbindens, Urteilens. Das Trennen als Ablösen qualitativer Bestimmtheiten ist nur beim prüfenden Naturforscher vollbewußt, das
Verbinden als repräsentatives Einbeziehen bloß während der logischen
Forschung mit größerer Helligkeit ausgezeichnet. Ebenso liegt die
Mehrheit der Assimilationen, Kolligationen, assoziativen Verknüpfungen
und Phantasiesynthesen nahe oder jenseits der Bewußtseinsgrenze. Die
Allgemeinvorstellungen, Begriffe und Sprachzeichen bildet und entwickelt auch der intelligente Mensch ohne sich normalerweise
Rechenschaft von seiner Tätigkeit zu geben, von der gewiß ein
nicht unbeträchtlicher Teil sich im Unterbewußten abspielt. Selbst
der Künstler arbeitet, wenn wir Schillers und Goethes Berichten
vertrauen dürfen, ohne klares Wissen um sein Tun. Es ist deshalb

völlig begreiflich, daß auch die sorgfältigste und geschulteste wissenschaftliche Analyse das Gewebe und Getriebe der Denkerscheinungen nur relativ unvollkommen zu entwirren vermag.

3.

Die Aufmerksamkeit. Dem menschlichen Geiste wohnt ein Willenselement, die Aufmerksamkeit, inne. Die Aufmerksamkeit ist ein Wollen, das darauf gerichtet ist, die Gegenstände der Vorstellungen (und zwar sowohl der Wahrnehmungs- als der Erneuerungsvorstellungen) klar und deutlich bewußt zu machen[1]. Beim sogenannten willkürlichen Aufmerken wird das Gewollte vorher vorgestellt, beim unwillkürlichen fehlt dieses Antezedens; die Einteilung in sinnliche und intellektuelle Aufmerksamkeit geht dagegen auf die Art des Objektes. In Übereinstimmung mit der herrschenden Terminologie nehmen wir „klar" als „unterschieden von anderen Vorstellungen", „deutlich" als „erfaßt hinsichtlich der vorgestellten Merkmale".

Da jedes Vorstellungsobjekt mit irgend einem Grade von Klarheit und Deutlichkeit zum Bewußtsein gelangt, so darf die ältere Lehre als zutreffend gelten, daß ein Gegenstand erst durch die Aufmerksamkeit bewußt wird; das einfache Bemerken würde dann als Grenzfall anzusehen sein. Ziehen wir die Anzahl der durch einen Akt des Aufmerkens erfaßbaren Objekte in Betracht, so gelangen wir zur Erfahrungsregel der „Enge der Aufmerksamkeit" (auch minder zutreffend Enge des Bewußtseins genannt), welche besagt, daß die Aufmerksamkeit im gleichen Augenblicke nur einer bestimmten geringen Zahl von Objekten zugewendet werden kann. Diese Anzahl ist für die verschiedenen Arten und Gruppierungen von Gegenständen ungleich; so werden beispielsweise 6—9 nahe Punkte (ohne Abzählen) in einem Akt des Aufmerkens aufgefaßt.

Welche Objekte in einer gegebenen Zeit von der Aufmerksamkeit ergriffen werden, bestimmt das herrschende Interesse des Augenblicks, also in letzter Linie ein Gefühl, welches das Ergebnis der psychischen Entwicklungsgeschichte des betreffenden Subjekts ist.

---

[1] Vgl. Kreibig, Die Aufmerksamkeit als Willenserscheinung, Wien 1897. Die dort gelieferte Erklärung der Aufmerksamkeit erscheint durch die Einführung des Begriffs der Vorstellungsgegenstände verbessert und vereinfacht. Naturgemäß können wir uns an dieser Stelle nur auf das Hervorheben einiger Hauptpunkte beschränken.

Die Intensität der zugeordneten Interessen entscheidet auch einen etwa eintretenden Wettstreit der Objekte um den Aufmerksamkeits-Blickpunkt. Der Prozeß des Aufmerkens als solcher zerfällt, wenn er sich unverkürzt und vollbewußt vollzieht, in die Hauptstadien der Erwartung (Erwartungsvorstellung, Veranstaltungen zur klaren und deutlichen Erfassung) und der Fixierung (Fixierung des eintretenden Objekts, Vergleichungsakt, Assimilation oder Verdrängung der Erwartungsvorstellung). Parallel zu diesen psychischen Geschehnissen treten zugeordnete physiologische Erscheinungen auf (Adaption der Organe, Bewegungen).

Das Aufmerken weist Grade auf, die durch die Namen „Spannung" und „Konzentration" bezeichnet werden; hiebei ist die Spannung als ein Intensitätsmerkmal, die Konzentration als eine Umfangsbestimmung anzusehen. Der Jäger erwartet gespannt das Balzen des Auerhahns (Erwartungsstadium), der Mikroskopiker betrachtet konzentriert das Bild im Instrument (Fixierungsstadium). Besondere Konzentrationssteigerungen charakterisieren die suggestiven, namentlich die hypnotischen Zustände, wovon hier nicht näher zu handeln ist.

Die Rolle der Aufmerksamkeit im intellektuellen Leben ist eine entscheidend wichtige. Das zeitweilige Festhalten einer Wahrnehmungs- oder Erneuerungsvorstellung im Vollbewußtsein hängt unmittelbar von dieser Funktion ab. Ein Trennen wird nur dann klar und deutlich, wenn die gesonderten Bestandteile durch Aufmerken zur Isolierung gelangen; beim Verbinden fällt der Aufmerksamkeit die Aufgabe der Erhaltung des Verbindungsproduktes im Bewußtsein zu. Auch kann die Bildung der repräsentativen Einheiten nicht ohne Mitwirkung der Aufmerksamkeit zu stande kommen, wie die Ausführungen des II. Abschnittes dartun sollen.

Es werden eben sämtliche intellektuellen Funktionen nur unter der Voraussetzung eines begleitenden Aufmerkens im Bewußtsein wirksam, was unserer am Beginne der Erörterung vertretenen Anschauung von der Natur der Denk-Aktivität bestens entspricht.

4.

Einführendes zur Biologie des Denkens. Ein tieferes Verständnis des Wesens der Denkprozesse ist ohne Beachtung ihrer biologischen Bedeutung nicht erreichbar.

Für eine systematische Darstellung der biologischen Natur der psychischen Erscheinungen — unter Verwertung der bedeutsamen Ansätze bei den Vertretern der naturwissenschaftlichen Entwicklungstheorie, bei S p e n c e r, S c h n e i d e r, J o d l, J e r u s a l e m u. a. — besteht ein dringendes Bedürfnis. Wir glauben, in der Hauptsache folgende Tatbestände als empirisch gesichert betrachten zu dürfen:

Die Gefühle nehmen hinsichtlich der biologischen Wichtigkeit die erste Stelle ein. Sie betonen das Lebensfördernde mit positivem Wert und bewirken das Wollen der Lustquellen, während das Lebenshemmende vermöge der daran geknüpften Unlust geflohen wird. Das Wesen des Lebens ist Aktivität, welche psychisch in den Stufen der Willensbetätigung Ausdruck findet. Die Fundamentalrichtungen des Wollens bezeichnen wir in allgemeinster Form als Selbsterhaltungstrieb und Arterhaltungstrieb, welche Triebe die Wurzeln sind, aus welchen sich das autopathische und ästhetische Begehren einerseits, das ethische Streben anderseits nachweisbar entwickeln. Die höchste Stufe des bewußten Willens dient (unter Vermittlung aktueller und dispositioneller Gefühle) der Erhaltung und Steigerung jenes Zweiges des psychischen Lebens, dessen Aktivität im Verwirklichen der Werte der Selbstvervollkommnung und Sittlichkeit, der Wissenschaft und Kunst besteht. Die philosophische Biologie wird den Begriff des Lebens nicht auf die Erscheinungen der physischen Existenz des Individuums und der Gattung einzuschränken haben, sondern überdies alle intellektuell erfaßten Zwecke in seinen Bereich ziehen müssen. Das wird beispielsweise durch die biologische Betrachtung der Sinnesempfindung nahegelegt. Die Empfindung paßt zunächst das Subjekt an die äußeren Erhaltungsbedingungen an, indem sie über Nahrung, feindliche Umgebung, Nähe des Zeugungsgenossen u. dgl. berichtet, auf späteren Stufen aber dem intellektuellen (auch ästhetischen) Lebensgehalt Bestandteile zuführt.

In diese Tatsachenreihe gliedert sich die von uns versuchte biologische Charakterisierung des Denkens organisch ein.

Wenn hier von biologischer Bedeutung die Rede ist, so wird darunter sowohl die Beziehung zur Erhaltung und Förderung des physischen Lebens als auch die (häufig vernachlässigte) Rolle des Denkens im Interesse des Bestehens und Höherentwickelns des psychischen Lebens des Menschen zu verstehen sein. Wir behalten uns vor, diese Bedeutung für jede einzelne Grundfunktion nachzuweisen und begnügen uns an dieser Stelle mit einigen allgemeinen Hinweisen.

Wir unterscheiden eine Anpassung oder Adaption in doppeltem Sinne, nämlich eine rezeptive Anpassung, bei welcher sich das Subjekt nach den Einflüssen der Welt der Objekte ändert, und ein transitives Anpassen, das in einer Änderung der Objektwelt durch die Einflüsse des Subjekts besteht. (Die Bezeichnungen aktive und passive Anpassung scheinen uns minder brauchbar zu sein, da alles Adaptieren aktiv ist.)

Im physischen und psychischen Leben stehen beide Richtungen der Adaption in vielfacher Wechselwirkung.

a) Das Denken ist biologisch ein Mittel, sich dem äußerlich und innerlich Gegebenen dadurch rezeptiv anzupassen, daß die eingetretenen

Erlebnisse als Vorstellungen für die Zukunft festgehalten, vervielfältigt, vereinfacht und in gegenständliche Beziehungen gesetzt werden. Durch das Denken wird der Mensch in die Möglichkeit versetzt, die auf dem Wege der Empfindung und inneren Wahrnehmung einstürmende Mannigfaltigkeit in solcher Weise zu beherrschen, daß er zunächst überhaupt zu leben und in der Folge sein Leben an Wertrealisierungen zu bereichern vermag.

In der Fähigkeit des Erneuerns liegt vor allem. eine rezeptive Anpassung an die Wiederholung ähnlicher Dinge und Vorgänge, auf welche in ähnlicher Weise wertend und handelnd zu reagieren ist.

Das trennende Denken erzielt eine biologisch bedeutsame Bereicherung der Vorstellungen; das verbindende Denken ist dem physischen und psychischen Leben nützlich durch die Verminderung der Vorstellungen, die zu bestimmten Urteilen erforderlich sind; im Urteile und im Schlusse paßt sich das denkende Wesen den in der äußeren Umgebung und im psychischen Inneren auftretenden Anlässen zum Erkennen eines Seins, Habens, In-Relation-Stehens, eines Folgeverhältnisses an. Der geistige Fortschritt des Menschen besteht im Wachsen der Übereinstimmung der Empfindungs-, Urteils- und Schlußinhalte mit dem Sachverhalte der wirklichen Objekte[1]).

Daß auch die einzelnen Grundfunktionen eine gegenseitige Anpassung vollziehen, beispielsweise das trennende Denken an Integrationsbedürfnisse und vice versa, sei hier nur angedeutet.

Alle rezeptiven Anpassungen des Denkens vollziehen sich nach dem Prinzip des „zureichenden Minimums", d. h. der psychische Bestand wird durch Hinzutritt des neuen Einflusses geändert, aber nur so weit, als zur Wiederherstellung des relativen Zusammenstimmens der Urteile (im biologisch erforderten Grade) notwendig ist.

Widerstreitende Urteile (und Urteilsdispositionen) drängen zum Versuch der Berichtigung des falschen Bejahens, beziehungsweise Verneinens oder zum Ausgleich der Gegensätze durch vorläufige Annahmen, und zwar in biologischem Interesse. Es gehört zu den wichtigsten Schutz- und Nutzeinrichtungen der menschlichen Psyche, daß der Zweifel von wirksamer Unlust, das Innewerden der Wahrheit

---

[1]) Diesen Gedanken entwickelt in ähnlicher Weise E. Mach in mehreren seiner ausgezeichneten Schriften, namentlich in dem Vortrage Über Umbildung und Anpassung im naturwissenschaftlichen Denken, Prag 1883, und in der „Mechanik", Kapitel IV, letzter Abschnitt.

Spencer sagt in seinen Prinzipien der Psychologie, I. Bd. (deutsch von Vetter), S. 403: „Jeder Verstandesakt ist seinem Wesen nach eine Anpassung von inneren an äußere Beziehungen. . . ."

nach dem Zweifel von aktueller Lust begleitet ist. Durch Vermittlung der zugeordneten Gefühle bestimmt das Denken indirekt die Richtung und Intensität des Willens, dessen Äußerungen die Vollendung des Anpassungsprozesses darstellen.

Der Wert der psychischen Übung liegt in der Beschleunigung der Anpassung des Denkens, erzielt durch Verkürzung der Assoziationsreihen und Bildung von widerspruchsfreien Urteilsdispositionen. Diesen Entwicklungsvorgang fördert auch der Umstand, daß die Begleitgefühle geübter und demzufolge gewohnter Denktätigkeiten an Intensität stetig abnehmen, womit die ursprünglichen Hemmungen großenteils ausfallen[1]).

b) Die Beschreibung der transitiven Anpassung, einem bisher wenig beachteten Erscheinungsgebiet, liegt den Zwecken der vorliegenden Arbeit fern. Es sei jedoch daran erinnert, daß von dem einfachen Zuspitzen von Steinen an bis zu den wunderbaren Leistungen der Kunst und der modernen Technik ein an Vielfältigkeit und Mächtigkeit wachsendes Wirken des Intellekts auf die Welt der wirklichen Objekte — eine transitive Anpassung — zu verzeichnen ist.

Auf dem Gebiete des transitiven Anpassens waltet das Prinzip des „erreichbaren Maximums", indem das Bestreben besteht, mit einem bestimmten psychischen Einfluß das möglichst große Maß an Wirkung in der Außenwelt zu erzielen. Das „wirtschaftliche Gesetz" der Nationalökonomen lautet in Analogie hiezu „mit kleinstem Aufwand soll größte Leistung erzielt werden".

Selbst andere Subjekte können zu Objekten des Anpassens werden, nämlich innerhalb der Individual- und Sozialpädagogik. In der wissenschaftlichen Analyse dieser Wirkungen vom biologischen Gesichtspunkte läge ein Gebiet für neue fruchtbare Forschungen.

Während die soeben angedeutete biologische Leistung der Denkfunktion bisher geringe Beachtung fand, erfuhr ihre eudämonistische Qualität bereits mehrfache Würdigung. Gleichwie das Betätigen der muskulären Kräfte und die Arbeit der Sinne ist auch das Denken — als psychische Aktivität — eine Lustquelle. Das Begriffebilden und Phantasieren, das Urteilen und Schließen für sich (abgesehen vom gedachten Inhalte) ist mit positiven Wertgefühlen von großer Macht ausgestattet, die allerdings zum Hauptteil nicht aktuell bewußt

---

[1]) Von den Psychologen der Gegenwart, welchen wir den Hinweis auf die biologische Bedeutung der psychischen Vorgänge verdanken, sind neben H. Spencer auch Fr. Jodl (Lehrbuch der Psychologie, 2 Bde., Stuttgart 1903) und W. Jerusalem (Lehrbuch der Psychologie, Wien 1907) hervorzuheben.

werden. Wenn Aristoteles und Spinoza das höchste Gut in das philosophische Erkennen (und nicht in die aktuelle Lust der Sinnlichkeit) verlegen, so ist diese Behauptung eben im Hinblick auf die mit der intellektuellen Aktivität verknüpften dispositionellen Wertgefühle verständlich, welche bei den Meistern des theoretischen Denkens selbst die timologische Bedeutung des ethischen und ästhetischen Wirkens übertreffen.

5.

Besprechung abweichender Standpunkte. Die von den soeben gelieferten Erörterungen prinzipiell abweichenden Standpunkte hinsichtlich des Wesens des Denkens wollen wir versuchen unter den verkürzten Kennzeichnungen „*a)* Physiologischer Monismus, *b)* Standpunkt der mechanischen Assoziation, *c)* Einseitiger Intellektualismus, *d)* Beschränkung des Denkbereichs“ zu ordnen.

a) Physiologischer Monismus ist in der Behauptung gelegen, daß das Denken lediglich Hirnfunktion sei, neben welcher ein spezifisch Psychisches nicht anerkannt werden dürfe. Es liegt uns selbstverständlich fern, die außerordentliche Wichtigkeit, ja, Unentbehrlichkeit des Studiums der physischen Korrelate unserer Denkvorgänge für das volle Verstehen dieses Gebietes zu verkennen, allein die Leugnung des Bestehens einer psychischen Erscheinungsreihe neben der physischen glauben wir gerade im Hinblick auf das Denken nicht bestätigen zu dürfen.

Auf keinem Gebiete hat sich bis heute der Versuch der Deutung des Psychischen als Zustand und Vorgang in den Zellen so wenig aussichtsreich erwiesen, als auf dem der Denkakte. Die einfachsten Urteile, wie „Blau ist nicht Grün“ oder die „Mücke ist kleiner als der Elefant“, spotten aller Bilder von Erregungszuständen und Entladungen, Zellenverbindungen und Nervenbahnungen u. s. w. Entweder urteilen die Zellen selbst über ihre beiderseitigen Beschaffenheiten, dann sind sie beseelt, oder es urteilt ein drittes über diese Beschaffenheiten, dann kann das dritte weder eine Zelle noch eine Nervenfaser sein; ein solches Gebilde müßte ja im stande sein, ein Vergleichen und Unterscheiden von Beschaffenheiten gleichartiger Gebilde zu vollziehen, was mit Chemismus, Bewegung, Energiezufluß oder Abfluß nicht einmal bildlich zu begreifen ist. Was uns die Erfahrung bietet, ist bloß eine Reihe von Bewußtseinsvorgängen, ferner eine Reihe von Gehirnvorgängen und endlich eine faktische konstante

Zuordnung beider — also Parallelismus. Weder der Hinweis auf die
übergroße Komplikation der Prozesse noch die Vertröstung auf zukünftige Errungenschaften kann einem ehrlichen Denker die Augen
verschließen, daß hier zwei verschiedene Arten von Erscheinungen
vorhanden sind, die sich nicht aufeinander „zurückführen" lassen,
noch zurückführen lassen werden. Wollte man die psychischen
Phänomene für „Wirkungen" der physischen erklären, so sind die
Bewußtseinsvorgänge entweder Zellvorgänge, dann treffen unsere
Einwendungen zu, oder sie sind Erscheinungen anderer Gattung,
dann ist der physiologische Monismus aufgegeben[1]).

Auch Neubenennungen fruchten in dieser Sache keineswegs.
Wenn wir mit Avenarius die Gesamtheit der Zerebrospinalnerven
„System C" nennen und die Vorstellungen nebst den Urteilen als
„System der E-Werte" bezeichnen, zwischen beiden Systemen aber
„Abhängigkeit" statuieren, so tauchen die Fragen neuerdings auf:
Ist diese Abhängigkeit Identität, Wirkung von C auf E, oder konstanter Parallelismus? Werden wir uns der E-Werte (also der Vorstellungen und Urteile) durch die Erforschung des Systems C (also
der Nervenprozesse) bewußt? Haben die antiken Griechen, als sie
die Psychologie begründeten und die Seelenzustände des Oedipus
schilderten, dieses Wissen aus den Hypothesen über die Hirnzellen,
ihrer „Ernährung und Arbeit" geschöpft oder stand ihnen ein
anderer Erkenntnisweg offen? Man spotte über die „Introspektion"
so viel man wolle, selbst aus der astronomischen Kenntnis der Be-
wegungsvorgänge in den Nerven hätten wir nie erfahren, daß es
Vorstellungen und Urteile, Lust und Schmerz, Aufmerksamkeit und
Willensentschluß gebe.

Es sei zugestanden, daß der Name „innere Wahrnehmung"
gewisse Mängel aufweist. Wir sind gewohnt, den Terminus Wahrnehmung mit den Empfindungen der Sinne in Zusammenhang zu
setzen und die Annahme eines „inneren Sinnes" für willkürlich zu
erklären. Auch lehrt die Erfahrung, daß psychische Erlebnisse (z. B.
die Freude) zu entschwinden pflegen, sobald wir die Aufmerksamkeit
auf sie zu konzentrieren versuchen, wodurch eine „innere Beobachtung"
unmöglich wird. Aber zweifellos bleibt, daß wir irgendein Wissen
von unseren Bewußtseinszuständen haben, daß die Namen Freude, Urteil, Phantasie, Motivenkonflikt u. s. f. nicht unverständliche Silben-

---

[1]) Die genauere Ausführung dieser Objektionen findet sich in meiner Arbeit,
Die Aufmerksamkeit als Willenserscheinung, S. 11 ff.

komplexe, sondern wirkliche, erlebte Tatbestände bedeuten — und auf irgend einem natürlichen Wege müssen wir doch zu ihrer Kenntnis gelangt sein? Kann jemand eine bessere Bezeichnung als die unsere hiefür liefern, so sei sie willkommen.

Wir glauben nicht das Prinzip der Sparsamkeit im Einführen terminologischer Neuprägungen zu verleugnen, wenn wir den Vorschlag wagen, jene Erkenntnisquelle für seelische Erlebnisse **innere Empfindung** zu nennen, eine Bezeichnung, welche sich von dem Namen äußere Empfindung, Sinnesempfindung oder Empfindung schlechtweg deutlich abhebt und zu Mißverständnissen keinen Anlaß bietet. Warum wir den Terminus „innere Empfindung" neben dem üblichen „innere Wahrnehmung" gebrauchen müssen, kann erst anläßlich der Analyse des Wahrnehmungsvorganges genau begründet werden, doch sei bereits hier darauf hingewiesen, daß das Empfinden ein einfacher und elementarer, dagegen das Wahrnehmen ein aus Empfinden, Aufmerken und Urteilen zusammengesetzter Vorgang ist.

Bei diesem Anlasse bedarf die Tatsache der Feststellung, daß der Vorgang beim inneren Empfinden und Wahrnehmen keineswegs unbegreiflich ist, wie manche Zweifler behaupten. Ebenso wie wir uns bewußt werden können, daß wir vor einem Augenblicke eine grüne Scheibe gesehen haben, so können wir auch ein Bewußtsein, daß wir soeben freudig bewegt waren, gewinnen, d. h. eine Erinnerungsvorstellung von Psychischem haben. Daß nun hier das erinnert wird, was vorher wahrgenommen wurde, ist mindestens ebenso sicher, wie der analoge Zusammenhang von Erinnerung und äußerer Wahrnehmung. Wenn manche Erkenntnistheoretiker das Erleben eines Psychischen und das Wissen um dieses Erleben als **einen** Akt auffassen, so ist dem unter der Voraussetzung zuzustimmen, daß jener Akt als zusammengesetzt aus zwei deskriptiv trennbaren Bestandteilen anerkannt wird. Auf den Einwand der „psychologischen Unmöglichkeit" eines inneren Empfindens und Wahrnehmens werden wir übrigens im IV. Abschnitte zurückzukommen haben.

b) **Standpunkt der mechanischen Assoziation.** Der Assozianismus in seiner psychologischen Gestalt (von der physiologischen war eben die Rede) geht von der Behauptung aus, daß alle Vorgänge des verbindenden Denkens durch das mechanisch wirkende Gesetz der Assoziation von Vorstellungen und ohne psychische Aktivität zu stande kommen (Priestley, James Mill, Herbart; in unseren Tagen ziehen). Der Inhalt jenes Assoziationsgesetzes ist strittig, doch darf als Durchschnittsmeinung angesehen werden, daß die Assoziation in dem Wiedererwecken einer Vorstellung durch eine andere, die mit ihr früher durch Ähnlichkeit oder Berührung verknüpft war, bestehe. (Andere Fassungen werden an späterer Stelle in Betracht gezogen werden.) Der konsequenten Assoziationspsychologie ist, soweit das Denken in Frage kommt, entgegenzuhalten, daß einerseits der Assoziationsprozeß selbst aktive Bestandteile enthält und daß anderseits die Assoziation nicht ausreicht, um die Erscheinungen des trennenden, urteilenden und schließenden Denkens, ja, nicht einmal die Gebilde des Verbindens zu erklären. Beim Assoziationsprozeß ist jedenfalls auseinanderzuhalten *a)* das Bilden einer charakteristischen Verknüpfung zwischen zwei Vorstellungen, des Assoziationsbandes, und *b)* das Wiedererwecken einer Vorstellung durch das Auftauchen der verknüpften anderen Vorstellung, die Reproduktion. Würden zwei Vorstellungen, welchen Inhalt sie auch haben mögen, gewissermaßen sich selbst verknüpfen, so wäre dies kein mechanisches Neben- und Nacheinander mehr, sondern ein Akt; tritt aber eine Denkfunktion zu beiden Vorstellungen hinzu, so ist wiederum eine intellektuelle Tätigkeit gesetzt. Das Reproduzieren aber stellt wohl niemand mehr als ein passives Erlebnis des Eintretens — gewissermaßen als Überraschungen des Subjekts — vor, sondern vielmehr als ein aktives Neuerzeugen eines Vorstellungsinhaltes, dessen Bestandteile bereits früher im Bewußtsein gewesen waren. Man pflegt zuweilen den Sachverhalt auch durch die Wendung zu verwischen, daß man die Beziehung der assoziativ verbundenen Vorstellungen als eine Relation von der Art Bedingendes-Bedingtes hinstellt, allein das aktive Element ist damit nicht hinausinterpretiert. Denn eben der Übergang von der Bedingung zur Folge ist hier ein tätiges Verhalten, keine Abfolge als Causa sui[1]). Als ein weiterer Grund für die Ablehnung des Assozianismus strenger Observanz ist die Tatsache anzusehen, daß die größte Zahl von Bildungen des Denkens nicht durch Assoziation allein zu stande gebracht werden, beispielsweise die Allgemeinvorstellungen und die Begriffe. Beim Bilden der letzteren ist nämlich die Aufmerksamkeit konstitutiv mitbeteiligt, die Aufmerksamkeit kann jedoch nicht in Assoziationsprozesse aufgelöst werden.[2])

---

[1]) Ausdrücklich treten für die aktive Natur des Denkens Theophrast, Plotin, Kant, Hegel, Trendelenburg, Sigwart, Wundt und Jodl ein, ferner alle die zahlreichen Logiker, die das Denken für ein Urteilen erklären.

[2]) Vgl. meine Arbeit Die Aufmerksamkeit als Willenserscheinung, S. 9 f.

Was die Assoziationspsychologie so lange in Ansehen erhielt, war das Vorurteil, daß nur sie die psychische Kausalität zu begründen vermöge. Allein Aktivität bedeutet keineswegs Gesetzlosigkeit oder Zufall. Es wird zu den Aufgaben der vorliegenden Arbeit gehören, aufzuzeigen, daß die Denktätigkeit in streng kausalem Sinne determiniert ist, wenn auch die Schwierigkeit der vollständigen Lösung dieses Problems nicht verhehlt werden soll.

c) Einseitiger Intellektualismus. Als einseitigen Intellektualismus wollen wir in diesem Zusammenhange die Behauptung bezeichnen, daß ＼das gesamte Seelenleben in Denkerscheinungen bestehe. Auf eine solche Einseitigkeit weisen bereits Plato und Aristoteles hin, indem der erstere dem λογιστικόν, der letztere dem νοητικόν (speziell dem νοῦς ποιητικός) den obersten Rang als rein Seelisches anweist, während die anderen Seelenteile, beziehungsweise Seelenfunktionen als niedere und sterbliche gelten. Das Mittelalter zeigt sich im wesentlichen von verwandten Anschauungen beherrscht. Konsequente Intellektualisten sind Descartes, Spinoza und Leibniz gewesen. Bei Descartes gehen alle psychischen Phänomene in die Cogitatio ein, ebenso bei Spinoza, und für Leibniz ist alles Seelische (klares oder verworrenes) Denken[1]). Als die letzten Ausläufer dieser Richtung können Hegels panlogistische Auffassung der gesamten Erscheinungswelt und Herbarts Vorstellungsmechanismus angesehen werden.

Einer besonderen, ins einzelne gehenden Widerlegung bedarf der einseitige Intellektualismus heutzutage kaum mehr. Die Unmöglichkeit, Gefühle und Wollungen in Vorstellungen und Urteile oder in Verhältnisse intellektueller Elemente restlos aufzulösen, ist in der Gegenwart so gut wie allgemein anerkannt. Die Versuche, das Fühlen und Wollen als eine Art des sinnlichen Empfindens zu deuten, dürfen wir hier unerörtert lassen[2]).

---

[1]) „Cogitationis nomine intelligo illa omnia, quae nobis consciis in nobis sunt, quatenus eorum in nobis conscientia est: atque ita non modo intelligere, velle, imaginari, sed etiam sentire, idem est hoc quod cogitare." Descartes, Philos. princip., I., 9.

Nach Spinoza ist die Cogitatio Attribut der göttlichen Substanz; die psychischen Grundseiten sind Modi des Denkens, sogar das Wollen: „Voluntas et intellectus unum et idem sunt." Spinoza, Ethic. II., prop. XLIX.

Vgl. auch Leibniz, W. W. (Erdmann) I., 79, 464, 716 etc.

[2]) Daß das Gefühl eine irreduzible Grundseite des Psychischen sei, habe ich in meiner Psychologischen Grundlegung eines Systems der Werttheorie, Wien 1902, S. 27—30 nachzuweisen unternommen; für die Unauflöslichkeit der

Einer kurzen Besprechung bedürfen jedoch jene Begriffs-
bestimmungen, die eine

d) Beschränkung des Denkbereiches auf einzelne intellektuelle Funktionen vollziehen. Vertreter der verschiedensten
philosophischen Richtungen, unter ihnen Thomas von Aquino, Ulrici,
Helmholtz, Sully, James, Höffding, Tönnies, halten das Denken lediglich oder doch wesentlich nur für ein Vergleichen und Unterscheiden.
Dagegen glauben S. Maimon, Drobisch, Volkelt, H. Cornelius im
Verknüpfen oder Vereinheitlichen die eigentliche Leistung desselben
zu finden, Hobbes und Schopenhauer stellen die intellektuellen Akte
dem Addieren und Subtrahieren des Rechnens an die Seite, während
J. St. Mill, Benno Erdmann, Brentano, Kirchmann, Jerusalem u. a.
im Denkprozesse vorwiegend ein Urteilen erblicken.

Nach unserer Überzeugung gehört zum Denkbereiche vor allem
das Wiederholen früher erlebter Vorstellungen im Reproduktionsakte,
welcher keinesfalls als eigene Grundseite dem sonstigen Denken
nebengeordnet werden kann; ferner rechnen wir dazu das Trennen
und Verbinden als Funktionen, die zwar von Urteilen begleitet und
gefolgt zu werden pflegen, jedoch nicht selbst in Urteile aufgehen.
Auch dürfte es uns an geeignetem Orte zu zeigen gelingen, daß das
Urteilen weder ein bloßes Verbinden noch ein bloßes Trennen bedeutet,
sondern eine eigenartige Gattung von Denkerscheinungen für sich bildet.
Wenn wir endlich auch der Schlußfunktion eine selbständige Stellung
einräumen, so geht dies auf die Erwägung zurück, daß sich das Schließen
als charakteristische Denktätigkeit in keiner Weise auf ein Urteilen
zurückführen läßt, wenn auch der Stoff in Urteilen besteht[1]). Daß
wir in diesen einleitenden Bemerkungen nicht sogleich die Be-
gründungen mitliefern, sondern zunächst Behauptung gegen Behauptung stellen, mag im Hinblick auf das Spätere entschuldigt
werden.

Willenserscheinungen in andere Elemente sind ebenda, S. 67—70, die Gründe
beigebracht.

[1]) Unsere Sonderung der Denkfunktionen stimmt zum Hauptteil mit jener
J. H. v. Kirchmanns überein. In seiner Lehre vom Wissen, Berlin 1868,
S. 10—56, behandelt er das Gebiet des Denkens nach den Gruppen: 1. Das bloße
Vorstellen, 2. das trennende Denken, 3. das verbindende Denken, 4. das be-
ziehende Denken, 5. die Wissensarten. Im Katechismus der Philosophie, 4. Aufl.,
Leipzig 1897, S. 26—50, fügt er diesen Teilgebieten das „wiederholende" Denken
hinzu. Die klaren, ehrlichen Auseinandersetzungen Kirchmanns gehen freilich
nirgends tief in die Probleme ein, bergen aber mancherlei entwicklungsfähige
Anregungen, die wir hier dankbar anerkennen.

6.

Zur Frage des Angeborenseins. Es sei uns gestattet, an dieser Stelle die Frage zu berühren, worin das Angeborene auf dem Gebiete des Denkens gelegen sei. Wenn wir recht sehen, so gehören lediglich die Fähigkeiten, bestimmte intellektuelle Funktionen zu vollziehen, zum angeborenen Besitz der normalen Psyche. Nicht fertige Vorstellungen, noch Urteils- oder Schlußinhalte, nicht Produkte des trennenden oder verbindenden Denkens findet das Subjekt als Schatz, an den die Lebensarbeit anknüpft, vor, wohl aber Fähigkeiten, die dargebotene Welt der Denkgegenstände zu erneuern, zu verarbeiten, zu Urteilen und Schlüssen zu verwerten. Daß prinzipiell neue Funktionsfähigkeiten im Laufe der Erfahrungsentwicklung zuwachsen, haben wir nach den Ergebnissen der Kindes- und Tierpsychologie keinen Grund anzunehmen; es ist vielmehr ziemlich sicher, daß während des Lebens nur ein Auslösen, Üben, Vervollkommnen vorhandener Anlagen stattfindet. Wir wüßten nun für die in der normalen Psyche angelegten Fähigkeiten zu bestimmten intellektuellen Funktionen keine bessere Bezeichnung vorzuschlagen, als den Namen „Denkdispositionen". Sind unsere soeben angestellten Erwägungen zutreffend, so dürfen wir in Anlehnung an die dieser Untersuchung zugrunde liegenden Gliederung fünf angeborene Denkdispositionen annehmen, nämlich die Dispositionen zum erneuernden, trennenden, verbindenden, urteilenden und schließenden Denken. Aus den angeborenen Anlagen entwickeln sich die Funktionsfähigkeiten durch fortgesetztes Anpassen in dem Sinne, daß die Häufigkeit ihres Betätigens und der Reichtum an Leistungen zunimmt.

7.

Vorläufige Bezeichnung des primären Stoffes und der Funktionen des Denkens. Der primäre Stoff des Denkens sind die Vorstellungen, d. h. in Vorstellungen wird erneuert, getrennt, verbunden. Als Vorstellungen gelten uns bestimmte, später näher zu charakterisierende Bewußtseinsinhalte, in welchen das Denken Gegenstände vergegenwärtigt. Solche Gegenstände können beispielsweise Farben, Drücke, Bewegungen, Gleichförmigkeiten, Objekte von Begriffen und sonstigen Denkinhalten sein. Die Gegenstände des Vorstellens weisen entweder auf das Empfinden oder auf das Denken als Ursprung ihrer Erfassung zurück; die Gegenstände aus dem Empfindungsbereich (z. B. Farben, Drücke) werden dem Bewußtsein durch die zusammengesetzte Funktion des Wahrnehmens dargeboten, die vom Denken geschaffenen Gegenstände (z. B. Begriffe, Relationen) vermittelt die erneuernde und verbindende Tätigkeit dem Bewußtsein. Wir verfügen in diesem Sinne über zweierlei Vorstellungen, nämlich Wahrnehmungs- und Erneuerungsvorstellungen. (Die schwierige Frage, ob es Vorstellungen innerer Erlebnisse im strengen Sinne gibt, sei hier noch nicht in Rücksicht gezogen.)

Der hier in den Vordergrund geschobene Gegensatz von Inhalt und Gegenstand tritt bei jedem aktiven psychischen Verhalten (Denken und Wollen) zutage, nicht aber bei der passiven Seite des Psychischen (Empfinden und Fühlen). Beim reinen Empfinden und Fühlen wird lediglich ein bestimmter Bewußtseinsinhalt vorgefunden; die Beziehung des Empfindungsinhaltes zu einem Gegenstande vollzieht das Wahrnehmungsurteil, die Beziehung des Gefühlsinhaltes zu einem Gegenstande das Werturteil. Inhalt und Gegenstand sind jedoch jedenfalls beim Denken und beim Wollen, den psychischen Aktivitäten, zu unterscheiden: Denkinhalte ergreifen Denkgegenstände und in Willensinhalten werden Willensobjekte angestrebt oder abgewehrt.

Für unsere folgenden Untersuchungen ist der vorgreifende Hinweis von Belang, daß den Denkgegenständen entweder lediglich intentionales Vorhandensein zukommt oder aber existentiale Bedeutung, letzteres insoferne sie als Zeichen der realen Wirklichkeit, d. h. als Phänomene oder Erscheinungen zu nehmen sind. Die Erinnerungsvorstellung eines Vulkans beispielsweise geht auf einen intentional (im psychischen Bereich) seienden Gegenstand, dagegen kommt der Wahrnehmung des unmittelbar angeblickten Vulkans reale Bedeutung zu und bietet eine physische Erscheinung dar. Für den Naiven hat dieser Gegenstand reale Existenz schlechthin, für den kritischen Erkenntnistheoretiker ist er wenigstens das feste Zeichen einer realen äußeren Wirklichkeit.

Sämtliche Denkfunktionen fordern eine Analyse unter Beziehung auf Inhalt und Gegenstand, aber nicht alle zeigen das gleiche Verhalten zu diesem Gegensatze. Bei einzelnen Denkfunktionen ergibt die Prüfung, daß sie zunächst auf Inhalte gehen, durch welche Gegenstände gedacht werden; andere Funktionen sind auf Gegenstände gerichtet, welche in Denkinhalten erfaßt werden. Wir erhalten nach diesen Gesichtspunkten zwei Hauptgruppen:

A. Denkfunktionen, welche auf die Inhalte gerichtet sind, und zwar 1. Erneuerungsfunktionen (das Erneuern und seine speziellen Formen); 2. Verarbeitungsfunktionen (Trennen, Verbinden);

B. Denkfunktionen, welche auf die Gegenstände ge-richtet sind, und zwar 1. Urteilen, 2. Schließen.

In dieser Anordnung sollen im zweiten und dritten Abschnitte die Denkfunktionen im einzelnen untersucht werden. Vorerst sei jedoch aus der Lehre von den Vorstellungen und Sprachzeichen, namentlich aber aus der Begriffstheorie das für unsere Untersuchung als Voraussetzung Unentbehrliche zur Besprechung gebracht. Daß dabei einzelne Denkfunktionen bereits berührt werden, ist eine Un-vollkommenheit der Anordnung, welche aus der Sache selbst fließt und wohl auf keine Weise vermieden werden könnte.

Erster Abschnitt.

Die repräsentativen Vorstellungen.

1. Die Vorstellungen im allgemeinen.

8.

Wesen der Vorstellung. Eine klare Begrenzung des Gebrauchs
dieses Namens mag insofern von Belang sein, als seine Bedeutung
keineswegs konventionell ist. Im weitesten Sinne werden von manchen
Psychologen und Logikern alle seelischen Erscheinungen als Vorstellungen bezeichnet, im engsten Sinne gelten nur die reproduzierten
Bilder von Objekten der Außenwelt als Vorstellungen.

Zu den Philosophen, welche den Terminus Vorstellung im erweiterten
Sinne verwenden, zählt K a n t, der alle Empfindungen, Anschauungen und Begriffe
darunter rechnet. H e r b a r t erblickt in den Vorstellungen „vervielfältigte Ausdrücke für die innere Qualität der Seele" oder auch „Selbsterhaltungen der Seele",
während S t e i n t h a l jeden begrifflichen Faktor, insofern er Gegenstand der
psychologischen Untersuchung ist, als Vorstellung bezeichnet. Sehr weit ist auch
das Vorstellen bei B r e n t a n o definiert; es ist vorhanden, „wo immer etwas
erscheint", und L i p p s zählt geradezu alle Bewußtseinszustände überhaupt zu
den Vorstellungen.

Wesentlich enger faßt L o t z e den Terminus, indem er ihn lediglich für
Erinnerungsbilder verwendet; ebenso G e i g e r. der denselben auf Erinnerungen
an Empfindungen bezieht. J o d l bezeichnet die reproduzierten Bilder ohne Einschränkung als Vorstellungen oder sekundäre Phänomene und erblickt ihr Kennzeichen gegenüber den Wahrnehmungen in der Verschiedenheit der Bewußtseins-
tätigkeit, nicht in inhaltlichen Merkmalen. (Psychologie, VIII. Kapitel, 1. Abschn.,
§ 2 und 6.) In ähnlicher Weise verwendet W u n d t den Namen Vorstellung für
„das in unserem Bewußtsein erzeugte Bild eines Gegenstandes oder Vorganges
der Außenwelt" und sondert intensive Vorstellungen (mit permutierbaren Elementen,
z. B. eine Farbenfläche) und extensive Vorstellungen (mit nicht permutierbaren
Elementen, z. B. ein Zeitablauf).

Nach genauer Abwägung der historischen und sachlichen Umstände entscheiden wir uns für folgende schlichte Begrenzung:

Als Vorstellung bezeichnen wir einen Bewußtseinsinhalt, durch welchen das Denken einen Gegenstand ver-

gegenwärtigt. Vorstellen heißt lediglich eine bestimmte Vorstellung
haben und bedeutet somit keine spezielle Funktionsweise des
Denkens. Das „etwas“, auf das jedes Denken geht, nennen wir
Gegenstand oder Objekt, diese Bezeichnung im weitesten Sinne als
korrelativ zum Inhalt genommen.

In der Vorstellung kann das Denken entweder den Gegenstand
einer Wahrnehmung oder den eines Erneuerungsaktes vergegenwärtigen. Wahrgenommen werden Gegenstände, ausgestattet mit
bestimmten Beschaffenheiten und Beziehungsverhältnissen; dieses
Gegebene wird in einem Bewußtseinsinhalte präsentativen Charakters,
der „Wahrnehmungsvorstellung“ gedacht. Es ist eine Besonderheit
jeder Wahrnehmungsvorstellung, daß ihr Gegenstand nicht bloßes
intentionales Sein, sondern überdies existentiale Bedeutung besitzt,
d. h. als ein Wirkliches der Außenwelt (oder als Zeichen eines
solchen) hingenommen wird. Anders verhält es sich mit den reproduzierten Vorstellungen. Wird der Gegenstand eines Erneuerungsaktes
vergegenwärtigt, so liegt eine „Erneuerungsvorstellung“ vor; ihr
Gegenstand besteht lediglich intentional (im psychischen Bereiche).
Gleichwohl ist jedes Denkerlebnis als solches ein real-wirkliches der
Innenwelt. (Von der Frage des Vorstellens innerer Erlebnisse sei im
IV. Abschnitte im besonderen die Rede.)

An der Wahrnehmungsvorstellung einer roten Scheibe mit
schwarzem Rand ist zu beachten: 1. die psychische Aktivität beim
wahrnehmenden Vergegenwärtigen; 2. der Vorstellungsinhalt, nämlich zwei Farben mit räumlicher Bestimmtheit. Der Inhalt entspricht
ferner (in einem später näher zu beschreibenden Sinne); 3. dem
Vorstellungsgegenstande, der Scheibe selbst[1]). Die Erneuerungsvorstellung einer algebraischen Formel läßt neben dem Erneuerungsakt
den Inhalt (Gesichtsbild der Formel) erkennen; der Inhalt weist
auf einen Gegenstand, den symbolischen Ausdruck einer algebraischen Relation.

Gegenstände der Vorstellungen sind nicht bloß reale Dinge
und Vorgänge in der Außenwelt, beziehungsweise deren Zeichen,
sondern alles Vorgestellte schlechthin. Selbst Vorstellungen mit unverträglichen Bestandteilen (z. B. schiefwinkliges Quadrat) und solche

---

[1]) Twardowski zieht als Vergleich den Fall heran, daß ein Maler das Bild
einer Landschaft male. Das Malen entspricht der Denktätigkeit beim Vorstellen, das
Bild dem Vorstellungsinhalte, die Landschaft dem Gegenstande der Vorstellung.
Der Inhalt ist ein „Abbild“ des Objekts. (Zur Lehre vom Inhalt und Gegenstand
der Vorstellungen, S. 13 ff.)

it negativen Bestimmungen (z. B. Nicht-Grün, Mangel) besitzen,
wie schon Twardowski gezeigt hat, Gegenstände; den letzteren
kommt freilich weder Anschaulichkeit noch Existenz außerhalb des
Intellekts zu, sondern lediglich intentionales oder immanentes Vorhandensein, d. h. Dasein als etwas Vorgestelltes. Bei solchen Vorstellungen mit nicht realen Gegenständen die Scheidung von Inhalt
und Objekt aufzuheben, liegt kein sachlicher Grund vor; es ergibt
sich nur die Veranlassung, gegebenenfalls die Scheidung von Gegenständen, denen eine außerpsychische Realität entspricht, und von
solchen ohne diese Zuordnung zu vollziehen. Dies geschieht regelmäßig dann, wenn (vergeblich) versucht wird, sinnlich nicht wahr-
nehmbare Objekte, wie etwa das Wandern, grüne Tugend, Beziehung,
ein Genußmittel u. dgl. anschaulich vorzustellen.

Die erkenntnistheoretisch und logisch ungemein bedeutsame Scheidung von
Vorstellungsinhalt und Vorstellungsgegenstand trat uns zuerst in einer ausführlichen Abhandlung von K. Twardowski: Zur Lehre vom Inhalt und Gegenstand der Vorstellungen, Wien 1894, entgegen. Angeregt wurde Twardowski zu
einer Untersuchung durch ältere Versuche in ähnlicher Richtung, namentlich
durch Höfler-Meinongs Logik, Wien 1890, § 6, wo einerseits der Inhalt der
Vorstellung dem immanenten oder intentionalen Objekt Brentanos und anderseits der Gegenstand der Vorstellung dem Objekt an sich, dem realen Ding, Vorgang u. s. w. gleichgesetzt wird. Hinweise auf eine analoge Scheidung finden
ich ferner bei B. Kerry, R. Zimmermann, namentlich auch bei Benno Erdmann. Über die einschlägigen Arbeiten Meinongs und seiner Schüler sprechen
wir im dritten Absatze. Die hier in Frage stehende Gegenüberstellung hat
t. Witasek auch auf dem Gebiete der Empfindungen durchgeführt und die Emp-
findungsinhalte von den Empfindungsgegenständen unterschieden. (Grundzüge der
allgemeinen Ästhetik, Leipzig 1904, pag. 36 ff.)

Eine durchgebildete Theorie vom Inhalt und Gegenstand der Vorstellung hat
bereits Bolzano in seiner Wissenschaftslehre, Sulzbach 1837, 1. Band, §§ 49—51,
67, geliefert. Bolzano sondert die subjektive oder gehabte Vorstellung (den Akt des
Vorstellens), die objektive Vorstellung oder Vorstellung an sich (den Vorstellungsinhalt) und den Gegenstand der Vorstellung (auf den die Vorstellung bezogen ist).
Die „Gegenständlichkeit“ der Vorstellung unterscheidet Bolzano sorgfältig von
der „Dinglichkeit“, die dem Gegenstand oder Objekt nicht zuzukommen braucht.
Jedoch hält Bolzano die Ansicht fest, daß es auch gegenstandslose Vorstellungen
gebe, nämlich solche mit unverträglichen und mit negativen Bestandteilen (§ 67),
während Twardowski (S. 20 ff.) nachweist, daß allen Vorstellungen Gegenstände
entsprechen. Nur das Wort „Nichts“ sei kein Ausdruck einer Vorstellung und
betreffe daher auch keinen Gegenstand. Bolzano entwickelt ferner eine Lehre von
den Sätzen und Wahrheiten „an sich“ und schreibt den letzteren eine gegenständliche Gültigkeit zu, die vom Urteilen im deskriptiv-psychologischen Sinne nicht
abhängig ist.

Auf selbständigen Wegen hat in den letzten Jahren v. Meinong die
Unterscheidung von Inhalt und Gegenstand (des Vorstellens, Urteilens und An-

nehmens) begründet und dargelegt in den Publikationen: Über Gegenstände höherer Ordnung (Zeitschr. f. Psychol. nnd Phys., Bd. 21, S. 185 ff.), Über Annahmen, Leipzig 1902, Kap. VII, und Über die Erfahrungsgrundlagen unseres Wissens in den Abhandlungen zur Didaktik und Philosophie der Naturwissenschaft, I. Bd., Berlin 1906 (6. Heft). Meinong bezeichnet den Gegenstand des Vorstellens als „Objekt", den Gegenstand des Urteilens und Annehmens als „Objektiv". Das Objektiv ist der Sachverhalt selbst, der durch das Urteil erfaßt wird; es gibt Objektive des Seins nnd des Soseins. Das Vorhandensein eines Objektivs verraten u. a. die Daßsätze, z. B. ich erkenne, daß das Lampenlicht gelblich ist; hier ist das Gelblichsein des Lampenlichts das Objektiv. Auch die Qualitäten „Wahr" und „Wahrscheinlich" gehen auf Objektive. — Im Hinblick auf die Möglichkeit, die Gegenstände für sich (d. h. ohne Rücksicht auf ihr Sein oder Nichtsein) zu untersuchen und daraus apriorische Erkenntnisse zu schöpfen, hat Meinong eine „Gegenstandstheorie" als eigene Wissenschaft konzipiert und als ihr Gebiet bestimmt: „Was aus der Natur eines Gegenstandes, also a priori in betreff dieses Gegenstandes erkannt werden kann, das gehört in die Gegenstandstheorie." (Gegenstandstheorie, pag. 40.) Hienach gehören die Gegenstände, mit welchen sich die Mathematik und die reine Logik als Spezialdisziplinen beschäftigen, auch zur allgemeineren und daher übergeordneten Gegenstandstheorie. Die Grundlagen dieser neuen Wissenschaft, zu welcher die Schüler Meinongs bereits wesentliche Beiträge geleistet haben, enthalten Meinongs Untersuchungen zur Gegenstandstheorie und Psychologie, Leipzig 1904, worin die 1. Abhandlung, Über Gegenstandstheorie, von Meinong, 2. Abhandlung, Beiträge zur Grundlegung der Gegenstandstheorie, von R. Ameseder, 3. Abhandlung, Untersuchungen zur Gegenstandstheorie des Messens, von E. Mally (weitere Abhandlungen von Frankl, Benussi, Liel und Saxinger). Eine Weiterführung und Verteidigung seiner Lehre unternimmt Meinong in seiner neuesten Veröffentlichung, Über die Stellung der Gegenstandstheorie im System der Wissenschaften (Artikelserie in der Zeitschr. f. Phil. und phil. Kr., Band 129 und 130, auch in Buchform, Leipzig 1907, erschienen). Vgl. zur prinzipiellen Frage auch Höflers Vortrag auf dem V. internationalen Psychol.-Kongreß, Rom 1905, „Sind wir Psychologisten?", und desselben Rezension in der Zeitschrift für Psych. u. Phys., Leipzig 1906, Bd. 42, pag. 192 ff.

Einer besonderen Untersuchung bedarf die Frage des Vorstellens der eigenen psychischen Phänomene. Es kann die Lehre vertreten werden, daß beim Stattfinden innerer Erlebnisse kein Vorstellen statthabe, weil hiebei Inhalt und Gegenstand zusammenfallen; ein Vorstellen sei aber an die letztere Sonderung geknüpft. Das unmittelbar wahrgenommene Erlebnis, beispielsweise ein Willensakt oder ein Affekt, bilde einen Bewußtseinsinhalt, der auf keinen koordinierten Gegenstand gehe oder, anders gewendet, dieses Erlebnis habe zwar einen Gegenstand, aber keinen Inhalt, der demselben entsprechen würde. Es gebe daher keine Wahrnehmungsvorstellung von Psychischem.

Die hiemit dargestellte Anschauung wäre zutreffend, wenn zur Natur des Vorstellens die psychologische Zerlegbarkeit des betreffenden

Erlebnisses in einen Inhalt und Gegenstand gehören würde, in welchem Falle wohl auch die Möglichkeit einer äußeren Wahrnehmungsvorstellung in Zweifel geriete. Wir glauben jedoch, daß der Unterscheidung und Entgegenstellung von Inhalt und Gegenstand kein psychologischer, sondern ein erkenntnistheoretischer Sinn zukommt. Wir finden psychologisch niemals, auch nicht beim äußeren Wahrnehmen, Inhalt und Gegenstand etwa als Teile oder Seiten vor, in die ein Erlebnis zerlegt werden könnte; der psychische Befund ist stets nur ein Inhalt des Bewußtseins. In der Beziehung des Inhalts auf ein dadurch Erfaßtes liegt jedoch eine erkenntnistheoretische Angelegenheit. Es scheint uns nun, daß sich erkenntnistheoretisch beim inneren Empfinden oder Vorfinden der Inhalt des Erlebnisses ganz ungezwungen auf ein Empfundenes oder Vorgefundenes beziehen läßt: Das Innewerden eines Gefühls geht auf ein Gefühl so gut wie das Innewerden eines Tones auf einen Ton. Sieht man nun in einer Vorstellung nicht mehr als einen Bewußtseinsinhalt, durch welchen ein Gegenstand im Denken vergegenwärtigt wird, so gibt es in gleich gutem Sinne Wahrnehmungsvorstellungen des Psychischen wie Wahrnehmungsvorstellungen von Physischem. (Die Frage, ob es Reproduktionsvorstellungen des Psychischen gebe, werden wir später im bejahenden Sinne zu erledigen versuchen.)

Daß die Sachlage beim äußeren und inneren Wahrnehmen immerhin verschieden ist, mußten wir während dieser Überlegungen deutlich bemerken. Während beim äußeren Wahrnehmen der Inhalt auf einen Gegenstand geht, dem eine Realität außerhalb des Ichs entspricht, findet sich beim inneren Wahrnehmen dieser Hinweis auf ein Drittes nicht: Wahrnehmungsgegenstand und reale Wirklichkeit sind vielmehr identisch. Der innere Wahrnehmungsgegenstand ist der betreffende psychische Zustand oder Ablauf selbst, das Erfassen desselben ist somit ein unmittelbares (kein mittelbares durch zugeordnete phänomenale Zeichen). Unsere Ausführung, der wir allerdings nicht Beweiskraft, sondern nur beträchtliche Glaubhaftigkeit zuzuschreiben wagen, gipfelt in den Sätzen: Es gibt ein Vorstellen des Psychischen; die erkenntnistheoretische Gegenüberstellung von Inhalt und Gegenstand ist auch beim inneren Empfinden oder Vorfinden berechtigt; was beim inneren Wahrnehmen zusammenfällt, ist der Wahrnehmungsgegenstand und die reale Wirklichkeit.

Diese Identität unterscheidet die erkenntnistheoretische Sachlage beim inneren Erleben vom Empfinden des Physischen prinzipiell und macht zugleich begreiflich, warum dem primären inneren Wahrnehmungsurteil Evidenz der Gewißheit zukommt, die dem äußeren mangelt.

9.

Merkmale der Vorstellungen. Allen Vorstellungen sind die Merkmale gemeinsam: 1. das Vorhandensein eines Inhaltes, der sich aus Bestandteilen konstituiert (entspricht der Qualität auf dem Gebiete der Empfindung): 2. die Beziehung auf einen vorgestellten Gegenstand (entspricht der Beziehung auf etwas Empfundenes der Außenwelt); 3. ein Umfang, bestimmt durch die Gesamtheit der Gegenstände, auf welche die Vorstellung geht (Extensitätsmerkmal); 4. ein bestimmter Grad von Klarheit und Deutlichkeit des Inhalts (Intensitätsmerkmal); 5. eine zeitliche Bestimmtheit, nämlich die Dauer des Vorhandenseins im Bewußtsein, begrenzt durch die Zeitpunkte des Eintritts und des Verschwindens (Zeitindex); 6. ein Empfindungs-, Gefühls- und Willenskorrelat, das zuweilen untermerklich bleibt, aber nie gänzlich fehlt (entspricht den Korrelaten der Empfindungen von äußeren Objekten). Die hier aufgezählten Kennzeichen sind die psychologischen; Umfang und Inhalt pflegt man außerdem als logische Merkmale der Vorstellung zu bezeichnen, da die Logik vermöge ihrer speziellen Zwecke gerade diese beachtet. Dem Inhalt spricht die Logik einen bestimmten Reichtum, dem Umfang eine bestimmte Weite zu und bringt damit „Maße“ zum Ausdruck. Inhaltsreichtum ist das Maß, das durch die Anzahl der in einer Vorstellung bewußt gedachten Bestandteile zum Ausdruck kommt (nach Bolzano), dagegen bedeutet die Umfangsweite ein Maß, welches an der Anzahl der durch eine Vorstellung repräsentierten (d. h. mitgedachten) Gegenstände bestimmt wird[1]).

10.

Klassen der Vorstellungen. I. Die Grundeinteilung des gesamten Vorstellungsbereiches geht auf die Richtung des Vorstellungsaktes, nach welcher wir Wahrnehmungs- und Erneuerungsvorstellungen unterscheiden.

---

[1]) Vgl. Kreibig, Über ein Paradoxon in der Logik Bolzanos, Vierteljahrsschr. f. wiss. Phil. u. Soz.. 28. Bd., Leipzig 1905, p. 375 ff. In dieser Studie werden die Bestimmungen des Inhalts und Umfanges sowie der Reziprozitätskanon ausführlich untersucht.

a) **Wahrnehmungsvorstellungen** sind die Vergegenwärtigungen von Inhalten, welche die zur äußeren Wahrnehmung entwickelte Empfindung vermittelt. Als Beispiele seien angeführt die Wahrnehmungsvorstellungen Glockenton, warmer Draht, Fingerbewegung . . ., welche durch Sinnesempfindungen vermittelt sind. Das Bemerken eines Schließens, Wiedererkennens, Erwartens . . . und sonstige innere Erlebnisse haben gleichfalls die Form einer Vorstellung, was wir in § 8 zu begründen gesucht hatten. Der Eintritt und die Reihenfolge von Wahrnehmungsvorstellungen sind durch die (der Aufmerksamkeit sich aufzwingenden) Dinge, Vorgänge, Zustände und Abläufe bestimmt und der Willkür des Wahrnehmenden entrückt. Da jedoch alles Wahrnehmen durch zwei Faktoren, dem gegebenen Empfindungsstoff und der Auffassung des Subjekts, bestimmt wird, so ist auch hier eine psychische Aktivität mitbeteiligt. Allen Wahrnehmungsvorstellungen kommt, wie vorgreifend bemerkt sei, Anschaulichkeit zu.

b) **Erneuerungsvorstellungen** sind alle im Wege der Reproduktion gewonnenen präsentativen Bewußtseinsinhalte, beispielsweise die Erinnerung an ein Volkslied, die Besinnung auf ein Wort, Urteil, Gesetz, aber auch die unter Beteiligung des verbindenden Denkens gebildete Vorstellung eines goldenen Herzens, lenkbaren Luftschiffes, sinfonischen Satzes. Als Unterscheidungszeichen der Wahrnehmungs- und Erneuerungsvorstellungen finden wir (wie bereits an früherer Stelle bemerkt) die Tatsache, daß Wahrnehmungsvorstellungen stets von einem Urteil begleitet sind, d. h. explizite oder implizite auf ein Objekt mit Realität außerhalb des Ichs bezogen werden; dieses Urteil wird bei Erneuerungsvorstellungen nicht vollzogen.

Der Inhalt einer reproduzierten Vorstellung kann offenbar auch ein „wahres Urteil" sein; ist dies der Fall, so liegt eine **Annahme** vor[1]). So gut wie erneuerte Glockentöne und Zirkelspitzen intellektuelle Verarbeitung finden, können auch Annahmen (gleich wirklich gefällten Urteilen) den Ausgangspunkt von weiteren Urteilen und Schlüssen abgeben.

Reproduktiv vorstellbar sind ferner Gefühle und Willensvorgänge in der im zweiten Abschnitte zu schildernden Weise.

---

[1]) Die tiefstgehende Untersuchung dieses wichtigen Gebietes verdanken wir dem Werke Meinongs, Über Annahmen, Leipzig 1902, welches es unternimmt, die Annahme als neues Genus von psychischen Erscheinungen darzutun. Vgl. ferner Witasek, Grundlinien der Psychologie, Leipzig 1908, p. 306.

II. Einteilungen der Vorstellungen gründen sich ferner auf die Natur der Merkmale. Unter diesem Gesichtspunkte unterscheiden wir:

1. nach der Beschaffenheit des Inhaltes anschauliche — unanschauliche, einfache — zusammengesetzte Vorstellungen;

2. nach der Art des vorgestellten Gegenstandes konkrete — abstrakte Vorstellungen;

3. nach der Beziehung von Inhalt und realem Gegenstand adäquate — inadäquate Vorstellungen;

4. nach dem Umfange individuelle und allgemeine Vorstellungen;

5. nach dem Klarheits- und Deutlichkeitsmerkmale klare — verworrene, deutliche — dunkle Vorstellungen;

6. nach der zeitlichen Bestimmtheit flüchtige — beharrende Vorstellungen;

7. nach dem Empfindungskorrelat in objektiv erregte — intrasubjektive, nach dem Gefühls- und Willenskorrelat in theoretische und praktische Vorstellungen.

11.

Anschauliche und unanschauliche Vorstellungen. *a)* An den anschaulichen Vorstellungen dieses roten Apfels vor mir, meines abwesenden Bruders, des Kaiserliedes in bestimmter Tonart und Klangfarbe, meines schmerzenden Daumens . . . ist gemeinsam, daß sie entweder direkt als Dinge oder Zustände der Wirklichkeit erfaßt werden, oder daß die Reproduktion mit allen Merkmalen einer solchen Erfassung auftritt. Dagegen weisen die Vorstellungen eines „Apfels überhaupt“, der Brüderlichkeit, des Liedes im allgemeinen, des Schmerzbegriffes . . . wohl einzelne Bestandteile des Wahrnehmungsinhaltes auf, aber jedenfalls nicht alle. Bei einem „Apfel überhaupt“ werden vielleicht nur die kugelige Gestalt mit den bekannten Einsenkungen und eine gewisse Größe in der unanschaulichen Vorstellung mitgedacht. Dieser Umstand ermöglicht eine genaue Abgrenzung der beiden Arten von Vorstellungen gegeneinander: Anschaulich ist eine Vorstellung, wenn sie in ihrem Inhalte alle jene Merkmale zum Bewußtsein bringt, die bei Erfassung des Gegenstandes als eines Dinges, Vorganges, Zustandes oder Ablaufes der Wirklichkeit vorhanden sind. Unanschaulich nennen wir eine Vorstellung, sofern ihr Inhalt bloß einen Teil der bei einer solchen Erfassung des Gegenstandes bewußten Merkmale wiedergibt[1]). Die Merkmale, welche eine Anschauung dem Bewußtsein vermittelt, sind stets in speziellen Werten, in einer Besonderung, gegeben und niemals als „allgemeine“, d. h. unbestimmt gelassene Merkmale. Der wahrgenommene Apfel weist die Besonderungen faustgroß, kugelig, glatt, rot ... auf, der rote Apfel schlechthin nur die Besonderungen kugelig, rot ... Allerdings hat auch ein „Apfel überhaupt“ irgend eine Größe und Oberflächenbeschaffenheit, allein diese Merkmale sind bei dieser unanschaulichen Vorstellung im Inhalte nicht durch spezielle Besonderungen vertreten.

Gedacht wird die unanschauliche Vorstellung in der Weise, daß ein beliebiger anschaulicher Apfel, der sich in der Erinnerung gerade einfindet, vorgestellt wird (Hilfsvorstellung), wobei die Besonderungen kugelig und rot durch die Aufmerksamkeit festgehalten werden. Dieses Festhalten der Aufmerksamkeit bewirkt, von selbst, daß die übrigen besonderten Merkmale zurücktreten oder unterbewußt werden, ein aktives Absehen oder Wegdenken gibt es nicht.

Würde die weitere Forderung der „Allgemeinheit“ des vorgestellten roten Apfels erhoben, so müßte man statt einer Hilfsvorstellung zwei oder mehrere nacheinander mit verschiedenen Größen und Oberflächen reproduzieren und in jeder die Besonderung kugelig-rot fixieren.

Unsere bisherigen Beispiele von anschaulichen Vorstellungen bezogen sich auf den Fall, daß ein Gegenstand in einem einzelnen Wahrnehmungsakt (von kürzerer oder längerer Dauer) erfaßt wird. Wenn nun aber die Aufgabe an uns herantritt, die Menge von fünfzig Äpfeln auf einem Tische vor uns oder ein kilometerlanges Rechteck anschaulich vorzustellen, so bemerken wir sofort, daß diese Forderung nicht durch einen einzelnen Wahrnehmungsakt zu erfüllen sei. Wir bedürfen der Mithilfe des verbindenden Denkens, um von zwei, drei, vier ... Äpfeln, von zwei, drei vier Dezimetern Abmessung zur Vorstellung von fünfzig Objekten und von Kilometerlänge überzugehen, wobei wir uns jedoch bewußt sind, an keiner Stelle des Prozesses das anschauliche Substrat zu verlassen. Wir werden geneigt sein, auch Vorstellungen, die auf solche Weise mit Hilfe von Addition, Reihenbildung und Analogieerwägung zu stande kommen, anschaulichen Charakter zuzuerkennen; wir benennen sie „mittelbar an-

---

[1]) Vgl. Kreibig, Über die Natur der Begriffe, Wissensch. Beilage zum 16. Jahresber. d. Philos. Ges., Leipzig 1903, S. 66 ff.

schauliche Vorstellungen" im Gegensatze zu den früher geschilderten
aus Einzelwahrnehmungen für sich hervorgehenden „unmittelbar anschaulichen" Vorstellungen.

Damit hängt die weitere Frage zusammen, ob außer den Wahrnehmungsvorstellungen auch bestimmte Erneuerungsvorstellungen zu
den anschaulichen gehören, oder ob alle Reproduktionen an und- für
sich unanschaulicher Natur seien. Wir neigen zur Ansicht, daß
auch Gedächtnis-, Erinnerungs- und Phantasievorstellungen, sofern
sie alle Merkmale einer unmittelbar erfaßten Wirklichkeit im Inhalte
aufweisen, zu den anschaulichen Vorstellungen zu rechnen sind.
Illusionen (Ausgestaltungen und Änderungen gegebener Gegenstände)
und Halluzinationen (Beantwortung von Reizen durch heterologe Bilder)
können nahezu sinnliche Frische gewinnen und mit Wahrnehmungen
verwechselt werden. Von manchen Gebilden der produktiven Phantasie
behauptet der schaffende Künstler, daß sie vermöge ihrer Anschaulichkeit gleichsam ein unabhängiges Eigenleben führen. Wenn Goethe
in der Zueignung sagt: „Ihr naht Euch wieder, schwankende Gestalten" und „Ihr drängt Euch zu! Nun gut, so mögt Ihr walten",
so will er damit einen höchsten Grad von Lebendigkeit seiner Bilder
zum Ausdruck bringen; daß solche Erneuerungen und Eigenschöp-
fungen das Wesen anschaulicher Vorstellungen besitzen, scheint uns
auch vom streng wissenschaftlichen Standpunkt zutreffend zu sein.
Allerdings dürfte die Mehrzahl der Erneuerungsvorstellungen, mögen
sie nun empfindbare oder abstrakte Gegenstände betreffen, unter die
unanschaulichen Bewußtseinsinhalte zu rechnen sein.

b) Unanschauliche Vorstellungen entstehen auf Grund der
Attention oder, wie man sich minder passend ausdrückt, durch
Abstraktion. Attention ist der Akt des Festhaltens einer Auswahl von Merkmalen eines Vorstellungsobjekts durch zugeordnete
Inhaltsbestandteile, somit nichts anderes als die Aufmerksamkeit in
bestimmter Funktionsrichtung. In neuerer Zeit wird auch das Wesen
der Abstraktion in dieser Weise gedeutet, obwohl der Name selbst
auf ein aktives Wegdenken geht. Durch Attention oder Abstraktion
wird indirekt die Ausschaltung einer Merkmalbesonderung aus der
beachteten Vorstellung bewirkt und damit eine „abstrakte" Vorstellung gebildet, der unanschaulicher Charakter zukommt. Je mehr
Besonderungen ausgeschaltet erscheinen, desto abstrakter, unbestimmter und zugleich inhaltsärmer ist die Vorstellung. Die Anzahl
von Abstraktionsakten, die schrittweise von einer anschaulichen
Hilfsvorstellung angefangen vollzogen werden müssen, um zu einer

gewissen unanschaulichen Vorstellung zu kommen, bestimmt den Grad der Unanschaulichkeit der letzteren. Die abstraktesten, unbestimmtesten, inhaltsärmsten und unanschaulichsten Vorstellungen, z. B. Sein, Etwas, Qualität . . ., heißen wir „Kategorien" im aristotelischen Sinne. Sie weisen das relativ geringste Ausmaß von Besonderung auf, gewinnen zugleich aber die relativ größte Weite des Umfangs und damit die Eignung für oberste Ordnungsprinzipien.

Durch Attention (hier versagt der Terminus Abstraktion jedenfalls) werden jedoch nicht bloß Merkmalbesonderungen ausgeschaltet, sondern auch neue Besonderungen hinzugebracht, mit der Wirkung, daß der Grad der Unanschaulichkeit eine Verminderung erfährt. Auf diesem Wege kann eine unanschauliche Vorstellung, die auf Empfindbares geht, bis zur anschaulichen Fülle gebracht werden, wie sie die Hilfsvorstellung zeigt. Fügen wir zur unanschaulichen Vorstellung eines Pferdes überhaupt die Formdetails, eine bestimmte gewohnte Größe, Farbe u. s. f. hinzu, so gelangen wir bei Festhaltung aller Besonderungen wieder zu der anschaulichen Hilfsvorstellung eines einzelnen wirklichen Pferdes, von der wir bei der Bildung des unanschaulichen Bewußtseinsinhaltes ausgehen mußten.

Diese Feststellungen führen von selbst zu einer berichtigten Deutung mehrerer logischer Termini. Realdefinition ist die Angabe der Merkmale eines Vorstellungsgegenstandes in ihrer realen Besonderung durch einen Urteilsinhalt. Der Vorgang der Determination besteht danach in der Ausfüllung eines unbestimmten Merkmales durch eine Besonderung oder im Ersatz einer bestimmten Besonderung durch eine mehrbestimmte andere.

Das Ausschalten einer gegebenen Besonderung oder deren Ersatz durch eine minderbestimmte heißen wir Generalisation.

Ein einfaches Beispiel möge zur Illustration herangezogen werden. Viereck ist (für die Planimetrie) eine geschlossene ebene Figur mit vier Winkeln. Hier haben wir im Inhalte eines Urteils die Merkmale des Gegenstandes (Viereck) in realer Besonderung angegeben. Besondern wir das unbestimmt gebliebene Merkmal der Winkelgröße durch die Angabe, daß die Winkel je 90⁰ messen, so haben wir eine Determination vollzogen und das Rechteck definiert; eine Generalisation des Merkmals der Ebene, in der die Figur liegt, führt zum Viereck schlechthin, das auch das sphärische in sich begreift.

Die Generalisation liefert, wie wir eben gezeigt haben, eine bestimmte Gattung unanschaulicher Vorstellungen, die wir unvollständig besonderte nennen können. Als weitere Gattungen unauschaulicher Vorstellungen zeigt uns die Erfahrung die unverträglich besonderten, die negativ besonderten und die indirekt besonderten Vorstellungen. Eine Erklärung dieser letzteren ist namentlich logisch wichtig.

Eine unverträglich besonderte Vorstellung entsteht im Wege des aus einem Trennen und einem Verbinden bestehenden Substitutionsaktes, d. h. dadurch, daß bei einer gegebenen Vorstellung ein Merkmal ausgeschaltet und durch ein neues ersetzt wird; dieses neue Merkmal kann nun entweder mit den übrigen Bestimmtheiten zu einer anschaulichen Vorstellung verschmolzen werden oder so beschaffen sein, daß eine solche Verschmelzung unausführbar ist. Im letzteren Falle spricht man von unverträglicher Besonderung. Wird uns das Ansinnen gestellt, ein goldenes Kalb vorzustellen, so gelingt es leicht, einen anschaulichen Bewußtseinsinhalt zu bilden, in dem das Merkmal goldene Farbe mit der Größe und Form des Kalbes zu einer Einheit verbunden erscheint. Auf keinen Fall bringen wir es aber zu stande, ein rundes Viereck, einen hölzernen Stein, ein heißes Eis anschaulich als einheitliches Objekt vorzustellen. Eine solche Vorstellung ist nur insolange singulär, als man sich mit dem bloßen Wortsymbol begnügt; versucht man aber die Substitution des neuen Merkmals, so zeigt es sich, daß mindestens zwei Hilfsvorstelluugen (z. B. ein Kreis und ein Viereck) beisammen, aber unverschmolzen gedacht werden müssen, die freilich durch das äußere Band des Sprachsymbols eine Verknüpfung erfahren.

Als zweite Gattung von unanschaulichen Vorstellungen seien die negativ besonderten behandelt. Ein „nicht roter Apfel“ wird gedacht, indem man vorerst eine Hilfsvorstellung mit der Position des Merkmales (einen roten Apfel) vorstellt, sodann eine oder mehrere Hilfsvorstellungen mit konträr besonderten Merkmalen (grüne, gelbe Äpfel) denkt und die besonderten Merkmale attentiv festhält. Die Assoziation des sprachlichen Zeichens „nicht rot“ mit der Besonderung „grün, gelb“ erfolgt durch Vermittlung der implizite oder explizite gedachten Urteile „grün ist nicht rot“, „gelb ist nicht rot“[1]. Der Abschluß des Prozesses ist eine unanschauliche Vorstellung höherer Ordnung; nämlich eine singuläre Vorstellung mit Besonderung des Merkmals Farbe durch den sprachlich symbolisierten Begriff „nicht rot“.

---

[1] Nach Twardowski, dem wir hier folgen, ist der Gegenstand der Vorstellung „nicht rot“ eben der Inbegriff der blauen, grünen, gelben Objekte, also ein Gegenstand mit realer Existenz.

Ein ähnlicher Sachverhalt zeigt sich bei der letzten zu besprechenden Gattung unanschaulicher Vorstellungen, bei den indirekt besonderten. Indirekte Vorstellungen sind beispielsweise „die Nichtjuristen" (d. h. die Laien in der Rechtskunde), „der Ritter ohne Furcht und Tadel" (gemeint ist Bayard), „Alle, die etwas zu verlieren haben" (nämlich die Besitzenden). Das Kennzeichen der indirekten Vorstellungen besteht, wie die angeführten Fälle zeigen, darin, daß die Besonderungen des unmittelbar gedachten Vorstellungsobjekts auf einen zweiten Gegenstand hinweisen, der aus den gegebenen Besonderungen durch Urteile gewonnen wird; dieser zweite Gegenstand, dem das eigentliche Interesse des Vorstellenden gilt, wird durch den ersten in der betreffenden Vorstellung „indirekt" gedacht.

Der Grund zur Bildung indirekter Vorstellungen kann in der Unkenntnis der direkten Besonderungen oder aber in der Absicht liegen, gewissen Merkmalen durch die Auslösung von Zwischenurteilen erhöhten Nachdruck zu verleihen.

12.

Einfache und zusammengesetzte Vorstellungen. Die Bezeichnung „einfache Vorstellung" bedarf einer kritischen Vorprüfung. Sie kann zunächst auf einen Vorstellungsinhalt gehen, der nur einen Bestandteil hat. Nach unserer Meinung gibt es solche Vorstellungen, z. B. Eins, Etwas, Sein; es sind durchwegs unanschauliche Vorstellungen von der Natur der Kategorien. Inhalte, welche wahrgenommenen Objekten entsprechen, sind jedoch niemals einfach, da in ihnen Qualität, Räumlichkeit, Intensität . . . als Bestandteile gedacht werden.

Wird der Ausdruck „einfache Vortellung" auf den Gegenstand bezogen, so darf auch hier die Berechtigung des Terminus anerkannt werden. Die Gegenstände zu den Vorstellungen Eins, Etwas, Sein . . . sind einfach, denn sie haben für das vorstellende Subjekt nur ein Merkmal; alles, was durch Urteile und Schlüsse etwa an Bestimmungen konstruiert werden könnte (z. B. die Zeitlichkeit), ist erst mittelbar beigefügt und betrifft einen neuen Vorstellungsgegenstand. Daß alle Vorstellungsgegenstände, die realen Objekten der Außenwelt entsprechen, zusammengesetzter Natur sind, ergibt die Analyse geeigneter Beispiele. Ein Stern letzter Größe ohne Strahlen ist immerhin etwas Komplexes, er hat Farbe, Lage, minimale Helligkeit u. s. f.

Die Frage, ob durch einen einfachen Vorstellungsinhalt ein komplexer Vorstellungsgegenstand gedacht werden könne, was wir prinzipiell bejahen, müßte an Hand von induzierenden Fällen geprüft werden. Hier sei nur bemerkt, daß der praktische Wortgebrauch die Benennung „einfache Vorstellung" weit liberaler verwendet, als wir es taten; man pflegt eine Vorstellung, deren Objekt nur eine Sinnesqualität bedingt (z. B. rote Fläche, kalte Umgebung), ohneweiters als einfach zu bezeichnen, was am Ende keinerlei Gefahr einer Verwirrung in sich schließt.

13.

Konkrete und abstrakte Vorstellungen. Diese Einteilung der Vorstellungen berücksichtigt die Art des vorgestellten Gegenstandes. Als konkret gilt uns eine Vorstellung, wenn sie in ihrem Inhalt ein reales Objekt abbildet, also ein seiendes Ding, einen seienden Vorgang, Zustand oder Ablauf. Die Vorstellungen Donau, ein bestimmtes Gefrieren, mein Facialisschmerz, gehören zu den konkreten. Abstrakte Vorstellungen werden mit Hilfe der Attention erzeugt, welche nicht alle Merkmale des realen Objektes festhält, und entsprechen daher Gegenständen ohne reale Existenz. Die Treue schlechthin, der Logarithmusbegriff, das Werden, das Unendliche . . . werden abstrakt vorgestellt, allerdings unter Anlehnung an konkrete Hilfsvorstellungen. Hievon war im vorigen Paragraphen ausführlicher die Rede. Alle konkreten Vorstellungen sind zugleich anschaulich, und umgekehrt, abstrakte und unanschauliche Vorstellungen betreffen dieselben Erscheinungen; bei der Dichotomie „konkret—abstrakt" wird jedoch der Gegenstand, bei jener „anschaulich—unanschaulich" der Inhalt der Vorstellung in Rücksicht gezogen. Ohne Willkürlichkeit der Konstruktion dürfen wir auch unmittelbar konkrete und mittelbar konkrete Vorstellungen sondern, deren nähere Beschreibung jedoch nach dem bereits Gesagten kaum nötig erscheint.

14.

Adäquate und inadäquate Vorstellungen. Wenn der Inhalt einer Vorstellung in seinen Bestandteilen den Gegenstand mit allen Merkmalen und ohne Zutat abbildet, so nennen wir ihn adäquat, im Gegenfalle inadäquat. Da wir nur bei inneren Erlebnissen das Objekt selbst und dessen Merkmale direkt erkennen, so gibt es, strenggenommen, nur adäquate Vorstellungen von selbst erlebten Begriffsverhältnissen, Urteilen, Entschlüssen ..., während die adaequatio der Vorstellungen von Dingen und Vorgängen der Außenwelt niemals evident festgestellt, sondern nur durch Wahrscheinlichkeitserwägungen begründet werden kann. Der Geometer vermag eine adäquate Vorstellung der Hyperbel zu denken; dagegen werden wir mit großer Wahrscheinlichkeit die Vorstellung des Bauern von der besuchten Stadt oder die gangbare Vorstellung des tierischen Seelenlebens für inadäquat halten dürfen. Die hiemit gegebene Unterscheidung hat vorwiegend metaphysisches Interesse und bildet einen Hauptpunkt der Lehren Spinozas. Aber auch für die Anhänger des empiristischen Realismus hat das Problem der adaequatio prinzipielle Bedeutung.

15.

Weitere Klassen von Vorstellungen. *a)* Die Sonderung von klaren und verworrenen Vorstellungen, welche auf die Unterscheidbarkeit eines Vorstellungsgegenstandes von anderen konkurrierenden Objekten geht, sowie die Dichotomie „deutliche—dunkle" Vorstellungen, die sich auf die Art der Auffassung der Inhaltsbestandteile gründet, haben gegenwärtig vorwiegend historische Bedeutung. Für unseren Standpunkt erschiene es unzulässig, die Klarheit und Deutlichkeit des Vorstellens zu erkenntnistheoretischen oder ontologischen Folgerungen zu verwerten, wie Descartes und Leibniz es getan haben, wenn auch für den modernen Logiker die so beschaffenen Vorstellungen das ideale Denkmaterial darstellen. *b)* Noch weniger wichtig erscheint uns die gegenseitige Abgrenzung der flüchtigen und beharrenden Vorstellungen nach dem Zeitmerkmal. *c)* Das Empfindungskorrelat gibt Anlaß, neben den objektiv erregten auch intrasubjektive Wahrnehmungsvorstellungen (z. B. die phantastischen Gesichtsbilder Johann Müllers, akustische Phantome und dergleichen) zu unterscheiden. Von hohem Interesse ist jedenfalls die auf das Gefühls- und Willenskorrelat sich gründende Gliederung der Vorstellungen in theoretische und praktische, obwohl damit, strenggenommen, nur zwei Gesichtspunkte bezeichnet sind, von welchen aus alle Vorstellungsgegenstände betrachtet werden können. Bei theoretischen Vorstellungen (z. B. von geometrischen Figuren) wird der Gegenstand lediglich nach dem, was er dem Empfinden und Denken bietet, ins Auge gefaßt, während bei praktischen Vorstellungen der Wert, also die Gefühls- und Willensbedeutung, zur charakteristischen Beachtung kommt. Ein näheres Eingehen auf diesen sehr belangvollen Gegensatz müssen wir uns an dieser Stelle versagen.

2. Die Allgemeinvorstellungen.

16.

Individuelle und allgemeine Vorstellungen. Nach dem Umfange werden die Vorstellungen üblicherweise in individuelle und allgemeine eingeteilt[1]). Während die individuelle Vorstellung (mein Kopf, Sirius, jede Wahrnehmungsvorstellung) nur ein einziges Objekt betrifft, entspricht die Allgemeinvorstellung (Linie, Tugend, Mitbürger) einer Mehrheit von Gegenständen. Wir nennen eine Vorstellung allgemein, wenn wir ihren singulären Inhalt mit dem Bewußtsein vorstellen, daß derselbe eine Mehrheit von Objekten hinsichtlich gewisser, besonderter Merkmale „repräsentiert" (d. h. im Denken vertritt). Sprachliche Symbolisierung ist keine konstitutive Bedingung für das Denken einer Allgemeinvorstellung (wie dies beim Begriff der Fall ist). Auch Tiere können offenbar Allgemeinvorstellungen auf Grund von Genuß-, Geschmacks- und Gesichtsbildern gewinnen, z. B. die Vorstellung von schmackhaften Kräutern, nützlichen Symbiosen, feindlichen Naturereignissen. Eine Allgemeinvorstellung primärer Stufe entsteht das erstemal, indem wir zwei oder mehrere individuelle Gegenstände (durch Hilfsvorstellungen) unter Festhaltung einer Auswahl gleicher Besonderungen vorstellen. Für die durch Attention festgehaltenen gemeinsamen Besonderungen bildet die entwickelte Sprache Namen mit allgemeiner Bedeutung, durch welche sämtliche Objekte hinsichtlich jener Besonderungen in einer einzigen Wortvorstellung vereinigt und repräsentiert werden. Dieser Vorgang setzt somit die Mitwirkung des verbindenden Denkens voraus, welches die repräsentativen Einheiten — die Allgemeinvorstellungen und die Sprachsymbole — bildet. Allgemeinvorstellungen höherer Ordnung haben selbst wieder Allgemeinvorstellungen niedrigerer Stufe als Hilfsvorstellungen. Die Skala „niedriger — höher" wird auf diesem Gebiete durch die Anzahl von schrittweisen Verallgemeinerungsakten (Generalisationen)

---

[1]) Nach meiner Arbeit Über die Natur der Begriffe, a. a. O., S. 70 f.

bestimmt, welche von den individuellen Hilfsvorstellungen bis zur gegebenen Allgemeinvorstellung führen. Je höher die Allgemeinvorstellung ist, desto weniger Besonderungen schließt sie ein (vergleiche die Inhalte: Farbe, Blau, Zyanblau), desto „ärmer" ist sie an Inhalt. Für Allgemeinvorstellungen gilt (wie für Allgemeinbegriffe) die bereits erwähnte Regel, daß der Inhalt (d. h. der Bestand an bewußt gedachten Bestandteilen) um so ärmer ist, je größer ihr Umfang (d. h. der Inbegriff der repräsentierten Gegenstände) reicht und vice versa.

Die bisherige Erörterung über die Allgemeinvorstellung bezog sich nur auf die ursprüngliche, erste Entstehung eines solchen Denkgebildes. Hat jedoch ein Intellekt eine bestimmte Allgemeinvorstellung dem Gedächtnisbesitze einverleibt und das Wortzeichen damit verknüpft, dann genügt für das wiederholte Vorstellen derselben eine einzige Hilfsvorstellung unter simultaner Reproduktion des Wortzeichens, um dem Inhalte der Allgemeinvorstellung ausreichende Klarheit und Deutlichkeit zu verleihen. Maximale Klarheit und Deutlichkeit wird aber nur durch die Wiederholung der elementaren Bildung der Allgemeinvorstellung erzielt. Im raschen sprachsymbolischen Denken endlich wird das Wortzeichen allein repräsentativ verwendet, ohne daß eine individuelle Hilfsvorstellung über die Bewußtseinsschwelle tritt.

Die Bildung der Allgemeinvorstellungen ist an zwei Bedingungen geknüpft. Die eine bezeichnen wir als die intellektuelle und formulieren sie im Sinne der bisherigen Erörterung in dem Satze: Nur dann ergibt sich die Möglichkeit der Bildung von Allgemeinvorstellungen, wenn Beschaffenheiten mehrerer Objekte als Besonderungen des gleichen Merkmals erkannt worden sind oder, kürzer, wenn „gemeinsame" Merkmale zur Erkenntnis gelangten. Welche von den möglichen Allgemeinvorstellungen aber tatsächlich entstehen, ist durch den emotionalen Faktor bestimmt. Die psychobiologische Geschichte des denkenden Individuums erklärt es, warum dasselbe in einem gegebenen Zeitpunkt beispielsweise gerade Allgemeinvorstellungen von Farben oder Gerüchen, nicht aber solche von magnetischen oder elektrischen Erscheinungen bildet. Der Jäger wird offenbar andere allgemeine Vorstellungen von den Waldtieren bilden, als der Maler oder der Landwirt. Was die Merkmale einer Vorstellung als wesentliche oder unwesentliche qualifiziert, ist lediglich das leitende Interesse des Subjekts. Wesentlich ist etwas immer nur im Hinblick auf einen praktischen Zweck, mag derselbe auch durch theoretische Gesichtspunkte bis zur Unkenntlichkeit verhüllt werden[1]).

Eine allgemeine Vorstellung gilt als typische, wenn mit Deutlichkeit erkannt wird, daß die berücksichtigten Merkmale zur Begrenzung einer repräsentativen Einheit wesentlich seien.

3. Die Begriffe.

17.

Wesen des Begriffes. Das logische Denken bedarf auf seinen höheren Stufen eines gewissen Fonds repräsentativer Vorstellungen von relativer Konstanz des Inhalts, als welche uns die Begriffe gegeben sind. Unterwirft man eine größere Zahl von vulgären Begriffen der induktiven Untersuchung (etwa die Begriffe Franzose, Buch, Amor, Bewegung, Kreis . . .), so treten als gemeinsame Kennzeichen hervor: 1. die Unanschaulichkeit, 2. der repräsentative Charakter, 3. die vergleichsweise Stabilität der inhaltlichen Bestimmungen, was den Begriffen eine gewisse Geschlossenheit und Selbständigkeit unter den Vorstellungen verleiht, 4. das enge Geknüpftsein an ein konventionelles (meist sprachliches) Symbol, das den Inhalt festzuhalten berufen ist. Wissenschaftliche Begriffe (Koeffizient, Distichon, Totschlag, Säure, Integral . . .) weisen außerdem eine sparsame aber zureichende Auswahl konstitutiver Bestandteile auf, welche Auswahl wir mit Mach „ökonomisch" nennen[2]); auch finden wir bei ihnen außer den Namen gewisse konventionelle graphische Zeichen und Formeln als Hilfsmittel des Festhaltens vor.

Im Sinne dieses empirischen Befundes ergibt sich (unter Vorbehalt weiterer Kritik) als psychologische Definition:

Psychologisch ist der Begriff eine unanschauliche Vorstellung mit repräsentativem Charakter, deren Inhaltsbestandteile das Subjekt beim wiederholten Denken relativ unverändert beibehält.

---

[1]) Sigwart sagt richtig, freilich ohne die Folgerungen weit genug zu führen: „Es gibt keine durch die Natur der Begriffe mit Notwendigkeit gegebene Anordnung der Subordinationsfolge." Wesentliche und unwesentliche Merkmale bestehen vom rein logischen Standpunkte nicht, solche Merkmale gibt es nur im Hinblick auf Zwecke. Logik, 3. Aufl., Tübingen 1904, I. Bd., p. 362, 365.

[2]) Ich berichtige nach reiflichster Erwägung meine im Artikel Über die Natur der Begriffe (Wiss. Beil. d. phil. Ges. 1903, S. 11 und 20) gegebene Bestimmung des Begriffes und erkenne nunmehr die ökonomische Besonderung nur dem wissenschaftlichen Begriffe zu.

Die logische Definition ergibt sich aus dieser Bestimmung dadurch, daß vom denkenden Subjekt und von der Beziehung zur Wirklichkeit der Substrate abstrahiert, d. h. der Begriff „an sich" genommen wird. Logisch bedarf der Begriff des Wortsymboles oder sonstigen Zeichens als seines Ausdrucksmittels, welchem die Wissenschaft eine ökonomische Inhaltsangabe (in Form eines Definitionsurteils) beigesellt. Wir gelangen damit zu den Sätzen:

Unter einem Begriff verstehen wir vom Standpunkte der Logik eine Vorstellung mit repräsentativem Charakter, deren Inhalt durch die relative Konstanz der Bestandteile ausgezeichnet ist; Begriffe sind regelmäßig an festhaltende Symbole (Worte, Zeichen, Formeln) gebunden. Wissenschaftlichen Begriffen ist ferner die denkökonomische Auswahl der besonderten Merkmale, welche in den Inhalt aufgenommen sind, eigentümlich.

Im Anschlusse an diese Bestimmungen bezeichnen wir als „Begreifen" das Erkennen, daß ein gegebener Gegenstand in einem oder mehreren bereits bekannten Begriffen repräsentiert werde.

Es obliegt uns nunmehr eine spezielle Untersuchung der begrifflichen Denkgebilde nach ihren Merkmalen und ihrer Entstehungsweise.

Die meisten Begriffe, namentlich die wissenschaftlichen, sind Allgemeinbegriffe, d. h. sie vertreten durch einen einzelnen Vorstellungsinhalt eine Mehrheit von Gegenständen im Denken; doch gibt es auch Grenzfälle, in denen der Begriff nur ein Objekt im Umfange hat und somit einen Individualbegriff darstellt. „Das 7. Glied der Reihe a^1, a^2, a^3 . . ." oder „Sokrates", sogar „meine Mutter" sind solche individuelle Begriffe[1]). Das Glied a^7 selbst, der leibhaftig vor uns befindliche Sokrates, diese spezielle Frau, die meine Mutter ist, bedeuten jedoch als Vorstellungen nicht begriffliche Reproduktions- und Wahrnehmungsvorstellungen. Die Begriffe sind mithin keine Unterart der Allgemeinvorstellungen, doch gehören sowohl die Begriffe als die Allgemeinvorstellungen zu den unanschaulichen Vorstellungen und kreuzen ihre Sphären[2]).

---

[1]) Schopenhauer sagt in der Welt als W. u. V., I. Bd., 2. A., S. 50: „Es kann Begriffe geben, durch welche nur ein einziges reales Objekt gedacht wird." Höfler-Meinong vertreten diese fast vergessene Lehre in ihrer Logik, Wien 1890, S. 30: Individualbegriffe sind „alle diejenigen Begriffe, in deren Inhalt zur Individualisierung ausreichende Merkmale vorkommen". Vgl. die wohldurchdachten Beispiele a. a. O.

[2]) Die Unanschaulichkeit der Begriffe charakterisiert treffend Twardowski in seinem Vortrage Über begriffliche Vorstellungen (Wissensch. Beilage der philosoph. Ges. in Wien, Leipzig 1903, p. 1 ff.).

Ein Allgemeinbegriff entsteht das erstemal, indem man zwei oder mehrere Hilfsvorstellungen vorstellt und in denselben eine Auswahl von Besonderungen attentiv festhält. Die gemeinsamen Besonderungen werden in vorwissenschaftlichen Begriffen durch eine singuläre Wortvorstellung vereinigt, welche dem Begriff eine gewisse Selbständigkeit im Getriebe des Vorstellens sichert. Bei wissenschaftlichen Begriffen weist das Symbol, welches auch ein graphisches Zeichen oder eine Formel sein kann, vermöge vollzogener logischer Kritik und Übereinkunft der gelehrten Kreise eine gesteigerte Prägnanz auf (z. B. chemische Namen, algebraische Zeichen, Termini der Naturgeschichte). Von der Kennzeichnung der „ökonomischen“ Auswahl wird sogleich die Rede sein.

Der Allgemeinbegriff Dreieck wird nach unseren bisherigen Ausführungen in folgender Weise entstehen: Man betrachte folgende Besonderungen zweier individueller Dreiecke a und b.

Dreieck a:

Merkmale	Anzahl der Seiten	Qualität der Seiten	Länge der Seiten	Stellung der Seiten zu-einander	Anzahl der Winkel, bezw. Ecken	Weite der Winkel	Größe des Flächen-inhaltes	Farbe der Kontur	u. s. w.
Besonde-rungen	3	gerade	1 cm 2 cm 2·24 cm	bilden eine ge-schlos-sene Figur	3	90° 26° 30' 63° 30'	1 cm²	gra-phit-grau	

Dreieck b:

Merkmale	Anzahl der Seiten	Qualität der Seiten	Länge der Seiten	Stellung der Seiten zu-einander	Anzahl der Winkel	Weite der Winkel	Größe des Flächen-inhaltes	Farbe der Kontur	u. s. w.
Besonde-rungen	3	gerade	1·73 dm 2 dm 1 dm	bilden eine ge-schlos-sene Figur	3	30° 60° 90°	0·866 dm²	kreide-weiß	

Zur Bildung eines vorwissenschaftlichen Begriffs (ebenso wie eine Allgemeinvorstellung) gelangt das Subjekt, wenn es die Aufmerksamkeit auf die sinnlich sich am meisten aufdrängenden Besonderungen, welche beiden Individualobjekten gemeinsam sind, lenkt und diese Besonderungen festhält; es pflegen dies hier die drei Ecken der Figur zu sein, wie schon der Name andeutet, sowie der Umstand, daß sich die Kontur von seinem Untergrunde abhebt. Viele Laien werden wohl auch die Besonderung des Besitzes von drei Seiten in die Allgemeinvorstellung und in den Begriff mit aufnehmen. Die logische (speziell mathematische) Kritik zeigt jedoch leicht, daß die so vollendete Allgemeinvorstellung: *a)* noch andere Figuren als die Dreiecke, welche das Subjekt zusammenfassen will, repräsentieren kann, *b)* daß sie anderseits nicht alle zu repräsentierenden Dreiecke umfaßt, und *c)* daß zur Repräsentation der Dreiecke weniger besondere Merkmale nötig sind, als der Laie beachtete. Die Allgemeinvorstellung des Laien ist daher zu weit in der einen Hinsicht, zu eng in einer anderen und gleichzeitig abundant für ihren Zweck. Soll die vorwissenschaftliche Vorstellung zu einem wissenschaftlichen Begriff umgestaltet werden, so muß die Forderung der Denkökonomie zur Erfüllung kommen. Denkökonomisch nennen wir hier eine Auswahl von Besonderungen, wenn dieselben das Minimum darstellen, welches zur Repräsentation aller zu repräsentierenden Objekte, also des Maximums der Objekte der Allgemeinvorstellung eben noch erforderlich ist. Unter mehreren Möglichkeiten einer solchen ökonomischen Wahl hat diejenige den Vorzug, welche sich den übrigen Festlegungen der betreffenden Wissenschaft in ökonomischester Weise anpaßt, d. h. welche die sonst verwendeten Bestimmungselemente minimal vermehrt. Entia non sunt multiplicanda praeter necessitatem ist eine wichtige teilweise Formulierung des Ökonomiegesetzes in normativer Gestalt.

Vom Ökonomiegesichtspunkte geleitet, wird der Mathematiker aus der volkstümlichen Allgemeinvorstellung vor allem die Besonderung der Kontur ausschalten, da sonst der Begriff nicht auf unsichtbare Dreiecke (wie solche mit den Triangulierungsinstrumenten bestimmt werden) Bezug hätte. Ferner wird entweder die Dreiseitigkeit oder die Dreiwinkeligkeit auszuschalten sein, da bei sonst richtiger Wahl die eine Besonderung aus der anderen ableitbar ist. Dagegen genügt die Laienvorstellung darin nicht, daß sie die Geschlossenheit der Figur und (wenn sphärische Gebilde außer Betracht bleiben sollen) die Geradlinigkeit der Seiten außer Betracht läßt. Seitenlänge, Winkelgröße oder Flächeninhalt konnte auch der Laie nicht unter die beachteten Besonderheiten aufnehmen, da schon die Hilfsvorstellungen in diesen Merkmalen verschiedenartig waren.

Schließlich wird der Mathematiker zum Begriffe des Dreieckes
gelangt sein, indem er die Besonderungen „geschlossene Figur mit
drei geraden Seiten" vereinigt und als ökonomisch gewählt erkennt.
Die feste Verbindung des Terminus Dreieck mit dieser Vorstellung
durch ein definierendes Urteil vollendet den wissenschaftlichen Begriff. Die Aufzählung der ökonomisch gewählten Besonderungen
ist zugleich die strenge Realdefinition des Dreiecks.

Jedem mathematisch Geschulten wird, wie noch nachzutragen ist,
nicht entgangen sein, daß der Begriff des Dreieckes auch noch durch
Festhaltung anderer Besonderungen ökonomisch bestimmt werden
könnte, z. B. als geschlossene geradlinige Figur mit drei Winkeln oder
mit einer Winkelsumme von 180 Grad u. s. w. Es gibt also mehrere
Begriffe desselben geometrischen Gebildes; die engere Wahl zwischen
den möglichen Begriffen wird im Wege der Anpassung an das System
zu erfolgen haben. Nach Vollzug der Wahl, namentlich wenn sie von
der Wissenschaft des Zeitalters ratifiziert wird, kommt dem Begriffsnamen (Terminus) eine feste Bedeutung zu, welche ermöglicht, ihn
als vorläufig allgemein gültig in Lehre und Praxis zu verwenden.

Die Frage, welche Allgemeinbegriffe von den intellektuell möglichen tatsächlich gebildet werden, wurde bereits bei Besprechung
der Allgemeinvorstellungen durch den Hinweis geklärt, daß hiefür
der emotionale Faktor entscheidend ist. Das Interesse des Subjekts
(das auch eine Gruppe von Gelehrten sein kann) begründet die
Entstehung bestimmter Begriffe, und nur dieses praktische Moment
ermöglicht eine Unterscheidung wesentlicher und unwesentlicher
begrifflicher Merkmale. Die Forderung der Denkökonomie ist im
letzten Grunde der Ausdruck einer transitiven Anpassung an die
Fülle der dargebotenen Denkgegenstände, deren Beherrschung erstrebt
wird. Im Ökonomieprinzip liegt jedenfalls die psychobiologisch reinste
Form des sogenannten logischen Interesses beschlossen.

18.

Klassen der Begriffe. Da alle Begriffe reproduzierte, unanschauliche und abstrakte Vorstellungen sind, anderseits die Klarheit, Deutlichkeit, zeitliche Bestimmtheit und Korrelation keine
speziellen Eigentümlichkeiten der Begriffe darstellen, so gründet
sich die wichtigste Einteilung derselben auf den logischen Gesichtspunkt des Umfangs, wonach wir an früherer Stelle Individualbegriffe mit dem Umfange 1 und Allgemeinbegriffe mit

einem größeren Umfange als 1 unterschieden haben. Auch der
Sonderung der vulgären von den wissenschaftlichen Begriffen nach
Maßgabe der ökonomischen Wahl der Besonderungen haben wir
bereits gedacht. Es erübrigt uns aber noch die Hervorhebung einer
Nebeneinteilung, die sich nach dem inhaltlichen Verhältnisse eines
Begriffes zu einem zugehörigen anderen ergibt. Wir erhalten diesem
Gesichtspunkte gemäß als Klassen die isolierten oder beziehungs-
freien Begriffe und die relativen Begriffe.

Der relative Begriff[1]) zeigt die Eigentümlichkeit, daß er eine
Beziehung seines Vorstellungsgegenstandes mit einem zweiten Objekt
repräsentativ in sich schließt. Beispiele hiefür liegen in größter Zahl
vor. Bezeichnen wir Cajus als älter (im Vergleiche zu Titus), so
weist der relative Begriff „älterer Cajus" auf zwei Vorstellungen,
die wir mit Meinong „Fundamente" nennen, nämlich auf den „älteren
Cajus" und den verglichenen „Titus". In der Vorstellung „älterer
Cajus" liegt eine Beziehung seines Gegenstandes auf einen zweiten
Gegenstand in der Weise eingeschlossen, daß beide repräsentativ
in einem Inhalte, dem Inhalte des relativen Begriffs, erfaßt werden.
Der prinzipielle Sachverhalt ändert sich nicht, wenn eines der Funda-
mente (z. B. Titus) minder klar und deutlich als das andere vor-
gestellt wird oder unterbewußt bleibt. Die Überprüfung sonstiger
Relationen zeigt die gleichen Merkmale. Die Vorstellung „Wärme-
wirkung" repräsentiert in ihrem Inhalte zugleich die zugeordnete
Ursache u. s. f. Wir unterscheiden Relationen der Gleichheit und
Ungleichheit und Relationen der Abhängigkeit und Unabhängigkeit
(bei Meinong-Höfler Vergleichungs- und Verträglichkeitsrelationen).
Unter die Relationen der Gleichheit und Ungleichheit subsumieren
wir die Beziehungen des Gleichen, Ähnlichen, Ungleichen und Unähnlichen[2]), unter die Relationen der Abhängigkeit und Unabhängigkeit die Beziehungen des Notwendigen (mit Einschluß des Unmög-
lichen), des Wahrscheinlichen, des Grundlosen (mit Einschluß des
Zufälligen) und des Unwahrscheinlichen. Jede dieser Relationen ist
durch die Repräsentation zweier Fundamente gekennzeichnet.

---

[1]) Vgl. Höfler-Meinong, Logik, S. 53 ff. Eine grundlegende Arbeit über
die Relationen verdanken wir Meinong, Zur Relationstheorie (Hume-Studien,
II. Band), Sitzungsberichte der Akad. d. Wiss., Wien 1882.

[2]) Einen wissenschaftlich wichtigen Spezialfall der Gleichheits-Ungleich-
heits-Relationen stellt die Gruppe der Umfangsbeziehungen von Begriffen selbst
dar, deren fünf möglich sind: 1. Deckung (Amor, Eros), 2. Umschließung (Euro-
päer, Franzose), 3. Einwohnung (Halluzination, Sinnestäuschung), 4. Kreuzung
(Moral, gesetzliches Recht), 5. Ausschließung (Viereck, Kreis).

Nicht dasselbe wie relative Begriffe sind die Relationsbegriffe. In den letzteren wird eine Klasse von verwandten Relationen repräsentiert. Gleichheit, Ähnlichkeit, Vaterschaft, Ursache ... sind Relationsbegriffe, dagegen kleineres Dreieck, notwendige Folge, unwahrscheinlicher Ausgang ... relative Begriffe. Alle Relationsbegriffe sind zugleich relative Begriffe aber nicht umgekehrt. Ein näheres Eingehen in die Natur dieser Gattung von Begriffen verwehrt die uns gestellte Aufgabe.

19.

Ordnung der Begriffe. System. Kategorien. Wissenschaftliche Begriffe entstehen, wie wir ausführten, aus den volkstümlichen durch die denkökonomische Auswahl der Merkmale, welche in den Begriffsinhalt aufgenommen sind, und nähern sich im Wege kritischer Bearbeitung dem Ideal der Konstanz der Bestandteile. Das Hinzufügen einer Merkmalbesonderung determiniert den Begriff, das Ausschalten einer gegebenen Besonderung generalisiert ihn [1]). Die Ordnung der Begriffe erfolgt nun in der Weise, daß sie nach dem Grade ihrer Determination oder ihrer Generalisation in eine Reihe gebracht werden; bilden die am meisten determinierten Begriffe den Anfang der Reihe, so sprechen wir von einer induktiven Ordnung; wird mit den am meisten generalisierten begonnen, so liegt eine deduktive Ordnung vor. Analog wie Begriffe können auch Komplexe voneinander abhängigen Urteilen durch induktive oder deduktive Ableitung geordnet werden. Unter einem System verstehen wir einen induktiv oder deduktiv geordneten Komplex von Begriffen (Begriffssystem) oder Urteilen (Urteilssystem) oder beider Arten von Denkprodukten (gemischtes System exakter Wissenschaften). Die formale Höherentwicklung der Wissenschaften besteht in der zunehmenden Annäherung an die Form des Systems; die materiale in der Zunahme der in das System rezipierten ökonomischen Begriffe und wahrer Urteile. Jeder Wissenschaft ist eine spezielle Richtung des Ordnens eigentümlich. Die Determinationen und Generalisationen der Begriffe einerseits, die zum Besonderen und Allgemeinen gehenden Urteilsableitungen anderseits erfolgen nicht nach allen Seiten der gegebenen Möglichkeit, sondern nach bestimmten Seiten, die eine „Tendenz" erkennen lassen. Wenn die Mathematik

----

[1]) Zwei Begriffe stehen im Verhältnis der Nebenordnung, wenn in ihnen dasselbe Merkmal verschieden besondert ist.

die begrifflichen und urteilsmäßigen Bestandteile, beispielsweise des Wissens über Kreisflächen ordnet, so beschränkt sie sich auf die Größenrelationen und läßt die Farben, die ästhetische Wirkung, die technische Bedeutung ... unberücksichtigt. Die Mathematik ordnet im Sinne einer Tendenz, die von der Tendenz der Farbenlehre, der Ästhetik, der Technik ... verschieden ist. Die Botanik der Pilze wählt andere Merkmale und Urteilsstoffe als die Hygienik und äußert darin eine spezielle Richtung im Aufbauen ihres Systems. Diese Richtung wird durch das Interesse bestimmt und ist in letzter Linie ein emotionales, kein intellektuelles Prinzip. Daß es sich so verhält, zeigt die Prüfung dessen, was unter wesentlichem Merkmal und Urteilsstoff verstanden wird. Intellektuell (und logisch) sind alle Merkmale und Urteilsstoffe eines zu ordnenden Komplexes gleichwertig, wie wir bereits in § 16 bemerkten; die Verschiedenwertigkeit, welche im Gegensatze wesentlich-unwesentlich Ausdruck findet, geht auf eine Richtung des Ordnens zurück, die durch den emotionalen Faktor, das Interesse, bestimmt ist. Dem Ästhetiker ist beispielsweise die Giftigkeit einer Farbe, dem Mediziner die Schönheit der Farbe eines Giftes gleichgültig oder unwesentlich, dagegen ist dem ersteren der Reiz des Farbentons, dem letzteren die physiologische Wirkung des Giftstoffes bedeutsam oder wesentlich und somit der Ausgangspunkt von Determinations-, beziehungsweise Generalisationsakten. Diese Tatsachen führen uns zu der Überzeugung, daß nicht nur die Bildung, sondern auch die Ordnung der Begriffe (und Urteile) durch zwei Faktoren bestimmt wird, einen intellektuellen, der die Ordnungsfähigkeit von Bestandteilen eines Komplexes nach den Merkmalbesonderungen begründet, und einen emotionalen, auf welchen die spezielle Richtung des Ordnens im einzelnen Falle zurückgeht. Die Wissenschaften sind daher in ihrer Struktur durch einen oft verborgenen aber bei tieferer Prüfung erkennbaren psychobiologischen Faktor mitbestimmt.

20.

Bemerkungen zu anderen Theorien des Begriffs. Geschichtliche Übersichten über das Problem der Bestimmung des Wesens der Begriffe liegen mehrfach vor[1]), so daß wir uns an dieser Stelle

---

[1]) Vgl. u. a. Über die Natur der Begriffe, a. a. O., S. 3 ff; auch Eislers Philos. Wörterbuch, 3. Aufl., Art. „Begriff". Wertvolles über die Entwicklung des Problems in der Gegenwart liefert Hugo Spitzer, Nominalismus und Realismus in der neueren deutschen Philosophie, Leipzig 1876.

auf die Hervorhebung einiger typischer Standpunkte beschränken
dürfen. Unter Absehen von der metaphysischen These des platoni-
sierenden Realismus, der in Schelling und Hegel seine letzten Anhänger fand, haben wir unter den nominalistischen Auffassungen
die Lehre, daß die Begriffe eine bestimmte Art von Allgemeinvorstellungen seien, als verbreitetste zu berücksichtigen. (Die populäre
Gleichsetzung von Vorstellung oder von Allgemeinvorstellung mit
Begriff bedarf wohl keiner Kritik.) Wir halten jener Lehre den Hinweis entgegen, daß es tatsächlich auch Individualbegriffe (die nur
einen Gegenstand repräsentieren) gibt, wofür wir Beispiele beigebracht haben. Es kann somit der Begriff schlechthin keine Unterart
der Allgemeinvorstellungen sein. Es ist aber auch wenig empfehlenswert, den Allgemeinbegriff für eine Art Allgemeinvorstellung zu
erklären, da die relative Stabilisierung der in den Inhalt aufge-
nommenen Besonderungen durch das symbolische Zeichen (z. B.
Wortzeichen) ein ganz eigenartiges repräsentatives Vorstellen ermöglicht. Dagegen ist zuzugeben, daß vom genetischen Standpunkte zwischen Allgemeinvorstellungen und Allgemeinbegriffen eine
Brücke besteht, indem die meisten Begriffe durch Stabilisierung in
Wortzeichen aus der Menge der inhaltlich schwankenden Allgemeinvorstellungen sich entwickeln. Wenn Schuppe und Lipps[1]) den Begriff geradezu mit der Wortbedeutung gleichsetzen, so ist dem nur
entgegenzuhalten, daß mit einer solchen Definition die Natur des
Begriffs als einer Vorstellung (nicht einem Vorstellungsgegenstande)
verwischt wurde. Riehls Bestimmung[2]), daß die Begriffe potentielle
Urteile oder Fertigkeiten, bestimmte zusammengesetzte Urteile zu
reproduzieren, seien, trifft zwar eine wichtige Leistung der Begriffe,
ist aber als Definiens nicht geeignet, weil dazu noch der umständ-
liche Nachweis gehören würde, daß andere Arten von Vorstellungen
einer gleichen Leistung unfähig seien. Nach Jodl ist der Begriff
im Sinne der Logik ein sprachlich symbolischer Ausdruck für eine

---

[1]) Nach Schuppe ist ein Begriff „alles, was man bei einem Worte als dessen
Bedeutung denkt, indem die mehreren als wesentlich erkannten Prädikate als eine
Einheit gedacht werden" (Erkenntnistheor., Logik, p. 88). Lipps behauptet geradezu: „Nur auf Grund des Wortes ist der Begriff als relativ selbständiges
seelisches Gebilde, das ein- für allemal existiert und überall zur Verfügung steht,
möglich." (Grundtatsachen des Seelenlebens, p. 464.)

[2]) Begriffe sind „Ergebnisse von Urteilen, die sie im Bewußtsein vertreten,
potentielle Urteile, Fertigkeiten, bestimmte zusammengesetzte Urteile zu reproduzieren". (Riehl, Der philosophische Kritizismus, II. Band, I. T., p. 84.) Vergl.
hiezu auch Jodl, Psychologie, 2. Aufl., I. Bd., p. 271.

Definition, womit indirekt das Merkmal der relativen Konstanz der
Inhaltsbestandteile getroffen wird.

Unhaltbar erscheint uns Wundts Erklärung des Begriffs durch
die aktive Apperzeption, welche eine herrschende Einzelvorstellung
mit einer Reihe zusammengehöriger Vorstellungen verschmilzt. Hienach fielen die Begriffe mit den Allgemeinvorstellungen zusammen.

Anknüpfend an unsere frühere Ausführung bemerken wir, daß
auch das Heranziehen der „wesentlichen" Merkmale zu einer Bestimmung der Natur des Begriffs nicht angeht, da der Gegensatz
wesentlich—unwesentlich auf einen praktischen Zweck zurückweist.
Was einem Subjekt wesentlich (durch einen Zweck interesseweckend)
ist, bestimmt zwar, welche Begriffe unter den intellektuell möglichen zur Ausbildung gelangen, ist aber nicht dasjenige, was den
Begriff von anderen Arten repräsentativer Vorstellungen (oder Zeichen)
unterscheidet[1].

Am nächsten kommt der von uns vertretenen Auffassung die
Lehre Sigwarts, wonach der Begriff eine Vorstellung ist, welche die
Forderungen: „durchgängige Konstanz, vollkommene Bestimmtheit,
allgemeine Übereinstimmung und unzweideutige Bestimmtheit" erfüllt[2].

Die Erkenntnis, daß es neben den Allgemeinbegriffen auch
Individualbegriffe gibt, verdanken wir Höflers Logik, welche diese
Tatsache mit überzeugender Schärfe hervorhebt. Wenn wir nicht
auch der Definition dieses Autors beipflichten können, daß Begriffe
„Vorstellungen von eindeutig bestimmtem Inhalte" seien, so hat
dies in der Erwägung seinen Grund, daß auch gewisse Wahrnehmungsvorstellungen einen eindeutig bestimmten Inhalt besitzen.
Sollte aber mit dieser Charakteristik die durch Definition gesicherte Stabilität der Inhaltsbestandteile gemeint sein, so würde
die hier entwickelte Lehre mit der Höflers im prinzipiellen Einklang
stehen[3].

Unsere These, daß der Begriff nicht durch die Anzahl der
Merkmale, sondern durch die Besonderungen derselben gekenn-

---

[1] Ähnliches läßt sich gegen Mach geltend machen, wenn er sagt: „Worauf
in gleicher Weise reagiert wird, das fällt unter einen Begriff. So viele Reaktionen,
so vielerlei Begriffe." (Prinzip d. Wärmelehre, p. 416, 420, Erkenntnis und Irrtum,
p. 131.)

[2] Sigwart, Logik, 3. Aufl., I. Bd., p. 323 ff. Vgl. auch Lotze, Logik,
2. Aufl., p. 33.

[3] Höfler-Meinong, Logik, p. 19.

zeichnet sei, schließt sich, wie bereits bemerkt, der verwandten Lehre Lotzes [1]) an.

21.

Beitrag zur Deutung des Namens Idee. Es erübrigt uns noch, in diesem Zusammenhang in Kürze des Namens „Idee" zu gedenken, der zuweilen nicht mit genügender Genauigkeit von dem Terminus „Begriff" unterschieden wird. Wir erblicken in den Ideen Allgemeinbegriffe, welchen die metaphysische Bedeutung beigelegt wird, daß sich in ihnen das wahre und ewig gleiche Wesen oder Sollen offenbart. Hienach stehen die Ideen in einem gewissen Gegensatze zu den Vorstellungen der angeblich zufälligen und wandelbaren Einzelerscheinungen. Ideen, die das Wesen (oder wahre Sein) zum Ausdruck bringen, gelten als theoretische, während sich die praktischen Ideen auf das wahre und ewige Sollen beziehen.

In dieser metaphysischen Charakterisierung begegnen sich trotz verschiedener Formulierungen die Auffassungen der antiken und der neuzeitlichen Philosophen, soweit sie die Ideen zum Bestandteil ihrer Systeme gemacht haben.

Plato bezeichnet die Gegenstände der Begriffe als Ideen, ihnen allein kommt wahres Sein zu, so daß die Einzeldinge nur insoweit existieren, als sie an Ideen teilhaben. Die Ideen sind zugleich ewig und unveränderlich[2]). Bei Xenokrates finden wir die jedenfalls von Plato herrührende Bestimmung, daß die Idee die als Vorbild wirkende Ursache der Naturdinge sei[3]). Platonisch ist auch die Lehre Plotins, daß die Ideen Teilkräfte des göttlichen νοῦς seien und die Welt des κόσμος νοητός bilden. Selbst Baco zeigt sich von diesem Gedanken-

---

[1]) Lotze sagt: Von dem wahren Allgemeinbegriff gilt eher ... „daß sein Inhalt allemal ebenso reich, die Summe seiner Merkmale ebenso groß ist, als die der Arten selbst; nur sind im Allgemeinbegriffe, in der Gattung, eine Menge Merkmale bloß in unbestimmter und selbst allgemeiner Form enthalten, für welche in der Art bestimmte Einzelwerte oder besondere Ausprägungen auftreten, bis in dem singularen Begriffe jede Unbestimmtheit verschwunden und jedes allgemeine Merkmal der Gattung durch ein nach Größe, Eigentümlichkeit und Verknüpfung mit anderen völlig determiniertes ersetzt ist." Logik, Drei Bücher vom Denken, vom Untersuchen und vom Erkennen, 2. Aufl., Leipzig 1880, p. 51; vergleiche auch p. 40.

[2]) Plato sagt von den Ideen: „κατὰ ταῦτα εἶδος ἔχον, ἀγέννητον καὶ ἀνώλεθρον, οὔτε εἰς ἑαυτὸ εἰς ἐχόμενον ἄλλο ἄλλοθεν, οὔτε αὐτὸ εἰς ἄλλο ποι ἰόν, ἀόρατον δὲ καὶ ἄλλως ἀναίσθητον, τοῦτο ὃ δὴ νόησις εἴληχεν ἐπισκοπεῖ." Tim. 52. A. Vgl. ferner Phädr. 247 c, Rep. VI., 507 B. — Eine reiche Sammlung von Belegstellen liefert Eisler, Wörterbuch der philosophischen Begriffe, 2. Aufl., Berlin 1904, p. 465 ff.

[3]) αἰτία παραδειγματικὴ τῶν κατὰ φύσιν ἀεὶ συνεστώτων, womit die engere Definition Platos in dessen spätester Entwicklungsphase wiedergegeben sein soll.

kreis abhängig[1]) und Schelling kehrt in seiner theosophischen Periode zur platonischen Auffassung zurück, wenn er die Ideen für Urbilder der Dinge, für ein Mittleres zwischen dem göttlichen Geiste und den Einzeldingen erklärt[2]). Für Hegel ist die Idee „adäquater Begriff, das objektiv Wahre oder das Wahre als solches"[3]) und Schopenhauer lehrt in seiner Ästhetik, daß die Kunst „die durch reine Kontemplation aufgefaßten ewigen Ideen, das Wesentliche und Bleibende aller Erscheinungen der Welt" wiederhole[4]). Von weiterreichendem Einfluß war die Theorie Kants, welcher die Ideen als Ausdruck transzendentaler Vollkommenheiten faßte[5]) und ihre Behandlung der Metaphysik überwies.

Praktische Ideen sind Herbarts fünf ästhetische Ideen, welche aus ebenso vielen Grundarten von Werturteilen entspringen, nämlich die Ideen der inneren Freiheit, der Vollkommenheit, des Wohlwollens, des Rechts und der Billigkeit[6]). Aus diesen Ideen leitete er bekanntlich die Derivative „beseelte Gesellschaft, Kultursystem, Verwaltungssystem, Rechtsgesellschaft, Lohnsystem" ab[7]). Zimmermanns Anthroposophie nimmt diese Gedanken in wenig veränderter Gestalt wieder auf.

Eine Gruppe für sich bilden die Philosophen, welche den Namen Idee so weit nehmen, daß er mit Bewußtseinsinhalt zusammenfällt. Descartes gab diese Richtung an[8]) und die Logik von Port-Royal vertritt sie in der Behauptung, daß die Ideen das Klarste und Ursprünglichste seien und keiner Definition bedürften. Ähnlich hat Locke unter idea jede Vorstellung (nicht Gefühle und Urteile) verstanden[9]), worin ihm auch Berkeley folgt, während Hobbes und Hume, wohl auch Condillac die Bedeutung des Terminus auf die Reproduktionsvorstellung einschränken.

---

[1]) Divinae mentis ideas, hoc est . . . veras signaturas atque impressiones factas in creaturis, prout inveniuntur. Baco, Nov. Org., I., 23. Vgl. dazu Thomas: Idea est forma in mente divina, ad similitudinem cuius mundus est factus. Summa theol. I. qu. 15. 1.

[2]) Schelling, Vorlesungen über die Methode des akademischen Studiums, p. 98.

[3]) Hegel, Logik, III., p. 236. In anderer Wendung: „Die Idee ist das Wahre an und für sich, die absolute Einheit des Begriffes und der Objektivität." Enzyklop., § 213.

[4]) Schopenhauer, Welt a. W. u. V., § 34.

[5]) „Ich verstehe unter der Idee einen notwendigen Vernunftbegriff, dem kein kongruierender Gegenstand in den Sinnen gegeben werden kann. Also sind unsere jetzt erwogenen reinen Vernunftbegriffe transzendentale Ideen." Kant, Krit. d. rein. Vern., p. 283. Ferner: „Die Metaphysik hat zum eigentlichen Zwecke ihrer Nachforschung nur drei Ideen: Gott, Freiheit und Unsterblichkeit." Ebenda, pagina 290.

[6]) Herbart, Lehrbuch zur Psychologie, p. 117.

[7]) Derselbe, Enzyklopädie der Philosophie, p. 47.

[8]) Descartes: „Ostendo me nomen ideae sumere pro omni eo, quod immediate a mente percipitur." Medit. Resp., III., 5.

[9]) Locke: It being that term which, I think serves best to stand for whatsoever is the object of the understanding, when a man thinks." Essays o. h. u. Book I, chapt. 1, § 8.

4. Bemerkungen über das Bilden von Sprachzeichen.

22.

Zeichen, Sprachzeichen. Als Wirkungsform des verbindenden
Denkens werden wir neben der Generalisation (Bildung von All-
gemeinvorstellungen) und Notionisation (Bildung von Begriffen) die
Bildung der Sprachzeichen zu behandeln haben. Zeichen überhaupt
ist etwas sinnlich Wahrnehmbares, welches einem anderen Gegen-
stande so zugeordnet ist, daß es diesen zu vertreten vermag. (Zum
Beispiel die chemischen Zeichen und die Buchstaben.) Für das
Denken sind im besonderen die „symbolischen Zeichen" von Belang;
sie bestehen in einem sinnlich Wahrnehmbaren, das einen Gedanken
(Vorstellung, Urteil, Schlußakt u. s. w.) repräsentiert[1]). Zu diesen
Zeichen gehören neben den Zeichen der Mathematik vornehmlich
die Sprachzeichen.

Sprache im psychologischen Sinne nennen wir die Kundgebung
von Denkinhalten eines Subjekts durch Zeichen, welche in anderen
Subjekten gleichartige Denkinhalte zu erwecken geeignet sind (das
heißt verstanden werden). Solche Zeichen sind einerseits Gebärden
symbolischen Charakters, anderseits artikulierte Laute und Lautkomplexe[2]).

Die entwickelte Lautsprache (auf die wir uns hier als pars pro
toto beschränken) symbolisiert Denkinhalte und drückt auch Gefühle,
beziehungsweise Wollungen durch die Vermittlung von Vorstellungen
aus; die direkte Äußerung von psychischen Verfassungen des Subjekts
in Schreien, Seufzen, in Ausdrucksbewegungen u. ä. sehen wir teils
als Vorstufe, teils als Begleitvorgänge zur Sprache an.

Die Schilderung des weitgehenden Parallelismus, welcher
zwischen den Sprachzeichen einerseits und den repräsentierten Denkinhalten anderseits besteht, kann nicht Aufgabe dieser allgemeinen

---

[1]) Im engsten Sinne ist Symbol ein sinnlich Wahrnehmbares, das einen
Denkinhalt von erheblicher Gemütsbedeutung in konventionell gültiger Weise
bezeichnet (z. B. Ring—Vereinigung, Gruß—friedliche Wertschätzung, Fahne—Sieg
durch Zusammenhalten u. s. f.).

[2]) Der Physiologe bezeichnet als Sprache den Inbegriff gewisser Laute und
Lautkomplexe der menschlichen Stimme, in welchen sich Denkinhalte kundgeben.
Als Voraussetzung gilt hiebei das Sprechvermögen, begründet durch den Besitz
von Sprechwerkzeugen und die Funktion bestimmter Nerven. In ethnographischer
und wohl auch in philologischer Bedeutung wird der Name Sprache für den
Besitzstand eines menschlichen Verbandes an Worten und Formen der Wort-
verbindung gebraucht.

Bemerkungen sein. Es sei nur daran erinnert, daß von manchen Forschern die Behauptung vertreten wird, daß die Worte zugeordnete Vorstellungen, die Sätze Urteile und urteilsähnliche Denkkomplexe repräsentieren, während gewisse Arten von Satzgefügen den Schlüssen zugeordnet seien — eine Behauptung, die in dieser Allgemeinheit allerdings nicht zutrifft[1]). Es entspricht jedoch den Tatsachen, wenn die formalen und syntaktischen Besonderheiten der Worte und Sätze als Parallelismen zu den verschiedenen Arten von Relationen angesehen werden. Daß überhaupt eine weitreichende Korrespondenz zwischen den Gesetzen der Grammatik und Logik besteht, ist ebenso unverkennbar wie die Tatsache der gegenseitigen nachhaltigen Förderung von Sprache und Denken in ihrer Entwicklung.

Sehr belangvoll sind anderseits die Punkte, hinsichtlich welcher Sprachzeichen und Denkinhalt nicht zusammengehen. Psychogenetisch ist das Vorstellen und Urteilen das primäre, das Sprechen aber ein sekundäres Produkt, dessen Entstehung an das Bedürfnis und den Willen der Mitteilung von Gedanken an andere, somit an soziale Bedingungen (und wohl auch somatische Voraussetzungen) geknüpft ist. Es gibt jedenfalls nicht nur bei Tieren, sondern selbst bei Menschen ein Denken ohne das Hilfsmittel der Wortvorstellungen (z. B. in Bildern); auch steht außer Zweifel, daß die Feinheiten des Gedankenverlaufes selbst von der kunstvollsten Sprache nie voll zum Ausdruck gebracht werden können. Beim Durchschnittsmenschen ist das Ausmaß des sprachlich Repräsentierten im Verhältnisse zu dem Reichtum an intellektuellen Erlebnissen keineswegs bedeutend. Dazu tritt

---

[1]) Lehrreich ist die Übersicht, welche J e v o n s (Leitfaden der Logik, deutsch von Kleinpeter, Leipzig 1906, p. 95 ff.) von den Möglichkeiten des sprachlichen Ausdrucks von Bestandteilen gibt. Nach Jevons kann das Subjekt bestehen aus 1. einem Hauptwort, 2. einem Fürwort, 3. einem substantivierten Adjektiv, 4. einem Zeitwort, 5. einem Nebensatze. Das Subjekt ist einer attributiven Einschränkung in fünf verschiedenen sprachlichen Einkleidungen fähig, die auch für das Objekt gelten. Das Prädikat besteht gewöhnlich aus einem Zeitwort, und zwar: 1. einfache Zeitform eines vollständigen Zeitworts, 2. zusammengesetzte Zeitform, 3. unvollständiges Zeitwort mit einer Ergänzung, 4. Zeitwort mit einem Objekt, 5. Zeitwort „sein" mit einem Adjektiv, 6. Zeitwort mit einem Adverb. Die Adverbia können wieder in fünf verschiedenen Formen gegeben sein. An diese Übersicht knüpft Jevons eine (allerdings nicht systematische) logische Analyse einiger typischer Satzkonstruktionen.

Hinsichtlich der Frage des Zusammenhangs von Sprechen und Denken ist die sehr gedankenreiche „Sprachlogik" zu Rate zu ziehen, welche S t ö h r in seinem Leitfaden der Logik in psychologisierender Darstellung, Wien 1905, p. 34 ff., geliefert hat.

der Umstand, daß es wenigstens ein unechtes Sprechen ohne zugeordnetes Denken gibt (z. B. beim lauten Lesen in unbekannten Sprachen). Die Störungen des Parallelismus durch die Äquivokationen (gleiche Sprachzeichen für verschiedene Vorstellungsinhalte), durch die Synonyma (verschiedene Sprachzeichen für gleiche Vorstellungsinhalte) und durch die kaum übersehbaren Prozesse des Bedeutungswandels sind häufig und eingehend untersucht worden.

Trotz umfangreicher Spezialliteratur ist jedoch die wichtige Frage nach dem Ursprung und der ersten Entwicklung der Sprache noch kaum zu einer befriedigenden Klärung gelangt[1]). Die Mehrzahl von Forschern nimmt etwa drei Stadien der Entstehungsgeschichte der Sprache an. Vor der eigentlichen Sprache scheint ein Stadium der Interjektionen (Lautreflexe von Gemütsbewegungen), der Onomatopoien (Lautnachahmungen von Dingen und Vorgängen) und der Ausdrucksgeberden zu liegen. Zum wirklichen Sprechen führt ein fortschreitender Prozeß der Abstumpfung der emotionalen Begleiterscheinungen und der Herausbildung von Konventionalismen im betreffenden menschlichen Verbande. Während ursprünglich die Interjektion und Onomatopoie bloß die Aufmerksamkeit der Genossen erregte, tritt in diesem ersten Stadium der Sprache ein gewisses Verständnis der Bedeutung jener Äußerungen von Bewußtseinsinhalten. Unter den häufigst verwendeten Lautreflexen und Lautnachahmungen ergibt sich eine Auslese von gemeinsam verstandenen Lautkomplexen, deren Gefühlshintergrund allmählich in Wegfall kommt. Solche Lautkomplexe sind die Elemente, welche als „Wurzeln" am Anfange der Sprachentwicklung stehen, wobei heute als ausgemacht gilt, daß die ältesten Wurzeln demonstrierende Sätze zum Ausdruck brachten (z. B. Hindernis da, Nahrung hier), die sich erst später in Subjekts- und Prädikatsworten erweiterten.

Die zweite Stufe der Sprachentwicklung ist vom Artikulationsprozesse erfüllt, der von den Versuchen ausgeht, durch be-

---

[1]) In Sachen der Sprachentstehung wird ein nativistischer Standpunkt, welcher intellektuelle und physiologische Anlagen für die Zuordnung bestimmter Lautsymbole zu bestimmten Vorstellungen annimmt, durch Wilhelm v. Humboldt, Max Müller, Steinthal und Lazarus vertreten, während Tylor, L. Geiger, Madvig, Marty u. a. einen Empirismus lehren, demzufolge jene Zuordnung lediglich ein Erfahrungsprodukt bedeutet. Unsere Auffassung, die ein Fortschreiten von unwillkürlichen Äußerungen und Auslesen zu willkürlichen in den Vordergrund rückt, schließt sich der empiristischen Richtung an.

Zur Frage der Sprachentwicklung vgl. Jodl, Lehrb. d. Psych., 2. Aufl., II. Bd., X. Kap., p. 224 ff.

stimmte kleine Änderungen und Gliederungen der Wurzeln koordinierte Modifikationen der Vorstellungen in den Hörern auszulösen. Die Wurzeln werden durch Auslese zu bestimmten Worten mit Verbalität und Worten mit Nominalität differenziert. Dazu kommen die Bestrebungen, durch Verbindungen von Worten auch parallele Gedankenverbindungen zu vermitteln. Das Artikulationsstadium endet mit einer gefestigten Assoziation von Worten, beziehungsweise Sätzen mit zugeordneten Vorstellungen, beziehungsweise Urteilen. Die historische Philologie setzt beim dritten Entwicklungsabschnitt der Konstitution einer in sich geschlossenen artikulierten Lautsprache ein, deren Beschreibung bereits verschiedene Sprachgruppen erkennen läßt. Ein gemeinsamer Zug der Ausbildung der Sprachzeichen ist die allmähliche Verwendung der Namen für Konkreta als Ausdrücke für Abstrakta, womit der wichtigste Fall des Bedeutungswechsels gegeben erscheint. Wenn auch durch die Festigung der Tradition (namentlich durch das Schrifttum und die Belehrung) die Sprache allmählich zu einer gesteigerten Konstanz der Zuordnung von Wort und Gedanken führt, so stehen doch sämtliche Sprachen auch in ihrer jüngsten Gestalt noch mitten in Umwandlungsprozessen. Diese Prozesse bedeuten nichts anderes als Anpassungen der Lautsymbolik an die Entwicklung des Denkens und dürfen in diesem Sinne etwa auf drei Typen zu bringen sein, nämlich die absolute Zunahme der Namenzeichen, die Einschränkung der Repräsentation auf weniger Vorstellungs- und Urteilsgegenstände und die Ausdehnung der Repräsentation auf mehr Denkobjekte[1]). Wir erkennen hier die treibenden Kräfte der Sprachbildung: die Erneuerungs-, Trennungs- und Verbindungsfunktion im Dienste der Ausbildung des repräsentativen Denkens. Das erneuernde Denken drängt zur Vermehrung der Wortsymbole als Hilfsmittel für die Reproduktion und Produktion von anschaulichen und unanschaulichen Vorstellungsinhalten, insbesondere aber zur Bildung fester Namen für die wachsende Zahl benennungsbedürftiger Gegenstände. Die elementaren Unterscheidungen sowie die Ergebnisse der Analyse und Abstraktion sucht das trennende Denken sprachlich festzuhalten und wirkt damit in entgegengesetzter Richtung des verbindenden Denkens, welches die Zusammenhänge

---

[1]) Als charakteristische Reifepunkte in diesem Prozesse dürfen vielleicht der Wortschatz der neueren Chemiker, die fein differenzierten Ausdrucksmittel Goethescher Dichtkunst und die umfangsweiten Begriffsnamen der modernen Mechanik gelten.

mittels repräsentativer Worte in Vorstellungseinheiten ergreift und damit die zu den Denkakten erforderlichen Elemente vermindert. Der Besitz von Worten und Satzformen von relativ hoher Bedeutungskonstanz ermöglicht ein vielfältiges Urteilen und Schließen ohne unablässigen Rekurs auf die Objekte und ihre Relationen. Im Verfolge dieser Sachverhalte gelangen wir zu der Überzeugung, daß das Denken auf höheren Stufen notwendig an die repräsentative Vermittlung einer zureichend entwickelten Sprache gebunden ist.

Zweiter Abschnitt.

——

Denkfunktionen, welche auf die Inhalte gerichtet sind.

I. Erneuerungsfunktionen.

A. Das Erneuern im engeren Sinne.

23.

Das erneuernde Denken im allgemeinen. Wir finden als Tatsache vor, daß im Bewußtsein vorhanden gewesene Inhalte unter bestimmten Bedingungen erneuert werden. Zur Erneuerung gelangen frühere Bewußtseinsinhalte in gegenwärtigen Vorstellungen, wobei der frühere Bewußtseinsinhalt den Gegenstand bildet, auf den der gegenwärtige Vorstellungsinhalt geht. (Die Frage, ob auch innere Erlebnisse in Vorstellungen erneuert werden, soll an späterer Stelle besprochen werden.)

Nach der heute ziemlich allgemein anerkannten Auffassung besteht das Erneuern oder Reproduzieren nicht im Wiedererscheinen des ursprünglich erlebten Bewußtseinsinhaltes, sondern im Hervorbringen einer Vorstellung, der Erneuerungs- oder Reproduktionsvorstellung, deren Inhalt mehr oder minder adäquat ein früheres Erlebnis vergegenwärtigt.

Es ist lediglich ein psychologisches Bild, wenn die Beschreibung geliefert wird, daß jeder Bewußtseinsinhalt nach seinem Auftreten eine psychische „Spur" hinterlasse, welche die Möglichkeit der Wiedererweckung begründe, und daß ferner eine Wiederholung des Erneuerns diese Spur verstärke, die Reproduktionsarbeit aber erleichtere[1]. Als physiologisches Gegenstück zu diesem Bilde gilt eine Summation von Strukturänderungen der Nervenzellen und die

———

[1] Zur psychologischen und physiologischen Charakteristik der Spur vgl. J o d l, Lehrbuch der Psychologie, 2. Aufl., II. Bd., VIII. Kapitel, p. 106 ff.

Herstellung hemmungsfreierer Bahnungen zwischen denselben. Descartes Annahme von Gehirnspuren und Platos Gleichnis von den Siegeleindrücken im Wachs sind Vorläufer dieser Anschaunng, welche in Ewald Herings Hypothese von dem „Gedächtnis als einer allgemeinen Funktion der organisierten Materie" (1870) ihre naturwissenschaftliche Fassung findet. Die Psychologie ist gegenwärtig noch nicht in der Lage, jenes Bildes zur Vermittlung eines gewissen anschaulichen Verständnisses der Erneuerung von Bewußtseinsinhalten zu entraten und pflegt den Sachverhalt so zu schildern, daß jedes Erlebnis eine „Denkdisposition" oder „Anlage" zur erleichterten Neuhervorbringung einer gleichartigen Vorstellung begründe; durch öfteres Erneuern gleichartiger Inhalte werde die Anlage verstärkt und die Reproduktion begünstigt (Spezialfall des Übungsphänomens). Interkurrierende Anlagen können verstärkend, aber auch hemmend wirken und begründen im letzteren Falle das Eintreten des „Vergessens".

Für den Standpunkt der Gegenwart ist Gedächtnis nur eine Bezeichnung für die psychische Fähigkeit, erlebte Inhalte im Bewußtsein durch neue Vorstelluugen zu wiederholen, also die Potentia zum Actus des Erneuerns[1]). In der Tat ersetzt der Begriff der Disposition in allem Wesentlichen den des Gedächtnisses in vollkommener Weise.

Die Analyse der reproduzierten Vorstellungen nach den Merkmalen der Klarheit (Grad des Abhebens von anderen bewußten Inhalten[2]), der Deutlichkeit (des Reichtums an erfaßten Merkmalen),

---

[1]) Was die Psychologie als Qualität des individuellen Gedächtnisses anzunehmen pflegt, gilt für unsren Standpunkt als charakteristischer Habitus der Erneuerungsfunktion eines Subjekts. Beim „mechanischen" Erneuern ist ein Glied einer durch Sukzession verbundenen Reihe gegeben, dessen Vorstellung die folgenden Reihenglieder wachruft. Dagegen ist die die Erneuerung vermittelnde Hilfe des „judiziösen" Reproduzierens in Urteilen und Urteilsgefügen gelegen. Von einem „ingeniösen" Erneuern sprechen wir, wenn vorsätzlich gebildete Stellvertretungen (z. B. Worte für Zahlen) als Band der Vorstellungen verwertet werden. Auch die Unterscheidungen „umfassend-beschränkt, vielseitig-einseitig, treu-lückenhaft, dauerhaft-flüchtig, dienstbar-schwerfällig, rasch aufnehmend-langsam aufnehmend" gehen in letzter Linie auf habituelle Beschaffenheiten der Erneuerungsdisposition. — Zur psychologischen Beschreibung vgl. Witasek, Grundlinien der Psychologie, Leipzig 1908, p. 250 ff.

[2]) Klarheit und Deutlichkeit stehen insofern in Wechselbeziehung, als deutlich Vorgestelltes zugleich klar von anderem unterschieden ist. Anderseits wächst mit der Klarheit auch die Deutlichkeit, nämlich der Gehalt an bewußt erfaßten Bestandteilen. Immerhin besteht die theoretische und praktische Nötigung, beide Merkmale zu sondern.

der zeitlichen Bestimmtheit (hinsichtlich Eintritt, Dauer, Austritt) und des Gefühls- und Willenskorrelates hat nur zu minder bedeutsamen Meinungsdifferenzen geführt.

Ein Schwanken der Bedeutung weist jedoch die Eigenschaftsbezeichnung „Lebhaftigkeit" oder „Lebendigkeit" auf. Wir halten die „Lebhaftigkeit" einer Vorstellung für ein komplexes Merkmal, das sich aus Klarheit, Deutlichkeit und einen Gefühlsanteil zusammensetzt. Diese Analyse gilt auch für Erneuerungsvorstellungen.

Von großer Bedeutsamkeit ist die überaus schwierige Frage nach dem Kriterium, das die reproduzierten Vorstellungen von den Wahrnehmungsvorstellungen unterscheidet. Indem wir uns die Auseinandersetzung mit abweichenden Lehren vorbehalten, legen wir unseren Standpunkt in Kürze durch folgende Hinweise dar: Wie an späterer Stelle näher auszuführen sein wird, ist das Zustandekommen einer Wahrnehmung äußerer Objekte an den Akt der Auffassung geknüpft, welcher ein primäres Wahrnehmungsurteil als Bestandteil hat. Dieses primäre Wahrnehmungsurteil besteht in dem Glauben, daß dem Wahrnehmungsinhalte ein Gegenstand mit realer Existenz in der Außenwelt entspreche. Wenn auch in den meisten Fällen des Wahrnehmens kein explizites Urteilen zum Bewußtsein kommt, so fehlt doch nie ein urteilsmäßiges Verhalten des Subjekts zum Objekt, indem das Objekt als Reales der Außenwelt genommen wird. Dieses Urteil oder urteilsmäßige Verhalten nennen wir kurz „primäres Wahrnehmungsurteil". Die kunstlose psychologische Analyse zeigt nun bereits, daß den Reproduktionsvorstellungen ein solcher Urteilsbestandteil nicht zukommt; dem Inhalte der erneuerten Vorstellung entspricht zwar, wie jeder Vorstellung, ein Gegenstand, allein dieser wird keineswegs durch das Wahrnehmungsurteil als ein reales Äußeres aufgefaßt, sondern selbst in Fällen großer Intensität als Denkphänomen genommen. Der Gegenstand der Erneuerungsvorstellungen besitzt also lediglich „intentionales Sein". Nur in Zuständen des Fieberschauers oder ekstatischer Erregung kann es vorkommen, daß der Inhalt einer Vorstellung der illusionierenden oder halluzinierenden Phantasie irrtümlich für eine Wahrnehmung gehalten und auf ein Objekt der Umwelt bezogen („externisiert") wird — eben dieser Sachverhalt läßt aber erkennen, daß für die Wahrnehmungsvorstellung das externisierende Wahrnehmungsurteil konstitutiv ist, welches bei der normalen Reproduktionsvorstellung fehlt. Wir fassen daher unsere Antwort in den Satz zusammen:

Erneuerte Vorstellungen unterscheiden sich von äußeren Wahrnehmungen grundsätzlich nur durch das Fehlen eines primären Wahrnehmungsurteiles, nicht aber durch qualitative oder intensive Merkmale.

24.

Erneuerung innerer Erlebnisse. Es kann Zweifel erwecken, ob wir im Rechte waren, die Inhalte, in denen reproduziert wird, schlechthin als Erneuerungsvorstellungen zu bezeichnen. Um diese Frage klarzustellen, erscheint es wünschenswert, die zugrundeliegenden Bewußtseinsinhalte selbst in zwei Gruppen zu scheiden und diese getrennt zu untersuchen. *a)* Empfindungen, nämlich Bewußtseinsinhalte, welchen Physisches als Gegenstand entspricht, werden durch den Auffassungsakt zu äußeren Wahrnehmungen entwickelt und erhalten den Charakter von Wahrnehmungsvorstellungen, deren Erneuerung in Reproduktionsvorstellungen ohne Schwierigkeit zu verstehen ist. Ergab der Anblick eines Apfels eine Wahrnehmungsvorstellung, so lebt in der Folge der Inhalt dieser Vorstellung (nicht der Apfel selbst) in der Erneuerungsvorstellung wieder auf. Die letztere kann sodann von einem späteren Erneuerungsakt ergriffen werden u. s. f., so daß Reihen von „prioren" und „posterioren" Vorstellungen annähernd gleichen Inhalts entstehen. Ebenso wie Individualvorstellungen können auch Allgemeinvorstellungen und Begriffe mit Gegenständen, die auf Physisches zurückweisen, als Gebilde des erneuernden und verbindenden Denkens nicht anders als in der Form von Vorstellungen zur Reproduktion gelangen. *b)* Wir verlassen das Gebiet des Selbstverständlichen, wenn wir uns der Erneuerung von Bewußtseinsinhalten zuwenden, die in inneren Erlebnissen bestehen. Urteile, Gefühle, Wollungen werden vielleicht wieder als Urteils-, Gefühls- oder Willenserlebnisse und nicht als Vorstellungen reproduziert. Dieser Zweifel könnte durch den weiteren verstärkt werden, ob für das innere Wahrnehmen solcher Erlebnisse (wie später näher zu besprechen sein wird) überhaupt eine Vorstellung konstitutiv sei oder nicht. Wenn wir uns gleichwohl der Ansicht zuneigen, daß auch innere Erlebnisse bei ihrer Reproduktion als Vorstellungen auftreten, so bestimmen uns folgende Erwägungen: Wir besitzen unleugbar Bewußtseinsinhalte, denen eine Mehrheit von psychischen Gegenständen entspricht. Es ist nun offenbar nicht möglich, eine Mehr-

heit von Schmerzgefühlen unter Beschränkung auf ein gewisses
Merkmal in einem einzigen jetzigen Schmerz bewußt zu machen.
„Allgemeine" Schmerzgefühle gibt es nicht. Wohl aber kann eine
Mehrheit von Schmerzgefühlen in einer repräsentativen Vorstellung
(Allgemeinvorstellung, Begriff) gedacht werden, wir sprechen ja
mit gutem Sinn von Leidenschaften, Schmerzen, Wünschen im
allgemeinen. Wenn also Allgemeinvorstellungen und Begriffe von
inneren Erlebnissen tatsächlich vorhanden sind, so ist die Annahme
berechtigt, daß es auch individuelle Vorstellungen einzelner psychischer
Zustände und Abläufe gibt. Der Umstand, daß sich das Wahrnehmen innerer Erlebnisse möglicherweise ohne Vorstellen vollzieht,
ist kein Hindernis, daß solche Erlebnisse bei ihrer Reproduktion als
Vorstellungen in die Erscheinung treten, wobei der Inhalt eben
durch eine Wiederholung des Zustandes oder Ablaufes mitbestimmt
wird. Die Erneuerungsvorstellung, beispielsweise eines Schmerzes
infolge eines Messerstiches, hat zum Inhalt das Wahrnehmungsbild
des damaligen Vorganges samt dem damit verknüpften Schmerze.
Der Regel der emotionalen Abstumpfung entsprechend, wird übrigens
der Schmerzanteil bei wiederholten Reproduktionen immer schwächer
auftreten. Eine substratlose Erneuerung eines Gefühls ist natürlich
ebenso unmöglich, wie die Reproduktion eines vollzogenen Urteils-
oder Willensaktes ohne die zugehörigen Vorstellungen. Daß Urteile
und Entschlüsse, die früher stattgefunden haben, im Bewußtsein
neuerlich erscheinen können, ohne daß wir das Urteil selbst fällen
und den Entschluß fassen, zeigt die Erfahrung in zweifelloser Weise.
Wenn es hiebei nicht zur Wiederholung des originären Erlebnisses
selbst kommt, so bleibt wohl keine andere Auffassung offen, als die,
daß jene psychischen Akte als Vorstellungen erneuert werden.

Es sei auch darauf hingewiesen, daß die gegenteilige Annahme,
wonach innere Erlebnisse nicht in Vorstellungen, sondern wieder in
Urteilen, Gefühlen, Wollungen ... erneut werden, zu kaum lösbaren
Schwierigkeiten führen müßte. Wir hätten im Denken neben Allgemeinvorstellungen und Begriffen auch allgemeine Urteilsakte,
Schmerzen, Begehrungen, wobei die vielfache Vereinigung von
Physischem und Psychischem in gemeinsamen repräsentativen Bewußtseinsinhalten rätselhaft bliebe. Dasselbe erneuernde, trennende und
verbindende Denken hätte an ganz verschiedenartige Materien anzu-
greifen und sie doch wieder in gemeinsame Inhalte zusammenzubringen.

Mit diesen Gedankengängen mag es uns gelungen sein, die
Ansicht zu begründen, daß auch innere Erlebnisse als Vorstellungen

erneuert werden. Sollten wir in diesem Punkte nicht im Rechte sein, so würde gleichwohl keine Gefahr einer sachlich irreführenden Beschreibung des Gebietes der Reproduktion bestehen, da jedenfalls ein verschiedenartiges Verhalten der einzelnen Arten von Bewußtseinsinhalten beim Erneuern nicht zu bemerken ist: die Erneuerungsvorstellungen würden dann einfach als pars pro toto zu nehmen sein.

25.

Grundarten des Erneuerns. Werden Inhalte erneuert, ohne daß ein „Wiedererkennen" stattfindet, so sprechen wir von Reproduzieren schlechthin; tritt dagegen zum erneuerten Inhalt ein Wiedererkennen des Gegenstandes, so bedeutet der Akt ein besonderes Reproduzieren, ein Erinnern. Das Wiedererkennen besteht, wenn es in expliziter Weise statthat, in einem zur Reproduktionsvorstellung hinzutretenden Beziehungsurteil mit Zeitbestandteil, d. h. die posteriore Vorstellung wird als inhaltsgleich mit einer prioren gesetzt. Bei vielen Erinnerungsvorstellungen stellt sich das Wiedererkennen nicht in expliziter (zwei Vorstellungen und ein Urteil einschließender) Form ein, sondern bleibt als Vorgang teilweise unterbewußt; in solchen Fällen pflegen wir ungenau das Bekanntsein einfach für ein Merkmal des Gegenstandes zu nehmen[1]).

Erinnerungsurteilen ist im Hinblick auf die nicht seltenen Täuschungen keineswegs Evidenz der Gewißheit eigen, wohl aber ein Berechtigungsbewußtsein (nach Meinong eine Evidenz der Vermutung), das oft mit hohen Überzeugungsgraden verbunden ist.

Nach dem Grade, in dem die Aktivität beim Erneuern zum Bewußtsein kommt, unterscheiden wir ein Vorfinden (bei dem sich die Reproduktionsvorstellung scheinbar spontan einstellt) und ein Auffinden (mit deutlich bemerkter gedanklicher Tätigkeit). Tritt zum erneuernden Denken des Auffindens ein bestimmtes Wirken des verbindenden Denkens, so entsteht jene komplexe Funktion, die wir als Phantasie bezeichnen. Die Gebilde der Phantasie sind als Produktionen oder Bilder charakterisiert und weisen im Gegenhalte zu den Reproduktionen schlechthin bestimmte Besonderungen auf.

---

[1]) Zu den Erinnerungsurteilen vgl. Witasek, Psychologie, p. 290 bis 292. Die Erinnerungstäuschungen, bei denen wir fälschlich glauben, in derselben Lage schon früher einmal gewesen zu sein, scheinen uns eine alternative Erklärung zu fordern. Bei manchen derartigen Fällen ist das Urteil des Gleichfindens irrig; bei anderen tritt eine Unterbrechung der gegenwärtigen Lage durch einen fremden Inhalt ein und wird sodann der erste der beiden Teile des Zustandes zu weit in die Vergangenheit zurückverlegt.

Der Phantasie werden wir in der Folge eine nähere Behandlung
zu widmen haben.

Die soeben gelieferten allgemeinen Beschreibungen und Zu-
ordnungen bedürfen des Nachweises an Erfahrungsbeispielen.

Wenn uns das Antlitz des verstorbenen Vaters oder die Differentialformel $dx^n = n\,x^{n-1}\,dx$ in der Vorstellung entgegentritt,
so ist es jedenfalls nicht der Gegenstand, nämlich das Antlitz und
die funktionelle Beziehung selbst, welche zur Erneuerung gelangen.
Erneuert werden Inhalte von Vorstellungen. Bildlich, aber nur bildlich, gilt die Beschreibung, daß die prioren Inhalte des Antlitzes
und der Formel psychische Spuren oder Denkdispositionen begründet
hatten, auf Grund welcher die posteriore gedankliche Hervorbringung
eines gleichen oder ähnlichen Inhaltes erfolgte. Daß uns die Reproduktion des Gesichts und Symbols um so leichter gelingt, je öfter
diese Inhalte vorgestellt wurden, ist ein Spezialfall der Übung. Die
Übung bewirkt den Ausfall von psychischen Hemmungen, vermöge
Isolierung und Verminderung der Reihenglieder, aus der ein Vorgang besteht (Näheres hierüber folgt später). Anderseits verstehen
wir das Vergessen einer algebraischen Formel mit Hilfe der Annahme
einer „Enge“ der Erneuerungsdispositionen, welche erfahrungsmäßig
nicht in unbeschränkter Zahl ungestört nebeneinander bestehen.

Die Deutlichkeit der erneuerten Vorstellung (etwa eines Gesichts)
hängt einerseits vom Reichtum der prioren Vorstellung an aufgefaßten Inhaltsbestandteilen, anderseits von der Spannung der intellektuellen Aufmerksamkeit beim Reproduzieren ab. Dagegen sind die
Bestimmungsgründe der Klarheit einer Reproduktion (z. B. einer
Funktionsgleichung) der Grad der Besonderung des prioren Inhaltes
von anderen und die Konzentration der intellektuellen Aufmerksamkeit
des erneuernden Subjekts. Der Dauer des Aufmerkens entspricht die
Zeit des Festhaltens einer reproduzierten Vorstellung. Sprechen wir
davon, daß das Bild unseres Vaters mit großer Lebendigkeit vor
unserem Bewußtsein stehe, so bezeichnen wir damit ein komplexes
Merkmal, als dessen Bestandteile wir gesteigerte Klarheit, Deutlichkeit und eine Gefühlsregung (die mit dem Anblick des Vaters verbunden auftritt) ermitteln.

Legen wir uns nun die nicht nur psychologische, sondern auch
erkenntnistheoretische Frage vor, wodurch sich die Reproduktionsvorstellung von unserer Wahrnehmungsvorstellung des Vaters unterscheidet, so glauben wir die Antwort mit voller Bestimmtheit geben
zu dürfen: Dieser Wahrnehmungsvorstellung ist ein Urteil oder

urteilsmäßiges Verhalten konstitutiv, dahingehend, daß dem Inhalte
unserer Vorstellung des Vaters ein realer, externer Gegenstand,
nämlich der leibhaftige Vater selbst, entspreche. Dieser Bestandteil
fehlt der Reproduktionsvorstellung, deren Gegenstand nicht als
Person der Außenwelt gedacht wird, sondern „immanent" bleibt,
auch wenn etwa das Bild des Vaters mit beträchtlicher Lebendigkeit
vor der Seele stünde. Nur in pathologischen Verfassungen verschiebt
sich diese scharfe Grenze.

Es sei uns gestattet, auch die allgemeine Charakteristik des
Erinnerns praktisch zu überprüfen. Finden wir im Verlaufe einer
Umformung von Gleichungen den Ausdruck $d\,x^3 = 3\,x^2\,d\,x$, so
erkennen wir in ihm sofort das Differential einer dritten Potenz.
Dieses „Erkennen" in expliziter Form enthält die Vorstellung $d\,x^3 =
3\,x^2\,d\,x$, ferner die priore Vorstellung $d\,x^n = n\,x^{n-1}\,d\,x$, und ein
Beziehungsurteil, das die Ähnlichkeit beider zum Inhalte hat; war
uns schon früher die spezielle Formel $d\,x^3$ u. s. w. begegnet, so
setzt jenes Beziehungsurteil die Gleichheitsrelation zwischen die
frühere und die gegenwärtige Vorstellung, wobei deutlich eine Zeitbestimmung des „früher" und „gegenwärtig" als Bestandteil des
Akts erscheint; die posteriore Vorstellung ist dann als Erinnerung
charakterisiert.

Des Umstandes, daß der Vorgang des Wiedererkennens in
vielen Fällen teilweise unbewußt bleibt und dann zu einem scheinbaren Merkmal des Vorstellungsgegenstandes verblaßt, haben wir
bereits gedacht.

Die Differentialformel $d\,x^n$ u. s. w. kann dem Mathematiker
zum Bewußtsein kommen, ohne daß er sich seiner Tätigkeit hiebei
deutlich bewußt wird, er „findet" dann die Vorstellung in sich „vor".
Sucht er aber nach der Formel, so ist er sich seines aktiven Verhaltens bewußt und wird das Eintreten derselben als „Auffinden"
bezeichnen.

Beim Suchen ist zunächst eine Vorstellung (ein Leitgedanke)
festgehalten, die den gesuchten Inhalt entweder mit einem Ausschnitt
der Bestandteile oder indirekt (d. h. durch einen fremden Inhalt,
dem derselbe Gegenstand entspricht) vorstellt. Das Subjekt reproduziert nunmehr willkürlich eine Reihe von Inhalten, die zum
leitenden in Ähnlichkeitsrelation stehen, und setzt diese Erneuerungen
so lange fort, bis ein erneuerter Inhalt den Wiedererkennungsakt
auslöst; dieser Inhalt ist der gesuchte. Im Verlaufe des Reproduzierens
kann auch der Leitgedanke durch einen anderen inhaltsverwandten

ersetzt werden. Suchen wir beispielsweise nach dem Namen des
Forschers, der die Hieroglyphen entziffert hat, so ist die Vorstellung
„Entzifferer der Hieroglyphen“ der Leitgedanke, welcher den gesuchten Inhalt indirekt vorstellt, d. h. durch einen anderen Inhalt
mit gleichem Gegenstande. Indem wir nun die Reihe der Durch-
forscher des ägyptischen Altertums durchdenken (also Vorstellungen
mit Ähnlichkeitsrelation zum Leitgedanken), treffen wir auch auf
den Namen Champollions, dessen Eintritt ins Bewußtsein mit einem
Wiederkennen verbunden ist. — Häufig vollzieht sich das Finden
von Namen mit Hilfe einzelner Buchstaben, d. h. auf Grund eines
Gedankens, der einen Ausschnitt der Bestandteile des gesuchten
enthält.

Die Analyse des Suchens von Vorstellungen steht mithin in
richtigem Zusammenhange mit unseren Ansichten vom Erinnern.

B. Das Phantasieren.

26.

Phantasie. Der sachliche innere Zusammenhang mag es rechtfertigen, wenn wir an dieser Stelle unserer Erörterung elementarer
Denkfunktionen die als „Phantasie“ bezeichnete offenkundig komplexe psychische Funktion in Behandlung ziehen. Die Analyse
typischer Erfahrungsfälle enthüllt ohne sonderliche Schwierigkeit
die Teile dieser Komplexion. Das Vorhaben, einen Menschen mit
drei Köpfen oder eine blaue Rose (welche Gegenstände wir nie
wahrgenommen haben) anschaulich vorzustellen, läßt die Phantasie
in Wirkung treten. Wir bedürfen im ersten Falle der Reproduktion
eines beliebigen Rumpfes und dreier Köpfe und vollziehen einen
Akt des verbindenden Denkens; hiebei sind wir uns einer willkürlichen psychischen Leistung bewußt. Beim Vorstellen der blauen
Rose gehen wir von einer roten Rose aus, ersetzen den Farben-
bestandteil durch den geforderten und vollziehen die Verknüpfung
der Rosengestalt mit dem Blau vermittels willkürlicher Akte. Schon
das bloße Ergänzen von Wahrnehmungen (z. B. des durch den
blinden Fleck gestörten Anblicks einer Allee) weist dieselbe Art des
Zusammenwirkens von erneuerndem und verbindendem Denken auf.
(Das im Prozesse mitbeteiligte trennende und urteilende Denken sei
hier außer Betracht gelassen.) Anderseits sind selbst die verwickeltsten Schöpfungen der Künstler, man denke etwa an Tintorettos

Paradies, sofern ihre Phantasietätigkeit für sich betrachtet wird, in Akte des Erneuerns und Verbindens auflösbar[1]).

Allgemein kann gesagt werden, daß die Phantasieleistungen des Alltagslebens vorwiegend die Erneuerungsfunktion, die Kunstbetätigungen dagegen mehr das verbindende Denken zutage treten lassen. Damit korrespondiert die Abstufung der phantasierenden Tätigkeit nach dem Betrage des willkürlichen Anteiles, welche wir mit den Namen „Ausgestalten" und „Erfinden" festhalten.

Es ist Sache der Terminologie, ob man auch das Erneuern und Verbinden unanschaulicher Inhaltselemente einem erweiterten Begriffe der Phantasie unterordnen dürfe. Wir glauben zu einer solchen Unterordnung berechtigt zu sein. Auch die Verbindung reproduzierter Bedingungen zu Ansatzgleichungen und die willkürliche Komposition neuer Begriffe tragen die wesentlichen Merkmale der Phantasieschöpfung an sich. Doch sind wir jedenfalls gehalten, die Bezeichnung „Bild" auf die anschaulichen Erzeugnisse der Phantasie einzuschränken und den Terminus „Einbildungskraft" ausschließlich für die Disposition zur anschaulichen Betätigung der Phantasie zu verwenden.

Die Zusammenfassung unserer bisherigen Ausführungen führt zu folgenden Sätzen:

Phantasie nennen wir das komplexe Vermögen des bewußt-aktiven Erneuerns von Vorstellungsinhalten, die durch willkürliches Verbinden zu neuen Einheiten zusammengeschlossen werden. Die Phantasie im engeren Sinne erneuert und verbindet anschauliche Inhalte zu Bildern. Je nach dem Verhältnisse des Erneuerungs- und des Verbindungsanteiles stufen wir das Phantasieren in Ausgestalten und Erfinden ab.

Zwischen dem Erneuern anscheinend unveränderter Inhalte und dem willkürlichen Hervorbringen von neuartigen Verbindungen reproduzierter Elemente durch die Phantasie liegen erfahrungsmäßig graduelle Abstufungen, deren Höhepunkt im Schaffen des genialen Künstlers zu erblicken ist[2]).

---

[1]) Über die im Künstler wirksamen Dispositionen vgl. u. a. Hugo Spitzer, Herm. Hettners kunstphilos. Anfänge und Literarästhetik, I. Bd., Graz 1903, p. 320—333.

[2]) Ich habe an anderem Orte zu zeigen versucht, daß das künstlerische Schaffen sich in drei Stadien (die während der Schöpfung eines Kunstwerkes wiederholt ablaufen) vollziehe, und zwar in den Stadien der Konzeption (erste

Es empfiehlt sich jedoch folgende Orientierungspunkte in Form einer Einteilung der anteilweisen und reinen Phantasieleistungen festzuhalten:

1. Vorwiegend unwillkürliche Phantasieleistungen:

    a) unwillkürliches Ausgestalten und Ergänzen mittels des unterbewußten Leitgedankens der Analogie (die Erzeugnisse sind als „bekannt" charakterisiert), z. B. das Ausfüllen des blinden Flecks im Sehfelde, Ergänzen einer halb gesehenen Pferdegestalt, das Ausgestalten einer Melodie in der Oberstimme durch Hinzuphantasieren des Kontrapunktes, Fieberillusionen;

    b) unwillkürliches Auffinden mittels unterbewußter Leitgedanken (die Erzeugnisse sind als „selbstgeschaffen" charakterisiert), z. B. plötzliche Einfälle der Künstler, die Auffindung des Prinzips der Dampfmaschine Watts und der Selbstölung der Maschinen, Fieberhalluzinationen.

2. Vorwiegend willkürliche Phantasieleistungen:

    a) willkürliches Umgestalten mittels bewußter Leitgedanken, z. B. Vorstellen eines blauen Apfels, Rekonstruktion der Venus von Milo;

    b) willkürliches Erfinden mittels bewußter Leitgedanken, z. B. Erfinden eines originellen Kontrapunktes, des Lösungsprinzips für eine bestimmte Gleichung, kunstgerechtes Dichten und Malen.

27.

Besprechung abweichender Standpunkte. Als „Gedächtnis" definierte die ältere Psychologie das Vermögen des Bewahrens einer Vorstellung, die unter bestimmten Voraussetzungen aus dem Depositum in die Helligkeit des Bewußtseins wieder auftaucht. Im Sinne dieser Auffassung schien es schwieriger, das Vergessen zu verstehen, wie Herbart nachdrücklich hervorhebt. Die Enge des Bewußtseins half über die Forderung der Erklärung des Verschwindens einer deponierten Vorstellung hinweg.

Erfassung des ästhetisch wirksamen Leitgedankens), der Komposition (Bildung der Gestaltqualitäten der Teile und des Ganzen der Phantasie) und der Koadaption (anpassende Zusammenstimmung der Bestandstücke), zu welcher künstlerischen Betätigung die „Technik" die Ausdrucksmittel beistellt.

Gegenüber dieser auf einem grobsinnlichen Bild beruhenden Depositionstheorie halten wir die Annahme einer Anlage für bestimmte Erneuerungen als durchaus vorzugswürdig. Nicht die prioren Vorstellungen selbst werden aufbewahrt und hervorgeholt wie ein thesauriertes Münzstück oder ein Buch, sondern neue Vorstellungen werden gebildet, deren Inhalte mit den früher erlebten gleich oder ähnlich sind. Erneuern ist in diesem Falle ein Wiederholen. Unsere Auffassung paßt auch zu der Art, wie äußere Wahrnehmungsvorstellungen erlebt werden. Solche Vorstellungen bildet die Seele in Anlehnung an die empfangenen Sinnesreize; die Reproduktionen dagegen vollziehen sich auf Grund innerer Bedingungen, von denen die konstanten eine „Anlage" oder „Disposition" bedeuten. Wir glauben in dieser Deutung Gedächtnis und Erneuerungsvermögen schlechthin identisch nehmen zu dürfen.

Einer Auseinandersetzung bedarf ferner unsere Deutung dessen, was die Psychologie Lebendigkeit einer reproduzierten Vorstellung nennt. Wir bezeichneten damit an früherer Stelle ein Merkmal, das sich aus gesteigerten Graden der Klarheit, Deutlichkeit und Gefühlsbetonung zusammensetzt und von der Stärke und Konzentration der Aufmerksamkeit abhängig ist. Wir glauben nicht, daß die Lebhaftigkeit durch eine Verschmelzung mit mehr oder weniger Vorstellungsresiduen erklärt werden kann, da gerade die als „neu" charakterisierten Reproduktionen (ebenso wie Wahrnehmungen neuartigen Inhaltes) am meisten Aufmerksamkeit erregen und am lebhaftesten vorgestellt werden, obwohl gerade das Ungewohnte relativ wenige verschmelzbare Residuen antrifft. Die Lebendigkeit des Vorstellens geht durch Vermittlung der Aufmerksamkeit auf das Begleitgefühl zurück, welches der Ausdruck einer biologischen Bedeutung des reproduzierten Inhalts ist.

Das Erklärungsprinzip der Verschmelzung versagt auch bei dem Versuch einer allgemeinen Charakterisierung der Erinnerung. Die Bekanntheit kann nicht allgemein als die Fähigkeit, eine Verschmelzung mit Vorstellungsresiduen einzugehen, definiert werden, da gerade während des deutlichen Wiedererkennens (mit expliziertem Beziehungsurteil) keine Verschmelzung der verglichenen Inhalte eintritt. Die Verschmelzbarkeit ist auch keine Teilbedingung des Wiedererkennens; im Gegenteil wird der Wiedererkennungsakt umsomehr verwischt, je vollkommener die Verschmelzung mit Residuen eintritt.

Am weitesten weicht unser Standpunkt in der Frage des phänomenalen Unterschiedes zwischen Reproduktion und Wahrnehmung von den üblichen Lehren ab.

Die Mehrzahl der Psychologen, unter ihnen Berkeley, Hume und Bain, erblicken das charakterisierende Merkmal aller erneuerten Inhalte in einer geringeren Intensität, Klarheit oder Deutlichkeit; für Wundt ist es die Unvollständigkeit der Merkmale im Gedächtnisbilde, für andere die verminderte Intensität des vorstellenden Aktes, was eine Reproduktion von einer Wahrnehmung mit gleichem Gegenstande unterscheidet. Diesen Lehren darf wohl die Erfahrung entgegengehalten werden, daß es außerordentlich lebhafte und vollständige Erinnerungs- und Phantasiebilder neben verblaßten Wahrnehmungsinhalten gibt und daß für die Energie des Vorstellens selbst (nach Abzug des Anteiles der Aufmerksamkeit) kein anderer Maßstab als eben die Intensität des Produktes gefunden werden kann. Auch würde es nach jenen Lehren ganz an einer Grenzbestimmung mangeln, d. h. an einem Zeichen, bei welchem Grade der Verschwommenheit, Unvollkommenheit oder Energieverminderung einer Vorstellung bereits die Natur einer Reproduktion zuerkannt werden müßte.

Nicht befriedigend können wir auch die von James gelieferte, von Cornelius gebilligte Charakteristik finden, derzufolge „das Gedächtnisbild als solches niemals isoliert vorgestellt werden" könne, „sondern nur mit dem Hintergrund der relation-fringes (Beziehungsanhänge), die ihm anhaften". Die Erfahrung scheint uns keineswegs zu zeigen, daß das Wahrnehmungsbild stets ohne Beziehungsanhänge, das Gedächtnisbild regelmäßig mit solchen ins Bewußtsein trete.

28.

Zur Biologie des erneuernden Denkens. Wir erblicken im erneuernden Denken biologisch ein Mittel, sich dem äußerlich und innerlich Gegebenen dadurch rezeptiv anzupassen, daß stattgefundene Erlebnisse in einem späteren Zeitpunkte mit Hilfe einer psychischen Anlage als Vorstellungen wiederholt werden. Ohne Reproduktion vermöchte selbst ein entwicklungstheoretisch tiefstehendes Tier sein Leben nicht für längere Zeit zu erhalten. Lebensfördernde und hemmende Umgebungsteile müssen als solche erkannt werden, damit die günstigen Wertungen und Handlungen rechtzeitig zu stande kommen können, zu welchem Prozesse Erneuerungen unentbehrlich sind. Verweist man den Zusammenhang zwischen ähnlichen Dingen und Vorgängen mit ähnlichen Reaktionen in den Wirkungsbereich des Instinkts, so müssen diesem Bereich offenbar auch Reproduktionen mehrfacher Art einverleibt werden. Was für das vorwiegend instinktive Nähren, Abwehren und Zeugen an Vorstellungswiederholungen erforderlich ist, erscheint in erhöhtem Maße als Teilbedingung für heller bewußte und inhaltlich verwickeltere Denkleistungen. Die meisten Akte des Trennens und Verbindens von Inhalten sind an das Festhalten von Bestandteilen im Gedächtnisse gebunden und vollends das Urteilen mit zeitlichem Element von Erinnerungen abhängig. Es bedarf wohl keiner weitläufigen Ausführung, daß das Bilden von Wortvorstellungen und Begriffen und mit diesen das gesamte theoretische Denken ohne die Voraussetzung einer ziemlich entwickelten Erneuerungsfähigkeit unmöglich wäre. Daß dies auch für alle Akte des transitiven Anpassens (der Objekte an gedachte Zwecke) gilt, ist offenkundig. Jede Verknüpfung von Zweck und Mittel, demzufolge die wichtigste praktische Seite unsres psychischen Verhaltens (die bewußte Willenshandlung) hat Gedächtnis und Erneuerung zur Voraussetzung. Die biologische Wichtigkeit der Reproduktionsfunktion ist somit eine außerordentliche und es wäre eine dankbare Aufgabe, die einzelnen Richtungs- und Inhaltsarten des Erneuerns mit bestimmten Seiten der Lebenserhaltung und Förderung in Zuordnungsbeziehung zu setzen.

Anderseits wird es sich zeigen, daß die Assoziationstatsachen nur durch biologische Erwägungen verständlich werden können. Vorgreifend sei bemerkt: Die Anpassungen durch das Gedächtnis vollziehen sich (wie alle rezeptiven) nach dem Prinzip des zureichenden Minimums. Von der Unzahl der an einem Lebenstage einstürmenden Vorstellungsinhalte wird nur ein Minimum in Dispositionen festgehalten, nämlich jene Inhalte, welche durch ein Interesse die Aufmerksamkeit fesseln. Interesse ist aber ein Begleitgefühl und somit der Ausdruck einer biologischen Bedeutung. Es ist kein Zufall, sondern ein begreiflicher Zwang, wenn sich das Tier gerade bestimmte Riech-, Seh- und Höreindrücke merkt und die unendliche Fülle von sonstigen Bestandteilen der Empfindung, ohne ihre Erneuerungen zu fundieren, vernachlässigt. Das Tier wendet dem Minimum des biologisch Interesseerweckenden seine Reproduktionskraft zu. Nicht anders der Mensch. Die relativ bedeutende Zahl der Reproduktionsanlagen des entwickelten Menschen ist in der Vielseitigkeit und Zusammengesetztheit seines Lebensgehaltes zureichend begründet. Selbst in den Fällen, in welchen durch künstliche (z. B. mnemotechnische) Mittel die Wiederholbarkeit eines Inhaltes ge-

sichert wird, ist es ein bestimmtes unmittelbares oder mittelbares
Interesse, welches die Wahl des zu Sichernden nach dem Minimum-
prinzip vollzieht. Abgeleitete autopathische, sittliche, ästhetische,
namentlich wissenschaftliche Interessen überwiegen hiebei, wenn
einmal die Notdurft der Existenz in den Hintergrund getreten ist.

Biologisch ist ferner zu erklären, warum gewisse Inhalte dem
Vergessen anheimfallen. Das Wegfallen oder Wechseln der Bedeutung
für die Lebenszwecke bewirkt ein Erlöschen der Anlage für die
damit verknüpften Erneuerungen in maximalem Ausmaße. So wie
die Oftmaligkeit der Wiederholung einer Steigerung der biologischen
Wichtigkeit entspricht und die Erneuerungschancen erhöht, so wird
die Seltenheit des Vorstellens eines Inhaltes in den Lebensverhältnissen begründet sein und das Vergessen beschleunigen.

Damit glauben wir auch unsere biologische Assoziationstheorie
induktiv vorbereitet zu haben.

C. Über Erneuerungsgesetze.

29.

Assoziation und Assoziationsgesetze. Man verwendet das
Wort Assoziation derzeit in einem zweifachen Sinn, nämlich einerseits als Bezeichnung einer Art des Verbundenseins von Vorstellungen und anderseits als Name für einen Vorgang des Ab-
folgens. Die beiden Bedeutungen können bei einiger Vorsicht mit
genügender Schärfe auseinandergehalten werden, so daß die Nötigung zu einer terminologischen Neuprägung nicht besteht. Wohl
aber dürften einige definitorische Begrenzungen am Platze sein.
Assoziation als Band nennen wir jene zwischen zwei Vorstellungsinhalten bestehende Verknüpfung, vermöge welcher die
eine Vorstellung das Nachfolgen der anderen auslöst. Die assoziative Verknüpfung ist ein Erzeugnis des verbindenden Denkens
und stellt die intellektuelle Bedingung dar, unter welcher die Erneuerung einer Vorstellung erfolgt. Die Assoziation als Vorgang
schränken wir hier zunächst auf die nicht von bewußten Willens-
aktionen herbeigeführte Abfolge der Vorstellungen ein; die absichtlich erzielte Abfolge bedarf gesonderter Behandlung. Die beiden
assoziativ verknüpften Glieder unterscheiden wir als weckende (asso-
ziierende) und als geweckte (assoziierte) Vorstellung. Zum Zwecke
einer weiteren Klarstellung des Gebrauches einschlägiger Namen

bemerken wir folgendes: Als „Innigkeit" der assoziativen Verknüpfung bezeichnen wir eine — durch die Regelmäßigkeit und Raschheit des Eintrittes der geweckten Vorstellung kundbare — Maßbestimmung der Assoziation. Der Name „Assoziationsfestigkeit" geht auf die zeitlich längere oder kürzere Dauer des Weiterbestehens einer assoziativen Verknüpfung im Leben des Individuums, dagegen drücken wir mit der Bezeichnung „Assoziationskraft" die Zahl der durch eine bestimmte weckende Vorstellung erweckten anderen Vorstellungen aus. Bei vergleichsweise geringer Ähnlichkeit der Inhalte der weckenden und erweckten Vorstellungen sprechen wir von großer „Assoziationsdistanz", bei weitgehender Ähnlichkeit von kleiner Distanz der Assoziation.

Endlich haben wir noch zwischen „einseitiger" und „doppelseitiger" Assoziation zu unterscheiden. Ruft die Vorstellung A die andere B hervor, aber B nicht auch A, so ist eine einseitige Assoziation gegeben (z. B. diophantische Gleichungen); bei der doppelseitigen bedingt A das Auftreten des B und B das Auftreten von A (z. B. Castor—Pollux).

Die Frage, ob jedes Erneuern ein „assoziatives Erneuern" ist oder ob es noch andere Grundarten der Reproduktion (etwa Intuition, freisteigendes Auftreten) gebe, muß vorläufig ohne nähere Begründung dahin beantwortet werden, daß das assoziative Erneuern jedenfalls das Genus darstellt, dessen Spezies durch besondere psychische Bedingungen und Ablaufsweisen gebildet werden. Die volkstümliche Anschauung ist geneigt, bei „Ideenassoziation" bloß die Abfolge eines kontinuierlichen Gedankenflusses ohne Lenkung durch bewußt gewollte Zwecke in Betracht zu ziehen und die „plötzlichen Einfälle" oder „ungebundenen Phantasieschöpfungen" davon auszuschließen. Die wissenschaftliche Behandlung hat, wie wir glauben, dieser Tradition insoweit Rechnung zu tragen, daß sie das assoziative Reproduzieren zunächst in der allgemeinen, unwillkürlichen Erscheinungsform beschreibt und erklärt, um dann aufzuzeigen, daß auch das sogenannte Freisteigen von Vorstellungen und die willkürliche Synthese bei der Phantasieleistung unter das Gesetz der Assoziation fällt — soweit nämlich in solchen Prozessen das erneuernde Denken als Bestandteil ins Auge gefaßt wird.

Wenn — wie wir an früherer Stelle erörtert haben — der Name Erneuern nur auf den Inhalt von Vorstellungen direkte Anwendung finden kann, so darf auch von Assoziieren nur im Hinblick auf solche Inhalte gesprochen werden. Isolierte Gefühle, die übrigens in der Erfahrung nicht nachweisbar sind, können keineswegs assoziiert werden, auch nicht Gefühle mit Wahrnehmungsvorstellungen. Gefühle sind mit den zugehörigen Wahrnehmungsinhalten nicht assoziativ verbunden, sondern koexistieren mit ihnen. Dasselbe gilt vom Verhältnisse der Inhalte und der korrelaten Willensregungen. Es ist nach unserer Anschauung ungenau, zu sagen, das Bild eines Verstorbenen erwecke assoziativ Schmerzgefühle; das Bild erweckt vielmehr eine zweite Vorstellung (des Verlorenhabens), welche, mit Schmerz begleitet, ins Bewußtsein tritt; das auftauchende Gefühl knüpft sich in diesem Falle an eine assoziierte Vorstellung.

Nach dieser nicht zu entbehrenden Feststellung der Ausgangspunkte der Analyse sei nunmehr der Versuch unternommen, das allgemeine Gesetz des assoziativen Erneuerns aufzuzeigen. Wir wählen hiezu den Weg einer Induktion aus mehreren praktischen Fällen, die vermöge ihres wohlbekannten Gehaltes als Repräsentanten einer großen Zahl von Erfahrungsbeispielen gelten können.

Diese Fälle seien:

1. Mein Hund sieht die Peitsche in meiner Hand (A), denkt an die Hautempfindungen der Bestrafung (B) und verkriecht sich eiligst. (Daß das Tier nicht in Wortvorstellungen, sondern in Gesichts-, Geruchs-, Druck- und Zugbildern denkt, macht das Beispiel für unsere Zwecke eher brauchbarer.)

2. Das Wiener Sezessionsgebäude ist mit einem kugeligen Aufsatz aus goldenen Blättern (A) gekrönt: auf dem anstoßenden Markt hieß der Bau alsbald das Haus zum goldenen Krautkopf (B).

3. Professor Röntgen sah auf der lichtempfindlichen Platte unterhalb einer Holzkassette die Abbildung der Instrumente (A), die darin lagen; sein erster Gedanke war, daß hier lichtähnliche Strahlen (B) als Ursache der Erscheinung gewirkt hätten.

4. In Booles Logik das erstemal blätternd, findet der Mathematiker die Formel $x = x^2$ (A) und sofort denkt er daran, daß dieser Ausdruck algebraisch nur für den Fall $x = 1$ gelten könne (B).

In den hier angeführten vier Fällen, die sich als typische erweisen werden, stellen wir folgenden gemeinsamen Sachverhalt fest:

a) Die Vorstellungen A und B stehen zueinander in deutlich erkennbarer Relation. Die Vorstellungen Peitsche und Hautempfindung sind durch dieselbe Beziehung der Sukzession verknüpft, welche bestanden hatte, als die Gegenstände frühere Male nacheinander erlebt und in einen Bewußtseinsakt zusammengefaßt wurden. (Diese Zusammenfassung in einen Akt, welche durch verbindendes Denken vollzogen wurde, begründete eben das assoziative Band jener beiden Vorstellungen.) Auch die Assoziation „Blätterkugel“ und „Krautkopf“ zeigt in ihrer intellektuellen Seite eine Relation, nämlich die der Ähnlichkeit. Die Blätterkugel hat eine bestimmte Gestaltqualität, welche auch dem Krautkopf eignet, doch sind die Elemente des Komplexes verschieden, so daß Ähnlichkeitsbeziehung zwischen den Gegenständen besteht. Beim Anblick der Blätterkugel findet ein Wiedererkennen der Gestalt statt; ein explizierter Wiedererkennungsprozeß schließt aber ein Relationsurteil ein, wie wir früher gezeigt haben.

Nicht minder deutlich steht die intellektuelle Seite des Sachverhaltes bei der Assoziation Professor Röntgens, dessen Gedanken durch die kausale Beziehung verknüpft erscheinen. Eine Relation von Erkenntnisgrund und Erkenntnisfolge erscheint endlich als Band der Gegenstände der zusammengesetzten Vorstellungen $x = x^2$ und $x = 1$ im vierten Falle. Wir glauben daher die allgemeine Behauptung vertreten zu sollen, daß alles Assoziieren ein Band, das in einer erkannten Relation besteht, zur Bedingung hat. Eine weitere Bekräftigung dieses Satzes wird die Untersuchung einer später anzuführenden, längeren Assoziationskette liefern. Wenn wir es als gesichert ansehen dürfen, daß keine Vorstellung B durch die Vorstellung A geweckt werden kann, wenn nicht A und B beim früheren Erleben durch ein Relationsband verknüpft waren und mit derselben Beziehung zur Erneuerung gelangen, so ist auch die Regel begründet: durch Assoziation sind ausschließlich Vorstellungen erweckbar, die zu den weckenden Vorstellungen in Relation stehen. Von diesen Relationen hat die Psychologie bisher vorwiegend nur die der Ähnlichkeit und der Berührung beachtet, daß aber auch jede andere Art von Beziehung das assoziative Band liefern könne, ist durch Erfahrungsbeispiele leicht zu erweisen [1]).

b) Die soeben entwickelte Regel betrifft die intellektuelle Bedingung des Assoziierens. Sie bedarf aber noch der Ergänzung durch eine Regel für die Richtung des Aktes der Assoziation, d. h. für die Bestimmung, welche von den vielen assoziierbaren Vorstellungen tatsächlich zur Erneuerung gelangt und gelangen muß. Auch diese Frage beantworten wir mit Hilfe unserer typischen

---

[1]) Eine wohlgegliederte Übersicht der intellektuellen Bestimmungsgründe der Assoziabilität gibt Jodl, L. d. Psychol., 2. Aufl., II. Bd., VIII. Kap., p. 126 ff.

Fälle im Wege der Induktion. Daß der Hund gerade die Prügel, die Marktfrau den Krautkopf reproduziert, ist ebenso verständlich wie das Denken Röntgens an Strahlenwirkung und das Erneuern $x = 1$ durch den Mathematiker, wenn wir die biologische Lage des assoziierenden Subjekts ins Auge fassen. Die „biologische Lage" des Bewußtseins in einem einzelnen Augenblicke ist charakterisiert durch das eben herrschende Interesse, welches seinerseits ein Ergebnis der psychischen Lebensgeschichte des Individuums darstellt; knüpft die Erneuerung an eine Empfindung an, so ist auch ihr Begleitgefühl eine Komponente des herrschenden Interesses.

Die psychische Lebensgeschichte entspricht einer Seite des gesamten biologischen Entwicklungsprozesses eines Subjekts und schafft nicht nur eine Anzahl von Denkdispositionen (nämlich Erneuerungs-, Trennungs-, Verbindungs-, Urteils- und Schlußdispositionen), sondern vor allem auch gewisse Anlagen des Gefühls- und Willensbereichs.

Diese emotionale Verfassung ist es nun, welche im Vereine mit dem etwa dazutretenden aktuellen Empfindungsgefühl das herrschende Interesse konstituiert. Das herrschende Interesse bestimmt mit Notwendigkeit, welche der assoziierbaren Vorstellungen faktisch erneuert wird, oder, kurz ausgedrückt, die Reproduktionsrichtung.

Es wäre in der Tat völlig unbegreiflich, warum der Hund unter den assoziierbaren Vorstellungen nicht die Personen, Zimmergeräte, ähnliche Wasserpflanzen und Schlangen, sondern just die Muskelzustände beim Geschlagenwerden reproduziert, wenn nicht sein herrschendes Interesse diese Richtung der Erneuerung bedingen würde. Und das herrschende Interesse kann wiederum nur angesichts der psychischen Lebensgeschichte des Tieres verstanden werden, welche bestimmte Gefühlsdispositionen schuf. Der Zusammentritt der letzteren mit dem Empfindungsgefühle liefert im Wege der Verschmelzung nach dem Beziehungsgesetze das herrschende Interessegefühl.

Das gleiche gilt für die Assoziation der Vorstellung eines Krautkopfes an die Wahrnehmung der Blätterkugel. Die Lebensgeschichte der Marktfrau, welche jenen Vergleich zuerst aussprach, begründet es einzig allein, warum diese und nur diese inhaltsähnliche Vorstellung zur Erweckung gelangte; es hätte ja auch eine geschorene Taxushecke, eine goldverzierte Tiara, eine riesige Qualle assoziiert werden können — wenn eben die reproduzierende Person ein Gärtner, ein Archäologe, ein Naturforscher gewesen wäre. Betrachten wir die weiteren Beispiele. Das herrschende Interesse des Physikers, ein Produkt seiner biologischen Entwicklung, bestimmte mit Notwendigkeit die Assoziationsrichtung derart, daß der Gedanke an eine Wirkung lichtähnlicher Strahlen auf die abbildende Platte eintreten mußte, während ein Laie in solchen Dingen ganz andere Vorstellungen erneuert hätte. Und nur dem Mathematiker ist eigen, sonderbare Formeln, wie $x = x^2$, auf die Bedingungen ihrer algebraischen Gültigkeit hin zu prüfen und den passenden speziellen Wert zu assoziieren.

Es ist auch kein Zufall, sondern kausal motiviert, warum ein Melancholiker an seine Erlebnisse vorwiegend Gedanken über Unglück und Tod anknüpft, oder warum der überzeugte Theologe in seinem Assoziationssystem eine Richtung auf bestimmte Ideen erkennen läßt. Durch die Berücksichtigung des herrschenden Interesses des Gesamtlebens eines Subjekts wird der Kreis der Vorstellungen, welche faktisch assoziiert werden, bereits ziemlich enge gezogen. Der Umstand, daß von dieser stark beschränkten Zahl gerade die eine Vorstellung im gegebenen Augenblicke auftauchen mußte, wird durch das herrschende Sonderinteresse des Zeitpunktes der Erneuerung erklärt; die Gefühlsbetonung des Gedankenganges bis unmittelbar zur Assoziation im Vereine mit der intellektuellen Relation lassen in klarliegenden Fällen den Eintritt einer bestimmten Reproduktionsvorstellung genau so kausalgesetzlich notwendig erscheinen, wie etwa das Vorhandensein eines Rohres mit Pulver und die Entzündung des letzteren den hierauf stattfindenden Schuß zur notwendigen Wirkung einer bekannten Ursache stempelt[1]).

Wir sind selbstverständlich verpflichtet, anzuerkennen, daß in sehr vielen praktischen Fällen ein so eklatanter Nachweis der ver-

---

[1]) Man stoße sich nicht an das in unseren Tagen so energisch angefochtene Begriffspaar von Ursache und Wirkung. Wir verwenden es in folgendem Sinne: Der Eintritt eines bestimmten Ereignisses W erfolgt faktisch, wenn die Teilbedingungen $u_1 u_2 u_3 u_4$ verwirklicht sind; nun seien davon $u_1 u_2 u_4$ erfüllt, so daß durch das Hinzukommen von u_3 die Gesamtheit der Teilbedingungen komplett wird. Diese zuletzt erfüllte Teilbedingung u_3, nach deren Verwirklichung unmittelbar das Ereignis W eintritt, nennen wir die Ursache U, sofern das Urteil über den gesamten Vorgang den Bestandteil „reale Notwendigkeit“ enthält. Wer in letzterem Zusatz eine horrende Spekulation erblickt, mag ohneweiters an Stelle der Begriffe Ursache und Wirkung die anscheinend minder gewagten Bedingung und Bedingtes setzen. Die von uns versuchte Theorie der Assoziation würde sodann bloß in ihrer begrifflichen Einkleidung, aber nicht im prinzipiellen Gehalte geändert werden müssen.

Zur hier vertretenen Auffassung der Kausalrelation vgl. Höfler-Meinong, Logik, Wien 1890, S. 65.

ursachenden Antezedentien, wie er eben vorausgesetzt wurde, nicht gelingen mag, wodurch unsere Theorie einen hypothetischen Einschlag erhält. Dieser Mangel braucht jedoch nicht überschätzt zu werden; eine Unzahl von Lehren, die sich in der Naturwissenschaft des Ansehens fundamentaler Leitsätze erfreuen, sind in dieser praktischen Hinsicht gewiß nicht günstiger gestellt.

Es sei uns gestattet, an dieser Stelle unsere Theorie der Assoziation in einige Hauptsätze zusammenzufassen:

Das allgemeine Gesetz der Assoziation, welches wir als psychobiologisches zu bezeichnen haben, lautet: Die assoziative Erneuerung einer bewußt gewesenen Vorstellung ist an zwei Bedingungen gebunden; die intellektuelle Bedingung besteht darin, daß die weckende und die geweckte Vorstellung durch das verbindende Denken mittels einer Relation verknüpft sind (Assoziationsband); dagegen wird die Assoziationsrichtung, nämlich die Bestimmtheit, derzufolge von den assoziierbaren Vorstellungen im einzelnen Augenblicke gerade diese und keine andere Vorstellung zur faktischen Erneuerung gelangt, durch das herrschende Interesse des Gesamtlebens und des Reproduktionszeitpunktes mit Notwendigkeit begründet, in welchem Tatbestande die emotionale Bedingung des Assoziationsvorganges gelegen ist. Das herrschende Interesse ist das Willenskorrelat zum stärksten Begleitgefühl eines Bewußtseinsinhaltes, so daß in letzter Linie Lust und Unlust in aktueller und dispositioneller Erscheinungsweise der Assoziation die Richtung geben. Sowohl die Entstehung der Relation, welche die Reproduktionsfähigkeit begründet, als auch das Zustandekommen des herrschenden Interesses jeder Bewußtseinslage sind Bestandteile der psychobiologischen Vorgeschichte des reproduzierenden Subjektes.

Der Umstand, daß es neben den doppelseitigen auch einseitige Assoziationen gibt, wird als zur Richtung des Vorganges gehörig durch den emotionalen Faktor erklärt.

Die nähere Charakteristik des Assoziationsbandes obliegt der Relationstheorie; die Untersuchung der emotionalen Bedingung dagegen fällt der Werttheorie zu [1]).

---

[1]) Diese Untersuchung bildet den wesentlichen Inhalt des II. und III. Teiles meiner Werttheorie, Wien 1902, S. 27 ff.

Unsere Auffassung des Assoziationsvorganges wird durch den Umstand unterstützt, daß sie mit der Analyse des Prozesses beim bewußten Handeln im Einklang steht. Unter Handeln verstehen wir die in die Außenwelt tretende Wirkung des Willens. Der bewußte Wille wird in seiner Äußerungsform durch die intellektuelle Seite der Vorstellungsmasse, in seiner Richtung aber durch das mächtigste Wertgefühl bestimmt. Beide Bestimmungsgründe sind Ergebnisse der psychobiologischen Entwicklung des Subjekts. Die psychische Aktivität vollzieht sich in der Assoziation innerlich (im Bereiche der Vorstellungen) nach demselben Gesetze, wie im bewußten Handeln, das in die Außenwelt wirkt. Aber auch im unterbewußten Wollen, das dem Instinkt- und Triebleben zu grunde liegt, finden wir den intellektuellen und den emotionalen Faktor als die beiden Bedingungen des notwendigen Zustandekommens der aktiven psychischen Prozesse deutlich vor. Damit ist die Einheitlichkeit in der Auffassung des gesamten psychischen Lebens, sofern es Tätigkeit ist, erreicht.

Noch ein prinzipieller Punkt bedarf hier der Berührung. Wenn wir in unserer Analyse das Element der Aufmerksamkeit nicht für sich herausgehoben haben, so bezweckten wir damit lediglich eine Verkürzung der Beschreibung. Durch eine ins einzelne gehende Differenzierung wäre leicht aufzuzeigen, an welchen Stellen der komplexe Erneuerungsvorgang Willensbestandteile aufweist, die dem Gebiete der Aufmerksamkeit einzuordnen sind. Aufmerksamkeit und Interesse sind begrifflich unterscheidbar, aber nicht phänomenal trennbar, so daß unsere Assoziationstheorie auch eine Formulierung mit Heranziehung der Aufmerksamkeit als richtunggebenden Faktor zulassen würde[1]).

Unser psychobiologisches Grundgesetz der Assoziation hat offenkundig nicht bloß für die Abfolge zweier Vorstellungen, sondern für Vorstellungsreihen mit beliebig vielen Gliedern Geltung. Das „Abbrechen" einer assoziierten Vorstellungsreihe wird durch den Eintritt einer neuen Wahrnehmungsvorstellung, welche mit ihrem Begleitgefühl den Blickpunkt der Aufmerksamkeit gewinnt, bewirkt. Da wir freisteigende Gedächtnisvorstellungen nicht anerkennen, so gilt uns diese Ursache der Unterbrechung des Assoziationsverlaufes

---

[1]) Eine solche Formulierung findet sich in Kreibig, Die Aufmerksamkeit als Willenserscheinung, p. 10. — Vgl. auch Windelbands Antrittsrede „Über Denken und Nachdenken" (1877), erschienen in seinen Präludien, 2. Auflage, Tübingen 1903, S. 212 ff.

als die einzige, welche in einem Wachzustand eintritt. Das hindert
uns aber nicht, die Tatsache anzuerkennen, daß sich innerhalb einer
assoziativen Reihe die Erscheinung des „Überraschtseins“ einstellen
könne, d. h. das Erleben eines Reihengliedes mit ungewöhnlich
loser Relationsverbindung und lebhaftem Gefühlston. Was als freisteigende Vorstellung bezeichnet zu werden pflegt, ist durch diese
Merkmale zureichend charakterisiert und unterscheidet sich von dem
assoziativ in gewohnter Weise Erweckten nur durch graduelle Eigentümlichkeiten.

30.

Erfahrungsregel der psychischen Verkürzung. Die Erfahrung
lehrt, daß Assoziationen von mehr als zwei Gliedern bei öfterer
Wiederholung nicht nur zeitlich beschleunigt, sondern auch unter
Verringerung der gedachten Bestandteile abzulaufen pflegen. Diese
merkwürdige Erscheinung bedarf des Erklärens im Sinne unserer
Lehre. Wenn die Reihe der Vorstellungen a, b, c, d wiederholt erneuert wird, so tritt (dies darf als anerkanntes Übungsphänomen
gelten) zunächst eine zeitliche Verkürzung des Ablaufes ein. Erreicht nun die Denkbeschleunigung einen solchen Grad, daß es dem
Bewußtsein möglich wird, in einem Denkakt jene vier Bestandteile
a, b, c, d zusammenzufassen, so ergibt sich hiedurch eine Relation
der Gleichzeitigkeit nicht nur zwischen a und b, sondern auch
zwischen a und d; eben diese Relation aber rückt d in das Gebiet
der von a aus reproduktionsfähigen Vorstellungen. Tritt nun in Hinkunft a ein, so kann, wenn der emotionale Faktor die Bedingungen
vervollständigt, unmittelbar d erneuert werden, worin die psychische
Verkürzung des Assoziationsbereiches liegt.

Wir dürfen allgemein sagen:

Die psychische Verkürzung des Assoziationsbereiches
besteht in der Ausschaltung von früher zwischen zwei
Vorstellungen a und d gedachten Gliedern bei späterem
Wiederholen der Erneuerung der zweiten Vorstellung (d)
nach der ersten (a). Sie wird erklärt durch das Entstehen
einer unmittelbaren Relationsverknüpfung zwischen den
ursprünglich nur mittelbar verbundenen Inhalten.

Was die Phantasie des konzipierenden Künstlers von der des
künstlerischen Laien auszeichnet, ist in der Hauptsache der Vorzug
zahlreicher und weitgreifender Verkürzungen im Assoziieren, ein

Vorzug, durch welchen die ästhetisch wirksame Wahl unter der
Unzahl gebotener Möglichkeiten und das Verbinden anscheinend
entlegener gedanklicher Bestandteile psychologisch verständlich wird.

Ein einfaches Beispiel dürfte die Richtung, in der die induktiven
Instanzen für diese Aufstellung zu suchen sind, hinreichend bezeichnen.

Der Anfänger im Lesen bedarf bei seiner Verrichtung mindestens vier Assoziationsglieder, nämlich 1. des erfaßten Schriftbildes;
2. des Lautbildes, das dem Schriftbilde entspricht; 3. der dem Lautbild
zugeordneten Bewegungsempfindungen in den Sprachwerkzeugen und
4. der Innervation für die Ausführung jener Bewegung. Der geübte
Leser knüpft aber unmittelbar oder fast unmittelbar an das Erfassen
des Schriftbildes auch bereits festbestimmte Kehlkopfinnervationen;
die oftmalige Wiederholung der Reihe hatte eine Beschleunigung
des Ablaufes zur Folge, vermöge welcher das zusammenfassende
Bewußtsein eine Relation zwischen den Extremen der Reihe begründete; mit Hilfe der neugeschaffenen Relation wurde schließlich
das Erwecken des letzten Gliedes unter Ausschaltung der Zwischenvorstellungen ermöglicht. Die psychologische Seite des Prozesses,
der physiologisch den Erwerb eines Übungsreflexes bedeutet, haben
wir psychische Verkürzung des Assoziierens genannt [1]). Das angeführte Beispiel lehrt uns aber noch anderes. Die Durchmusterung
der Erneuerungserscheinungen zeigt, daß es einer konstitutiven Einrichtung unseres Seelenlebens entspricht, Assoziationen von Reihen,
deren Endpunkt emotional bestimmt ist, in möglichster psychischer
Verkürzung zu vollziehen. Dieser Sachverhalt darf vielleicht nicht
ganz unberechtigt als Sondergesetz des Denkens bezeichnet werden.
In der Tat erscheint es uns im Sinne des Prinzips vom zureichenden
Grunde wohlverständlich, daß der geübte Leser niemals die ursprünglich erforderlich gewesenen Zwischenvorstellungen erneuert — es
sei denn, daß ihn ein wissenschaftliches Interesse zum Herausheben
der Bestandteile des unverkürzten Aktes bewegt.

Ein beträchtlicher Teil der Entwicklung des Denkens wird
erst durch das Wirken der psychischen Verkürzungen verständlich.
Ohne solche ökonomische Mittel wäre das Entstehen eines höher
ausgebildeten Denklebens ausgeschlossen, denn nur mit ihrer Hilfe
entsteht jene außerordentliche Verzweigtheit der intellektuellen Ver-

---

[1]) Ich erinnere mich noch mit Verwunderung an meinen Professor der
Mathematik, der es oft den verwickeltsten Integralformeln gewissermaßen ansah,
welche Funktion in ihnen stecke.

knüpfungen unter den Vorstellungen verschiedenster Modalität, welche die Voraussetzung der Assoziationsleistungen des Gelehrten, Künstlers und Organisators darstellt.

31.

Begünstigung des Erneuerns durch Wiederholung. Wir haben bereits der allbekannten Tatsache Erwähnung getan, daß ein Inhalt mit um so geringerer intellektueller Anstrengung erneuert wird, je öfter er vorher vorgestellt wurde, oder, anders gefaßt, daß die Übung den Reproduktionsablauf begünstigt. Dieser Sachverhalt wird von vielen als selbstverständlich genommen, obwohl er eine psychologische Aufklärung fordert. Der Hinweis auf das Bild der Physiologen, daß die Wiederholung die Wege der Nervenerregungswelle „bahne", kann offenbar für die Psychologen nicht ausreichend sein. Nun scheinen uns gerade die in diesem Abschnitte entwickelten Ansichten von der Natur des Erneuerns die Mittel zu einem besseren Verständnis der Reproduktionsübung in die Hand zu geben. Psychologisch ist die Übung (genauer Geübtheit) die Fähigkeit zum Vollzug einer Funktion unter Ausfall von psychischen Hemmungen, die bei ihrem Vorhandensein ein merkliches Anstrengungsgefühl auslösen. Der Ausfall der Hemmungen tritt in der Weise zutage, daß die Reihenglieder des Funktionsaktes isoliert (d. h. von interkurrierenden Vorstellungen befreit) und in ihrer Zahl vermindert werden (d. h. daß eine psychische Verkürzung des Prozesses eintritt). Eine Folge des Übens ist die Beschleunigung des öfters wiederholten Ablaufes.

Die soeben hervorgehobene Isolierung der Reihenglieder wird dadurch bewirkt, daß die das Erneuern vermittelnden Relationen beim wiederholten Denken klarer und deutlicher erfaßt werden, als dies beim einmaligen Vorstellen geschieht; auch werden die Relationen selbst vermehrt, so daß bei öfterem Reproduzieren gewissermaßen Bündel verwandter Relationen zur Verfügung stehen.

Die psychische Verkürzung vermindert anderseits die Zahl der Reihenglieder des Erneuerungsprozesses, und zwar dadurch, daß unmittelbare assoziative Verknüpfungen entstehen, wo beim einmaligen oder seltenen Erneuern mittelbare Verknüpfungen das Assoziationsband bilden. Auf der Seite des Emotionalen bewirkt die Häufigkeit des Denkens gleicher Vorstellungsreihen eine Abstumpfung des Gefühlskorrelates des Denkaktes (nämlich des Anstrengungsgefühles), entsprechend den allgemeinen Gesetzen für die Intensität aktueller Gefühle.

Ist jenes Begleitgefühl in den dispositionellen Untergrund ein-
gegangen, so liegt der Denkvorgang im Bereiche der „Gewohnheit".
Reproduktionsakte, denen die soeben geschilderten Kennzeichen zukommen, nennen wir geübte.

Überprüfen wir das Gesagte an dem Beispiele des Memorierens
einer Strophe, so zeigt sich die Richtigkeit unserer Aufstellungen.
Beim Lernen wird die Wiederholung nicht nur eine Isolierung der
geübten Vorstellungsreihe (durch Fesselung der Aufmerksamkeit),
sondern auch eine Verkürzung bewirken, indem allmählich die
mittelbare Verknüpfung durch den Sinn der Satzteile durch das
unmittelbare Band des Gleichklanges (Reimes) unterstützt und teilweise ersetzt wird. Im Verlaufe der Wiederholung vermindert sich
zugleich das Anstrengungsgefühl der Reproduktion. (Wird das
Memorieren ohne Unterbrechung allzu lange fortgesetzt, so tritt
bekannterweise intellektuelle Ermüdung ein, die in den Erneuerungs-
prozeß Störungen bringt.)

Berücksichtigt man also die intellektuelle und emotionale Verfassung, welche durch Übung entsteht, so wird die Erfahrungstatsache verständlich, daß den geübteren Reproduktionen eine günstigere
Chance des Vollzugs im Vergleiche zu minder geübten zukommt.
Daß aber gleichwohl die Übung für sich kein Erklärungsprinzip
für den Eintritt des Assoziationsaktes liefert, beweist das Faktum,
daß in zahlreichen Fällen des täglichen Lebens nicht die geübtesten,
sondern eben die durch das intensivste (aktuelle oder dispositiouelle)
Augenblicksinteresse betonten Erneuerungen unter den intellektuell
möglichen zur Auslösung gelangen. Nur der Umstand, daß wiederholt vollzogene Vorstellungsabfolgen in praxi sehr häufig auch der
geschilderten intellektuellen und emotionalen Bevorzugung teilhaftig
werden, kann den irrigen Schein wachrufen, daß der Assoziationsprozeß durch die Übung zu erklären sei, während doch die Übung
durch die psychische Verfassung beim wiederholten Assoziieren
gleicher Reihen erklärt werden muß.

32.

**Bestimmungsgründe der willkürlichen Erneuerung und Phan-
tasieproduktion.** Es scheint uns keiner weitausholenden Argumen-
tation zu bedürfen, um die Überzeugung zu befestigen, daß auch
das willkürliche Erneuern in seinem Ablauf den soeben erörterten
Assoziationsgesetzen untergeordnet ist. Die Richtung des vorsätz-

lichen Erneuerns von Vorstellungen (wie alles Denkens überhaupt) ist durch das Interesse vorgezeichnet, dessen Art im einzelnen Falle nur psychobiologisch zu begründen ist. Wie wir an früherer Stelle ausgeführt haben, vollzieht sich das willkürliche Reproduzieren mit Hilfe von Leitgedanken, d. h. von Vorstellungen, welche mit den zu erweckenden in Relation stehen. Dieser Tatbestand gilt nicht nur für das „Suchen" nach Inhalten mit bestimmten Bestandteilen, sondern für jede synthetische Anreihung von Vorstellungen, insoweit ein solcher Vorgang Erneuerungen einschließt. Phantasieproduktionen, deren Wesen wir als ein Zusammenwirken von Akten des verbindenden und erneuernden Denkens bestimmten, unterliegen in Hinsicht der Erneuerungsrichtung dem Interesse für das Ergänzen und Umgestalten des gegebenen Weltbildes. Intellektuell ist die Abfolge der phantasierend verarbeiteten Vorstellungen an das Bestehen von Relationen gebunden, wozu bemerkt werden muß, daß die entwickelteren Stufen der Phantasietätigkeit durch das Verwerten weitgreifender psychischer Verkürzungen der Assoziation charakterisiert sind. Was die willkürlichen Erneuerungen und die Produktionen der Phantasie im Vergleiche zum unwillkürlichen Assoziieren schlechthin auszeichnet, ist das Hinzutreten des Bewußtseins einer bestimmten intellektuellen Selbsttätigkeit. Die Gesetze der willkürlichen psychischen Funktionen sind aber — insoweit sie Vorstellungserneuerungen enthalten — dieselben, wie sie für Assoziationen im allgemeinen gelten. Diese Erkenntnis gewinnt auch durch den Umstand an Sicherheit, daß erfahrungsmäßig die unwillkürlichen und willkürlichen Prozesse derselben Art (so wie die unterbewußten und bewußten) allmähliche Übergänge ineinander aufweisen.

33.

Freisteigende Vorstellungen. Begreiflich scharf würden nur solche Vorstellungen als freisteigend zu bezeichnen sein, welche ohne jeden kausalen Zusammenhang mit der Bewußtseinslage ihres Eintrittszeitpunktes zur Erneuerung gelangen. In diesem Sinne bedeutet jede freisteigende Vorstellung (als eine dem Satze vom zureichenden Grunde entrückte Erscheinung) ein wahres Wunder [1]).

---

[1]) Hermann Swoboda hat in seinen beachtenswerten Studien zur Grundlegung der Psychologie, Leipzig und Wien 1905, S. 25 ff., freisteigende Vorstellungen anerkannt und darauf hingewiesen, daß ihr Auftauchen durch die konventionelle Assoziationstheorie unerklärbar sei. Solche Vorstellungen entständen

Der Nachweis, daß es zufällig eintretende Reproduktionen gebe, ist
nun allerdings, so viel wir sehen, in keiner Weise erbracht worden,
denn auch dann, wenn die konventionelle Assoziationstheorie
nicht genügen sollte, um einen Fall des Auftauchens von Vorstellungen kausal ins klare zu setzen, würde von einer absoluten
Ursachlosigkeit keineswegs gesprochen werden dürfen.

Wenn wir geneigt sind, einzelne Vorstellungen, etwa die plötz-
liche Erinnerung an eine ferne Person oder die launischen Einfälle
eines Künstlers, als freisteigend anzusprechen[1]), so ist dieser Umstand ohne Verleugnung unseres Assoziationsgesetzes durch die Aufzeigung gradueller Besonderheiten im betreffenden Falle der Erneuerung durchaus verständlich zu machen. Daß ich mich eines
Morgens scheinbar unvermittelt eines verstorbenen Freundes erinnere,
überrascht wegen der ungewöhnlich losen und nachträglich nicht
erkennbaren Relationsverknüpfung mit den eben gegenwärtig gewesenen Inhalten, wobei möglicherweise eine psychische Verkürzung
von seltener Spannweite im Spiele ist. Aus dem Beziehungsgesetze der
Gefühle wird zugleich der lebhafte Affekt der Überraschung begreiflich.
Allerlei Gemeinempfindungen (selbst Gerüche), die sich dem späteren
Nachweis entziehen, pflegen in solchen Fällen emotionale Zustände
im Gefolge zu haben, welche unerwartete Reproduktionen auslösen.

Sehr verwickelt gestaltet sich der Sachverhalt bei den blitz-
artigen Inspirationen mancher schaffender Künstler. Das aktuelle
Interesse, das dem aufgetauchten ästhetischen Leitgedanken eignet,
hindert auch den Künstler selbst an einer kausalen Betrachtung
seines Erlebnisses, so daß er persönlich in dem Glauben befangen

nach Maßgabe des noch nicht ausreichend bekannten Periodengesetzes. Wir
glauben, daß der Verfasser keineswegs berechtigt war, deshalb den „Götzen der
Kausalität" zu verspotten, da gerade er eine künftige Erkenntnis von Perioden-
gesetzen erhofft, die das Auftauchen jener Vorstellungen vorherzusagen ermöglichen. Ein Vorhersagen ohne Kausalität wäre aber unmöglich.

[1]) Oft gelingt es übrigens geübten Psychologen, die sonderbarsten Einfälle
auf eine streng geordnete Assoziationsreihe zurückzuführen. Hobbes erzählt, daß
jemand inmitten eines Gespräches über den englischen Bürgerkrieg plötzlich fragte,
wieviel ein Denar unter Tiberius gegolten habe. Als Assoziationsglieder stellte
der anfangs überraschte Hobbes fest: Verrat Karls I. um 200.000 Pfund, Verrat
Christi um 30 Silberlinge, Wert eines Silberlings. (Bei Taine, Verstand, I., 114.)
Taine berichtet den Fall, daß er bei der Erinnerung an den schottischen Berg
Ben Lomond unerwartet auf das preußische Unterrichtssystem zu denken kam.
Das Bindeglied der Assoziation bildete, wie sich herausstellte, ein früherer Besuch
des Berges durch Taine, in dessen Begleitung ein Herr aus Deutschland sich be-
fand, der das Gespräch auf die preußischen Schulen brachte. (Ebenda, 114.)

bleibt, er habe seinen Einfall gleichsam von einer fremden, höheren
Macht eingegeben erhalten.

Wenn auch die Fälle von Erneuerungen ohne deutlich aus-
geprägte Assoziation keineswegs gering an Zahl sind, so können sie
doch keineswegs eine Skepsis begründen, die so weit ginge, dieser
Schwierigkeit zuliebe auf die Formulierung eines allgemeinen Assoziationsgesetzes zu verzichten. Auch die Naturwissenschaft vermag
nicht jeden konkreten Einzelfall einwandfrei unter ihre Regeln zu
subsumieren, ohne deshalb frivolerweise ihre grundlegenden Gesetze
oder gar das Kausalprinzip für nichtig zu erklären. Oft sind gerade
solche Forscher, welche sich vor allem Hypothesischen oder bloß
Wahrscheinlichen bekreuzigen, in Wahrheit wenig strenge Denker.
Ohne einen gewissen konservativen Geist, sagt Mach (in seinem
Vortrage über die Anpassung im naturwissenschaftlichen Denken)
sehr treffend, würde die Theorie der Wissenschaften zum Schau-
platze eines kindischen Wankelmutes, aus dem ein wahrer Fortschritt nie erwachsen könnte.

34.

Bemerkungen zur üblichen Assoziationstheorie. Die Mehrzahl
der Psychologen der Gegenwart bekennt sich zu einer Assoziationstheorie, welche die Behauptung zum Kerne hat, daß Vorstellungen,
die ähnlich sind oder eine Berührung (contiguity) aufweisen, einander ins Bewußtsein rufen [1]. Wundt, welcher den Assoziations-
begriff auch auf simultane Verbindungen, also auf den Gesamt-
bereich des verbindenden Denkens ausdehnt, erblickt in den sogenannten Assoziationen bereits komplexe Vorgänge und sagt hierüber: „Geht man auf die elementaren Prozesse zurück, in die sich
hiebei der Erinnerungs- wie jeder zusammengesetzte Assoziations-
vorgang zerlegen läßt, so ergeben sich als solche stets Gleich-
heits- und Berührungsverbindungen.“[2] Zu dieser Lehre ist

---

[1] Eine Zusammenstellung älterer und neuerer Assoziationstheorien dieser
Richtung (u. a. Aristoteles, Hobbes, Locke, Hume, Kant, Herbart, Lotze, J. St. Mill,
Jodl, Ebbinghaus) liefert Rud. Eisler, Wörterbuch der philos. Begriffe, 2. Aufl. 1904,
S. 79 ff. Von einer Erörterung der einzelnen Standpunkte innerhalb der rein
mechanischen Assoziationspsychologie glauben wir im Hinblicke auf den beson-
deren Zweck unserer Untersuchung Abstand nehmen zu sollen.

[2] Wundt, Grundz. d. Psychol., 5. Aufl., S. 294. — Wundt legt besonderes
Gewicht darauf, daß nicht von Ähnlichkeits-, sondern von Gleichheitsassoziation gesprochen werde. Wir glauben, daß die Frage, ob nicht besser die (empirische) Gleichheit als Grenzfall der Ähnlichkeit aufzufassen sei, immerhin diskussionsfähig ist.

folgendes zu bemerken. Es erscheint uns vor allem notwendig, die an
früherer Stelle hervorgehobenen Bedeutungen des Wortes Assoziation
auseinanderzuhalten, nämlich Assoziation als ein zwischen Vorstellungen bestehendes Band bestimmter Art, das durch verbindendes
Denken geschaffen wurde, und Assoziation als Vorgang des Erneuerns einer Vorstellung im Anschlusse an eine gegebene andere.
Alle Arten des Verbundenseins psychischer Elemente überhaupt
Assoziation zu nennen, dünkt uns nicht empfehlenswert, da zu dieser
Neuerung des Sprachgebranches ein sachlich zwingender Grund
kaum vorliegt. Die Art, in der beispielsweise Empfindung und Gefühl oder Raum und Farbe verbunden sind, als Assoziation zu bezeichnen, wäre geradezu verwirrend. Es könnte also nur die Assoziation als Vorgang zum Inbegriff aller Akte des verbindenden
Denkens gewählt werden, aber auch diese Verallgemeinerung ist bedenklich. Das Verbinden im algebraischen Addieren oder im Setzen
einer Relation mag von allerlei Assoziationen begleitet sein, ist aber
nicht selbst eine Funktion, die mit dem Erwecken neuer Vorstellungen
durch gegebene in eine Gattung verwiesen werden mußte. Freilich
sind diese vorwiegend terminologischen Bedenken von minderer
sachlicher Bedeutung. Sachlich anzufechten ist jedoch die Behauptung, daß sich das Assoziationsband in den Relationen der Gleichheit und der Berührung erschöpfe. Die alltägliche Erfahrung lehrt,
daß auch andere Relationen, namentlich kausale, als Assoziations-
bindeglied wirksam sind [1]). Wenn der Gerichtsarzt beim Erblicken
einer Wunde sogleich an die Art ihrer Verursachung denkt, oder
wenn ein Mathematiker an das Bemerken des Wechsels eines Vor-
zeichens den Gedanken an bestimmte algebraische Gründe anknüpft,
so sind dies Fälle, die in die Schemata der Gleichheit und Berührung nicht passen, es sei denn, daß man einen dieser Begriffe
dermaßen zerdehnt, daß eben alle Relationen mit hineinfallen.

Wir glauben, der üblichen Assoziationstheorie nicht nur entgegenhalten zu müssen, daß sie die Abhängigkeitsrelationen als
Assoziationsbänder vernachlässigt, sondern auch, daß nach ihren Aus-

---

[1]) **Höffding** spricht von einem Gesetz der Totalität, von welchem die Asso-
ziationsregeln der Ähnlichkeit und Berührung nur Grenzfälle seien. Das „Wesentliche aller Assoziationen wird also die Tendenz, wenn ein einzelnes Element
gegeben ist, den gesamten Zustand wieder zu erzeugen, von dem dieses Element
oder ein ähnliches einen Teil bildet". Psychologie, 2. Aufl., Leipzig 1893, S. 217.
Höffding knüpft mit seiner Ansicht an **Hamiltons** law of redintegration an. —
Höfler, Psychologie, S. 166, 169 f., anerkennt neben der Gleichheit und Berührung
eine ganze Reihe sonstiger assoziativer Verknüpfungsweisen.

sagen die Richtung der Assoziation völlig rätselhaft bleibt. Die Mehrzahl der Vertreter der konventionellen Lehre verhält sich in der Frage, ob ähnliche und berührende Inhalte einander erwecken können oder erwecken müssen, zweideutig. Richtig ist offenbar die Wendung „können". Denn es ist ganz zweifellos, daß eine gegebene Vorstellung (z. B. Obelisk) keineswegs sämtliche ähnliche Inhalte (Nadel, Flamme, Säule . . .) noch auch alle durch Berührung verknüpften (Heliopolis, Ruinen, Reisegenossen . . .) faktisch wachruft. Dann enthält aber die konventionelle Lehre nur eine Teilbedingung des Assoziierens, bei deren Erfüllung die Erweckung einer bestimmten posterioren Vorstellung möglich ist. Um ein Gesetz zu sein, müßte dieses Bruchstück einer Theorie durch die Feststellung ergänzt werden, welche von den möglichen Fällen zur Wirklichkeit werden muß. Diese Ergänzung glaubten wir in dem Hinweis auf den emotionalen Faktor, der die Richtung der Reproduktion bestimmt, gefunden zu haben. Die Vorstellung einer Säule wird nur dann die Erinnerung an einen Obelisken wachrufen, wenn der Interessenkreis des Reproduktionsangenblicks die Aufmerksamkeit auf solche Reiseeindrücke hinlenkt; ein Forstmann wird allenfalls (auch wenn er Obelisken gesehen hätte) auf Grund seiner emotionalen Lage zur Reproduktionsvorstellung eines Tannenstrunks gelangen müssen.· Aus der Relation allein wird diese Entscheidung nicht abzuleiten sein, auch dann nicht, wenn man ein Intensitätsmerkmal zu Hilfe nimmt (gesteigertste Ähnlichkeit, innigste Berührung).

Die von uns vertretene Anschauung von der emotionalen Bestimmtheit der Assoziationsrichtung, wie aller Denkrichtung überhaupt, ist bekanntlich bereits von mehreren Psychologen in verwandter Form ausgesprochen worden. Unabhängig von den Andeutungen Schopenhauers [1]), welcher den Willen zum Leiter der Gedanken machte, hat zuerst Horwicz [2]) auf den Zusammenhang des Erneuerns mit den Lebensbedingungen hingewiesen und die Bewegungsassoziation zwischen Empfindung und Trieb als primäre Erscheinung der Reproduktionsfunktion hingestellt. Jodl, Höffding und Jerusalem nehmen wenigstens eine wesentliche Mitwirkung des

---

[1]) W. a W. u. V., 2. Bd., Kap. 14, „Über die Gedankenassoziationen" (p. 145 ff). Schopenhauer sagt, p. 149: „Daher ist die Gestalt des Satzes vom Grunde, welche die Gedankenassoziation beherrscht und tätig erhält, im letzten Grunde das Gesetz der Motivation."   .

[2]) Analysen, II., 168 ff.

Gefühls beim Assoziieren an [1]), während Ziegler im Gefühl [2]) den
eigentlich entscheidenden Faktor des Erneuerungsprozesses erblickt.
Eine durchgebildete Theorie des Zusammenhanges vom Fühlen und
Denken verdanken wir Windelband [3]), der sogar die intellektuelle
Teilbedingung in die emotionale aufzulösen sucht, indem er darauf
verweist, daß Ähnlichkeit und Gleichzeitigkeit der Inhalte von relativer Gleichheit der Gefühle begleitet sei. Endlich dürfen wir hier
das Gesetz der relativen Glücksförderung von Ehrenfels [4]) als verwandten Gedankengang heranziehen, ohne jedoch der in diesem Gesetze sich ausdrückenden Ausschaltung des Begehrens zuzustimmen.

Im Hinblick auf diese bedeutsamen Ansätze dürfen wir wohl
als sicher annehmen, daß die in der ersten Entwicklung begriffene
Werttheorie in Hinkunft auch in der Psychologie des Denkens eine
nicht unwichtige neue Betrachtungsweise zur Geltung bringen werde.

II. Verarbeitungsfunktionen.

A. Das Trennen.

35.

Das trennende Denken im allgemeinen. Die der Empfindung
sich darbietenden Gegenstände, aber auch die .Erzeugnisse des
Denkens sind regelmäßig so gegeben, daß die zugeordneten Vorstellungsinhalte eine Trennung in mehrere gesonderte Inhalte erfahren können, welche Teilen, Seiten, Attributen ... der Gegenstände entsprechen. Die einem solchen Vorgang zugrundeliegende
psychische Aktivität, die wir als Denkfunktion des Trennens be-

---

[1]) Jodl, Lehrb. d. Psychol., VIII. Kap., § 26. — Höffding, Psychologie, 2. deutsche Aufl., S. 412 f. — Jerusalem, Psychologie, 3. Aufl., S. 72 ff.

[2]) Gefühl, 2. Aufl., S. 152 u. ö.

[3]) Windelband, „Über Denken und Nachdenken". Eine akademische Antrittsrede 1877. Abgedruckt in den Präludien, 2. Aufl., Tübingen 1903, S. 212 ff.
Windelband sagt: „Auf Grund der Allgegenwart der Gefühle können wir es als
allgemeines Gesetz aufstellen, daß das Bewußtsein in jedem Augenblicke diejenige
Vorstellung ergreift, welche unter den von innen wie den von außen erregten das
lebhafteste Gefühl mit sich führt." (227) „Unwillkürlich gestalten sich überall
unsere Gedanken nach unseren Bedürfnissen, ohne daß uns diese selbst dabei
jedesmal zum Bewußtsein kommen." (233) „Gefühl und Wille sind denn auch die
Quellen des Irrtums." — Windelbands Studie „Normen und Naturgesetze", ebenda,
S. 249 ff., verwischt leider diese zutreffenden Gesichtspunkte.

[4]) Ehrenfels, Werttheorie, I., 25, 41, 248; vgl. auch „Über Fühlen und
Wollen", Sitzungsber. d. Akad. d. Wiss. Wien 1887.

zeichnen, ist nicht auf eine andere Art geistiger Tätigkeit rückführbar und besitzt daher elementaren Charakter.

Das zu trennende Ganze sei hier „Komplex", das durch Trennen erhaltene Einzelne „Bestandteil" (in weitester Bedeutung) genannt. Jeder Akt des Trennens kommt unter Mitwirkung der Aufmerksamkeit zu stande, welche den Bestandteil in gedanklicher Besonderung festhält (isoliert).

Das Trennen kann sich im unwillkürlichen Bemerken einer Mannigfaltigkeit erschöpfen oder in einer willkürlichen Analyse bestehen, zwischen welchen Gegensätzen die Erfahrung graduelle Übergangsstufen aufweist. Einen konstitutiven Bestandteil bildet das trennende Denken innerhalb des Vorganges der Abstraktion, von welcher später zu handeln sein wird. Je nach der Denkrichtung kann die trennende Funktion den Abschluß einer Reihe von Vorgängen bilden oder aber — und darin liegt ein erkenntnistheoretisch bedeutsamer Umstand — die Mannigfaltigkeit für eine Betätigung der Denkfunktion des Verbindens beistellen. Dadurch wird das Trennen auch zur Voraussetzung der Bildung von Allgemeinvorstellungen und Begriffen.

36.

Trennbare Inhalte und Arten des Verbundenseins der Gegenstände. Eine tiefgehende Untersuchung des trennenden Denkens ist an die Voraussetzung geknüpft, daß die Arten des „Zusammen" im Bereich der Gegenstände vollkommen klargestellt werden, womit sich auch die korrespondierende Frage, in welchem Sinne Gegenstände „komplex" sein können, erledigt. Unser Versuch eines schematischen Überblickes sei durch einige Beispiele als pars pro toto der Instanzen eingeleitet. *a)* An einem Maßstab werden durch die Zentimeterstriche Teile der ganzen Strecke bezeichnet; die Schläge der Turmuhr lassen Teile der Zeit eines Tages erkennen; die Zahl 3 kann als ein Zusammen von drei Einheiten $(1 + 1 + 1)$ definiert werden. *b)* Eine gegebene Stimmgabel weist 10 *cm* Länge, 50 *g* Gewicht, eine bekannte chemische Zusammensetzung hellgraue Farbe, zwei vierkantige Zinken den Klang c^2 u. s. f. auf; das psychische Phänomen beim Erblicken eines Wohltäters zeigt als unterscheidbare Seiten den Empfindungsinhalt, Erinnerungen, Relations- und Kausalurteile, Lustgefühle und bewußte Willensregungen. *c)* In der Allgemeinvorstellung der Renaissance sind die Vorstellungen

Protorenaissance, Frührenaissance, Hochrenaissance und Spät-
renaissance, im Rechtsbegriffe der Geisteskrankheiten der Wahnsinn,
die Raserei und der Blödsinn repräsentiert.

Läßt man die angeführten Fälle als Proben für die empirisch
bekannten Arten des „Zusammen“ oder „komplexer Beschaffenheit“
gelten (wobei der Nachweis der Vollständigkeit einer Sonderunter-
suchung vorbehalten bliebe), so ergeben sich drei Klassen des Verbundenseins:

a) Das partitive Verbundensein als ein Beieinander von
Teilen und ein Aneinander von Reihengliedern unter Abschen von
der Qualität. Diese Art von Verbundensein zeigen räumliche, zeit-
liche Teile eines räumlichen, zeitlichen Ganzen, Bewegungsteile eines
Bewegungskontinuums, Glieder einer Reihe (im besonderen auch
Glieder eines gegliederten Körpers oder Vorganges), geometrische
Ausdehnungen, Zahlensummen u. s. f.

b) Das immanente Verbundensein als Seiten, Eigenschaften,
Merkmale, Zustände . . . einer komplexen Einheit, welche diese
Bestimmtheiten als Substanz, Trägerin, Inhaberin . . . aufweist (im
besonderen die Bestandteile von Anschauungssynthesen, Gestalt-
qualitäten, Assimilationen, Kolligationen u. s. w.). Bei dieser Art des
Verbundenseins bleiben partitive Gesichtpunkte ausgeschaltet.

c) Das repräsentative Verbundensein weisen Gegenstände
auf, die gemeinschaftlich in Allgemeinvorstellungen, Begriffen und
symbolischen Zeichen repräsentativ enthalten sind, im besonderen
die Bestandteile von begrifflichen Ordnungssystemen, die Fundamente
zu Relationsvorstellungen, die durch gemeinsame Sprachzeichen
repräsentierten Gegenstände u. s. f.

Die im vorstehenden Schema unternommene Aufzählung der
Arten, wie im Bereiche der Gegenstände ein Zusammen gegeben
sein kann, bildet zugleich die Grundlage für die Beantwortung der
Frage nach den trennbaren Inhalten und ihren Klassen. Jedes Zusammen der Gegenstände ist im Vorstellungsinhalte trennbar und
jeder Art des Zusammens entspricht auch eine Klasse der Trennungen.

37.

Grundarten des Trennens. Das Gebiet der Trennungsfunktion
kann sowohl nach Maßgabe der Verschiedenheit im Vorgange des
Vollziehens, als nach der Eigenart der Leistung eingeteilt werden.

Im Sinne des ersten Gesichtspunktes erhalten wir die bereits erwähnte Klasse des Bemerkens einer Mannigfaltigkeit, die man (allerdings terminologisch gewagt) einem weiteren Begriff der Analyse subsumieren könnte. Das Bemerken einer Mannigfaltigkeit im gegebenen Ganzen der äußeren oder inneren Empfindung ist eine irreduzible Grunderscheinung des Denkens, welche die Bedingung jedes primären geistigen Verarbeitens des Erfahrungsstoffes darstellt.

Erfolgt das Trennen bei gegebenen komplexen Inhalten willkürlich, so sprechen wir von Analyse im strengen Sinne[1]). Die wissenschaftliche Analyse verfährt mit gesteigertem Anteil des bewußten Wollens, indem sie planmäßig und nach selbstgeschaffenen Regeln vollzogen wird.

Einige wichtige, nach ihren Gegenständen bestimmte Gattungen der Analyse sind die deskriptive Analyse der Naturwissenschaften (mit den künstlichen Hilfsmitteln des Mikroskops und Teleskops), die deskriptive Analyse der Psychologie, die logische Analyse (von Begriffen, Urteilen, Schlüssen, Ordnungssystemen), die grammatische Analyse (von sprachlichen Gebilden) und die mathematische Analyse (von Größen, Funktionen).

Psychologisch ergeben sich im Anschluß an die aufgezeigten Arten des Verbundenseins drei Grundarten des Trennens von Vorstellungsinhalten, nämlich:

a) das Zerlegen von partitiven Komplexen;

b) das Ablösen von immanenten Bestimmtheiten;

c) das Ausschalten aus repräsentativen Einheiten.

Eine kurze Charakterisierung dieser Besonderungen des trennenden Denkens ist namentlich auch von logischem Interesse und möge im folgenden versucht werden.

a) Das Zerlegen von partitiven Komplexen läßt ein Auseinander und Voneinander von Teilen und Reihengliedern entstehen, deren Qualität unberücksichtigt bleibt. Den Trennstücken sind einzelne Vorstellungsinhalte zugeordnet. Das Zerlegen liefert räumliche, zeitliche, motionale Teile von gegebenen Kontinuen oder ge-

---

[1]) Behufs Klarstellung des Wortgebrauches sei daran erinnert, daß wir in jedem Denkvorgang psychische Aktivität erblicken, gleichwohl aber zwei Grenzfälle unterscheiden, nämlich unwillkürliche und willkürliche Denkakte. *a)* Bei unwillkürlichen Denkakten stellen sich die den Denkgegenstand bildenden Bestandteile ohne bewußte Wahl ein, wobei die psychische Tätigkeit als solche unterbewußt bleibt; *b)* willkürliche Denkakte sind dadurch gekennzeichnet, daß bei bewußter Wahl der Denkelemente auch die psychische Aktion bewußt wird.

sonderte Glieder von Reihen; jedes Messen von Größerem durch Kleineres gründet sich auf Trennungsfunktionen. Die anschauliche Strecke eines Papierrandes, der rechte Winkel eines Fensterrahmens ist nicht nur sinnfällig, sondern auch gedanklich teilbar, d. h. in Stücke, welche die Aufmerksamkeit für sich festhält, trennbar; der unanschaulich große Raum, denn der Erdball einnimmt, wird geodätisch zerlegt; die Glieder eines sinfonischen Satzes, einer musikalischen Phrase können durch trennendes Denken gesondert und durch Aufmerksamkeit isoliert werden.

Werden Teilstücke selbst wieder zerlegt, so vollzieht sich ein Trennen zweiter Stufe, dem ein solches dritter, vierter... Stufe folgen kann.

b) Das Ablösen von immanenten Bestimmtheiten bewirkt eine Sonderung der Beschaffenheit von ihrem Träger oder mehrerer Beschaffenheiten unter sich. Das partitive Zusammengesetztsein bleibt hiebei unberücksichtigt. Dem gegenständlichen Ablösen entspricht eine Vermehrung der bezüglichen Vorstellungsinhalte [1]).

Diese Funktion im Vereine mit der isolierenden Aufmerksamkeit vermittelt vor allem die Vorstellung von Substanzen und Akzidenzen. Als Substanz gilt im modernen Sprachgebrauch ein vorausgesetzter Träger, zu dem seine Akzidenzen in einseitiger Abhängigkeitsrelation stehen, d. h. der Gegenstand der Substanzvorstellung behält den Charakter eines dinglich Seienden, wenn alle Akzidenzen durch trennendes Denken abgelöst werden, während die Akzidenzen durch Aufhebung der Relation zur Substanz ihre dingliche Natur verlieren. Die einseitige Abhängigkeitsrelation zwischen Substanz und Akzidenzen ist die des Habens, d. h. die Substanz h a t die Akzidenzen, nicht aber umgekehrt. (Daß der Begriff der

---

[1]) T w a r d o w s k i, Zur Lehre vom Inhalt und Gegenstand der Vorstellungen, Wien 1894, entwirft folgende scharfsinnig erdachte Gliederung:

1. Der G e g e n s t a n d der Vorstellung hat
  a) materiale Bestandteile (nähere und entferntere Teile, z. B. Merkmale);
  b) formale Bestandteile, nämlich Beziehungen der Teile zueinander (Eigenschaften und Verhältnisse);

2. Dem I n h a l t e der Vorstellung kommen zu
  a) materiale Bestandteile, und zwar: α) Teile mit gegenseitiger Ablösbarkeit (z. B. Buchblätter — Bucheinband); β) mit gegenseitiger Unablösbarkeit (z. B. Ausgedehnt — Farbiges); γ) mit einseitiger Ablösbarkeit (z. B. Art Rot — Gattung Farbe);
  b) formale Bestandteile (Verhältnisse, z. B. Einheitsformen). Vgl. namentlich p. 56 f., 78 f.

Substanz vom streng empirischen Standpunkt entbehrlich und durch den der Gestaltqualität ersetzbar ist, sei hier nur angedeutet.)

Das Trennen des immanent Verbundenen führt ferner zur Erkenntnis von Seiten (der isolierten Beachtung fähige qualitative Bestimmtheiten des Ganzen), Zuständen oder Verfassungen (Summe der qualitativen Bestimmtheiten in Relation zur Zeit ihres Bestehens), Verschmelzungen (Ineinander von Substanzen in Abhängigkeitsrelation zum Ganzen), Merkmalen (für sich bewußt erfaßte Beschaffenheiten), Eigenschaften (Merkmale in Habenrelation zum dinglichen Träger). Der Begriff Beschaffenheit deckt sich mit dem der Akzidenz im empirischen Sinne und schließt die Unterbegriffe des Merkmals, der Eigenschaft, des Zustandes (oder der Verfassung) und des In-Relation-Stehens ein.

Die Bestimmtheiten des Ganzen sind selbst wieder voneinander durch Ablösung trennbar, z. B. die räumliche Ausdehnung und die Farbe eines gesehenen Objekts, die Qualität und die Intensität eines Gefühles. Die genaue Untersuchung zeigt hiebei, daß hier wiederum verschiedene Arten des Beisammens vorliegen, denen eigene Varianten des Trennens entsprechen.

Einige Beispiele mögen den konkreten Gehalt dieser Aufstellungen verdeutlichen. Es sei eine tönende Glocke gegeben. Die planmäßige Analyse, welche die Leistung des einfachen Bemerkens von Mannigfaltigkeiten vervielfacht, wird zunächst im Wege trennenden Denkens und isolierenden Aufmerkens die immanenten Beschaffenheiten der räumlichen Gestalt, der plastischen Ausschmückung, der Farbe und des Klanges als Merkmale für sich in diskreten Vorstellungsinhalten auffassen, und zwar als Eigenschaften der Glocke. (Die Beschaffenheit, welche in der Art der Metallkomposition liegt, wird vom Beschauer nur dann als Merkmal zu besondern sein, wenn er durch Schlüsse den Weg zur Vorstellung jener qualitativen Bestimmtheit finden kann.) Sodann wird das In-Relation-Stehen des Gegenstandes zur Umgebung zur Beachtung gelangen, die Art des Aufgehängtseins und des Schwingens, die zeitliche Ordnung der Klänge, die Beziehungen von Bild und Ton zu Erinnerungen ähnlicher Art u. s. f. Die Summe der Beschaffenheiten, auf den Zeitpunkt ihres Zusammenseins im gleichen Gegenstande bezogen, macht den Zustand oder die Verfassung der Glocke aus. Auch an der Gelegenheit, Verschmelzungen und Vereinigungen zu trennen, fehlt es hier nicht; es können beispielsweise im Klange der Grundton und die Obertöne unterschieden und in der Aufmerksam-

keit festgehalten werden. Die theoretisch geschulte Analyse wird
endlich die gedankliche Ablösung sämtlicher Akzidenzen der Glocke
zu vollziehen im stande sein und im Sinne der üblichen Auffassung
eine Substanz dieses Gegenstandes vorstellen (und zwar unanschaulich
und indirekt), welche zur Gestalt, Ausschmückung, Farbe ... in
einseitiger Habenrelation steht und dinglichen Charakter bewahrt.

Es sei uns noch die Heranziehung eines zweiten Beispieles
gestattet. An dem Affekt des Schreckens vor einer herannahenden
Giftschlange sind mit Hilfe trennenden Denkens als Seiten unterscheidbar: *a)* die Sinnesempfindungen mit ihren Merkmalen, *b)* die
Gemütsbewegung auf Grund der assoziativen Verknüpfung des Wahrnehmungsinhaltes mit schmerzvollen Erinnerungsvorstellungen, *c)* eine
Willenserregung mit motorischen Folgen, *d)* eine Reihe vermittelnder
Urteile. Alle diese Elemente zusammen konstituieren den Affekt-
zustand hinsichtlich der psychischen Seite; von ihr können weiters
die physiologischen Begleiterscheinungen durch Ablösen gesondert
werden.

Auch bei dieser Funktionsrichtung des trennenden Denkens
lassen sich Akte erster, zweiter, dritter ... Stufe unterscheiden,
was keiner näheren Ausführung bedarf.

c) Das Ausschalten aus repräsentativen Einheiten, das
einen relativ höher entwickelten Habitus des Denkvermögens zur
Voraussetzung hat, besondert durch diskrete Vorstellungsinhalte bestimmte Gegenstände, welche gemeinschaftlich mit anderen in Allgemeinvorstellungen, Begriffen und symbolischen Zeichen gedacht
werden. Das ausschaltende Trennen führt vom impliziten Mit-
denken des Gegenstandes in einem mehreren Gegenständen gemeinschaftlichen Inhalte zum expliziten Für-sich-Denken jenes Gegenstandes durch einen ihm allein entsprechenden Inhalt, wobei die
Unterordnungsrelation des Ausgeschalteten zur repräsentativen Einheit bewußt bleiben kann.

Im begrifflichen Ordnungssystem der Dreiecke beispielsweise
werden gleichseitige, gleichschenklige, ungleichseitige, rechtwinklige,
schiefwinklige, stumpfwinklige ... Dreiecke durch die Vorstellung
Dreieck repräsentativ gedacht; wenn nun die Analyse es unternimmt, die Art der rechtwinkligen Dreiecke aus jener Einheit auszuschalten (um gewisse Folgerungen zu ermöglichen), so liegt ein
Beispiel des hier ins Auge gefaßten Spezialfalles des trennenden
Denkens vor. Der Anfänger in der Geometrie, der gewohnt ist, den
Begriff des Dreiecks als Repräsentation aller Figuren mit drei Ecken

zu verwenden, wird beim Fortbilden seiner Kenntnisse bald und oft
Anlaß finden, solche Ausschaltungen und Isolierungen untergeord-
neter Arten zu vollziehen. (Daß übrigens im Verlaufe der hier an-
gedeuteten Denkoperation auch sogleich Akte des verbindenden
Denkens stattfinden, macht das Beispiel nicht unbrauchbar.)

Die Relationsvorstellung „Eltern" wird bei gegebener Veranlassung in die Fundamente „Erzeuger" und „Kind" (Akt erster
Stufe), die Vorstellung „Erzeuger" wiederum in die Glieder „Vater"
und „Mutter" gesondert werden (Akt zweiter Stufe), worin die
isolierende Ausschaltung aus einer repräsentativen Einheit gelegen ist.

Ungemein häufig tritt diese Art trennenden Denkens bei Wortzeichen, Schriftsymbolen und Zahlenausdrücken ein. Die Geschichte
der Sprache von den Wurzeln an (welche nach Steinthal zunächst
ganze Sätze bedeuteten) bis zu den Anpassungen an die individuellen Feinheiten der bezeichneten Einzelgegenstände und ihrer
Relationen bildet eine Kette von Belegen.

Eine spezielle Gruppierung der trennenden Funktionen würde
die Anlehnung an bestimmte Erzeugnisse des verbindenden Denkens
liefern; danach wäre ein Auflösen der Anschauungssyntheme, der
Gestalten, der Assimilate, der Kolligate und der Erfahrungsver-
knüpfungen zu unterscheiden. Doch würde hier eine bezügliche Erörterung, da jene Erzeugnisse des Verbindens noch nicht besprochen
sind, eine störende Antizipation bedeuten.

Von der außerordentlichen Bedeutung des trennenden Denkens
nicht nur für die physische Existenz, sondern auch für alles höhere
geistige Leben des Menschen wird in einem folgenden Kapitel zu
sprechen sein.

38.

Gesetze des Trennens. Trennbar sind zusammengesetzte Vorstellungsinhalte, die komplexen Gegenständen entsprechen; das Zu-
sammengesetztsein der Vorstellung ist somit die intellektuelle
Bedingung des Trennens. Welche von den möglichen Arten und
Stufen der Trennung tatsächlich eintritt, mithin die Richtung der
trennenden Funktion, entscheidet mit Notwendigkeit der emotionale
Faktor, d. h. das herrschende Interesse im Augenblicke des Voll-
zugs. Dieses Interesse, welches im Wesen eine vom Gefühl bestimmte
Willensverfassung darstellt, ist aber das kausal zustandegekommene
Ergebnis der psychischen Entwicklungsgeschichte des Individuums.

Es bliebe durchaus unverständlich, warum an einem Gemälde, das Archimedes vor seinen Kreisen darstellt, der Historiker vor allem den überlieferten Vorgang, der Maler die Technik der Ausführung, der Geometer die Kreise im Sande . . . analysiert, wenn nicht die psychobiologische Vorgeschichte der beschauenden Person das herrschende Interesse und dieses die Richtung des Denken bedingen würde. Wir begegnen also hier denselben Bestimmungsgründen, die auch das erneuernde Denken in gesetzlicher Weise beherrschen. Die Überprüfung ihrer Gültigkeit in charakteristischen Fällen des quantitativen Trennens (z. B. des Zerlegens von Zahlenreihen, Melodien, Reaktionszeiten) und des qualitativen Trennens (z. B. des Ablösens modaler Bestimmtheiten bei der Perzeption einer Blume, des Sonderns von Urteilsbestandteilen) gelingt leicht, wenn die biologische Lage des Bewußtseins unmittelbar vor dem Bemerken der Mannigfaltigkeit oder dem willkürlichen Analysieren genügend erkennbar ist. Und dies ist regelmäßig der Fall, wenn das denkende Subjekt mit einem relativ engen Kreis von Vorstellungsgegenständen beschäftigt oder in eine spezielle Aufgabe versenkt ist. Während des aufmerksamen Mikroskopierens kann ein starker Wechsel der Umgebungseindrücke unbemerkt bleiben, während die feinsten Unterschiede im Bilde gesondert und festgehalten werden. Aber auch das Ausschalten von Elementen aus Begriffen, Ordnungssystemen und Sprachsymbolen kann deutlich nach dem Satze vom Grunde motiviert werden, wenn die Person und augenblickliche Beschäftigung des Subjekts hinreichend bekannt ist. Der Grammatiker, der Psychologe, der Mathematik Studierende werden charakteristische Richtungen in ihrem trennenden Denken anfweisen und je nach dem Stande ihres augenblicklichen Interesses einzelne begriffliche Ausschaltungen bestimmter Art vollziehen und vollziehen müssen.

Wir glauben daher allgemein aussprechen zu dürfen:

Die elementare Funktion des trennenden Denkens ist an zwei kausale Bedingungen gebunden; die intellektuelle Bedingung besteht darin, daß dem Inhalte der gegebenen Vorstellung ein komplexer Gegenstand entspricht, dessen Teile, Seiten, Beschaffenheiten oder repräsentative Einordnungen erkennbar sind; dagegen wird die Richtung des Trennens, nämlich die Bestimmtheit, derzufolge von den möglichen Trennungen im gegebenen Augenblicke gerade diese und keine andere erfolgt, durch das herrschende Interesse des Gesamtlebens und des Denkzeitpunktes mit Notwendigkeit begründet, in welchem Tatbestande die emotionale Bedingung des Trennungsvorganges gelegen ist. Das herrschende Interesse ist das Willenskorrelat zu Lust und Unlust in aktueller und dispositioneller Erscheinungsweise, so daß in letzter Linie Gefühle die Denkrichtung bestimmen.

Wenn die verwirrende Fülle und der launische Wechsel der Interessen des Alltags eine Feststellung der psychobiologischen Lage in zahlreichen Fällen des praktischen Lebens nicht ermöglichen, so wäre es jedenfalls eine unberechtigte Übereilung, die sich dabei abspielenden Akte des Zerlegens, Ablösens und Ausschaltens für ein ursachloses Spiel zu erklären; die Verallgemeinerung der hier gelieferten gesetzlichen Regel auf die nicht überprüfbaren Fälle zählt jedenfalls zu den erlaubten Analogieschlüssen.

39.

Das Vergleichen, Unterscheiden und Gleichfinden. Einer besonderen Erörterung bedürfen im Anschlusse an die Untersuchung des elementaren trennenden Denkens die Funktionen des Vergleichens, Unterscheidens und Gleichfindens. Ein Vergleichen findet statt, wenn an das Bemerken einer Mannigfaltigkeit und das Festhalten zweier oder mehrerer Trennstücke derselben durch die Aufmerksamkeit die Vorstellung eines Relationsurteiles der Verschiedenheit oder eines solchen der Gleichheit geknüpft werden. Beim Vergleichen werden die Relationsurteile bloß vorgestellt, aber nicht tatsächlich gefällt. Erfolgt das Zusprechen der Verschiedenheitsrelation (in einem expliziten oder impliziten Urteil), so vollendet sich der Vorgang des Unterscheidens. — Das Gleichfinden, das in allen empirischen Fällen streng genommen ein Ähnlichfinden bedeutet, vollzieht sich, wenn nach dem Festhalten der Trennstücke ein bewußtes oder unterbewußtes Urteil erfolgt, durch das die Gleichheits- (richtiger Ähnlichkeits-) Relation gesetzt wird.

Es scheint uns verfehlt zu sein, das Vergleichen, Unterscheiden und Gleichfinden als nicht zerlegbare Elementarphänomene zu behandeln (wie es beispielsweise Ulrici tut), da hiedurch die Tatsache der Beteiligung der vorgestellten oder gefällten Urteile verwischt wird.

Wenden wir uns einigen Belegfällen zu. Wer auf einer Tafel eine Mehrzahl von Figuren bemerkt, kann emotionale Veranlassung finden, zwei derselben (ein Dreieck und ein Viereck) durch die Aufmerksamkeit zu fixieren. Gesellt sich zu diesem Vorgang die Vorstellung eines der beiden Urteile, nämlich „die Figuren sind gleich" oder „die Figuren sind ungleich", so befindet sich das Subjekt im Stadium des Vergleichens. Durch den Umstand, welches der beiden Urteile vorgestellt wird, erhält das Vergleichen seine besondere Charakteristik; in der Tat zeigt die psychologische Analyse, daß es Vergleichungen mit dem Bestandteil vorgestellter Verschiedenheit und andere mit vorgestellter Übereinstimmung gibt. Dem Vergleichen kann ein Unterscheiden oder ein Gleichfinden nachfolgen, doch können diese Beurteilungen auch ohne explizit entwickeltes Stadium des Vergleichens unmittelbar an das Bemerken der Mannigfaltigkeit (zweier Figuren) und dem Festhalten der Trennstücke (diese Bilder) geknüpft werden. Das Unterscheiden besteht offenkundig in dem faktischen Fällen des Relationsurteils der Verschiedenheit (des Dreieckes und Viereckes), das Gleichfinden dagegen im Zuerkennen der Gleichheit mit bestimmter Einschränkung (z. B. zwei Dreiecke).

Sehr häufig sind die Akte des Vergleichens, Unterscheidens und Gleichfindens durch den Hinzutritt der Abstraktion kompliziert, welcher Umstand sich durch eine vorherbestimmte Wahl der zu vergleichenden Trennstücke kundgibt. In der einfachsten, reinsten Form vollzieht sich das Vergleichen, Unterscheiden und Gleichfinden ohne einen Leitgedanken, demzufolge gerade einzelne, bestimmte Trennstücke (Figuren, Merkmale oder qualitative Besonderungen) festgehalten und den angeführten Funktionen unterworfen werden. Der Sachverhalt, daß das reine Vergleichen, Unterscheiden und Gleichfinden ohne vorherbestimmte Wahl, das Abstrahieren dagegen mit solcher Wahl sich vollzieht, wird an Hand der Beschreibung von Abstraktionen (im nächsten Abschnitte) zur vollen Klarheit zu bringen sein.

40.

Die Abstraktion. Im Zusammenhange mit den Ausführungen des vorigen Paragraphen schreiten wir nunmehr zur Erläuterung jener wichtigen intellektuellen Funktion, die unter verschiedenartigen Beschreibungen mit dem Namen Abstraktion bezeichnet wird. Die Abstraktion im strengsten Sinne enthüllt sich bei genauerer Prüfung als eine Art des „Getrennthaltens", d. h. als eine Aufmerksamkeitsleistung, die sich unmittelbar an das Trennen anschließt. Sollen bestimmte Trennstücke für sich als Vorstellungsinhalte im Bewußtsein festgehalten bleiben, so ist hiezu ihre Fixierung durch die

willkürliche Aufmerksamkeit erforderlich. Im Sinne der Erfahrungsregel der Enge der Aufmerksamkeit (mit der die Enge des Bewußtseins korrespondiert) treten im Falle des Fixierens bestimmter
Teilinhalte die übrigen von selbst zurück; eben dieses Entschwinden
aus der zentralen Helligkeit des Bewußtseins deckt sich mit dem
Begriff des „Abstrahierens“. Daß dieser Terminus ein transitives
Verbum darstellt, deutet auf den alten Irrtum hin, daß es ein
aktives Absehen, ein Nichtbemerkenwollen gebe.

Von Psychologen, die von einem solchen Mißverständuis frei
sind, wird jedoch häufig der Name Abstraktion auf den gesamten
Prozeß des Trennens mit nachfolgendem Festhalten der Trennstücke, sofern die Wahl der fixierten Teilinhalte vorherbestimmt ist,
ausgedehnt. Diesem erweiterten Wortgebrauch glauben auch wir
zustimmen zu sollen, was wir durch die Überprüfung einiger Erfahrungsfälle von Abstraktionen rechtfertigen.

a) Wenn ein geworfener Ball mit den Augen verfolgt wird,
um die Höhe, die er erreicht, zu beurteilen, so findet eine Abstraktion statt, die als Merkmale aufweist 1. die Leitvorstellung eines
höchsten Punktes der Kurve; 2 das partitive Trennen des Be-
wegungsteiles, bei dem das Steigen aufhört, von den übrigen Bewegungsteilen; 3. das Fixieren des Trennstückes der höchsten Lage;
4. das Entschwinden der übrigen Trennstücke aus dem Blickpunkt
des Bewußtseins.

b) Dem Gebiete des Ablösens immanenter Bestandteile ge-
höit der Fall an, daß bei einem Sechseck von der Dicke der
Kontur und von der Größe abstrahiert und dem Sechseckigsein die
Beachtung zugewendet wird. Die Vorstellung der Eckenzahl bildet
hier den Leitgedanken; die sechs Ecken stellen den Gegenstand
dar, der durch Trennung gesondert und durch Aufmerksamkeit
fixiert wird, während die Kontur und die Ausdehnung den von
selbst zurücktretenden Bestimmtheiten entsprechen.

c) Beispiele für Abstraktionen, welchen die Trennung von
repräsentativen Einheiten zu grunde liegt, liefern die Allgemeinvorstellung „Verbrechergenie“ und der Begriff „Vaterhaus“, wenn
die Bestandteile „Genie“, beziehungsweise „Vater“ einseitige Beachtung finden und die übrigen Trennstücke dem Blickpunkt des
Bewußtseins entschwinden. Entsprechen diese Zergliederungen dem
allgemeinen Tatbestande, so besteht der Satz zu Recht:

Abstraktion im weiteren Sinne ist jene komplexe
Funktion, bei welcher nach einem Akt trennenden

Denkens die Aufmerksamkeit auf Grund einer bestimmten Wahl einzelne Trennstücke fixiert, so daß die nicht beachteten Trennstücke im vorstellenden Bewußtsein zurücktreten. Im engeren Sinne wäre nur der letzterwähnte Bestandteil des gesamten Vorganges als Abstraktionsereignis (nicht als aktives psychisches Verhalten) anzusprechen.

Nach unserer Auffassung bildet also die Abstraktionsfunktion im ganzen einen Spezialfall des Unterscheidens, der durch Hinzutritt einer bewußt vorausbestimmten Richtung der fixierenden Aufmerksamkeit charakterisiert ist.

Die Analyse in der Wissenschaft, namentlich aber die Vorarbeit der Begriffsbildung, schließt planmäßig verkettete Reihen von Abstraktionen ein, deren Leitgedanke durch die gleichzeitige psychobiologische Lage des Forschers mit Notwendigkeit bestimmt wird.

Schließlich sei noch die Bemerkung beigefügt, daß die hier vertretene Lehre von der Natur der Abstraktion mit Fug als „attentionistische" bezeichnet werden dürfte[1]), und zwar im Gegensatz zur diesbezüglichen „Vermögenslehre" der älteren Psychologie.

41.

Zur Biologie des trennenden Denkens. Im trennenden Denken erblicken wir eine Anpassung des Intellekts an die zu beherrschende Mannigfaltigkeit der Dinge und Vorgänge durch das Mittel der Vermehrung der zugeordneten Vorstellungsinhalte. Das Trennen nützt durch Vervielfachen. Es läßt Teile, Seiten, Beschaffenheiten und Bestandteile repräsentativer Einheiten erkennen und verbessert dadurch nicht nur die Erhaltungs- und Förderungsbedingungen des physischen Daseins des Individuums, sondern vor allem auch die des geistigen Lebens. Ohne trennendes Denken würde das Subjekt der Fähigkeit zu analysieren und zu abstrahieren entbehren und unfähig sein, durch das sich anschließende verbindende Denken die Mannigfaltigkeit zu vereinfachen. Die Trennungsfunktion steht auch im Dienste der Bildung von Allgemeinvorstellungen und Begriffen von Induktionen und Erfahrungseinheiten; sie ist zugleich eine Voraussetzung des Ordnens des zur Vorstellung gelangenden Stoffes.

---

[1]) Zu dieser Theorie vgl. Witasek, Grundlinie der Psychologie, Leipzig 1908, p. 297 f.

Das trennende Denken ist auf biologisch Wichtiges innerhalb der Erfahrungsmannigfaltigkeit gerichtet. Naturerscheinungen, die nützen, und solche, die schaden, lenken die vergleichende, unterscheidende und gleichsetzende psychische Tätigkeit auf sich. Unter den Pilzen beispielsweise werden die eßbaren von den giftigen gesondert, die Krankheitserscheinungen erfahren eine Analyse auf ihre besonderen Äußerungsweisen und Ursachen, der Raum und die Zeit werden in faßbare Einheiten zerlegt und in symbolisch verwertbaren Teilen festgehalten. Und wenn in der Technik zwischen sorgfältig zentrierten und mangelhaften Rädern, zwischen achromatischen und chromatischen Gläsern, zwischen fein reagierenden und trägen Meßapparaten gewählt wird, so liegen wiederum nur höhere Stufen des trennenden Denkens vor, die von bestimmten theoretischen und praktischen Interessen beherrscht sind.

Aber auch die spezifisch wissenschaftlichen Ausschaltungen einzelner Naturvorgänge aus gewissen Arten gesetzlicher Abfolge und die sublimsten Akte begrifflichen Sonderns von seiten des geschulten Logikers sind psychobiologisch bedeutsame Anpassungen des Denkens an gegebene Mannigfaltigkeiten.

Die soeben angeführten Beispiele bezogen sich auf die **rezeptive** Anpassung (des Subjekts an das Objekt); biologisch nicht minder wichtig sind jedoch die Akte **transitiver** Richtung, nämlich die im trennenden Denken wurzelnden Willenshandlungen des faktischen Teilens, Sonderns und Zerlegens von realen Dingen und Vorgängen, wodurch sich das Subjekt die Objekte seiner Interessensphäre anpaßt.

Trennendes Denken ist endlich das Wesen der „Kritik" in allen ihren geisteswissenschaftlichen Varianten und damit ein Ausgangspunkt der höchsten Formen der Wertfunktion.

B. Das Verbinden.

42.

Das verbindende Denken im allgemeinen. Das verbindende Denken hat das Vorausgehen eines Trennens mindestens in der Form des Bemerkens einer Mannigfaltigkeit zur Bedingung. Unterschiedenes wird verbunden. Doch kann der Akt des Verbindens bereits früheren Stadien der psychischen Entwicklung angehört haben, so daß der ursprünglich selbstgeschaffene Komplex dem Bewußtsein wie etwas objektiv Fertiges und unmittelbar Geschlossenes entgegentritt. Analog wie das Trennen, so weist auch das Verbinden eine unwillkürliche Stufe auf, nämlich das Bemerken einer Einheit im Mannigfaltigen; zu ihr verhält sich die willkürliche Synthese wie die von bewußten Zwecken geleitete Aktivität zur reflektorischen Tätigkeit. Die Erfahrung zeigt auch hier vermittelnde Übergänge. Die durch Verbinden erhaltene Einheit nennen wir „Komplex“, das verbundene Einzelne „Bestandteil“ schlechthin. Alle Akte des Verbindens bedingen die Mitwirkung der Aufmerksamkeit, welche den gewonnenen Komplex als solchen festhält (isoliert).

Es wird sich alsbald zeigen, daß das verbindende Denken in den verschiedensten zusammengesetzten Operationen des Denkens konstitutiv enthalten ist — wir verweisen hier auf die Anschauungssynthese, die Erfassung der Gestaltqualität, die Assimilation, die Kolligation, die Erfahrungssynthese, das Generalisieren und Notionisieren — weshalb der verbindenden Funktion innerhalb des Seelenlebens eine Rolle von höchster Bedeutsamkeit zufällt.

43.

Grundarten des Verbindens. Nach Maßgabe der Verschiedenheit im Vorgange des Vollziehens haben wir soeben die unwillkürliche Stufe des Bemerkens einer Einheit im Mannigfaltigen und die willkürliche des Synthesierens einer Einheit aus Mannigfaltigem gesondert. Einem bedenklich weiten Wortgebrauch würde es entsprechen, beide Funktionen unter dem Begriff der Synthese schlechthin zusammenzufassen.

Typische Fälle für das Innewerden einer komplexen Einheit liegen in der sogenannten Anschauungssynthese und im Erfassen der Gestaltqualität vor, während die Phantasieverbindungen des Künstlers, die Kausalverknüpfungen des Naturforschers und die Induktionen des Logikers offenkundig den Einschlag einer willkürlichen Synthese aufzeigen. Bei der letzteren kann das Verbinden von Teilen, Seiten, Beschaffenheiten, Umfangsbestandteilen ... entweder ohne bewußte Wahl der Form von Einheit, die entstehen soll, oder aber mit vorher bestimmter Wahl der Einheitsform erfolgen; der letztere Fall gilt als Synthese in strengster und engster Bedeutung. Solche Synthesen κατ' ἐξοχήν vollzieht der Chemiker, während er nach festen Regeln eine Mischung von Stoffen (Holzkohle, Salpeter, Schwefel) zu neuen Komplexen (Pulver) veranstaltet, ebenso der Dramatiker durch planmäßiges Verknüpfen von Ereignissen und Handlungen zur Einheit des Bühnenwerkes, der juristische Systematiker beim Aufbau von Ordnungsreihen aus der Mannigfaltigkeit der Verträge u. s. f. Daß zur Vollendung des Aktes des Verbindens das Festhalten der Einheit durch die Aufmerksamkeit — gegebenenfalls auch durch Begriffe, Worte oder Relationszeichen — erforderlich ist, sei bei diesem Anlaß nochmals betont.

Erkenntnistheoretisch von besonderer Wichtigkeit ist die Gliederung des Bereiches der Verbindungsfunktion nach der Eigenart der Leistung.

Die bis an die Möglichkeitsgrenze durchgeführte Induktion aus der Unzahl empirischer Fälle des Verbindens führt uns zur Einsicht, daß hinsichtlich der Leistungsart drei letzte Typen von Erscheinungen feststellbar sind, deren Wesen an Beispielen aufgezeigt werden soll:

a) Räumliche Strecken und Zeitabschnitte lassen sich auf anschauliche Weise oder mittels abstrakter Symbole zu umfassenden Einheiten zusammenschließen, welche durch einen singulären Vorstellungsinhalt gedacht werden können. Gleiches leistet das Anreihen von Bewegungsteilen und das Addieren von Zahlen. Mit Hilfe des indirekten Vorstellens gelangt das verbindende Denken zu den Begriffen des räumlich Unbegrenzten (ein-, zwei-, dreidimensional Unbegrenzten), des zeitlich Ewigen (einseitig, doppelseitig Ewigen), der endlosen Bewegung und des zahlenmäßig Unendlichen (in Ganzen und in echten Brüchen).

b) Die Eigenschaften der Einführbarkeit in den Organismus, des offensiven Verhaltens zum Krankheitserreger und der Unschädlichkeit für die Konstitution im ganzen bilden in ihrer Vereinigung den Habitus des Gegenstandes, den wir als Heilmittel bezeichnen. Das Vorstellen eines Zukünftigen mit lebhaftem Unlustton, die Willensregung des Widerstrebens und gewisse physiologische Begleitzustände bilden zusammen den Affekt der Furcht, welcher unter einer Einzelvorstellung gedacht und durch einen Einzelnamen bezeichnet wird.

c) Die Italiener, Franzosen, Spanier .. werden durch die Allgemeinvorstellung „Romanen" gedacht, die Erscheinungen Reflex, Instinkt, Trieb, bewußte Wollung finden im Begriff „Willensstufen" repräsentative Vereinigung.

Unter der Voraussetzung, daß es uns in diesen Exemplifikationen gelungen wäre, eine relative Vollständigkeit und innere Ordnung anzudeuten, ergeben sich als Grundklassen des Verbindens:

a) das Zusammensetzen von Teilen;

b) das Vereinigen von immanenten Bestimmtheiten;

c) das repräsentative Einbeziehen.

Eine knappe Beschreibung diese Varianten sei im folgenden versucht.

a) Das **Zusammensetzen von Teilen** schafft ein Aneinander und Beieinander von Stücken und Gliedern, deren Ganzes die qualitativen Besonderheiten der Bestandteile unberücksichtigt läßt. Das Zusammenlegen liefert räumliche, zeitliche, motionale Kontinuen oder geschlossene Reihen, denen Vorstellungs-Einzelinhalte entsprechen. Die Wegstrecken konstanter Richtung auf der Erdoberfläche werden zum Erdumfang, die Umlaufzeiten des Frühlingspunktes der Ekliptik zum platonischen Jahr vereinigt. Die gedanklich fortgesetzte Zusammenlegung unter Festhaltung des Ergebnisses durch eine Vorstellung mit negativer Materie führt, wie oben bemerkt, zu den Begriffen des Unbegrenzten, Ewigen, Endlosen, Unendlichen. Auch das Bilden von arithmetischen und geometrischen Reihen, das Sammeln einer Vielzahl von Instanzen zu Induktionsmaterien enthält ein quantitatives Zusammenlegen. Auf welche Weise in solchen Fällen überdies eine Gestaltqualität entsteht, sei später erörtert.

Werden komplexe Einheiten neuerlich zu umfassenderen Einheiten vereinigt, so vollzieht sich ein Verbinden zweiter, dritter ... Stufe.

b) Das **Vereinigen von immanenten Bestimmtheiten** führt zu Vorstellungsinhalten, die dem Einwohnen von Beschaffenheiten in einem Träger oder dem Ineinander von mehreren Beschaffenheiten entsprechen. Der durch ein solches Vereinigen bereicherte Träger oder der Beschaffenheitskomplex bildet eine neue, durch Aufmerksamkeit isolierte Einheit, dem ein singulärer Vorstellungsinhalt zugeordnet ist. Alles Anheften von Akzidenzen an Substanzen durch die einseitige Relation des Einwohnens, das Vereinigen von Seiten zu Einheiten, das Beifügen von Beschaffenheiten (nämlich Zuständen oder Verfassungen, Merkmalen, Eigenschaften) und das Verschmelzen von Bestandteilen zu neuartigen Komplexen (wobei die Bestandteile in Abhängigkeitsrelation zum Ganzen stehen) schließt einen Denkakt des Verbindens immanenter Bestimmtheiten ein.

Nehmen wir das Kälterwerden eines Bechers wahr, in dem sich eine Lösung vollzieht, so verbinden wir in einem Vorstellungsinhalte die gegenständliche Akzidenz und Substanz; die Erkenntnis, daß der Luft die Eigenschaft der Schwere zukomme, ist von der

Verbindung der Inhalte, in denen Ding und Merkmal gedacht wird, begleitet; verschmelzen Lust- und Schmerzgefühle gewisser Beschaffenheit zur Wehmut, so entspricht dem Vorgang ein Verschmelzen zugehöriger Vorstellungsinhalte zu einem neuen Komplex.

c) Das Einbeziehen in repräsentative Einheiten vereinigt diskrete Vorstellungsinhalte zu einem Einzelinhalt in der Weise, daß dem letzteren eine Mehrheit von Vorstellungsgegenständen zugeordnet ist. Eine Einzelvorstellung, durch deren Inhalt eine Mehrheit von Gegenständen gedacht wird, nennen wir eine repräsentative; Allgemeinvorstellungen und Allgemeinbegriffe sind solche repräsentative Einheiten. (Von den Individualvorstellungen und Begriffen sei in diesem Zusammenhange abgesehen.)

Allgemeinvorstellungen entstehen zunächst, wie wir im ersten Abschnitte ausgeführt haben, durch bestimmte Merkmalbesonderungen an einer Mehrheit von Gegenständen. Da hier ein gemeinsamer (repräsentativer) Vorstellungsinhalt eine Vielzahl diskret gedachter Inhalte zusammenfaßt, so liegt eine Leistung des verbindenden Denkens vor, die sich an ein vorausgegangenes Trennen knüpft. In gleicher Weise, jedoch unter dem Einflusse des Prinzips der Konstanz, vollzieht sich die Bildung des Allgemeinbegriffes. Beide Klassen von repräsentativen Vorstellungen schaffen eine (vom Standpunkte des Umfanges „höhere“) Einheit, wobei die Art des Verbindens weder als partitives Zusammensetzen noch als ein immanierendes Vereinigen beschrieben werden kann. Das repräsentative Einbeziehen stellt vielmehr eine spezielle Art des verbindenden Denkens dar. Ein Einbeziehen zweiter, dritter ... Stufe liegt vor, wenn gegebene Allgemeinvorstellungen und Allgemeinbegriffe selbst zum Denkgegenstande gemacht und (nach neuerlichen Besonderungen) in noch umfassendere repräsentative Einheiten aufgenommen werden. In dieser Weise kommen unter Verwertung gewisser Über- und Unterordnungsrelationen die wissenschaftlichen Ordnungssysteme von Vorstellungen zu stande.

Die Allgemeinvorstellung „indogermanischer Sprachstamm“ vereinigt in Hinsicht bestimmter besonderter Merkmale die gräkolatinischen, keltischen, germanischen, litauisch-slawischen, iranischen und indischen Sprachfamilien, welche ihrerseits repräsentative Einheiten einzelner zusammengehöriger Sprachen darstellen. Der Begriff „Kraftlinie“ repräsentiert nach seiner Entstehung durch verbindendes Denken (unter ökonomischer Wahl der Besonderungen) alle Linien, welche die aufeinanderfolgenden Flächen gleichen Potentials senkrecht schneiden. Wasserstoffverbindungen, welche mit Basen zusammen Salze konstituieren, werden im Begriffsinhalte „Säure“ gedacht, der offenbar durch repräsentatives Einbeziehen (nach erfolgtem trennenden Denken) entstand.

Die symbolischen Zeichen der Wissenschaft (mathematische, chemische Zeichen, Schriftsymbole) sind im Grunde der Ausdruck für Zusammenfassungen; auch ihr repräsentativer Charakter geht auf Funktionen des Einbeziehens zurück.

Es mag auffallend erscheinen, daß wir bei der hier erörterten Art des Verbindens die Bezeichnung „Einbeziehen“ und nicht „Zusammenziehen“ gewählt haben. Der Grund für unsere Wahl lag aber in der Erfahrungstatsache, daß Allgemeinvorstellungen und Begriffe nur ausnahmsweise mit Hilfe eines einmaligen Durchmusterns und Sammelns der zu repräsentierenden Gegenstände gebildet werden, in der Regel aber durch allmähliches Hinzunehmen neuer Gegenstände (mit der beachteten Besonderung) zu einem vorhandenen Kern entstehen. Der Allgemeinvorstellung des Indogermanischen ist erst in neuerer Zeit das Keltische und das Etruskische zugewachsen und auch der Begriff der Säure ist historisch nicht eigentlich im Wege des Zusammenziehens konstituiert worden.

Repräsentative Einheiten, die der Mitwirkung des verbindenden Denkens ihr Zustandekommen verdanken, sind endlich auch die Relationsvorstellungen. Das verbindende Denken liefert das Zusammen der Fundamente, zwischen welche das Relationsurteil sodann die betreffende Beziehung setzt. Die Relationsvorstellung „größer“, welche zwei verglichene Gegenstände voraussetzt und das Größenverhältnis beider zum Inhalt hat, weist deutlich die genetische Hilfsfunktion des Verbindens der Glieder nach dem besonderten Merkmale der Größe auf. Alle Abhängigkeitsrelationen (z. B. die Relation Ursache—Wirkung) werden erst nach vorausgegangenem Einbeziehen von Fundamenten in einen repräsentativen Inhalt gebildet. Die Tatsache, daß dem urteilenden Denken bei den Relationen die charakteristische Funktion zufällt, soll damit selbstverständlich nicht verwischt werden.

44.

Gesetze des Verbindens. Dem verbindenden Denken liegen gleichartige gesetzliche Bedingungen zu grunde wie dem Trennen. Die intellektuelle Bedingung des Verbindens erblicken wir

in dem Gegebensein einer Mehrheit von Vorstellungsinhalten, die
einer Mehrheit von Gegenständen zugeordnet sind. Welche von den
möglichen Arten und Stufen der Verbindung tatsächlich eintritt,
wird vom emotionalen Faktor notwendig determiniert. Die Richtung der verbindenden Funktion ist somit vom herrschenden Interesse,
dieses aber von der psychobiologischen Vorgeschichte des Augenblicks der Vollziehung bestimmt.

Liegt eine Liste von heimischen Hafenplätzen und von An-
zahlen der Auswanderer aus diesen Häfen vor, so wird ein Sozial-
politiker (entsprechend seiner Studienrichtung) zu einer Summation
der Personenzahlen sich gedrängt fühlen, während andere Forscher
vielleicht an eine Verbindung der Daten im geographischen oder im
massenpsychologischen Interesse schreiten. Je nach der Bewußtseinslage eines Komponisten wird auch das Anreihen von Tönen zu
Motiven, von Motiven zu sinfonischen Satzteilen in spezieller
Richtung erfolgen und erfolgen müssen.

Einem Skarabäus wird der Okkultist geheime Wunderkraft,
der Händler Kunstwert, der Kulturhistoriker Zeitbestimmung zuschreiben und damit dem Beifügen eine besondere Richtung geben.

Offenbar bildet der Jagdliebhaber andere Allgemeinvorstellungen
für die Tiere im Walde als der Naturforscher und der Tierzüchter
für dieselben zu repräsentierenden Gegenstände. Ein bezeichnendes
Beispiel liefert die Theorie der Sinne. Während der Physiologe
folgerichtig die Begriffe somatischer Sinn, Muskelsinn, Hautsinn,
Gehörsinn . . (nach den Organen) bildet, wird der Psychologe
Veranlassung finden, repräsentative Einheiten für Druck-, Zug-,
Temperatur-, Hörempfindungen . . . (nach der Empfindungsmodalität)
zu schaffen.

Im Hinblick auf die in diesen Beispielen liegenden Induktions-
instanzen glauben wir verallgemeinern zu sollen:

Die elementare Funktion des verbindenden Denkens
ist an die intellektuelle Bedingung geknüpft, daß eine
Mehrheit von Gegenständen gegeben ist, die durch einzelne
Vorstellungsinhalte gedacht wird. Die Richtung des Verbindens, nämlich die Bestimmtheit, derzufolge von den
möglichen Verbindungen im gegebenen Augenblicke gerade diese und keine andere erfolgt, wird kausal durch
das herrschende Interesse des Denkzeitpunktes determiniert, worin die emotionale Bedingung des Verbindungs-
vorganges zu erblicken ist. Auch angesichts dieser Funk-

tion stellt sich das herrschende Interesse als Willenskorrelat zu aktueller oder dispositioneller Lust und Unlust dar, so daß im Grunde die Denkrichtung von der Gefühlslage abhängig ist.

Es muß eingeräumt werden, daß die Praxis der Psychologie in vielen Einzelfällen des täglichen Lebens den emotionalen Faktor nur unvollkommen aufzuzeigen imstande ist, allein die Wahrscheinlichkeit für ein allgemeines Gelten der aufgestellten Regel darf als eine relativ hohe eingeschätzt werden. Unsere Regel ist, wie bereits hervorgehoben, die einzige, welche sich mit dem Motivationsgesetze für das Handeln, welches die Werttheorie liefert, in voller Übereinstimmung befindet und eine einheitliche Auffassung aller Aktivität des Seelenlebens ermöglicht.

45.

Besondere Wirkungsformen des Verbindens. Eine große Zahl intellektueller Prozesse enthält als konstitutiven Bestandteil ein Zusammensetzen, Vereinigen oder Einbeziehen; die Charakterisierung des Wesens dieser Prozesse gehört daher zur Aufgabe unserer Erörterung.

Wir gliedern die Denkvorgänge, welche die Verbindungsfunktion enthalten, wie folgt:

a) Bereich der Anschauung:

     1. Anschauungssynthese;
     2. Gestaltbildung;

b) Bereich des Erneuerns:

     α) Simultane Erneuerung:
         1. Assimilation;
         2. Kolligation;
     β) Sukzessive Erneuerung:
         3. Assoziationsverknüpfung;
         4. Phantasiesynthese;

c) Bereich des Erzeugens repräsentativer Gebilde:

     1. Generalisation;
     2. Notionisation;
     3. Sprachzeichenbildung.

46.

Die Anschauungssynthese. Anschauung nennen wir den Vorgang des unmittelbaren Erfassens eines Wahrnehmungsobjektes als einer in der Wirklichkeit gegebenen Einheit. Die Anschauung ist keine Art des Erkennens außer oder neben der Wahrnehmung; die Veranlassung, diesen Begriff zu bilden, liegt nur in dem Umstande, daß es für bestimmte Zwecke psychologischer und erkenntnistheoretischer Charakteristik erforderlich ist, die Unmittelbarkeit des Aktes und die Einheit des Gegenstandes beim Erfassen von Wahrnehmungsobjekten besonders zu beachten. Keinem Zweifel unterliegt, daß beispielsweise die Anschauungen eines Donnerschlages, einer Zeigerbewegung, eines Schmerzes im Facialis ... „Unmittelbarkeit" aufweisen, d. h. daß das Erfassen als solches nicht von Erneuerungen und vorausgehenden, vermittelnden Urteilen oder Schlüssen bedingt ist. Minder deutlich liegt der Sachverhalt hinsichtlich der „Einheit" des Erfaßten. Vor allem muß betont werden, daß sowohl das Wahrnehmungsobjekt als der darauf bezügliche Vorstellungsinhalt im Augenblicke des Erlebens einer „primären" Anschauung Einheiten sind, mag auch das sich darbietende Physische oder Psychische an sich viele Teile, Seiten, Beschaffenheiten ... besitzen[1]). Auf der primären Stufe ist mit dem Anschauen — sei es nun ein äußeres oder inneres — kein Akt der Synthese verknüpft. Allein in einer Unzahl von Fällen des täglichen Lebens wird die primäre Anschauung von dem Unterscheiden einer Mannigfaltigkeit abgelöst, welche das Subjekt sodann in der „sekundären" Anschauung zu Einheiten größeren oder kleineren Gehaltes zusammenfaßt. Die Anschauungssynthese setzt mithin voraus, daß sie auf einen Akt des trennenden Denkens folgt. Legen wir den Finger an eine Zirkelspitze vor uns, so fließen die Eindrücke der taktilen und visuellen Form, der Temperatur und Oberflächenbeschaffenheit zunächst zur Anschauung eines einheitlichen realen Gegenstandes der Außenwelt zusammen, ohne daß dabei das verbindende Denken merkbar beteiligt wäre. Hat aber das trennende Denken zum Bemerken einer Mannigfaltigkeit an diesem Objekte geführt, dann tritt die Anschauung in ein sekundäres Stadium und zeigt den Charakter einer Synthese, welche die Einheit der

---

[1]) Emil Lucka hat in einem Vortrage in der Philosophischen Gesellschaft in Wien über Gedächtnis und Phantasie im Anschlusse an James hervorgehoben, daß das Wahrnehmen die Gegenstände der Außenwelt und Innenwelt als einzige, unteilbare erfaßt, nicht aber aus sukzessiven Eindrücken erst summiere. (Wiss. Beil. d. Phil. Ges., Leipzig 1907, p. 28.)

getasteten, gesehenen … Zirkelspitze liefert und unter Umständen auch nur einen Ausschnitt aus dem gesamten sinnlichen Datum als Einheit erfaßt. Ebenso wie das gesamte Gesichtsfeld beim Öffnen der Augen, kann jedes Einzelding in diesem Felde durch Anschauung zu einem für sich erfaßten Individuum der Wirklichkeit werden. (Daß hier die Anschauung in das Erfassen einer Gestaltqualität übergeht, wird im nächsten Paragraphen gezeigt werden.) Da die Anschauung im Grunde nichts anderes als eine hinsichtlich besonderer Momente gewürdigte Wahrnehmung ist, so ist es selbstverständlich, daß jedes anschauliche Erfassen mit der Aufmerksamkeit einerseits und mit einem Existentialurteile anderseits verknüpft ist. Von dem Bestandteile des Aufmerkens sei jedoch in diesem Zusammenhange abgesehen und nur das Urteilskorrelat näher ins Auge gefaßt. Für jede Anschauung ist ein Urteil oder urteilsgemäßes Verhalten des Subjekts zum Objekt konstitutiv, demzufolge das Objekt als ein Seiendes der Außenwelt (oder als reales Nichtich) erfaßt wird; auf dem Gebiete der inneren Anschauung entspricht diesem Verhalten das Innewerden des Zustandes als eines solchen des eigenen Subjekts (oder des realen Ich). In den Anschauungen des Donnerns in der Wolke und meiner schmerzlichen Erinnerung werden Existentialattribute gesetzt, deren Verschiedenartigkeit bei äußerer und bei innerer Anschauung selbst der extremste Solipsist als tatsächliches Erlebnis nicht hinwegleugnen kann. In welcher Weise aus der Anschauung unter Hinzutreten der Gestaltqualität die Einheitsformen von Dingen und Vorgängen, psychischen Zuständen und Abläufen hervorgehen, soll im nächstfolgenden Abschnitt besondere Ausführung finden. Doch sei vorgreifend bemerkt, daß die durch Anschauung begründeten Einheiten entweder ein partitives Beieinander (beziehungsweise Nacheinander) oder ein immanentes Einwohnen (beziehungsweise Ineinander) darstellen. Dagegen haben repräsentative Einheiten stets Unanschauliches zum Gegenstande.

Durch die Wahrnehmung können nur komplexe Objekte zum Bewußtsein gelangen; schlechthin Einfaches ist stets unanschaulich. Die physischen und psychischen Wirklichkeiten, welche sich der Erfahrung darbieten, haben unterscheidbare Teile, Seiten, Beschaffenheiten (Merkmale, Eigenschaften) und sind deshalb der synthetischen Funktion in der sekundären Anschauung zugänglich. Dagegen besitzen mathematische Zeit- und Raumpunkte, unendlich kleine materielle Elemente (ohne qualitative Besonderung) und Zahleinheiten als streng einfache Vorstellungsgegenstände unanschaulichen Charakter. Gäbe es wahrhaft einfache Empfindungen oder Gefühle, so würden auch diese der Anschaulichkeit entbehren [1]).

Diese Überlegung führt uns unmittelbar zu der vielbesprochenen Frage nach dem Wesen der „Anschauungsformen". Psychologisch[2]) bedeuten Anschauungsformen nichts anderes, als objektive Bedingungen, unter denen (subjektive) Anschauungen empirisch möglich sind, d. h. alle physischen und psychischen Wirklichkeiten müssen erfahrungsmäßig jenen Bedingungen genügen, um durch Anschauung erfaßt werden zu können. Die Analyse des gesamten Vorstellbaren scheint uns zu lehren, daß es drei Anschauungsformen gibt, nämlich räumliche Bestimmtheit (für Objekte der äußeren Empfindung), zeitliche Bestimmtheit (für Objekte der inneren Empfindung) und realer Charakter. Bezüglich der beiden erstgenannten Bedingungen wollen wir uns an dieser Stelle mit dem Hinweis begnügen, daß, wie jeder beliebige Versuch lehrt, unräumlich Physisches und unzeitlich Psychisches nicht anschaulich vorstellbar ist. (Die Streitfrage, ob die Zeit nicht auch für das Physische eine Anschauungsform sei, beantworten wir dahin, daß den physischen Objekten nur insofern zeitliche Bestimmtheit zukommt, als sie in psychischen Vorstellungsinhalten gedacht werden.) Neu ist die Behauptung, daß realer Charakter zu den Anschauungsformen zähle, ein Zusatz, den wir freilich für unumgänglich halten. Räumliche und zeitliche Bestimmtheit scheint uns nämlich nicht zu genügen, um für sich ein Objekt der Anschauung zugänglich zu machen; das Objekt muß zudem die Möglichkeit zu einem Existentialurteil darbieten, nämlich real sein[3]). In diesem Zusammenhange verstehen wir unter (empirisch) real nichts anderes als „empfindbar" sein. Gelangt ein reales Objekt tatsächlich zur Empfindung, so ist damit ausnahmslos das oben als Existentialurteil beschriebene Verhalten des Subjekts verknüpft[4]). Die empirische

[1]) Die psychologische Erfahrung lehrt, daß Eindrücke, die lange Zeit in gleicher Qualität und Intensität währen, also annähernd einfacher Natur sind, alsbald dem Bewußtsein entschwinden. Diese Tatsache steht mit der hier angeführten Bedingung der Anschaulichkeit in innigem Zusammenhang.

[2]) Ich bemerke ausdrücklich, daß die hier eingefügten Erörterungen sich lediglich auf die psychologisch-empirische Seite der Anschauungsformen beschränken sollen und der erkenntniskritischen Würdigung derselben nicht zu präjudizieren bestimmt sind.

[3]) Wir unterscheiden „Realität an sich", d. h. Sein, schlechthin unabhängig vom Subjekt, und „empirische Realität", d. h. Sein, das vom Subjekt in der Weise abhängig ist, daß es ein Empfinden voraussetzt. Nicht identisch mit Realität ist Wirklichkeit. „Wirklichkeit an sich" ist das Sein ohne Rücksicht auf das kausale Denken des Subjekts. Dagegen hat „empirische Wirklichkeit" dasjenige, dessen Sein durch die widerspruchslose Einfügung in das kausale Denken des Subjekts beglaubigt ist. (In älterer Wortbedeutung heißt Wirklichkeit — im Gegensatz zur Möglichkeit — das Sein eines Gegenstandes, das sich im Wirken kundgibt.)

[4]) Wenn Schopenhauer und (allerdings in anderer Wendung) Helmholtz die Kausalität oder eigentlich den unbewußten Kausalschluß als dritte Anschauungsform behandeln, so schwebt ihnen wohl die Urteilsbeziehung des Anschauungsinhaltes auf das zugeordnete Ding der Außenwelt vor. Die Tatsache, daß auch Psychisches anschaulich erfaßt werden könne, ließen beide außer Betracht.

Realität ist nun ihrerseits an eine Reihe von Voraussetzungen geknüpft, zu denen die bereits besprochene komplexe Beschaffenheit gehört. Da nun ohne realen Charakter des Objekts keine Anschauung desselben möglich ist, glaubten wir diesen Charakter den Anschauungsformen beizählen zu müssen. Die Frage, ob nicht auch die räumliche und zeitliche Bestimmtheit unter die Voraussetzungen der Realität einreihbar sind, so daß (vom lediglich psychologisch-empirischen Standpunkte) nur eine einzige allgemeine Anschauungsform anzuerkennen wäre, kann hier nicht weiter erörtert werden.

Die bisher gelieferten Ausführungen ermöglichen auch die Klärung der Bezeichnungen „anschauliche Vorstellung“ und „anschauliche Erkenntnis“. Eine anschauliche Vorstellung ist offenbar jene, in derem Inhalte alle Merkmale bewußt werden, welche bei der unmittelbaren Erfassung eines Wahrnehmungsobjektes als Einheit der Wirklichkeit gegeben sind; unanschauliche Vorstellungen halten dagegen weniger Merkmale fest. Im Sinne dieser Bestimmungen ist jede Wahrnehmungsvorstellung (z. B. eines Donnerschlages, einer Zeigerbewegung, eines Schmerzes im Facialis) anschaulich, jede Allgemeinvorstellung und jeder Begriff dagegen unanschaulich. Lebhafte Erinnerungsbilder, Halluzinationen und Illusionen können, sofern in ihnen sämtliche Merkmale der anschaulichen Erfassung vorgestellt werden, anschaulichen Charakter besitzen.

Unter anschaulicher oder intuitiver Erkenntnis verstehen wir ein Urteil, das sich ohne Vermittlung anderer Denkvorgänge auf die anschauliche Erfassung eines Objektes gründet. Diese Art der Erkenntnis steht zur diskursiven Erkenntnis in Gegensatz, welche ein Urteilen auf Grund anderer Urteile bedeutet. Auch das, was wir bei einem Wahrnehmungsobjekt an Teilen, Seiten oder Beschaffenheiten durch Urteile, die sich ohne Zwischenglied an die Anschauung knüpfen, zuerkennen oder absprechen, gehört zur anschaulichen oder intuitiven Erkenntnis (z. B. die wahrgenommene Tonhöhe, Viereckigkeit, psychische Intensität), während alles mittelbar Erschlossene (z. B. Herkunft, Alter, Verursachung) als diskursiv erkannt zu gelten hat [1]).

____

[1]) Eine andere Art von Erkenntnis bedeutet die intellektuelle Anschauung oder Intuition bei den Platonikern und Mystikern, bei Fichte und Schelling. Intellektuelle Anschauung oder Intuition ist für den Platoniker die unmittelbare Erfassung von Wirklichkeiten ohne Empfindung, durch in sich gekehrtes Denken. Da die Vermittlung der Sinne entfällt, soll dieses denkende Anschauen auch von den Mängeln der Wahrnehmung frei sein und das wahre Wesen des Seienden zur Erkenntnis bringen. Die Mystiker verlegen die Intuition in einen ekstatischen Zustand und beziehen die intellektuelle Anschauung auf die Erkenntnis des Göttlichen; Fichte schreibt ihr die Funktion

Zu den anschaulich erkannten Bestimmtheiten einer Wirklichkeit zählen wir die Gestaltqualitäten, deren Besprechung uns nunmehr obliegt.

47.

Die Gestaltqualität. Vereinigen wir sechs gleiche, gerade Stäbchen, die getrennt vor uns liegen, zu einer geschlossenen gleichwinkligen Figur, so weist das entstandene Gebilde eine regelmäßige Gestalt auf, die weder in einem einzelnen Stäbchen noch in der Gesamtheit der regellos liegenden Stäbchen anzutreffen war. Das zur Summe der anschaulichen Bestandteile (sechs Stäbchen) auf Grund bestimmter Relationen (zusammen in der gleichwinkligen Figur) sich ergebende neue Merkmal des Ganzen (reguläre Sechseckigkeit) nennen wir Gestalt, Gestaltmerkmal, Gestaltqualität oder fundierten Inhalt [1]).

---

der philosophischen Einsicht in das Sein der Welt als Handlung, Schelling das anschauende Wissen um das übersinnlich Absolute zu.

Zu der Annahme einer intellektuellen Anschauung als dritte Erkenntnisquelle liegt innerhalb der empirischen Psychologie kein Grund vor. Die Kenntnisse von der Körperwelt werden (nach unserer Überzeugung) durch die sinnliche Wahrnehmung, die Kenntnisse von den psychischen Zuständen des eigenen Subjekts durch innere Wahrnehmung, welche nicht reines Denken ist, vermittelt. Daß sich jede Erkenntnis in Urteilen, also in Denkakten, vollzieht, scheint uns sicher, allein dieses Urteilen bedeutet beim Anschauungsakt kein „reines", d. h. von Empfindungselementen völlig losgelöstes Denken.

[1]) Literatur zum Begriff „Gestaltqualität" oder „fundierter Inhalt": Meinong, Zur Theorie der Komplexionen und Relationen, Zeitschr. f. Psych. u. Phys. d. S., II. Bd., S. 245 ff. (hier Einführung des Namens „fundierte Inhalte"); derselbe, Beiträge zur Theorie der psychischen Analyse, ebenda, VI. Bd., S. 340 ff., 417 ff.; derselbe, Über Gegenstände höherer Ordnung und deren Verhältnis zur inneren Wahrnehmung, ebenda, XXI. Bd., S. 182 ff. — Ehrenfels, Über Gestaltqualitäten, Vierteljahrsschr. f. w. Phil., XIV. Bd., S. 249 ff. (nimmt Bezug auf Mach, Beiträge zur Analyse der Empfindungen, 1. Aufl., Jena 1886, S. 129). — H. Cornelius, Verschmelzung und Analyse, Vierteljahrsschr. f. w. Phil., XVI. Bd., S. 404 ff., XVII. Bd., S. 30 ff.; derselbe, Über Gestaltqualitäten, Zeitschr. f. Psych. u. Phys. d. S., XXII. Bd., S. 101 f. (vgl. dazu den Artikel von Schumann, ebenda, XVII. Bd., S. 106 ff.) — Th. Lipps, Zu den Gestaltqualitäten, ebenda, XXII. Bd., S. 383 ff. — Beiträge zu dieser Frage bringen ferner Höfler, Psychologie, Wien 1897, S. 152 ff.; Kreibig, Psych. Grundleg. d. Werttheorie, Wien 1902, S. 62, 157, 160 f, und Witasek, Grundlinien der Psychologie, Leipzig 1908, p. 233 ff.

Ehrenfels definiert in seiner Arbeit über Gestaltqualitäten, Vierteljahrsschrift, XIV. Bd., Leipzig 1890, S. 262: „Unter Gestaltqualitäten verstehen wir solche positive Vorstellungsinhalte, welche an das Vorhandensein von Vorstellungs-

Es seien uns weitere Beispiele gestattet. Eine größere Zahl Menschen geht gleichgültig nebeneinander und durcheinander über die Straße; plötzlich ereignet sich ein Unglück und die Passanten vereinigen sich vermöge eines gemeinsamen Interesses zu einer Einheit (Gruppe, Verband), welche mit neuen Merkmalen (Suggestionskraft, Gesamtwillen) ausgestattet in Aktion tritt [1]).

Eine Mehrheit von Einzelklängen und Akkorden (Teile oder Glieder) wird durch eine gewisse melodische und rhythmische Anordnung (Relationen) zum Motiv von charakteristischer Prägung (Gestaltqualität erster Ordnung), die Motive in kontrapunktischer und tektonischer Verarbeitung liefern einen sinfonischen Satz (Gestaltqualität zweiter Ordnung); vier solche Sätze nach ästhetischen Bildungsgesetzen angereiht konstituieren die Sinfonie (Gestaltqualität dritter Ordnung). Jede der durch Relationen geschaffenen Einheiten weist eine Gestalt als neues Gesamtmerkmal auf, das keinem der Teile oder Glieder für sich zukommt. Die Gestalt oder Gestaltqualität wird somit der Summe der Elemente durch verbindendes Denkens hinzugefügt und durch Anschauung erfaßt.

Eine bezeichnende Eigenschaft der Gestaltqualitäten, wodurch sie erkannt und von den Summen unterschieden werden, ist die „Vertauschbarkeit der Elemente" im Bereiche derselben Modalität [2]). Die Gestalt des Sechsecks kann auch von längeren oder kürzeren Stäbchen, von zehn Papierstreifen, Lichtstrahlen oder

komplexen im Bewußtsein gebunden sind, die ihrerseits aus voneinander trennbaren (d. h. ohne einander vorstellbaren) Elementen bestehen." Er teilt die Gestaltqualitäten in unzeitliche und zeitliche.

Meinong sagt in den Beiträgen z. psych. Analyse, Zeitschr. f. Psych., VI., Leipzig 1894, S. 356, vom fundierten Inhalte: „Es ist die Relation sämtlicher in die Komplexion eingegangener Bestandstücke." Ferner: „Gestalt ist das Ganze der Ortsbestimmungen, Melodie ist das Ganze der zu ihr verbundenen Töne, Gestalt und Melodie sind in der Tat Komplexionsnamen."

H. Cornelius, Über Gestaltqualitäten, Zeitschr. f. Psych., XXII., Leipzig 1900, S. 101 ff., bestimmt: „Die Merkmale, die wir von den Komplexen auf Grund dieser neuen, nur den Komplexen eigentümlichen Arten der Ähnlichkeit aussagen, nennen wir Gestaltqualitäten der Komplexe."

[1]) Die Tatsache, daß ein sozialer Verband an Merkmalen reicher ist als die mechanisch gebildete Summe, beziehungsweise Differenz der darin geeinten Individualitäten, ist nach unserer Ansicht der entscheidend wichtige Ausgangspunkt der Soziologie überhaupt.

[2]) Höfler (in Anknüpfung an Ehrenfels) nennt diese Eigenschaft Transponierbarkeit in weitestem Sinne, also auch auf räumliche Gebilde, Komplexe von Handlungen, Bildern, Ereignissen ... bezogen.

Rinnen, die Interessentengruppe auch von Ameisen und Affen, das Motiv auch von Klängen anderer Tonarten und Tonhöhen konstituiert werden, ohne das charakteristische neue Gesamtmerkmal einzubüßen.

Eine weitere Besonderheit der Gestaltqualität wollen wir als „Fähigkeit der Erhaltung bei minimalen Relationsänderungen" bezeichnen. Das Sechseck wird als solches auch dann noch anschaulich erkannt werden, wenn zwei Seiten nicht genau zusammenstoßen oder leichte Krümmungen zeigen; der menschliche Verband behält seine Prägung im ganzen, auch wenn einzelne in nebensächlicher Weise den Gesamtwillen stören, und eine Melodie verträgt kleine Fehler der Darbietung, ohne deshalb unkenntlich zu werden [1]).

Unsere bisherige Erörterung beschränkte sich auf die Gestaltqualitäten anschaulicher Komplexe; im Bereiche des Anschaulichen hat diese Wirkungsform des verbindenden Denkens offenbar ihre primäre Bedeutung. Es läßt sich aber leicht zeigen, daß eine erweiternde Übertragung des Gedankens der Gestaltqualität auf unanschauliche Vorstellungen, und zwar auf Allgemeinvorstellungen und Begriffe geeignet ist, das Verständnis des Verhältnisses der Denkkomplexe zu ihren Bestandteilen wesentlich zu fördern. In den Allgemeinvorstellungen und Begriffen Leichenzug, Geographie, Säugetier, träumen, lieben, entwickeln, zornig, erhaben, lügnerisch ... wird eine Mehrheit von Gegenständen bestimmter Art durch einen gemeinsamen Inhalt gedacht, dem eben dadurch ein individueller Charakter der Repräsentation — eine Gestalt im übertragenen Sinn — aufgeprägt wird. (Ein Analogon hiezu darf wohl in der W. von

---

[1]) Es ließe sich das (praktisch freilich schwer durchführbare) Experiment ausmalen, daß einer Versuchsperson eine musikalische Phrase unaufhörlich vorgespielt wird, jedesmal aber mit einer minimalen Änderung in bestimmter Richtung, so daß die Phrase schließlich eine ganz andere Tonfolge aufweist als die ursprüngliche — ohne daß die Versuchsperson diese Umgestaltung bemerkt. Die sehr bedeutende Ähnlichkeit je zweier benachbarter Varianten würde nämlich den Schein der Erhaltung der Gestalt unwiderstehlich machen. Würde dann bei Beendigung des Experiments der Versuchsperson nochmals die Anfangs- und Schlußphrase unmittelbar nacheinander zu Gehör gebracht, so müßte die Verschiedenheit der Relationen zur augenblicklichen Unterscheidung der beiden Gestalten führen. Ein ähnlicher Versuch bestünde darin, eine große Zahl von Sechsecken in Punkten zu zeichnen und durch sukzessive minimale Verschiebung der Elemente zur Kreisform überzugehen. Die große Wichtigkeit dieser Fähigkeit der Erhaltung der Gestalt bei minimalen Relationsänderungen wird bei der speziellen Untersuchung über die Anwendbarkeit der Gestaltqualität auf den empirischen Seelenbegriff klar.

Humboldtschen „inneren Sprachform" erblickt werden.) Diese rationale Gestalt ist ebenso eine Wirkungsform des verbindenden Denkens wie die Gestalt anschaulicher Komplexe.

Die Bildung vieler Arten, Gattungen, Klassen ... von Erfahrungsobjekten vollzieht bereits das vorwissenschaftliche Denken, und zwar auf Grund der Gestaltqualitäten, welche als Ausdruck einer inneren Verwandtschaft der Dinge genommen werden. Hienach wird von Ungelehrten die Blindschleiche zu den Schlangen, die Sonne zu den Planeten, die Verrichtungen der Bienen zu den bewußten Willkürhandlungen gerechnet. Die Wissenschaft, welche von solchen naiven Ordnungseinheiten ihren ersten Ausgang nimmt, sucht dieselben durch systematische Gliederungen auf der Grundlage fester Einzelmerkmale zu ersetzen.

Zur vollen Klarstellung des Wesens der Gestaltqualitäten ist die Angabe ihres Verhältnisses zu den „Relationen" von Wichtigkeit. Die Gestaltqualität ist nicht selbst eine Relation, sondern ein anschaulich erfaßtes Erzeugnis der zugrundeliegenden (oft nicht explizite erkannten) Beziehungen. Eine jede Relation schafft aus ihren Gliedern einen neuen, durch Gestalt bereicherten Komplex. Die Gestalt eines Mäanders wird durch die Teilungs- und Verlaufsweise der ornamentalen Linie, also durch räumliche Beziehungen begründet, ohne selbst eine Relation oder eine Summe von Relationen zu sein. Jedesmal aber, wenn jene Teilungs- und Verlaufsweise einer Linie vorhanden ist, wird — wenn das verbindende Denken die Zusammenfassung zu leisten vermag — aus der Summe der Bestandteile des Vorstellungsgegenstandes ein neues Ganzes entstehen, dem das anschauliche Gesamtmerkmal einer Mäandergestalt zukommt. Dehnt man den Bereich der Gestaltqualität auf repräsentative Vorstellungen aus, so erscheinen die Relationsbegriffe (nicht die Beziehungen selbst) als ein Spezialfall der rationalen Gestalt, d. h. als eine charakteristische Art der gedanklichen Repräsentation.

Relation und Gestalt sind somit eng verwachsen, ohne dasselbe zu bedeuten.

Wie wir bereits erwähnt haben, bestehen sachliche Gründe dafür, primäre, sekundäre, tertiäre ... Gestaltqualitäten zu unterscheiden, je nachdem, ob die vereinigten Elemente (relativ) einfacher Natur sind oder bereits selbst Gestalt als Merkmal aufweisen [1]). Zu den primären Gestalten rechnen wir beispielsweise alle

---

[1]) Von entscheidender Wichtigkeit ist der Begriff der Gestaltqualität für die Ästhetik, deren Wertobjekt wir in den Gegenständen mit Gestaltqualität er-

elementaren geometrischen Figuren, die Zweiklänge und Bewegungs-
komplexe, zu den sekundären und tertiären die Ornamente, die
musikalischen und poetischen Motive, auch die generellen Wortzeichen. Höhere Stufen stellen die Kunstformen (Skulpturgruppe,
Drama, Sinfonie, Oper...), die sogenannten Ideen der Kunst
und die wissenschaftlichen Begriffe dar. Eine genauere Analyse
und Systemisierung der Gestaltqualitäten muß Spezialuntersuchungen
überlassen bleiben. Doch glauben wir hier die Wichtigkeit der soeben versuchten Feststellungen für einige Hauptbegriffe der Erkenntnistheorie aufzeigen zu sollen.

48.

Die Gesamtheit der Gegenstände der empfindbaren Wirklichkeit zerfällt in vier, phänomenal deutlich geschiedene Gruppen, und
zwar in Dinge und Vorgänge der Außenwelt und in Zustände und
Abläufe der Innenwelt. Diese vier Gruppen sind psychologisch
durch die eigenartigen Gestaltqualitäten, welche ihre Anschauung
darbietet, charakterisiert.

a) Ein Ding ist der Anschauung als die Gestaltqualität einer
Summe wahrgenommener Merkmale gegeben. Nun ist die Gestaltqualität eines Dinges nichts anderes als der anschauliche Ausdruck
für die innere Beziehung der Merkmale, die darin besteht, daß sich
diese Merkmale in demselben Wahrnehmungsgegenstande durchdringen. Das Durchdringen oder das Ineinander haben wir als eine
bestimmte Art immanenten Verbundenseins kennen gelernt. Entsteht die Gestalt durch ein Zusammenfassen mehrerer Gegenstände
oder räumlich zeitlicher Teile derselben, so ergibt sich die Gestalt
durch eine Relation des partitiven Verbundenseins. Wie die Anschauung überhaupt, so ist auch die Erfassung der Gestaltqualität
des Dinges mit dem Existentialurteil verknüpft, das dem Empfundenen
Realität im Nichtich beilegt.

Alle sonstigen definitorischen Bestimmungen des Dinges sind
lediglich metaphysischer Natur und einer empirisch beschreibenden
Behandlung des Problems fremd. Namentlich darf das Herein-

---

blicken. Als spezifisch ästhetische Gestaltqualitäten primärer Stufe bezeichnen
wir solche *a)* im Nebeneinander des Raumes (Figur, Proportion, Symmetrie),
b) in der Gleichzeitigkeit (Harmonie), *c)* im Nacheinander der Zeit (Melodie),
d) in der Bewegung (Rhythmus). Näheres vergleiche Kreibig, Werttheorie, Wien
1902, S. 157, 160 f.

ziehen der Begriffe Substanz und Akzidenz für entbehrlich erklärt werden, wenn unter Substanz ein ontologisches Postulat verstanden wird.

Ein Beispiel mag diese allgemeinen Behauptungen als zutreffend erweisen. Vor mir liegt ein kleines Lavastück. Seine durch Wahrnehmung erkannten Merkmale sind räumliche Geschlossenheit in Form eines Eies mit runzeliger Oberfläche, blasig-körnige Struktur, auffallend geringe Schwere, mäßige Härte, graubraune Farbe; die Summe dieser Beschaffenheiten erscheint bereichert durch jene Art anschaulicher Gestaltqualität, die uns allen bei solchen Objekten aus der Erfahrung wohlbekannt ist. Die Gestaltqualität des Lavastückes ist der anschauliche Ausdruck für die innere Beziehung der Form, Struktur, Schwere, Härte und Farbe, die darin besteht, daß sich die Merkmale im gleichen Wahrnehmungsgegenstande durchdringen. (Immanentes Verbundensein.) Auch ein partitives Nebeneinander räumlicher Teile ist an dem Zustandekommen dieser Gestalt mitbeteiligt, nämlich eine Anzahl unterschiedener Teile der Oberfläche, welche das Merkmal der Eiform konstituieren. Die Anschauung des Lavastücks ist ferner von einem urteilsmäßigen Verhalten des Subjekts begleitet, demzufolge das Wahrgenommene als ein Reales im Nichtich gesetzt wird. Damit ist das „Ding" ökonomisch beschrieben. Dem Anhänger Humes könnte es scheinen, daß mit der bloßen Summe der Beschaffenheiten jenes Ding bereits vollständig definiert sei, so daß die Gestaltqualität (nicht die räumliche Gestalt als Merkmal) und das Existentialurteil in der Schilderung entbehrlich wären. Eine solche Meinung würde aber offenbar irrig sein. Die aufgezählten Merkmale nebeneinander ohne ihre dingliche Beziehung (das Ineinander im Gegenstande) liefern — man möge sie addieren, wie man wolle — niemals dieses spezielle anschauliche Ding. Der Summation für sich fehlt die Fähigkeit, ein Principium individuationis abzugeben, das eben in der Gestaltqualität liegt. Unzulässig wäre es auch, die Gestaltqualität der Dinglichkeit einfach der Form, Struktur, Schwere... als Merkmal neben zuordnen, denn die Dinglichkeit kommt dem Ganzen aller Merkmale als neue Beschaffenheit zu. Übrigens spricht Hume selbst, wo er von der empirischen Substanz handelt, charakteristischerweise von einem „Bündel" von Vorstellungen, also von etwas Verbundenem, womit er deutlich zu erkennen gibt, daß auch ihm das Ding mehr als ein bloß additives Zusammen von Impressionen ist (so nachdrücklich er dies auch anderwärts ableugnen mag). Überdies ist zur Charakteristik des Dinges das Existentialurteil unentbehrlich, denn die bloßen Vorstellungsinhalte einer Form, Struktur ..., Farbe würden für sich, ohne als Beschaffenheiten einem Gegenstand der Außenwelt urteilsmäßig beigelegt zu werden, wohl das Erinnerungs- oder Phantasiebild eines Lavastückes, aber nicht die Wahrnehmung desselben darbieten.

In welcher Weise sich die Gestaltqualität der Dinglichkeit zu dem Begriff der Substanz verhält, soll später besprochen werden.

Als zweite Gruppe von Objekten der empfindbaren Wirklichkeit betrachten wir

b) die Vorgänge der Außenwelt. Sie sind psychologisch als Gestaltqualität einer Mehrheit wechselnder Beschaffenheiten desselben Gegenstandes innerhalb der Zeitreihe gegeben. In der Gestalt des „Vorgangs" werden die inneren Beziehungen, welche in der zeitlichen Anreihung und im immanenten Verbundensein der wechselnden Beschaffenheiten mit dem gleichen Gegenstande bestehen, zur Anschauung gebracht; vom zugehörigen urteilsmäßigen Verhalten haben wir bereits oben gesprochen. So nennen wir beispielsweise „Erröten" die Gestalt einer zeitlichen Abfolge von zunehmenden Intensitäten des Rots einer Hautstelle.

Eine besonders wichtige Art von Vorgängen sind die Bewegungen, welche Gestaltqualitäten von Reihen verschiedener Orte desselben Gegenstandes innerhalb der Zeitreihe bedeuten. Viele Bewegungen sind anschaulich wahrnehmbar; mit Hilfe der Erfahrung solcher Bewegungen bilden wir die unanschauliche Allgemeinvorstellung „Bewegung", die ebenso wie der wissenschaftliche Bewegungsbegriff eine rationale Gestalt, d. h. einen individuellen Charakter der Repräsentation aufweist.

Gestaltqualitäten zeigen ferner *c)* die Anschauungen von Zuständen der Innenwelt oder psychische Verfassungen des Subjekts. Schlechthin einfache psychische Zustände sind uns in der Erfahrung nicht gegeben. Das Seelenleben besteht in einem Flusse verknüpfter Phänomene, in einem „Ablauf"; es ist jedoch ein wissenschaftliches Bedürfnis, in diesem Flusse gewissermaßen Querschnitte, nämlich Zustände zu isolieren und für sich zu untersuchen.

Stets erweist sich ein solcher Zustand als ein Komplex von Seiten, Merkmalen, Verschmelzungselementen . . ., die immanent verbunden erscheinen; jeder Zustand ist ein Ganzes mit charakteristischen Beschaffenheiten, die nicht bloße Summationen bedeuten, sondern den inneren Beziehungen der Bestandteile untereinander entstammen. Psychische Verfassungen oder Zustände der Innenwelt sind deshalb der inneren Anschauung als Gestaltqualitäten gegeben.

Von großer erkenntnistheoretischer Wichtigkeit ist die folgende
damit zusammenhängende Einsicht: Nach unserer Deutung des Er-
fahrungsgehaltes sind auch die subjektiven Zustände von einem
urteilsmäßigen Verhalten begleitet, demzufolge diese Zustände als
solche des eigenen Ich erfaßt werden. Wir glauben uns berechtigt,
dieses Verhalten als Existentialurteil zu bezeichnen, dessen Inhalt
die „Realität des psychischen Komplexes im Ich" ist.

Diese Aufstellungen seien zunächst an induzierenden Beispielen
nachgeprüft. Der Affekt Hoffnung weist als Seiten auf: 1. die Vorstellung eines Zukünftigen, 2. das Wahrscheinlichkeitsurteil, daß dieses
Zukünftige eintreten werde, 3. das aktuelle Lustgefühl aus dem
letzteren Urteil. Die Gesamtheit der hier aufgezählten Bestandteile des
Phänomens stellt jenes charakteristische Ganze dar, das wir als Hoffnung
kennen und von den Zuständen der Furcht, Liebe, Trauer ... deutlich unterscheiden. In ähnlicher Weise läßt sich der Kunstgenuß in
Empfindungs-, Urteils-, Gefühls- und Willensbestandteile zerlegen, die
von der inneren Wahrnehmung als Ganzes von bestimmter Gestalt
erfaßt werden; ebenso die psychische Verfassung des Überlegens mit
ihrer Denk-, Gefühls- und Willensseite. Alle diese Phänomene treten,
wenn sie sich der Anschauung darbieten, von Existentialurteilen begleitet ins Bewußtsein, welche freilich in der Regel nur implizit bleiben.

Der Unterschied des Dinges der Außenwelt und des Zustandes
der Innenwelt beruht im Kerne auf der verschiedenen Art des
Existentialurteils beim anschaulichen Erfassen. Während bei der
Wahrnehmungsvorstellung eines getasteten Würfels der Gegenstand
als ein Wirkliches im Nichtich erfaßt wird, gelangt das psychische
Reproduktionsbild eines Würfels als ein Wirkliches des Ich zur
Anschauung. (Näheres hierüber folgt im IV. Abschnitte.)

Unsere soeben versuchte Analyse gilt auch für die vierte zu
besprechende Gruppe, die Anschauungen von *d)* Abläufen der
Innenwelt oder von psychischen Prozessen. Bei ihnen tritt die Gestaltqualität einer Mehrheit wechselnder Zustände desselben Subjekts
innerhalb der Zeitreihe und das zugehörige Existentialurteil zutage.
Der inneren Erfahrung bieten sich ohne künstliche Veranstaltungen
innerhalb des kontinuierlichen Ablaufes von Erscheinungen während
einer vollen Wachperiode relativ begrenzte Ausschnitte von Geschch-
nissen als ganze für sich dar, obwohl eine faktische Unterbrechung
des Zusammenhangs mit Früherem und Späterem nicht eintritt.

Jene Begrenzung wird durch die inneren Beziehungen der Teile
des Ablaufes hergestellt und kommt als Gestaltqualität zur Anschauung.

Unverkürzte Willensakte beispielsweise lassen an Stadien nachweisen: *a)* das Vorstellen eines in der Zukunft zu verwirklichenden Seins oder Habens: *b)* Urteile über die Mittel und Folgen der Verwirklichung; *c)* den Entschluß oder die Wahl; *d)* körperliche Bewegungen oder innere Aktionen. (Sämtliche Teilprozesse sind zudem von Wertgefühlen begleitet.) Das planmäßige Durchschwimmen eines Flusses, das Vorgehen des Schachspielers und das Ausfeilen eines Kunstwerkes sind Belegfälle, in denen die bezeichneten Stadien explizite nachgewiesen werden können. Es steht außer Zweifel, daß auch der Nichtpsychologe solche komplexe Willensakte in deutlicher Weise von den sonstigen psychischen Geschehnissen desselben Tages abhebt und — zur Selbstwahrnehmung angeleitet — als Komplex zusammengehöriger Einzelheiten erfaßt.

Treffen diese Bemerkungen zu, so dürfen wir die allgemeine Behauptung als beglaubigt betrachten, daß sich alle Arten von empfindbaren Wirklichkeiten der Anschauung als Gestaltqualitäten darbieten und daß diese letzteren das psychologische Unterscheidungsmerkmal dieser Arten abgeben.

49.

Substanz, Form, Idee, Individuationsprinzip. Die große Fruchtbarkeit des Gedankens der Gestaltqualität wird durch einen Vergleich desselben mit einigen verwandten Begriffen am besten kundbar. Der ehrwürdigste unter den letzteren ist der Begriff der Substanz. Aus der Fülle von Definitionen der Substanz[1] heben wir im Hin-

---

[1] Die Geschichte der Philosophie zeigt uns, daß für den Begriff der Substanz fünf Hauptfassungen vertreten wurden, welche wir in folgenden Thesen festzuhalten suchen:

a) Substanz ist dasjenige, was selbst nicht wiederum zu einem anderen als sein Prädikat gehört (Aristoteles, Kateg., Kap. 5; Metaph., V. Bch., Kap. 8). Kant i. d. Met. Anfangsgr., ed. Höfler, p. 40.

b) Substanz ist dasjenige, was selbständig für sich Existenz hat (Cartesius, Princ. phil., I., 51; vgl. auch Spinoza, Eth., I. Bch., def. 3).

c) Substanz ist der beharrende Träger einer Summe wandelbarer Eigenschaften oder Zustände (Locke. Ess. o. h. u. eb., 23, § 2), und Kant, Krit. d. r. Vern., Analyt. der Grundsätze, 1. Hauptstück).

d) Substanz ist der Sammelname für eine Mehrzahl einfacher Vorstellungen (Hume, Treat. I., sect. 6).

e) Substanz ist ein Hilfsbegriff, um Veränderungen auf ein Gemeinsames beziehen zu können (Avenarius, Phil. a. Denk. d. W., p. 557; vgl. auch Wundt, Logik, I., 2. Aufl., p. 483).

Neben diesen bündigen Fassungen sind noch zahlreiche vermittelnde und ekletische Erklärungen gegeben worden, deren Aufzählung und Kritik überwiegend historisches Interesse voraussetzen würde.

blick auf den Zweck unserer Untersuchung bloß die folgenden zwei
heraus. Die erste, deutlich metaphysische, setzt das Wesen der Substanz in die Selbständigkeit ihres Seins: „Per substantiam nihil aliud
intelligere possumus, quam rem, quae ita existit, ut nulla re indigeat
ad existendum" (Descartes). Einer vorwiegend empirischen Grundauffassung entspricht die zweite Fassung: „The idea then we have,
to which we give the general name substance, being nothing but
the supposed, but the unknown support of those qualities we find
existing, which we imagine cannot subsist ‚sine re substante‘,
without something to support them, we call that support substantia"
(Locke).

Die metaphysische Definition ruht auf außerpsychologischen
Fundamenten, da sie eine Realität an sich, unabhängig von den
Beschaffenheiten oder Akzidenzen, die der Erfahrung zugänglich
sind, voraussetzt. Dieser Begriffsbestimmung liegt die (bewußte oder
unbewußte) Absicht zu grunde, den Gegenständen der Vorstellungen
Gott, Seele und materielle Welt die Existenz per definitionem zu
sichern und den Zweifeln, welche sich an die Natur der sinnlich
wahrgenommenen Akzidenzen knüpften, zu entrücken. Von dieser
Tradition löst sich die empirische Auffassung der Substanz als eines
beharrenden Trägers oder einer Unterlage für die wandelbaren Eigenschaften und Zustände, deren Erkenntnis die Sinne oder die Reflexion
vermitteln.

Der Träger selbst bleibt hiebei der Anschauung entzogen und
wird durch Hume zu einem bloßen Sammelnamen verflüchtigt. Was
aber Locke bei seiner Erklärung, die Substanz sei ein unentbehr-
licher Hilfsbegriff, vorschwebte, war das richtige Gefühl, daß Dinge
und Zustände mehr seien als bloße Merkmalsummen. Eben hier tritt
der Gedanke der Gestaltqualität erlösend ein. Sie ist etwas anschaulich Wahrnehmbares, kein Hilfsbegriff oder metaphysisches
Postulat, und leistet eben das, was zur Individuation eines Ganzen
erforderlich ist. Die Annahme von Substanzen wird daher für die
empiristische Erkenntnistheorie entbehrlich.

Diese Überzeugung wird noch durch den Umstand gesichert,
daß das Prinzip der „Erhaltung der Gestalt bei minimalen Relationsänderungen" der Forderung an die Substanz, das Beharrende im
Wechsel zu sein, vortrefflich Rechnung trägt. Ein Lavastück, das
durch Ausglühen seine Farbe gewechselt hat, gilt noch immer als
unverändert in der Substanz, d. h. (in unserer Sprache) die Gestaltqualität der Dinglichkeit in bestimmter Individuation bleibt erhalten.

Nach Hume wäre dieser ganze Sachverhalt völlig unbegreiflich, da das Hinzutreten oder Entfallen auch nur eines Merkmales ein durchaus neues Ding schaffen würde.

Mit diesen Überlegungen haben wir auch die empirische Deutung des Begriffes der Form vorbereitet. Versteht man unter Form lediglich die räumliche, zeitliche oder motionale Gestalt, so ist sie ein Merkmal, das mit anderen zusammen die Individuation des Gegenstandes herstellt. Nun hat aber Aristoteles und mit ihm die maßgebende Scholastik weit mehr in diesen Begriff gelegt: Die Form soll das aktive Prinzip sein, wodurch das Mögliche zum Wirklichen wird. Aus einem Stoff, dessen Gestalt nicht bestimmt ist, wird durch die Form das individuelle Ding mit bestimmter Gestalt geschaffen. Daß die erfahrungsmäßige Seite dieser Lehre mit dem Gedanken der Gestaltqualität zusammentrifft, ist offenkundig, ebenso auch, daß in ihrer metaphysischen Wendung eine Heterogonie vorliegt, indem eine Wirkungsform des verbindenden Denkens zum schaffenden Prinzip hypostasiert wird.

Unschwer läßt sich ferner zeigen, daß auch in der platonischen Idee ein Bestandteil liegt, der mit der Gestaltqualität zusammenfällt. Die Attribute der Intellektualität, Allgemeinheit, Mustergültigkeit und Ewigkeit, welche den Ideen als dem wahrhaft Seienden zugesprochen werden, lassen sich in Anlehnung an den Sachverhalt auf anschaulichem Gebiete folgendermaßen verstehen: Als Produkt des verbindenden Denkens, also einer intellektuellen Funktion, haben wir auch die Gestaltqualität erkannt und in ihr zugleich das Gemeinsame gefunden, das eine Mehrzahl (in den Elementen verschiedenartiger) Komplexe gattungsverwandt macht. Was das einzelne Pferd für einen Platoniker zum Pferd als Gattungswesen macht, sind nicht die Zufälligkeiten des individuellen Aussehens, sondern die bei allen Pferden konstant wiederkehrenden, also allgemeinen Formeigentümlichkeiten, die ihm eben als das In-die Erscheinung-Treten der Idee gilt. Wenn Tiere in Zukunft Pferde sein sollen, so müssen sie eben wiederum jene Form aufweisen, die gewissermaßen ein Musterbild zu einer bestimmten Gattung von Wesen abgibt. Gedanklich könnte ein solches Musterbild weiterbestehen oder (in Gott) ewig sein, wenn auch alle Einzelpferde aussterben sollten. Es zeigt sich also, daß das, was an den platonischen Ideen erfahrungsmäßig ist, durch den Gedanken der Gestaltqualität ein begreifliches Substrat erhält. Selbstverständlich ist damit nur eine Seite des merkwürdigen Begriffs der Idee genetisch

klargelegt. Das Sein der Ideen außerhalb und vor der Scheinwelt
der Dinge, ihre Funktion beim Schaffen dieser Welt, ihre Rolle
beim Erkennen der Dinge und anderes mehr ist der Erklärung
nach empirischen Gesichtspunkten nicht fähig.

Zum Gestaltbegriffe führt auch die Untersuchung der erfahrungsmäßigen Seite dessen, was als Principium individuationis in der
Geschichte der Philosophie eine gewisse Rolle gespielt hat. Sieht
man davon ab, daß im Individuationsprinzip auch ein metaphysisches, aktives Prinzip, das aus dem Allgemeinen das einzelne
schafft, erblickt wurde, so bleibt noch immer eine empirische Bedeutung
des Gedankens übrig: Es sollte damit bezeichnet werden, wodurch
sich das einzelne von der Totalität so abhebt, daß es für sich zur
Besonderung gelangt. Diese Frage kann nicht mit dem Hinweise
auf die Materie (Thomas v. A.), die Form (Duns Scotus) oder das
Zusammentreten beider (Aristoteles) erledigt werden. Auch die Un-
veränderlichkeit und Ununterbrochenheit (Hume) oder das Dasein
in einem bestimmten Raum und Zeitpunkt (Locke, Schopenhauer)
befriedigt nicht die Anforderung an ein Individuationsprinzip, dem
die Fähigkeit, das einzelne gegen das übrige zu begrenzen zukommen muß. Dies leistet jedoch die Gestaltqualität, insofern sie
dem durch Relationen geeinten Ganzen ein neues Merkmal aufdrückt.
Das letztere Merkmal, die Gestalt in weitester Bedeutung, besondert
ein Ding, einen Vorgang, einen Zustand … zu einem Individuum,
das für sich aufgefaßt wird. Wo der Versuch einer Begrenzung
konkreter oder auch abstrakter Einheiten durch die Beschaffenheiten
der Bestandteile mißglückt, darf erwartet werden, daß der Begriff
der Gestaltqualität die Lösung bringt [1]). Dieser Begriff wird nur
versagen, wenn es sich um schlechthin Einfaches handelt, das jedoch
in der Erfahrung nirgends gegeben ist.

----

[1]) Es scheint uns, daß beispielsweise die Begrenzung der „Rasse“ auf
Grund einzelner Beschaffenheiten der Menschen, die ihr angehören, nicht recht
gelingen will. Somatische Merkmale (Knochenbau, Schädelform, Hautfarbe, Iris-
pigment, Haareigentümlichkeiten), physiologische Kennzeichen (Fortpflanzungs-
modalitäten, Krankheitsdispositionen) und psychische Charakteristika (Besonderheiten der Sprache, Sitte, intellektuellen Kultur) genügen — wenn sie einzeln
für sich zur Unterscheidung der Rassen herangezogen werden — nicht zur Definition. Wohl aber ergibt sich durch das Aufeinanderbeziehen aller Einzelmerkmale
ein „Typus“ oder eine „Rassenpersönlichkeit“, auf Grund deren wir sofort den
Neger vom Mongolen, den Engländer vom Araber u. s. f. unterscheiden. Die
sehr bedeutende Schwierigkeit der wissenschaftlichen Beschreibung jener Gestaltqualität des „Typus“ soll mit diesen Bemerkungen in keiner Weise verkannt werden

50.

Assimilation und Kolligation. Als Wirkungsformen des verbindenden Denkens auf dem Gebiete der simultanen Erneuerung haben wir die Assimilation und die Kolligation bezeichnet.

a) Wir verstehen unter Assimilation oder Verschmelzung den Vorgang, daß ein gegebener Vorstellungsinhalt und ein erneuerter anderer zu einem dritten Inhalt verschmilzt, welcher die Bestandteile beider enthält. Verschmolzen sind die Vorstellungen, wenn die Aufmerksamkeit beim Erleben den erneuerten Inhalt weder nach Bestandteilen noch zeitlich sondert. (Die psychologische Analyse vermag oft die Trennung im nachhinein zu vollziehen.) Der Prozeß der Assimilation kann an einen durch Wahrnehmung oder durch Reproduktion vermittelten Inhalt anknüpfen. Nach unserem Dafürhalten ist die Assimilation kein konstitutives Merkmal der Wahrnehmung, da mindestens die das erstemal erfaßten Modalitäten assimilationsfrei eintreten; würde jede Wahrnehmung die Assimilation mit einem zweiten Inhalt konstitutiv einschließen, so bliebe die Entstehung des Wahrnehmens überhaupt unbegreiflich.

Als Beispiele echter Assimilation wollen wir aufführen die Verschmelzung des Gesichtsbildes eines Teppichmusters mit dem an Stelle des blinden Flecks reproduzierten gleichen Muster zu einer einheitlichen Fläche, ferner den Raum eines getasteten Objekts, der mit dem Gesichtsraum desselben in einen Vorstellungsinhalt zusammenfließt. Eine Assimilation ist endlich an der Wahrnehmungsvorstellung des Feuchten, bei der Kalt und Glatt verschmolzen sind, beteiligt. Reproduzierte Bilder selbst wohlbekannter Dinge sind selten reine Erneuerungen, sondern in der Regel durch assimilierte Bestandteile unbemerkt verändert [1]).

Die hier beigebrachten Beispiele zeigen uns, daß wir zweierlei Assimilationen zu unterscheiden haben, nämlich solche von homogenen Inhalten (welche durch eine Relation des Vergleichens verknüpft sind) und solche von heterogenen Inhalten (deren Verbindung in einer Relation des Abhängigsetzens liegt). Die bisherige Psychologie kennt ausschließlich Ähnlichkeitsassimilationen und

---

[1]) Nicht glücklich gewählt finden wir das beliebteste Beispiel für die Assimilation, den Klang. In diesem Falle ist es nämlich zweifelhaft, ob die Vereinigung von Grundton und Oberton eine Denkleistung darstellt oder nicht einfach einen Mangel der Unterschiedsempfindlichkeit. Würde der Grundton wahrgenommen und der Oberton durch erneuerndes Denken beigebracht, dann könnte es zu einer echten Assimilation kommen.

trifft damit nur einen Teil der Erscheinungen des Verschmelzens. Die Assimilation der an sich unähnlichen optischen und haptischen Raumbilder oder der Bestandteile in der Vorstellung des Feuchten kann diese ältere Auffassung ohne gewaltsame Interpretation nicht verständlich machen. Unsere Sacherklärung hat den Vorteil, sich organisch an das Gesetz des Erneuerns anzupassen, welches besagt, daß die gegenständliche Bedingung in einem Relationsband (irgend welcher Art) zwischen der weckenden und der geweckten Vorstellung bestehe. Die Assimilation stellt sich sonach gewissermaßen als eine verdichtete, für den Erlebenden simultan gewordene Assoziation dar. Zwischen Assoziation von zeitlich gesonderten und Assimilation von zeitlich nicht gesonderten Inhalten liegen offenbar Zwischenstufen mit unklarem Unterscheiden der Zeitindizes.

Bei Wahrnehmungsvorstellungen pflegt die sinnliche Frische der gegebenen Anschauung das Bewußtsein so vorwiegend zu beherrschen, daß das assimilierte Erneuerte gleichsam zu einer Färbung oder sonstigen nebensächlichen Bereicherung des Eindrucks herabsinkt. Man wird in solchen Fällen mit Fug eine assimilierende oder Grundvorstellung und eine assimilierte oder Zusatzvorstellung auseinanderhalten, ohne aber zu übersehen, daß das Assimilat als geschlossene Gesamtvorstellung bewußt wird.

b) Diese Analyse leitet uns von selbst zur Begriffsbestimmung der Kolligation oder Vereinigung über. Sie besteht in dem Zusammentreten zweier Vorstellungsinhalte zu einem neuen komplexen Inhalt mit den Bestandteilen beider, und zwar in der Art, daß die Aufmerksamkeit beim Erleben diese Inhalte nach Bestandteilen (aber nicht zeitlich) sondert. Auch das Kolligieren kann an Wahrnehmungen oder an reproduzierte Vorstellungen anknüpfen, es unterscheidet sich aber von der Assimilation durch die Sonderung der Inhaltsbestandteile des einen und des anderen Inhaltes innerhalb der neugebildeten Gesamtvorstellung. Passende Beispiele von Kolligationen liegen nahe. Wer bei einer gesehenen Blume die Duftvorstellung so hinzufügt, daß eine komplexe Vorstellung entsteht, vollzieht ein Kolligieren; ebenso liegt ein solcher Akt bei der Vorstellung eines Faustschlages, in der simultan mehrere nach Bestandteilen unterschiedene Inhalte zusammentreten.

Das Wortzeichen und der bezeichnete Gegenstand, das Schriftbild und sein Lautwert sind beim Gebildeten kolligiert (nicht assimiliert, nicht assoziiert). Beim Lernenden werden die Buchstaben und ihre akustische Bedeutung noch durch Assoziation verknüpft;

aus dieser entsteht alsbald die Fähigkeit der Bildung eines Kolligats aus beiden Inhalten, die dann zeitlich nicht mehr. wohl aber in Bestandteilen (Gesichtsbild, Gehörsreproduktion) durch die Aufmerksamkeit beim Erleben getrennt sind. In ähnlicher Weise entstehen offenbar die meisten (simultanen) Kolligierungen aus sukzessiven Assoziationen durch Beschleunigung des Erneuerns, welche zu einem Verbinden der Inhalte zu Gesamtvorstellungen überleitet. Übergangsstufen bestehen aber nicht nur zwischen Kolligation und Assoziation, sondern auch zwischen Kolligation und Assimilation; durch Verblassen der inhaltlichen Verschiedenheit fließen beispielsweise Gesichts- und Tastraum schließlich zu einem nicht mehr differenzierten Raumbild zusammen.

<h2 style="text-align:center">51.</h2>

Assoziationsverknüpfung und Phantasiesynthese. Die Wirkungsformen des verbindenden Denkens auf dem Gebiete der sukzessiven Erneuerung sind die Assoziationsverknüpfung und die Phantasiesynthese. *a)* Der Anteil des verbindenden Denkens am Prozesse der Assoziation sei als Assoziationsverknüpfung bezeichnet. Sind zwei Vorstellungsinhalte in Relation zueinander im Bewußtsein. so bewirkt das verbindende Denken eine Verknüpfung zwischen diesen Inhalten, vermöge welcher (wenn die emotionale Bedingung dazutritt) in späterer Zeit der eine Inhalt das Bewußtwerden des anderen auslöst. Bei der großen Zahl und Labilität der psychischen Erlebnisse eines gereiften Subjekts ist es begreiflich, daß in der Regel ein öfteres Wiederholen derselben Relation stattfinden muß, damit dieses Produkt des verbindenden Denkens ein gewisses Beharrungsvermögen gewinnt. Die Verknüpfung von Vorstellungen in solcher Art stellt ein „Assoziationsband" dar, welches eine charakteristische Einheit, das „assoziative Paar", und (bei mehr als zwei Vorstellungen) die „assoziative Kette oder Reihe" schafft. Je nachdem, ob die Relation der Vorstellungen auf ein Vergleichen oder auf ein Abhängigsetzen zurückgeht, zerfallen die Assoziationen in zwei deutlich differente Klassen. *α)* Relationen des Vergleichens sind die Gleichheit (in Quantität, beziehungsweise Intensität, Qualität, Räumlichkeit, Zeitlichkeit), die Verschiedenheit, die Ähnlichkeit, die Unähnlichkeit. Von diesen Relationen begründen namentlich die Gleichheit und die Ähnlichkeit assoziative Verknüpfungen; die Verschiedenheit und Unähnlichkeit lassen wegen der unabsehbaren

Zahl der darauf bezüglichen Relationserkenntnisse nur ausnahmsweise dauerbare Assoziationsverknüpfungen aufkommen (z. B. bei
sehr auffallenden Gegensätzen). β) Relationen des Abhängigsetzens
liegen in den Beziehungen der Notwendigkeit, Zufälligkeit, Wahrscheinlichkeit und Unwahrscheinlichkeit. Hier spielt der Spezialfall der Naturkausalität als assoziatives Band die wichtigste Rolle.
Das Beibringen von Beispielen für die im Anschlusse an diese
Gliederung sich ergebenden zahlreichen Varianten der Assoziation
sei uns im Hinblicke auf die Ausführungen des vorigen Abschnittes
erlassen.

b) Von den Phantasiesynthesen haben wir bereits im
Abschnitte über das erneuernde Denken gehandelt. Hier sei nur der
wichtige Anteil des verbindenden Denkens an den Leistungen der
Phantasietätigkeit im besonderen hervorgehoben. Die Ausgestaltung
und Ergänzung von unvollständig gegebenen, bekannten Objekten
der äußeren Wahrnehmung sowie von lückenhaft reproduzierten
Bildern und Bilderreihen ist von einem relativ wenig deutlichen
Aktivitätsbewußtsein begleitet, während bei den willkürlichen Er-
findungen (die „Neues" produzieren), den Akten des verbindenden
Denkens ein schöpferischer Charakter eignet. In allen Fällen, ob
wir nun den abnehmenden Mond zur vollen Scheibe ergänzen oder
einen blauen Apfel anschaulich vorstellen oder endlich eine dramatische
Szenenreihe komponieren, bildet das Wesentliche an der Phantasietätigkeit das Schaffen von nicht gegebenen Einheiten durch Verbinden vorgestellter Elemente. Mit Rücksicht auf den Zweck unserer
Untersuchung müssen wir uns hier mit den gelieferten kurzen Hinweisen begnügen und von einer näheren Beschreibung dieses
formenreichen Gebietes psychischer Aktivität Abstand nehmen.

An dieser Stelle sei uns gestattet, eine bequeme Benennung in
Vorschlag zu bringen. Wir wollen Assimilate, Kolligate, Assoziations-
verknüpfungen (Assoziationspaare, Assoziationsketten) und Phantasie-
syntheme als Reproduktionseinheiten oder, wenn sie mit dem
Charakter der Bekanntheit auftreten, als Erinnerungseinheiten
bezeichnen. Durch diesen Sammelnamen ist wohl am besten eine
Begrenzung solcher Produkte des verbindenden Denkens im
Bereiche des Erneuerns gegenüber den repräsentativen Einheiten
(Allgemeinvorstellungen, Begriffe, Sprachsymbole) zum Ausdruck ge-
bracht. Diese dritte Gruppe von Wirkungsformen des verbindenden
Denkens, deren Erörterung im Sinne unserer früher gelieferten
Übersicht hier anzureihen wäre, hat bereits im ersten Abschnitte

des Buches eine ausreichende Behandlung gefunden, so daß wir einfach darauf verweisen dürfen.

52.

Besprechung abweichender Standpunkte. Eine richtige Würdigung des Verbindens als einer elementaren Funktion des Denkens wurde in früheren Zeiten durch die Überschätzung der Rolle der Assoziation im Seelenleben verhindert. Von Hume und Condillac angefangen bis Herbart und Münsterberg finden wir Versuche, die rein mechanische Vorstellungsverbindung der Assoziation zur einzigen Form des Denkens zu machen, wobei alle psychische Aktivität ausgeschaltet sein sollte. Das Gefühl wurde vielfach nur als ein den logischen Denkprozeß störendes Element angesehen oder ganz mit Schweigen übergangen. In neuerer Zeit freilich hat eine gerechtere Beurteilung der emotionalen Seite des Gedankenverlaufes Platz gegriffen, unter anderen haben Windelband[1]) und v. Ehrenfels, allerdings von sehr verschiedenen Ausgangspunkten ausgehend, den Zusammenhang von Fühlen und Denken genauer zu fassen gesucht.

In der Assoziationstheorie selbst ist die neuere Zeit von dem Bestreben getragen gewesen, die alte aristotelische Vierzahl der Assoziationsbänder (wunderlicherweise oft „Gesetze" genannt) auf zwei oder eines zusammenzuziehen. Von den Psychophysiologen (z. B Münsterberg) wurde namentlich auf die Elimination der Ähnlichkeit als assoziatives Prinzip gedrungen, weil dieses die Auflösung der psychischen Aktivität in mechanische Zellprozesse unmöglich zu machen schien [2]). Ein deutlicher Abschluß dieser Diskussion ist derzeit noch nicht erkennbar.

---

[1]) Vgl. dazu Windelband, „Über Denken und Nachdenken". Eine akademische Antrittsrede, 1877. Präludien, 2. Auflage, Tübingen 1903, S. 212 ff. Windelband sagt richtig: „Auf Grund der Allgegenwart der Gefühle können wir es als allgemeines Gesetz aufstellen, daß das Bewußtsein in jedem Augenblicke diejenige Vorstellung ergreift, welche unter den von innen wie den von außen erregten das lebhafteste Gefühl mit sich führte." (227.) Die Ähnlichkeit, beziehungsweise Gleichzeitigkeit der Inhalte ist von der Ähnlichkeit, beziehungsweise Gleichzeitigkeit der Gefühle begleitet. „Unwillkürlich gestalten sich allüberall unsere Gedanken nach unseren Bedürfnissen, ohne daß uns diese selbst dabei jedesmal zum Bewußtsein kommen." (227.) Auch Ehrenfels' Gesetz der relativen Glücksförderung dürfen wir als verwandte Anschauung heranziehen; vgl. Ehrenfels, Werttheorie, I., 25, 248.

[2]) Wundt ersetzt Ähnlichkeit, Kontrast, Gleichzeitigkeit und Sukzession der älteren Lehre durch die Hauptfälle der Gleichheit und Berührung, Jodl (unter

Die große Verbreitung der diesbezüglichen Lehre Wundts fordert ihre besondere Anführung. Im Grundriß der Psychologie (2. Auflage) unterscheidet Wundt die Assoziations- und die Apperzeptionsverbindungen. Assoziationsverbindungen können entweder simultan sein (und zwar Assimilation, Komplikation) oder sukzessiv (Wiedererkennung und Erkennung, Erinnerungsvorgänge); dagegen scheiden sich die Apperzeptionsverbindungen in einfache (Beziehung, Vergleichung) und zusammengesetzte (Synthese, Analyse). Anders stellt sich die Gliederung in Wundts Logik, wo innerhalb der simultanen Assoziation die assoziative Synthese, die Assimilation und die Komplikation unterschieden wird, während die sukzessive Assoziation in eine innere (durch Gleichheit) und eine äußere (durch Berührung) zerfällt; die Apperzeption sondert hier Wundt in die simultane (Agglutination, Verschmelzung und Begriffsbildung) und die sukzessive (Zerlegung im Urteil, Verkettung und Verwebung).

Was unsere Auffassung von der Wundts im wesentlichen scheidet, ist in wenigen Worten bezeichnet. Wir halten vor allem die Grundeinteilung der Denkfunktionen in Assoziation und Apperzeption für wenig empfehlenswert, da alles Denken aktiv ist und die verschiedenen Stufen der Bewußtheit dieser Aktivität durch die Gliederung ohnehin nicht zum Ausdruck gebracht werden; überdies verwischt die Dichotomie Assoziation—Apperzeption gerade das Wichtigste, nämlich die verschiedene Arbeitsrichtung des Denkens beim Erneuern, Trennen und Verbinden des Denkstoffes. Und gerade die Arbeitsrichtungen scheinen uns auch die Arbeitsleistungen klar zu machen und in eine natürliche Ordnung zu bringen. (Ob es sich ferner empfiehlt, auch die simultanen Verbindungen, entgegen der früheren Terminologie, unter die Assoziationen zu nehmen, bleibe unentschieden.) Am schwersten scheinen uns die Bedenken gegen die weitgehende Verwertung des Begriffs der Apperzeption ins Gewicht zu fallen. Wenn wir nicht mißverstehen, so schließt Wundts Apperzeption die psychische Aktivität des Aufmerkens, des Trennens, des Verbindens und des Urteilens ein und wechselt je nach der Aufgabe, die dem Intellekt vorliegt, seine charakteristische Rolle [1]). Gerade die

sorgfältiger Begründung) durch Ähnlichkeit und Berührung. Höffding läßt die Assoziationsbänder in dem „Gesetz" der „Totalität" aufgehen: „Das Wesentliche aller Assoziationen wird also die Tendenz, wenn ein einzelnes Element gegeben ist, den gesamten Zustand wieder zu erzeugen, von dem dieses Element oder ein ähnliches ein Teil bildete." (Gr. d. Psychologie, 2. Auflage, Leipzig 1893, p. 217.) Höfler nimmt zahlreiche Assoziationsbänder an und betont die Kausalität als eines derselben. Spencer anderseits kennt nur die Contiguity als einziges Assoziationsprinzip.

[1]) Eine konsequent festgehaltene Definition der Apperzeption können wir bei Wundt nicht finden und ist vielleicht auch gar nicht in seiner Absicht gelegen. Wir heben folgende der wichtigsten Erklärungen heraus: „... Aufmerksamkeit und Apperzeption sind Ausdrücke für einen und denselben psychologischen Tatbestand", wobei Aufmerksamkeit die subjektive Seite, Apperzeption die objektiven Erfolge bezeichnet. Als wesentliche Teilvorgänge des Apperzeptionsprozesses gibt Wundt an: „1. Klarheitszunahme einer bestimmten Vorstellung oder Vorstellungsgruppe, verbunden mit dem für den ganzen Prozeß charakteristischen Tätigkeitsgefühl; 2. Hemmung anderer disponibler Eindrücke oder Erinnerungsbilder" (Physiol. Psych., III. Bd., 5. Aufl. 1903, p. 341). Apperzeption ist Willens-

Dehnsamkeit und Vielseitigkeit eines solchen Begriffs scheint uns aber die Aussichten auf eine brauchbare Gliederung mit seiner Hilfe zu beeinträchtigen. Alle Urteilsbestandteile beispielsweise fordern eine sorgfältige Sonderung von dem, was anderen elementaren Funktionen zugehört, dagegen sind die Tätigkeiten des Beziehens und Vergleichens (wie wir glauben) nicht als nebengeordnete einfache Apperzeptionsformen, welche durch mehrfache Wiederholung zur Synthese und Analyse werden, zu behandeln. Solche Ungenauigkeiten machen die Schwäche des proteusartigen Apperzeptionsbegriffes fühlbar. Wenn wir diesen allgemeinen Bedenken Ausdruck geben, so liegt es uns gleichwohl ferne, die außerordentlichen Verdienste, welche sich Wundt auch um die Bereicherung und Klärung der Psychologie des Denkens erworben hat, zu unterschätzen.

53.

Zur Biologie des verbindenden Denkens. Durch verbindendes Denken vollzieht sich die Anpassung des Intellekts an die zu beherrschende Mannigfaltigkeit der Gegenstände im Wege der Verminderung der zugeordneten Vorstellungsinhalte. Das Verbinden führt zur Vereinfachung und Beschleunigung. Ein Zusammenfassen des quantitativ, qualitativ oder repräsentativ Gleichen und Ähnlichen begründet offenbar wichtige Vorteile für die physische und psychische Lebenshaltung, denn ohne die Schaffung von Komplexen und Zusammenhängen, die durch singuläre Vorstellungsinhalte gedacht werden, wäre das Individuum einer unüberschaubaren, verwirrenden Vielheit von Vorstellungsgegenständen ausgeliefert und bliebe unfähig, Erfahrungsschätze irgend welcher Art zu erwerben. Alles Synthesieren, Ergänzen und Ausgestalten durch Phantasie, alles Einigen durch Gestaltqualitäten beruht, wie wir gesehen haben, auf der Möglichkeit eines verbindenden Denkens, aber auch das Zustandekommen von Allgemeinvorstellungen und Begriffen von Kausalverknüpfungen und Induktionen setzt die Mitwirkung der Verbindungsfunktion voraus, welche ebenso für die Bildung von Ordnungssystemen unentbehrlich erscheint. Die Entwicklung der Sprachzeichen, von der die Ausführbarkeit aller höheren Denkleistungen direkt abhängig ist, beruht zum wichtigen Teile auf Akten des Zusammensetzens, Vereinigens und Einbeziehens.

äußerung (ebenda, S. 342, vgl. auch I. Bd., p. 322). Über die Unterscheidung einer aktiven und passiven Apperzeption spricht Wundt ebenda, III., p. 332. — Die allgemeinste Begriffsbestimmung enthalten die Grundzüge der Physiologie, 5. Aufl., p. 249: Apperzeption ist „der einzelne Vorgang, durch den irgend ein psychischer Inhalt zu klarer Auffassung gebracht wird". Sammlungen von Belegstellen bringt Eislers Wörterbuch, 2. Aufl., p. 61, und das Sachregister zur Physiol. Psych., 5. Aufl., p. 8 ff.

Somit erstreckt sich die biologische Bedeutung dieser Denkfunktion sowohl in rezeptiver als in transitiver Richtung von den
einfachsten Lebensverhältnissen des Tieres bis zu den verwickeltsten
Gestaltungen der gelehrten und künstlerischen Tätigkeit. Das Dasein
des Tieres ist bedingt durch mancherlei den Instinkt ergänzende
Erfahrungen über Nahrungsmittel und Feinde, über Begattungs-
schwierigkeiten und Jungenpflege, über Jahreszeiten und Natur-
zusammenhänge — freilich in einfachsten Gebilden des gedanklichen
Zusammens eingeschlossen. In allen diesen Fällen ist es biologisch
Wichtiges innerhalb der zu beherrschenden Mannigfaltigkeit, das
vom verbindenden Denken ergriffen wird.

Die Erkenntnis des Allgemeinen und das Denken desselben in
singulären Inhalten geht aber auch im entwickelten Denken auf den
Anreiz des Interesses zurück und stärkt anderseits die Stellung
des Individuums in der Not des Lebens. Das Synthesieren der Raum-
und Zeitgrößen, der Zahleinheiten und Zahlkomplexe, das Vereinigen
von Vorstellungsbestandteilen in Gleichheits- und Abhängigkeitsrelationen, vor allem aber die kausale Ordnung der Abfolge in den
Erscheinungen gehört zu den fundamentalen Voraussetzungen des
Beherrschens der Natur durch geistige Mittel.

Das Verbinden ist wesentlich für die Wissenschaft, sofern sie
ökonomisches und geordnetes Abbilden der Wirklichkeit bezweckt.
Ökonomie wird durch den fortschreitend durchgeführten Zusammenschluß des Gleichartigen in Raum, Zeit, Bewegung, Abfolge ...
bewerkstelligt und erhält in den abbildenden Begriffen für das Ver-
einigte seine letzte Erfüllung. Und Ordnung entsteht aus dem Bilden
von Reihen auf Grund eines Einheitsprinzips, das die Reihenglieder
verknüpft.

Nicht minder wesentlich ist das verbindende Denken für die
Kunst. Das Schaffen des Künstlers hat seinen Kern in der Erzeugung
von Gestaltqualitäten durch die Phantasie, welcher Akt psychologisch
ein Zusammenwirken des verbindenden mit dem erneuernden Denken
bedeutet.

Der weitblickenden Betrachtung enthüllt sich auch das Verbinden innerhalb der Wissenschaft und der Kunst als eine besondere
Art des rezeptiven und transitiven Anpassens an gegebene Mannigfaltigkeiten unter der Führung bestimmter Interessen, welche wiederum
den Ausdruck der psychobiologischen Lage des Subjekts darstellen.

Dritter Abschnitt.

Denkfunktionen, welche auf die Gegenstände gerichtet sind.

A. Die Urteilsfunktion.

54.

Das Urteilen im allgemeinen. Wenn auch die elementare
Funktion des Urteilens schlechthin undefinierbar ist, so darf doch
nicht auf eine charakterisierende Begrenzung des Namens verzichtet
werden. Ein Versuch in dieser Richtung mag an einfache Beispiele
von Urteilen anknüpfen, etwa von der Art: Altruistisches Handeln
gibt es — das menschliche Hirn ist nicht symmetrisch — ich bekämpfe die Skepsis — das Erbrecht wird allgemein eingeschränkt —
die Brechungsgesetze des Lichts und der Elektrizität sind gleich.
Das deutlich Gemeinsame an diesen zweifellos als Urteile gekenn-
zeichneten Denkvorgängen liegt, wie Meinong gezeigt hat, darin,
daß in ihnen ein bestimmter Tatbestand behauptet oder für wahr
gehalten wird, der in gegebenen Vorstellungen gedacht ist. Hiebei
werden die Tatbestände durch den Urteilsakt augenscheinlich als
objektiv vorhanden gedacht, nicht etwa als bloß mögliche oder
phantasierte.

Im Urteil „Altruistisches Handeln gibt es" wird das objektive
Dasein für wahr gehalten, dagegen erscheint in den Urteilen „Das
menschliche Hirn ist nicht symmetrisch — ich bekämpfe die
Skepsis — das Erbrecht wird allmählich eingeschränkt" eine Eigenschaft, ein Zustand des Tuns, ein Zustand des Leidens als objektiv
vorhanden gedacht[1]). Es dürfte wohl keinem ernsten Bedenken
unterliegen, diese letzteren Prädikate unter den Begriff der „Be-

---

[1]) Die nähere Darlegung und Kritik des Sinnes der Bestimmung „objektiv
vorhanden" ist Sache der Erkenntnistheorie und wird in einem späteren Ab-

schaffenheit" zu subsumieren. Im Urteile „Die Brechungsgesetze des
Lichts und der Elektrizität sind gleich" wird endlich ein Relations-
faktum als vorhanden gesetzt, insofern die Behauptung eben die
Gleichheit jener Gesetze zum Gegenstande hat.

Dieser psychologischen Charakteristik steht eine logische zur
Seite, welche den Urteilsgegenstand ohne Beziehung zum denkenden
Subjekt, so wie er im „Urteilssatz" oder „Satz an sich" Ausdruck
findet, nimmt. Der Name „Satz" darf hier freilich nicht in ge-
wohnter grammatischer Bedeutung, sondern nur in einem engeren
Sinne als Ausdruck für einen Urteilsgegenstand verstanden werden.
Die Tatbestände „altruistisches Handeln gibt es … ich bekämpfe
die Skepsis" können auch unter Abstraktion von dem urteilenden
Subjekt für sich beachtet werden und bilden dann den Gegenstand
von Sätzen (Urteilssätzen) im logischen Sinne, denen psychologisch
Urteile gleichen Inhalts entsprechen.

Die behaupteten Tatbestände können, wie bereits die wenigen
Belegfälle zeigen, außerordentlich mannigfacher Art sein und es mag
als vorläufige Annäherung an eine sachgemäße Gruppierung gelten,
wenn wir die Tatbestände zu den Kategorien Sein — Beschaffenheit
(in weitester Bedeutung) — Beziehungsverhältnis — zusammenziehen.

Zugleich ergibt sich aus den Beispielen, daß sozusagen „positive"
Tatbestände (Etwas ist, hat eine Beschaffenheit, steht in Beziehung)
und „negative" Tatbestände (Etwas ist nicht, ermangelt einer Beschaffenheit, steht nicht in Beziehung) durch die Behauptung getroffen werden können, worauf der grundlegende Gegensatz der
bejahenden und der verneinenden Urteile zurückgeht. Was das
Element des Behauptens anbelangt, wie es die Urteilsbeispiele als
konstitutiv zeigen, so könnte es offenbar auch in anderen Bezeichnungen festgehalten werden, etwa als Glauben, Fürwahrhalten, Anerkennen, Setzen …, allein alle diese Bezeichnungen schließen
(ebenso wie Behaupten) das einfachere Element des Urteilens bereits
in sich und sind nicht etwa zu einer Definition verwertbar. Zu

schnitte versucht werden. Als vorläufige Position möge gelten, daß die Bestimmung
„objektiv vorhanden" bedeutet:

a) bei Erfahrungsurteilen (Urteilen a posteriori) das Sein oder Beschaffenheithaben eines Gegenstandes der Außen- oder Innenwelt, wobei der Gegenstand
der Außenwelt durch die Erscheinung indirekt, jener der Innenwelt aber direkt
erfaßt wird;

b) bei apriorischen Urteilen das Bestehen eines Beziehungsverhältnisses
zwischen Vorstellungsgegenständen, wobei dieses Bestehen davon unabhängig ist,
ob den Vorstellungsgegenständen reale Wirklichkeiten entsprechen oder nicht.

einem Urteil gehört endlich ein Gegebenes, ein Stoff von Denk-
objekten, hinsichtlich dessen ein Tatbestand behauptet wird, in
unserem Beispiele die Vorstellungen altruistisches Handeln, Symmetrie-
mangel des menschlichen Hirns, Bekämpfung der Skepsis u. s. f.
In Anpassung an einen ziemlich verbreiteten Wortgebrauch wollen
wir dieses Substrat „Materie" des Urteils nennen. Die Urteilsmaterie
stellt sich als ein Komplex von Denkgegenständen dar, der seinerseits
in dem eigentlichen Urteilsgegenstand, dem Tatbestande, enthalten
ist, und zwar so, daß der Tatbestand nicht ohne seine Materie im
Urteil gedacht werden kann, während der gegebene Stoff oder die
Materie auch ohne Behauptung ihres objektiven Vorhandenseins vorstellbar ist. Innerhalb der Materie wird Subjekt und Prädikat unterschieden, wovon wir weiter unten zu sprechen haben.

Versuchen wir nunmehr die bisher gefundenen, unschwer als
allgemein erkennbaren Merkmale in einige Kernsätze zu verdichten,
so ergibt sich als psychologische Charakteristik des Urteilens:
Urteilen ist jener psychische Akt, durch den ein bestimmter
Tatbestand als objektiv vorhanden gedacht wird. Der vom
Urteil erfaßte Tatbestand besteht darin, daß einem Gegebenen (dem Subjekte) Sein, eine Beschaffenheit oder ein
Beziehungsverhältnis (das Prädikat) zukommt oder nicht
zukommt. In Übereinstimmung damit erblicken wir im Urteil einen
Bewußtseinsinhalt, in welchem das Denken jenes Tatbestandes als
eines objektiv vorhandenen stattfindet.

Logisch ist im Sinne unserer früheren Ausführungen das
Urteil ein Satz, durch den ein bestimmter Tatbestand als
objektiv vorhanden ausgedrückt wird.

Im folgenden wenden wir uns zunächst dem Urteil vom
psychologischen Gesichtspunkte aus zu.

Den Versuch, das Urteilen auf ein Vorstellen oder ein Verhältnis zwischen Vorstellungen zurückzuführen, lehnen wir ausdrücklich ab. Im Urteilen erblicken wir, wie bereits mehrfach hervorgehoben, einen psychischen Akt, dessen Natur wir durch Verba,
wie Behaupten, Setzen, Anerkennen, Glauben . . ., hinreichend deutlich
kennzeichnen. Dagegen ist Vorstellen nicht mehr als „eine Vorstellung haben", also ein passives Verhalten. Keine Art des Zusammenseins, Zusammenbringens, Trennens oder Zerlegens von Vorstellungen können wir mit dem Urteilsakt identisch finden, wenn
auch damit die wichtigsten intellektuellen Anlässe des Auftretens
eines Urteils bezeichnet sein mögen. Wird geurteilt „Es gibt keinen

Dichter Ossian", so kann die Behauptung als solche nicht aus den Vorstellungen Geben, Nicht, Dichter, Ossian zusammengesetzt, noch auch durch Zerlegung einer oder mehrerer dieser Vorstellungen gewonnen sein; die Behauptung tritt vielmehr zu dem Vorstellungsstoffe hinzu und stellt eine irreduzible Denkfunktion vor. Die stoische Lehre von der συγκατάθησις darf im Grundgedanken auch heute noch volle Gültigkeit beanspruchen.

Für den Zusammenhang des Folgenden ist der vorgreifende Hinweis von Wichtigkeit, daß das Urteil psychologisch entweder „explizit", d. h. unter deutlich gesondertem Vorstellen des Subjekts und Prädikats erfolgen oder als urteilsmäßiges Verhalten „implizit" bleiben kann. Im letzteren Falle besitzt die Beziehung des Denkenden zu den Tatbeständen den Urteilscharakter, ohne in Form eines für sich gedachten vollständigen Urteils bewußt zu werden[1]).

Den wichtigsten Einzelfragen der Urteilstheorie seien die nachfolgenden Abschnitte gewidmet.

55.

Bestandteile und Merkmale des Urteils. Wir haben bereits innerhalb der allgemeinen Vorbetrachtung zwischen dem Urteilsakt, dem Urteilsinhalte und dem Urteilsgegenstande unterschieden. Wird

---

[1]) Es ist vielleicht nicht überflüssig, daran zu erinnern, daß das gesamte psychische Leben von Urteilen durchwirkt ist. Selbst die scheinbar so einfachen Prozesse des Wahrnehmens enthalten zum mindesten ein urteilsmäßiges Verhalten als Bestandteil. Jeder Vorgang des Trennens und Verbindens, sei er nun partitiven, immanenten oder repräsentativen Charakters, erhält seinen Abschluß durch ein explizites oder implizites Urteil, wenn die Aufmerksamkeit die getrennten, beziehungsweise verbundenen Elemente und das Produkt der Trennung, beziehungsweise Verbindung für sich festhält. Auf dem Gebiete des Erneuerns haben wir die Erinnerung als eine Erscheinung mit Urteilsbestandteil kennen gelernt. Beteiligt ist das urteilende Denken ferner bei der Bildung der Begriffe und Sprachzeichen, wie bereits gezeigt worden ist.

Alles Erkennen von Tatbeständen, sei es durch die Erfahrung oder durch das Denken vermittelt, hat die Form des Urteils und in derselben Form gelangen alle Regeln und Gesetze der Wissenschaft zum Ausdruck. Im induktiven und deduktiven Schließen haben wir den Erkenntnisvorgang zu erblicken, der in dem Erfassen des Folgens neuer Urteile aus gegebenen Urteilen besteht, so daß sich die gesamte Forschung gleich wie der Erwerb des naiven Wissens im Wege des Urteilens vollzieht. Zum Abschlusse dieser allgemeinen Betrachtung sei noch erwähnt, daß die Werterscheinungen sich nicht in den Gefühlsreaktionen erschöpfen, sondern als Werturteile auch in den Intellekt eingehen, womit zusammenhängt, daß jedes Handeln mit Rücksicht auf Zweck, Folgen und Mittel an die Mitwirkung der Urteilsfunktion gebunden ist.

geurteilt „Das Licht ist heilkräftig", so ist der psychische Akt, durch den dieser Tatbestand als objektiv vorhanden gedacht wird, der Urteilsakt — die Bejahung der Heilkräftigkeit des Lichtes der Urteilsinhalt — der positive Tatbestand des Heilkrafthabens des Lichtes der Urteilsgegenstand. Die im Gedanken „Das Licht ist heilkräftig" liegenden Vorstellungen haben selbst wiederum Vorstellungsinhalte, die auf Vorstellungsgegenstände gehen, doch sind diese Inhalte und Gegenstände, wie Meinong gezeigt hat, nicht die des Urteils als solchem. Unschwer läßt sich auch bei verneinenden Urteilen Akt, Inhalt und Gegenstand auseinanderhalten. Im Urteile „Das Perpetuum mobile ist von der Reibung nicht abhängig" liegt der Urteilsgegenstand im Sachverhalt der Unabhängigkeit des Perpetuum mobile von der Reibung. Dieses Beispiel mag zugleich zeigen, daß es Fälle gibt, in welchen der Urteilsgegenstand als objektiv vorhanden behauptet wird, obwohl die Subjektvorstellung keinen real existierenden Gegenstand besitzt. Die Vorstellungsgegenstände der im Urteilsinhalte eingeschlossenen Vorstellungen bezeichnen wir, wie früher bemerkt, als Substrat oder Materie des Urteils. Die Materie jedes Beschaffenheits- und Beziehungsurteiles schließt mindestens zwei Vorstellungen in sich: jene Vorstellung, von deren Gegenstande etwas bejaht oder verneint wird, nennen wir „Subjekt", die andere Vorstellung, welche die bejahte oder verneinte Beschaffenheit oder Relation zum Objekt hat, „Prädikat". Die „Kopula" ist die gedankliche Form, in der sich die Bejahung oder Verneinung ausdrückt [1]). Das Sprachsymbol des Urteils ist der Aussagesatz, in welchem sich explizit oder implizit die Bestandteile eines Subjekts, eines Prädikats (als Substantivum, Adjektivum, Verbum) und einer Kopula vorfinden.

____

[1]) Hinsichtlich der Natur der Kopula bestehen die weitestgehenden Meinungsverschiedenheiten. Die aristotelische Logik erblickte in der Kopula das Zeichen der Verbindung zwischen Subjekt und Prädikat. Als dieses Zeichen dient das Wort „ist". Kant begnügt sich mit der Angabe, daß Kopula „die Form sei, durch welche das Verhältnis zwischen Subjekt und Prädikat ausgedrückt werde". (Logik, I. T., § 24.) Bei Lotze finden wir die Erklärung: „Kopula, d. h. verschiedene Nebengedanken, welche wir über die Art der Verknüpfung des Subjektes mit seinem Prädikat uns machen und in der syntaktischen Form des Satzes mehr oder minder vollständig zum Ausdruck bringen." (Logik, p. 59.) Eine mehr sprachtheoretische Auffassung vertritt Sigwart. Er erklärt als Kopula „dasjenige Element der Sprache, welches eine Verbindung von Wörtern zum Satze und zum Ausdrucke einer Aussage zu machen vermag". Im Satze „Zinnober ist rot" liege die Kopula in der Flexionsform des Hilfszeitwortes.

Der sprachliche „Aussagesatz" ist zugleich das Zeichen für
den „Satz an sich" oder das Urteil im logischen Sinne, doch stehen
die grammatischen Bestandteile des ersteren keineswegs in ausnahms-
losem Parallelismus zu den gleichnamigen Bestandteilen des letzteren.

Die Nachprüfung von typischen Belegfällen, etwa „der Sonnenkern ist kalt", „der Walfisch atmet nicht durch Kiemen",
„$7 + 5 = 12$", „der Pulsschlag ist vom Willen nicht abhängig"
u. s. f., mag zeigen, daß unsere soeben versuchten Aufstellungen
sachlich zutreffen. Die logischen Subjekte der hier angeführten
Materien sind „Sonnenkern, Walfisch, die Größen $7 + 5$ und 12,
Pulsschlag und Wille", die Prädikate „kalt, Athmen durch Kiemen,
Gleichheit, Abhängigkeit" [1]). Die bejahende oder verneinende Kopula
liegt jedesmal in einem bestimmten gedanklichen Verhältnisse von
Subjekt und Prädikat; die Verneinung ist überdies sprachlich durch
„nicht" bezeichnet, statt welchem ohne logischen Bedeutungswechsel
auch Worte, wie „keine, ermangelt, entbehrt" u. s. f., gewählt sein
können. Die Urteile „der Sonnenkern ist kalt" und „der Walfisch
atmet nicht durch Kiemen" stellen sich als Beschaffenheitsurteile
dar, deren Materien mindestens zwei konstitutive Vorstellungen enthalten. Dagegen betreffen die Beispiele „$7 + 5 = 12$" und „der
Pulsschlag ist vom Willen nicht abhängig" Relationsurteile mit
Materien, in denen mindestens zwei Subjektsvorstellungen und eine
Prädikatsvorstellung liegen.

Besondere Bedenken obwalten in dieser Hinsicht bei den
Existentialurteilen, beispielsweise „Gott ist", „ich bin", „es gibt
keine Fernwirkung" u. a. Diese Urteile werden von vielen hervor-
ragenden Logikern der Gegenwart für „eingliedrig" gehalten, d. h.
für Urteile, die nur eine Vorstellung als Materie haben; das „ist"
stellt demgemäß kein Prädikat, sondern nur das Zeichen des Behauptens dar. Andere Logiker, denen wir uns zuneigen, halten an
der älteren Auffassung fest, wonach auch Existentialurteile eine
Prädikatsvorstellung in sich schließen. Hievon wird weiter unten
die Rede sein, doch sei bereits hier ausdrücklich bemerkt, daß es
durchaus unrichtig wäre, die Existenz für eine Beschaffenheit, ein

---

[1]) Nicht unwichtig ist die hiehergehörige Frage, ob die Zeitbestimmung
zum Subjekt oder zum Prädikat gehöre. Im Anschluß an Bolzano glauben wir
diese Bestimmung dem Subjekt zuweisen und Schema „S in der Zeit t hat P"
vertreten zu sollen. Die Aussage „Der nächste Sommer wird viel Regen haben"
hätte danach zum logischen Inhalt „Der Sommer in der Zukunft hat viel
Regen". Gegenteiliger Meinung ist Wundt, Logik, 3. Aufl., I. Bd , p. 173 f.

Merkmal oder eine Eigenschaft zu halten, mögen auch sprachliche Umformungen, wie „Gott hat Dasein, ich besitze Realität, Fernwirkung existiert nicht", diesen Irrtum nahelegen [1]).

Nach diesen erklärenden Bemerkungen dürfen wir zur Aufzählung der Merkmale des Urteils schreiten, wobei wir psychologische und logische Merkmale sondern. Die ersteren betreffen die Beschreibung des Bewußtseinsinhaltes, der beim Urteilen vorhanden ist, die letzteren die Art der Beziehung der Urteile zu den Gegenständen. Wir finden unter dieser Voraussetzung:

I. Psychologische Merkmale des Urteils:

1. Jedes Urteil ist ein psychischer Akt;

2. hat einen spezifischen Inhalt und

3. entweder eine positive (zusprechende) oder negative (absprechende) Qualität; jedem Urteil ist ferner eigen

4. ein Zuversichtsgrad, dessen Grenzfälle die Gewißheitsevidenz und das unsichere Dafürhalten sind.

5. Dem Urteil kommt ferner eine zeitliche Bestimmtheit, ein Empfindungs-, Gefühls- und Willenskorrelat zu. (Von der speziellen Behandlung der letzteren Merkmale sei in Ansehung der besonderen Zwecke unserer Darstellung Abstand genommen.)

II. Logische Merkmale des Urteils:

1. Jedes Urteil hat einen Tatbestand als Gegenstand, der in der Materie gedacht wird;

2. eine logische Qualität, je nachdem ein positiver oder ein negativer Tatbestand behauptet wird;

3. einen gegenständlichen Umfang (Quantität);

4. einen Erkenntniswert nach den Gegensätzen wahr—falsch, wahrscheinlich—unwahrscheinlich, logisch berechtigt—logisch unberechtigt;

5. eine konditionale Bestimmtheit, insofern der Tatbestand unbedingt (kategorisch) oder bedingt (hypothetisch) als objektiv vorhanden gesetzt wird;

---

[1]) An dieser Stelle sei einer These Brentanos gedacht. Urteile, wie „dieser Fliederbusch riecht angenehm", „diese Luftsäule hat Schwere", überhaupt alle erzählenden Urteile enthalten nach Brentano außer der Beschaffenheitsaussage auch eine Anerkennung der Existenz des Subjekts. Wir würden allerdings vorziehen zu sagen: In erzählenden Sätzen sind zwei Urteile ausgedrückt, direkt das Beschaffenheitsurteil und indirekt (im Worte „dies" angezeigt) ein vorangehendes Wahrnehmungsurteil, welches die Existenz des Subjektsgegenstandes bejaht.

6. eine modale Bestimmtheit (nämlich assertorische, problematische, apodiktische Modalität);

7. eine Beglaubigungsgrundlage nach den Gegensätzen a priori und a posteriori.

Im Anschlusse an diese schematische Aufzählung werden wir uns nunmehr mit einigen wesentlichen Schwierigkeiten der Urteilstheorie zu beschäftigen haben.

a) Das psychologische Wesen des Urteils als einer eigenartigen Form psychischer Aktivität haben wir bereits an der Hand von Beispielen zu erörtern Gelegenheit gehabt. Es ist in Würdigung dieses Sachverhaltes sogar versucht worden, das Urteil mit der Willenstätigkeit zu identifizieren, wie uns scheint, mit Unrecht. Die im Namen „intellektuell" passend festgehaltene Art und Weise des Erfassens von Gegenständen durch das Urteil unterscheidet sich mit voller Deutlichkeit von dem Anstreben und Abwehren der Objekte durch den Willen, dessen Betätigung „emotional" charakterisiert ist. Eine besondere Untersuchung würde die Frage erfordern, ob nicht auch das Wollen auf Tatbestände des Seins, der Beschaffenheit und des Beziehungsverhältnisses geht, oder ob unmittelbare Dinge, Vorgänge, Zustände, Abläufe mit Wertbetonung angestrebt, beziehungsweise abgewehrt werden. Wir zweifeln nicht, daß auch diese Analyse der Gegenstände zu einer Sonderung der Urteils- und Willensaktivität zwingende Gründe liefern würde.

Der Inhalt des Urteils fällt nicht mit den Inhalten der Vorstellungen, welche die Materie bilden, zusammen. Im Urteile „das Erbrecht wird eingeschränkt" ist der Urteilsinhalt „die Bejahung des Eingeschränktwerdens des Erbrechts", wozu als Urteilsgegenstand gehört „die Tatsache des Eingeschränktwerdens des Erbrechts"; auf das Vorhandensein des letzteren positiven Tatbestandes geht die im Urteilsakt sich vollziehende Behauptung. Wird geurteilt „das menschliche Hirn ist nicht symmetrisch", so entspricht dem Urteilsinhalte „Verneinung der Symmetrie des menschlichen Hirns" als Urteilsgegenstand „der (negative) Tatbestand, daß das menschliche Hirn nicht symmetrisch ist". Offenbar faßt der reichere Urteilsinhalt die Vorstellungsinhalte der Materie ebenso in sich, wie der Urteilsgegenstand die Vorstellungsgegenstände der Materie einschließt. Dem Urteilsinhalte ist bejahende oder verneinende (positive oder negative) Qualität eigen; fehlt diese qualitative Bestimmtheit, so ist ein Urteil nicht gegeben. Der komplexe Gedanke „Eingeschränktwerden des Erbrechts" ist demzufolge noch kein Urteil.

Als weiteres Merkmal des Urteils hatten wir die Zuversicht oder Überzeugtheit bestimmten Grades bezeichnet. Der Gedanke „Altruistisches Handeln gibt es", wie ihn etwa ein mit diesem Vorstellungsgegenstande nicht Vertrauter denken könnte, ist so lange kein Urteil, als nicht ein Überzeugtsein von der Existenz des Altruismus dazutritt, mag nun diese Zuversicht in einer vagen Vermutung oder in einer felsenfesten Gewißheit bestehen. Der obere Grenzfall der Überzeugung liegt in der „Evidenz" oder genauer „Evidenz der Gewißheit", die selbst keine Grade mehr hat. Gewißheitsevidenz ist den Existentialurteilen und absoluten Beschaffenheitsurteilen über Psychisches sowie den Relationsurteilen über Beziehungsverhältnisse von Vorstellungen eigen. — Zuversicht oder Überzeugtheit verschiedenen Grades, die sich auf bestimmte Reflexionen gründet, ist das psychologische Merkmal des Wahrscheinlichkeitsurteiles, dessen gegenständliches Gebiet die Existenz und Beschaffenheit des Physischen und die relative Beschaffenheit des Psychischen ist. — Das grundlose oder unzureichend begründete Dafürhalten charakterisiert eine dritte Art von Urteilen, welche in der Denkpraxis des Alltags eine nicht zu unterschätzende Rolle spielen. Die eingehende Würdigung des Merkmals der Überzeugtheit behalten wir uns für den Abschnitt über Wahrheit und Wahrscheinlichkeit vor.

b) Von den logischen Merkmalen haben wir das an erster Stelle hervorgehobene, die gegenständliche Bedeutung des Urteils, wie sie im „Satze" sich ausdrückt, bereits mehrfach berührt. Wir glauben die These wiederholen zu sollen, daß der Urteilsgegenstand nicht mit den Gegenständen der die Materie bildenden Vorstellungen identisch ist. In dem Urteile „Atome sind physikalisch und chemisch unteilbar" finden wir den Vorstellungsinhalten der Materie die Gegenstände Atom, physikalische und chemische Unteilbarkeit zugeordnet, der Gegenstand des Urteils ist dagegen das objektive Vorhandensein des (positiven) Tatbestandes der Unteilbarkeit des Atoms. Der Urteilsgegenstand schließt die Gegenstände der Materie in sich und ist von ihnen in diesem Sinne abhängig. Die Objekte der Substratvorstellungen dagegen bewahren auch außerhalb des Urteils selbständige Bedeutung. Besonders klar tritt dieser Sachverhalt bei verneinenden Urteilen, beispielsweise „die dem Thomas v. A. zugeschriebene Logik ist nicht echt", zutage. Hier ist die negative Tatsache des Nichtechtseins u. s. w. als einer faktisch bestehenden das Urteilsobjekt, welches unter den Vorstellungsobjekten keine Stelle hat. Der ganze

Gedanke könnte sich sogar ohne ein Urteilen einstellen, wenn nämlich die denkende Person von der Echtheit überzeugt wäre.

Die Tatbestände, auf die das Urteilen geht, gliedern wir

1. in positive Tatbestände

    a) des Seins;

    b) des Habens einer Beschaffenheit;

    c) des In-Beziehung-Stehens;

2. in negative Tatbestände

    a) des Nichtseins;

    b) des Ermangelns einer Beschaffenheit;

    c) des Nicht-in-Beziehung-Stehens.

Das Sein ist entweder

α) die reale Existenz von Dingen und Vorgängen der Außenwelt, von Zuständen und Abläufen der Innenwelt;

β) das phänomenale Sein der Erscheinungen (als Zeichen der realen Wirklichkeit);

γ) das intentionale Sein, d. h. das Vorhandensein in der Vorstellung [1]).

Die Beschaffenheiten können bestehen

α) in Merkmalen im engeren Sinne (die vorgestellten Merkmale sind die Eigenschaften);

β) in Verfassungen, und zwar solche des Tuns und solche des Leidens (aktive und passive Verfassungen).

Hinsichtlich der Beziehungen oder Relationen unterscheiden wir:

α) Relationen der Gleichheit und Ungleichheit (Identität, Koexistenz, Sukzession, Ähnlichkeit, Verschiedenheit, Kontrarietät, Kontradiktion u. s. f.);

β) Relationen der Abhängigkeit und Unabhängigkeit (Notwendigkeit, Möglichkeit, Zufälligkeit, Unmöglichkeit, Bedingtheit, funktionale Abhängigkeit, Kausalität u. s. f.).

Eine andere Gruppierung der Beziehungen ergibt sich aus der Sonderung der umkehrbaren Relationen (z. B. Identität, Ähnlichkeit,

---

[1]) Meinong unterscheidet als Stufen des Seins die Existenz (von Gegenständen der realen Wirklichkeit) und Bestand (von idealen Gegenständen, wie Gleichheit, Verschiedenheit, alle mathematischen Objekte). Vgl. seine Gegenstandstheorie, p. 5 f. Die sogenannte „Existenz in der Vorstellung" sei bloß Pseudoexistenz. Im „Gegenstande für sich, welcher der Gegenstandstheorie zu grunde liegt, ist weder Sein oder Nichtsein wesentlich gelegen; der reine Gegenstand ist von Natur außerseiend". (Ebenda, p. 10 f.)

Koexistenz . . .) von den nicht Umkehrbaren (z. B. Bedingtheit, Kausalität . . . [1]).

Als logisches Merkmal hat ferner, wie schon aus den bisher gelieferten Behauptungsbeispielen erhellt, auch die positive oder negative Qualität der Sätze zu gelten. Die im Satze an sich erfaßten Tatbestände sind nämlich entweder ein Sein, ein Beschaffensein, ein In-Beziehung-Stehen oder aber ein Nichtsein, der Mangel einer Beschaffenheit, das Außer-Beziehung-Stehen. Logisch sind die positiven und negativen Sätze nebengeordnete Klassen. Bekanntlich wird die „Ursprünglichkeit" des negativen Urteils von vielen Logikern angezweifelt. Sie weisen darauf hin, daß beispielsweise niemand urteilen werde, „das menschliche Hirn ist nicht symmetrisch" oder „Napoleon war kein Franzose", der nicht früher die entsprechende Bejahung gedacht habe. Allerdings lassen sich auch Gegenfälle anführen, z. B. „Aristoteles ist fehlbar, gebrannter Ton läßt Flüssigkeiten noch durch, es hat wirklich einen Dichter Homer gegeben", welche Urteile auf vorhergegangene Negationen weisen. Alle paradoxen Behauptungen sind von populären Verneinungen abhängig [2]. Unseres Erachtens ist die hier vorliegende Frage keine logische, sondern eine psychogenetische. Der Entstehungszeit und der Anzahl nach scheinen in der Tat die positiven Urteile psychologischen Vorzug zu genießen, der jedoch in keiner Weise eine logische Unterordnung der Verneinungen rechtfertigen kann.

Eines kurzen Hinweises bedarf an dieser Stelle das Umfangsmerkmal. Die altgewohnte Unterscheidung allgemeiner (universaler) und besonderer (partikularer) Urteile geht im Sinne unserer vorangegangenen Erörterung lediglich auf die Materie des Urteils, genauer

----

[1] Meinong unterscheidet: *a)* Vergleichungsrelationen, nämlich Gleiehheit und Ungleichheit (Ähnlichkeit, Unähnlichkeit, konträrer Gegensatz); *b)* Verträglichkeitsrelationen, nämlich Notwendigkeit, Möglichkeit, Unmöglichkeit (kontradiktischer Gegensatz). Vgl. Hume-Studien, II. Zur Relationstheorie, Sitzungsberichte der Akad. d. Wiss., Wien 1882. Dieselbe Gliederung ist in Meinong-Höfler, Logik, p. 53 ff., festgehalten.

Sigwart nennt vier Arten von Relationen: *a)* Relationen des Ortes und der Zeit, *b)* Relationen des Unterscheidens und Vergleichens, *c)* kausale Relationen, *d)* modale Relationen. Vgl. Logik, 3. Aufl., I. Bd., p. 39 ff.

[2] Sigwart statuiert in seiner Logik, I. Bd., 3. Aufl., p. 155 ff., folgende Reihenfolge bei abhängigen bejahenden Urteilen: *a)* Ursprüngliches positives Urteil (Homer hat existiert), *b)* abhängiges negatives Urteil (Homer hat nicht existiert), *c)* restituierendes positives Urteil (Homer hat doch existiert). Er hält überdies die paradoxen Behauptungen für Verneinungen von Verneinungen.

auf das Subjekt der Materie. Das Subjekt kann ein solches sein, das alle Gegenstände der betreffenden Vorstellung (den Kollektivgegenstand nach Meinong) umfaßt oder nur einen Teil dieser Gegenstände (im Grenzfalle ein singuläres Objekt). Die Prädikation gewinnt sodann je nach dem universalen oder partikularen Umfange des Subjekts seine „Quantität". Eine nähere Analyse und Kritik dieser so häufig erörterten quantitativen Seite des Urteils liegt nicht in unserer Absicht.

Besondere Auseinandersetzungen werden nunmehr den weiteren logischen Merkmalen, nämlich dem Erkenntniswerte der konditionalen Bestimmtheit, der modalen Bestimmtheit und der Beglaubigungsgrundlage zu widmen sein.

56.

Wahrheit der Urteile. Wahrheit ist das Merkmal eines Urteils, das denjenigen Tatbestand behauptet, der im Bereiche der beurteilten Gegenstände vorhanden ist.

Genau dieselbe Definition gilt auch für die Wahrheit eines „Satzes an sich".

Diese zunächst formale Bestimmung bedarf einer sorgfältigen Konkretisierung durch die Angabe des Sinnes, in dem hier die Objektivität oder Gegenständlichkeit einzuführen ist.

Der Bereich der Gegenstände überhaupt umfaßt die physische und psychische Wirklichkeit im engeren Sinne und das Gebiet der lediglich intentionalen Gegenstände.

1. Nach unserer erkenntnistheoretischen Grundauffassung, deren Darlegung dem vierten Abschnitte vorbehalten sei, haben wir

a) hinsichtlich des Physischen zwischen der realen Wirklichkeit oder Wirklichkeit an sich und der phänomenalen Wirklichkeit zu unterscheiden. Die Wirklichkeit an sich wird durch die Gesamtheit der real existenten äußeren Dinge und Vorgänge gebildet und ist nur mittelbar, nämlich durch die Phänomene, welche die der Wirklichkeit zugeordneten Zeichen bedeuten, erkennbar. Die phänomenale physische Wirklichkeit dagegen besteht in dem Inbegriff derjenigen Vorstellungs- und Urteilsgegenstände, hinsichtlich welcher sich die Erkenntnisse zu einem widerspruchsfreien Erfahrungsganzen aneinanderfügen. Eben aus dieser Widerspruchsfreiheit schöpfen wir die Zuversicht, daß die zur Erkenntnis verwerteten Phänomene gewissermaßen adäquate Zeichen der äußeren Realität sind. Die

Grade der Zuversicht der Urteile über Physisches korrespondieren mit dem Ausmaße, in dem die widerspruchslose Einfügung in das Erfahrungsinventar gelingt. Der hier geschilderte Sachverhalt der indirekten Erkenntnis der physischen Wirklichkeit läßt es begreiflich erscheinen, daß hinsichtlich der letzteren nur Urteile mit Wahrscheinlichkeitswert möglich sind; dieser Wert findet in den Graden der auf Reflexion gestützten Zuversicht (mit Ausschluß der Gewißheitsevidenz) sein psychisches Gegenstück.

b) Die psychische Wirklichkeit ist uns hinsichtlich der Existenz und absoluten Beschaffenheit unmittelbar gegeben und wird mit Evidenz der Gewißheit erkannt. Eine Scheidung von realer und phänomenaler Wirklichkeit wäre, soweit das Sein der psychischen Zustände und Abläufe in Betracht kommt, unbegründet. Die absolute Beschaffenheit des Psychischen ist jenes „Was“, ohne das ein existierendes „Etwas“ nicht erfaßt werden kann; alle Beschaffenheiten dagegen, die durch einen Vergleich diskreter Erlebnisse oder von Teilen eines Ablaufes erkannt werden, sind relative. Die Urteile bezüglich der relativen Beschaffenheit von Psychischem sind demnach zwar nicht evident gewiß, weisen aber erfahrungsgemäß hohe Grade von Zuversicht, die maximalen Wahrscheinlichkeiten entsprechen, auf.

2. Das Gebiet der intentionalen Gegenstände besteht aus solchen Gegenständen von Vorstellungen, die nicht als Bestandteil der äußeren oder inneren Wirklichkeit, sondern lediglich als Korrelat zum Vorstellungsinhalt erfaßt werden; intentionale Gegenstände liegen somit gewissermaßen noch innerhalb des Denkens. Die intentionalen Beziehungstatsachen, die zwischen klar erfaßten Vorstellungsgegenständen bestehen, werden durch apriorische Urteile evident-gewiß erkannt, dagegen ist das Sein und die Beschaffenheit des Intentionalen erfahrungsmäßig erfaßbar.

Bevor wir unseren Gedankengang fortsetzen, seien die soeben aufgestellten Leitsätze — vorbehaltlich einer späteren Kritik — an praktischen Beispielen erläutert. Das Urteil „dieser Kristall ist doppelbrechend“ geht auf einen Tatbestand des Bereichs der physischen Wirklichkeit. Die Wirklichkeit an sich wird durch das Phänomen mittelbar erkannt, welches sich darbietet, wenn wir durch den Kristall auf einen Strich blicken, der verdoppelt erscheint. Der Mineraloge, in dessen Erfahrungskomplex diese Art von Erscheinungen reichlich vertreten ist, wird sein Urteil, daß der gegebene Kristall doppelbrechend sei, mit hohem Grade der Zuversicht oder Überzeugtheit, wenn auch nicht mit Gewißheitsevidenz, fällen, da sich die neue Erkenntnis widerspruchsfrei in sein empirisches Inventar fügt. Charakteristisch ist das abweichende Verhalten des Laien, der geneigt sein wird, die Tatsache der Doppelbrechung erst nach mancherlei Zweifeln anzuerkennen. Auch bei ihm besteht aber eine Korrespondenz zwischen dem Zuversichtsgrad und dem Innewerden der Gehemmtheit, beziehungsweise Ungehemmtheit des Einfügens der neuen Erkenntnis in den Erfahrungsbestand. Das gegenständliche Korrelat der Zuversicht ist sowohl beim Mineralogen als beim Laien ein bestimmter Wahrscheinlichkeitswert des Urteils.

Anders stellt sich der Sachverhalt beim Erkennen des Psychischen. Nimmt jemand einen Schmerz wahr, so ergreift er in seinem empirischen Existentialurteil unmittelbar die reale innere Wirklichkeit (ohne phänomenales Zeichen) und fällt dieses Urteil mit Evidenz der Gewißheit.

Eine nur begrifflich trennbare Seite dieses Urteils ist die gleichfalls evident gewisse Attribution einer absoluten Beschaffenheit, die darin liegt, daß das Erlebte als Schmerz (und nicht als Entschluß, Phantasiegebilde, Freude . . .) erkannt wird.

Diese Evidenz weicht einer allerdings sehr mächtigen Überzeugtheit, wenn die betreffende Person relative Beschaffenheiten, etwa den wiederholten Wechsel der Intensität des schmerzlichen Vorganges beschreiben soll. Die dabei interkurrierenden Erinnerungsbestandteile der Erkenntnis lassen nur Wahrscheinlichkeitsurteile zu.

Wird anderseits geurteilt, „das Ganze ist größer als sein Teil" oder auch, „der ganze Apfel ist größer als sein Viertel", so liegt ein apriorisches Urteil mit Evidenz vor, dessen Gegenstand eine Beziehungstatsache ist. Die letztere wird als objektiv vorhanden gedacht ohne Rücksicht auf die reale Existenz oder Nichtexistenz der Vorstellungsgegenstände selbst. Der Urteilsfall betrifft eben diesmal Gegenstände des intentionalen Gebietes.

Die historisch so bedeutsame Unterscheidung von formaler und materialer Wahrheit ist mit unserer Begriffsbestimmung, die auf die materiale Bedeutung geht, nicht eigentlich verträglich. Formal wahr müßten wir Urteile nennen, wenn ihr Behauptungsgehalt mit dem aller sonstigen Urteile nach den formalen Denkgesetzen im Einklang steht (wobei das Zusammenstimmen jener Gesetze selbst durch Evidenz gesichert ist). Allein solche Urteile verdienen mehr die Bezeichnung als formal mögliche, insofern die Denkgesetze es nicht ausschließen, daß die betreffende Behauptung einen objektiv vorhandenen Tatbestand ergreife. Eben dies ist aber für die materiale

Wahrheit maßgebend. Setzt man jedoch formal wahr = apriorisch und material wahr = aposteriorisch, so verschiebt man, wie uns scheint unzulässigerweise, die Terminologie. Die Dichotomie apriorische Wahrheit (z. B. der mathematischen und rein logischen Urteile) und aposteriorische Wahrheit (z. B. bestimmte Urteile der Physik und der Geschichte) ist hingegen vollberechtigt und grundlegend[1]).

Unter der Voraussetzung, daß die soeben vollzogenen Analysen zutreffen, gelangen wir zu folgenden allgemeinen Sätzen:

1. Die Wahrheit wird hinsichtlich der Existenz und Beschaffenheit physischer Gegenstände nicht mit Evidenz der Gewißheit erkannt; die mittelbare Erkenntnis durch die Phänomene liefert Wahrscheinlichkeiten verschiedenen Wertes.

2. Die Wahrheit wird hinsichtlich der Existenz und absoluten Beschaffenheit psychischer Objekte mit Evidenz der Gewißheit erfaßt; hinsichtlich der relativen Beschaffenheit solcher Gegenstände sind, sofern Erinnerungselemente beteiligt sind, nur Urteile mit Wahrscheinlichkeitswert möglich.

3. Die Wahrheit wird hinsichtlich der Beziehungstatsachen zwischen klar erfaßten Vorstellungsgegenständen evident-gewiß erkannt.

4. Das psychologische Anzeichen der Wahrheit ist die Evidenz der Gewißheit. Eine solche Evidenz stellt sich beim Erfassen von

---

[1]) Eine sehr sorgfältige Erörterung über den Wahrheitsbegriff hat B o l z a n o in seiner Wissenschaftslehre, I. Bd., p. 107 f., geliefert. Er stellt nicht weniger als fünf Bedeutungen desselben fest, und zwar:

1. Wahrheit ist die Beschaffenheit von Sätzen, vermöge deren sie etwas so, wie es ist, aussagen.

2. Wahrheit heißt auch ein Satz selbst, der wahr ist.

3. Wahr ist ein Urteil, das einen wahren Satz enthält.

4. Wahrheit ist der Inbegriff mehrerer Sätze, die wahr sind.

5. Ein Gegenstand sei wahr, wird gesagt, wenn man ausdrücken will, daß er das wirklich sei, was er nach der Benennung, die man ihm soeben gibt, sein sollte.

Innerhalb der ersten, maßgebenden Bedeutung ist noch zwischen objektiver und erkannter Wahrheit zu unterscheiden: „Ein Satz, der etwas so, wie es ist, aussagt, ohne Rücksicht darauf, ob er von jemand wirklich gedacht worden ist oder nicht, ist eine Wahrheit an sich oder eine objektive Wahrheit." Die erkannte Wahrheit ist dagegen von der erkennenden Funktion des Subjekts abhängig (l. c., p. 113 f.). Auch „Gewißheit" ist eine Beschaffenheit, die sich auf Urteile bezieht, aber eine psychologische; die Gewißheit wird in der Evidenz erlebt. Es gibt wahre Sätze, die nicht evident sind, aber keine evidenten, die nicht wahr wären.

psychischen Existenzen und Relationsfakten ein, also bei Gegenständen, die in den Bereich des im Bewußtsein unmittelbar Gegebenen fallen.

57.

Wahrscheinlichkeit der Urteile. Es soll nunmehr versucht werden, der Bestimmung des Begriffs der Wahrscheinlichkeit, der noch immer zu den dunkelsten der Logik und Erkenntnistheorie zählt, nach der materiellen Seite hin einigermaßen näherzukommen.

a) Zum Zwecke induzierender Betrachtung mögen aus der gebotenen Fülle einige Behauptungen mit mittelbarer Wahrscheinlichkeit herausgegriffen werden, etwa die Urteile: Das Sprachzentrum liegt wahrscheinlich in der Brocaschen Windung; die derzeitige Zahl der Analphabeten in Österreich ist voraussichtlich geringer als nach der letzten Einschätzung; die Fische sind vermutlich taub: Plato hat wohl den Alkibiades I. nicht selbst verfaßt. Die Mathematik liefert ferner die Urteile, daß die Wahrscheinlichkeit des Werfens einer höheren Punktzahl als 1 mit einem Würfel $\frac{5}{6}$ sei, die des Erratens einer Roulettenummer $\frac{1}{36}$ erreiche und die des Sterbens eines 40jährigen Mannes im 41. Jahre $\frac{1014}{88175}$ betrage [1]). Der Vergleich dieser Beispiele ergibt auf den ersten Blick, daß jedenfalls zwei wesentlich verschiedene Bedeutungen des Wortes „wahrscheinlich" nebeneinanderlaufen. In den ersten vier Fällen ist jener Name in der Bedeutung des gewöhnlichen Sprachgebrauches verstanden, demzufolge nur solche Tatbestände als wahrscheinlich gelten, für deren Vorhandensein überwiegende Umstände sprechen; wir wollen diese Sinnvariante kurz faktische Wahrscheinlichkeit benennen. Die mathematischen Urteile hingegen bezeichnen auch Ereignisse als wahrscheinlich, deren Eintreten offenbar durch weit weniger Umstände begünstigt ist als der Fall des Nichteintretens, welcher Sachverhalt im gewöhnlichen Leben als Unwahrscheinlichkeit bezeichnet wird. Da in der Mathematik Wahrscheinlichkeiten über $\frac{1}{2}$ und unter $\frac{1}{2}$

---

[1]) Werden die günstigen Fälle mit g, die ungünstigen mit u und die möglichen mit $g + u$ symbolisiert, so besteht bekanntlich die Grundgleichung $w = \frac{g}{g + u}$. Gibt es nur günstige Fälle, so wird $u = 0$, mithin $w = \frac{g}{g} = 1$; die Gewißheit drückt sich durch den Wert *1* aus. Sind die günstigen und ungünstigen Fälle von gleicher Zahl, also $g = u$, so wird $w = \frac{g}{2g} = \frac{1}{2}$, welcher Bruch der Zweifelhaftigkeit entspricht.

prinzipiell gleichartig behandelt werden, kann man diesen weiteren
Wahrscheinlichkeitsbegriff indifferent nennen. Weitere Verschieden-
heiten weisen die beiden Gruppen von Beispielen hinsichtlich der
Art des Tatbestandes, des Zeitindex und der quantitativen Bestimmtheit auf. Die faktische Wahrscheinlichkeit wird ohne Anstand auch
einzelnen Fakten des Seins, der Beschaffenheit, des In-Beziehung-
Stehens beigelegt; sowohl Zukünftiges als Vergangenes und Gegenwärtiges fällt in ihren Bereich; ein zahlenmäßiger Ausdruck für das
Maßverhältnis der Umstände für und gegen das Vorhandensein des
Tatbestandes wird in den meisten Fällen nicht erzielt. Die mathematischen Wahrscheinlichkeiten dagegen haben die allgemeine Form
von Gleichungsrelationen mit apriorischer Gültigkeit und beziehen
sich auf mögliche zukünftige Ereignisse: die quantitative Bestimm-
barkeit ist selbstverständliche Voraussetzung der Gleichung. Von
diesen Eigentümlichkeiten ist allerdings der Zeitindex eine zufällige,
denn es steht mathematisch kein Hindernis im Wege, auch für gegenwärtige und vergangene Tatbestände eine Wahrscheinlichkeitsgleichung
zu bilden. (Lotze und Wundt beschränken ohne zwingenden Grund
diese Gleichung auf Zukünftiges.)

Gemeinsam ist allen angeführten Wahrscheinlichkeitsfällen, daß
ihre Beurteilung eine vorgängige Reflexion über die Umstände,
welche das Vorhandensein oder Nichtvorhandensein des betreffenden
Tatbestandes bedingen, voraussetzt. Diese Reflexion besteht in Vergleichungen, Gleichsetzungen und Unterscheidungen, aus denen
Schlüsse hervorgehen, deren Ergebnis eben das Wahrscheinlichkeitsurteil selbst ist. Daß die Denkpraxis in diesen Reflexionen nicht
immer systematisch verfahren und sich häufig auf den Schluß aus dem
Zusammenstimmen des verglichenen Tatbestandes mit dem Erfahrungsschatze beschränken wird, daß ferner der ganze Prozeß zuweilen
von unterbewußten Denkakten durchwirkt und durch allerlei Dispositionen beschleunigt ist, bedarf keiner ausführlichen Darlegung.
Immerhin ist es von Wert, sich auf die unbewußten Faktoren und
Verkürzungen der Denkpraxis zu besinnen, um begreiflich zu finden,
daß Wahrscheinlichkeitsurteile häufig ohne zeitlichen Verzug mit
ziemlich entschiedenem Zuversichtsgrade gefällt werden und dann
beinahe den Eindruck von unmittelbaren Erkenntnissen machen.
Wenn wir den Inhalt der das Wahrscheinlichkeitsurteil begründenden
Reflexion näher beschreiben sollen, so finden wir als Stoff derselben
„Umstände“ in weitester Bedeutung, d. h. Sachverhalte, zu denen
der im Urteil behauptete Tatbestand in Abhängigkeitsrelation steht.

In unserem Beispiel vom Sprachzentrum sind die Exstirpations-
und Reizungsversuche sowie die klinischen Beobachtungen die Umstände, welche durch Vermittlung eines Induktionsschlusses zur
Wahrscheinlichkeitsbehauptung führen, wobei Gegeninstanzen (die
Fehlermöglichkeiten bei solchen Untersuchungen) nicht außer Betracht
bleiben. Ähnlich verhält es sich mit den Erfahrungsgrundlagen des
Urteils über das Taubsein der Fische. Für die Analphabeten kommen
die wachsende Zahl und Leistung der Bildungsfaktoren als Umstände
zur Reflexion; mit Hilfe der Statistik kann der diesbezüglichen
Wahrscheinlichkeit auch ein zahlenmäßiger Ausdruck verliehen
werden. Auch bei den übrigen Beispielen, seien sie nun natur-
geschichtliche oder philologische oder endlich mathematische, lassen
sich leicht die Sachverhalte aufzeigen, welche bezüglich ihres Einflusses auf das Vorhandensein des im Urteil getroffenen Tatbestandes
den Stoff zur Überlegung liefern. Diese Umstände werden regelmäßig
nach dem Gesichtspunkte der Günstigkeit und Ungünstigkeit differenziert, je nachdem, ob ein Umstand die Verwirklichung des
fraglichen Tatbestandes mitbedingt oder nicht; die günstigen und
ungünstigen Umstände zusammengenommen werden auch als Möglichkeiten bezeichnet, d. h. als die erschöpfende Gesamtheit der
Umstände, von welchen das Vorhandensein oder Nichtvorhandensein
des Behaupteten möglicherweise abhängt.

In Fällen der Beurteilung faktischer Wahrscheinlichkeit wird
ferner irgend ein Maßverhältnis der günstigen und ungünstigen
Umstände erkannt werden müssen, damit die Zuversicht wahrscheinlichen Urteilens zu stande komme. Ob an die Echtheit des Dialogs
Alkibiades I. zu glauben sei oder nicht, wird von den philologischen
Umständen, vom Inhalt, Wortgebrauch, Stil, zeitgenössischen Bericht...
bestimmt werden, und zwar im Hinblick auf das Überwiegen der
günstigen oder der ungünstigen Umstände für das Vorhandensein
des Tatbestandes (der Urheberschaft Platos). Halten sich die günstigen
und ungünstigen Umstände die Wage, so tritt kein Wahrscheinlichkeitsurteil, überhaupt kein Urteil ein und besteht voller
Zweifel. Unter der gleich zu besprechenden Voraussetzung der
Gleichwertigkeit der Umstände wird die faktische Wahrscheinlichkeit
nur dann behauptet, wenn ein überwiegendes Maß von Umständen
für das Vorhandensein spricht. Kommt den Umständen Gleichwertigkeit zu, so überwiegt das Maß der günstigen Umstände, sofern mehr
als die Hälfte aller zu beachtenden Umstände solche sind, welche
die Verwirklichung des Tatbestandes bedingen. Das hiemit ein-

geführte, zunächst theoretisch bedeutsame Maßverhältnis gründet sich auf drei Annahmen, nämlich *a)* daß den beachteten Umständen gleiche oder wenigstens ähnliche Bedeutung als Bedingungen der Verwirklichung oder Nichtverwirklichung zukomme, d. h. daß sie gleichwertig sind; *b)* daß die beachteten Umstände sich gegenseitig ausschließende Glieder einer Mannigfaltigkeit sind und diese restlos erschöpfen, d. h. unter sich selbständig und lückenlos sind; *c)* daß jene Mannigfaltigkeit sämtliche bedingenden Umstände umfaßt, d. h. alle Möglichkeiten berücksichtigt. [Offenbar zieht die Annahme *a)* notwendig auch die Annahmen *b)* und *c)* nach sich.] Die Erkenntnispraxis wird in nichtmathematischen Fällen nur selten diese ideale Situation vorfinden, aber wenigstens oft die relative Bedeutung der verglichenen Umstände kundbar als „Tragkraft der Argumente" in Reflexion ziehen können. Jedenfalls darf und muß auch dann von einem Maßverhältnis gesprochen werden, wenn sich der Wert der Umstände als Bedingungen nicht in zählbaren Einheiten, sondern nur in Schätzungen ihrer vergleichsweisen Gewichtigkeit zum Ausdruck bringen läßt. Die einzelnen textkritischen Feststellungen können vielleicht als ähnlich oder gleich im Wert gelten; weit mehr als ein solcher Umstand würde aber der Umstand ins Gewicht fallen, daß etwa die alexandrinischen Philologen den Alkibiades I. unter die damals als apokryph anerkannten Schriften zählten Den Beobachtungen der Reaktionen von Fischen auf laute Schälle gegenüber wird der ungünstige Umstand den Ausschlag geben, daß diese Reaktionen durch die Empfindungen eines feinen Erschütterungssinnes begründet seien. Sowohl in den beschreibenden Naturwissenschaften als in den historisch-philologischen Disziplinen spielt jedenfalls die Ermittlung des Induktionswertes von einzelnen Sachverhalten für die schließlichen Wahrscheinlichkeitsurteile des wissenschaftlichen Erkenntnisbestandes eine hervorragende Rolle. Dasjenige, was die mathematische Formel zur Wahrscheinlichkeit als Fundament voraussetzungsweise besitzt, die Gleichberechtigung oder Gleichwertigkeit der in die Formel eingehenden Elemente, suchen die deskriptiven Wissenschaften durch kritische und methodische Präzisierung der relativen Bedeutsamkeit der Umstände zu ersetzen.

Die in differente Wahrscheinlichkeit im weiteren Sinne der Mathematik bedarf nach dem Vorausgeschickten nur einer kurzen allgemeinen Charakterisierung. Es hat offenbar wissenschaftliche Berechtigung für die Zwecke bestimmter Forschungsrichtungen, den Begriff der Wahrscheinlichkeit so zu erweitern, daß auch das Vorhandensein von Tatbeständen als wahrscheinlich bezeichnet wird, dem weniger als die Häfte der Umstände (oder genau die Hälfte) günstig ist. In diesem Sinne kommt auch dem Werfen von 1 mit einem Würfel und dem Sterben eines Vierzigjährigen im 41. Jahre Wahrscheinlichkeit zu, für welche die Mathematik eine Formel mit gleichwertigen, zählbaren (oder wenigstens meßbaren) Elementen zu liefern vermag. Hinsichtlich der Gleichheit der beiden Seiten der Gleichung ist das mathematische Wahrscheinlichkeitsurteil a priori, somit evident-gewiß. Die zahlenmäßige Bestimmung der günstigen und ungünstigen Fälle oder Spielräume sowie die Statuierung ihrer Gleichberechtigung liegt jedoch außerhalb der mathematischen Sicherheit und ruht auf aposteriorischen Seins- und Beschaffenheitsurteilen, die, wie erörtert, aus einer Reflexion bestimmter Art hervorgehen. Prinzipiell ist der Begriff der indifferenten Wahrscheinlichkeit auch auf nichtmathematische Einzelfälle übertragbar. Daß ein Fisch höre oder daß der Alkibiades von Plato geschrieben worden sei, könnte unter ausdrücklichem Absehen vom gewöhnlichen Wortgebrauche für irgendwie wahrscheinlich erklärt werden, allerdings für wahrscheinlich in geringerem Grade als das Gegenteil.

b) Unsere bisherigen Betrachtungen bezogen sich mit Absicht nur auf eine Hauptklasse von Wahrscheinlichkeitsurteilen, nämlich auf solche, deren Wahrscheinlichkeit mittelbar, mit Hilfe einer expliziten oder impliziten Reflexion zu stande kommt. Wir haben aber triftige Gründe für die Berechtigung der Ansicht, daß es auch eine sehr umfangreiche Gruppe von Urteilen mit unmittelbar gegebenem Wahrscheinlichkeitscharakter gibt, nämlich die Urteile der äußeren Wahrnehmung und die Erinnerungsurteile[1]).

Wie wir bei früheren Gelegenheiten hervorhoben und im vorletzten Abschnitte dieser Arbeit noch näher ausführen werden, ist dem Prozesse der äußeren Wahrnehmung ein Existentialurteil konstitutiv, durch welches das Wahrgenommene als existierend gesetzt wird. Dieses meist implizite Existentialurteil ist unmittelbar wahrscheinlich, und zwar in so hohem Grade, daß der naive Mensch es geradezu für zweifellos sicher (wenngleich nicht evident) befindet. Es tritt jedesmal ohne Reflexion ein und gesellt sich der äußeren Anschauung in einer logisch nicht weiter erklärungsbedürftigen Weise zu. (Biologisch liegt in diesem Verhalten des Subjekts zum Ding und Vorgang die wichtigste aller Erhaltungsbedingungen.) Aber

---

[1]) Vgl. Höfler-Meinong, Logik, § 54, p. 127.

auch den Beschaffenheitsurteilen der Wahrnehmungen des Physischen kommt, wie der psychologische Befund und die logische Analyse zeigen, unmittelbare Wahrscheinlichkeit zu, wenngleich eine solche von vergleichsweise minderem Grade. Die reiche Erfahrung eines jeden über Sinnestäuschungen setzt den objektiven Wert und damit auch die Zuversicht des Urteilenden sofort noch wesentlich herab, sofern diese Erfahrung durch eine Reflexion herangezogen wird.

Ebenso dürfen wir uns auf den jedesmal vorzufindenden Sachverhalt berufen, wenn wir den Urteilen der Erinnerung das Merkmal hoher Wahrscheinlichkeit beimessen. Ist ein erneuerter Inhalt als „erinnert" qualifiziert, so tritt zum einfachen Wiedererleben ein implizites oder explizites Urteil, das jenen Inhalt als übereinstimmend mit einem früher erlebten erkennt. Evidenz der Gewißheit wohnt diesem Urteil nicht inne, was schon die Erfahrung von Erinnerungstäuschungen belegt. Allein einen der praktischen Zuverlässigkeit entsprechenden hohen Grad von Wahrscheinlichkeit, die unmittelbar erfaßt wird, legt sowohl das vorwissenschaftliche als das logisch geschulte Denken den Erinnerungen zweifellos bei. Inwiefern der Zeitindex der Erinnerung und der Einfluß der Wiederholung den Wahrscheinlichkeitswert herabsetzt, beziehungsweise steigert, bedürfte noch einer speziellen Untersuchung, die auch experimentelle Hilfsmittel in Anspruch zu nehmen hätte. Mit der Wahrscheinlichkeit im Erinnerungserlebnis hängt es zusammen, daß auch Beschaffenheitsurteile der inneren Wahrnehmung, insoweit an ihnen Erinnerungselemente beteiligt sind, nicht evident-gewiß (wie die Existentialurteile über Psychisches), sondern nur wahrscheinlich sein können.

Die unmittelbare Wahrscheinlichkeit weicht der Zweifelhaftigkeit, sobald sich an den Wahrnehmungs- oder Erinnerungsvorgang die Erkenntnis knüpft, daß der neue Inhalt im Widerspruche zum Erfahrungsbestande stehe, ein Fall, der sich namentlich bei paradoxen Täuschungen und gewohnheitswidrigen Erlebnissen verschiedenster Art ereignen kann.

Die hier vertretene Ansicht, daß es Urteile mit unmittelbarer Wahrscheinlichkeit gebe, erhält eine wesentliche Stütze an der Erwägung, welche Schwierigkeiten die gegenteilige Annahme begründen würde. Das urteilende Denken mit Wahrscheinlichkeit müßte, wenn für jeden Akt Reflexionen erforderlich wären, keinen Anfang nehmen können und bei höherer Entwicklung in einem Gewirr von vorbereitenden Gedanken über die Bedingungen des Vorhandenseins der Tatbestände rettungslos versinken. Die unmittelbaren Wahrscheinlichkeiten sind gewissermaßen die End- und Stützpunkte aller mittelbaren Urteile über Physisches und Psychisches, soweit sie nicht Gewißheitsevidenz genießen.

Die Mathematik ging bekanntlich von der einfachsten Situation aus, bei der die konstanten Ursachen eines zukünftigen Ereignisses in gleichberechtigte Fälle aufgelöst und diese Fälle gezählt werden können [1]). Die Wahrscheinlichkeit für diese Voraussetzung ist der Quotient aus der Anzahl der günstigen Fälle durch die Zahl aller gleichberechtigten, also $w = \frac{g}{m}$ oder nach Bolzano

$$\mu = \frac{m}{m + n} = \frac{m}{k} \cdot$$ Kries hat gezeigt, daß die Auflösung in Fälle nicht in allen Ereignissphären möglich sei und legt der Formel Maßzahlen von ausgedehnten (überhaupt meßbaren) Spielräumen zu grunde. Noch allgemeiner wurde die mathematische Definition durch die Einführung des modernen Mannigfaltigkeitsbegriffes. Em. Czuber erhält mit dessen Hilfe die Wesensbestimmung: „Unter der Wahrscheinlichkeit des fraglichen Ereignisses ist der Quotient aus dem Inhalt der günstigen Mannigfaltigkeit durch den Inhalt der alle gleichberechtigten Elemente umfassenden Mannigfaltigkeit zu verstehen."

Die weiteste Formulierung der Wahrscheinlichkeit im philosophischen Sinne verdanken wir jedoch Bolzano; er verlegt sie in ein Mengenverhältnis von Vorstellungen einerseits, die gewisse Sätze an sich wahrmachen, zu Vorstellungen anderseits, die außerdem noch den Satz an sich, dessen Wahrscheinlichkeit in Frage steht, wahr werden lassen.

Seine Definition lautet: „Wenn wir den Grad der Wahrscheinlichkeit bestimmen, der einem Satze M hinsichtlich auf gewisse andere $A, B, C, D \ldots$ und auf die Vorstellungen $i, j \ldots$ zukommt, so fällen wir das Urteil: Das Verhältnis der Menge aller derjenigen Vorstellungen, die an der Stelle der $i, j \ldots$

---

[1]) Die fortschreitende Klärung der logischen Grundlagen der Wahrscheinlichkeitsrechnung verdanken wir bekanntlich in der Hauptsache den Werken: Jakob Bernoulli, Ars conjectandi, Basel 1713 (deutsch von Haußner in Ostwalds Klassikern); Laplace, Théorie analytique des probabilités, Paris 1813, und deren Einleitung Essai philosophique sur le probabilités, Paris 1814, deutsch von Schwaiger, Wien 1886; J. F. Fries, Versuch einer Kritik der Wahrscheinlichkeitsrechnung, Breslau 1842. Neuere wichtige Arbeiten: v. Kries, Die Prinzipien der Wahrscheinlichkeitsrechnung, Freiburg i. B. 1886, und Poincaré, Calcul de probabilités, Paris 1896. Auch D'Alembert, Cournot, Betrand und E. Czuber haben sich mit den logischen Fundamenten dieses Teiles der Mathematik beschäftigt. Vgl. Em. Czuber, Die Entwicklung der Wahrscheinlichkeitstheorie und ihre Anwendungen, Leipzig 1899.

Ältere vortreffliche Darstellung des Logischen an der Wahrscheinlichkeit bei Lotze, Logik, 2. Aufl., Leipzig 1880, p. 421—458. — Vgl. ferner Marbe, Naturphilosophische Untersuchungen zur Wahrscheinlichkeitslehre, Leipzig 1899 (worin Lexis' Begriff der normalen Dispersion erörtert wird); Ed. v. Hartmann, Die Grundlage des Wahrscheinlichkeitsurteils, Art. i. d. Vierteljahrsschr. f. wiss. Phil., 28. Jahrg., Leipzig 1904, p. 231 (worin weitere Literaturnachweise).

die Sätze A, B, C ... wahrmachen, zur Menge derer, die nebst den A, B, C ... auch noch M wahrmachen, hat die Beschaffenheit μ."[1]

Bekanntlich ist für die Naturwissenschaften von den Wahrscheinlichkeitsfällen ganz besonders die Wahrscheinlichkeit der Voraussage eines künftigen Ereignisses von Wichtigkeit. Eine solche Voraussage hat nach Laplace[2] den Wahrscheinlichkeitswert $w = \dfrac{n+1}{n+2}$. Diese Formel gründet sich auf folgende Überlegung: Nach m wirklich beobachteten Fällen des Eintrittes sind immer noch 2 Fälle möglich, nämlich das neuerliche Eintreten und das Nichteintreten, so daß im ganzen $n+2$ mögliche Fälle zu berücksichtigen sind. Ihnen stehen als günstige Fälle die bisherigen n und noch ein Fall des neuerlichen Eintretens, mithin $n+1$ gegenüber. Nach $w = \dfrac{g}{m}$ ergibt sich somit für die Voraussage $w = \dfrac{n+1}{n+2}$. Die mathematische Gültigkeit dieser Formel ist seither wiederholt nachgewiesen worden.

Einen wesentlichen Fortschritt der Theorie der Wahrscheinlichkeit bedeutet die neueste Kritik der Voraussetzung der Gleichwertigkeit der möglichen Fälle oder, wie man mit Laplace wenig passend sagte, der „gleichmöglichen" Fälle. Nach Laplace bedeutete diese Gleichwertigkeit kein objektives Prinzip, sondern nur die Feststellung, daß kein Grund vorliege, den einen Fall für wahrscheinlicher zu halten als den anderen — ein Standpunkt, den in unseren Tagen auch Stumpf[3] vertritt und v. Kries bei seiner Lehre vom Spielraum wenigstens teilweise beibehält.

[1] Bolzano, Wissenschaftslehre, II. Bd., p. 206. Vgl. auch die gewissenhafte Bestimmung der Gleichwertigkeit, II., 171 f.

[2] Laplace, Philosophischer Versuch über die Wahrscheinlichkeiten, deutsch von Schwaiger, Wien 1886, p. 17. Nach der hier mitgeteilten Formel berechnet Laplace die Wahrscheinlichkeit dafür, daß morgen die Sonne aufgehen werde, auf $w = \dfrac{1{,}826.214}{1{,}826.215}$, weil 5000 beobachtete Jahre $= 1{,}826.213$ Tage sind und $1{,}826.213 + 1$ günstige Fälle in Betracht kommen. Vgl. die Kommentare hiezu von Lotze, Logik, p. 437, Höfler-Meinong, Logik, p 187 f.

Der Laplaceschen Formel ist einerseits vorgeworfen worden, daß sie die Voraussetzung der Gleichwertigkeit beider Möglichkeiten nur auf eine gleiche absolute Unkenntnis gründe, welcher der Fälle objektiv begünstigt sei. Wir halten diesen Einwurf nicht für gerecht, da Laplace eben bloß als selbstverständlich hinnahm, daß wir ein positives Wissen über die Fortdauer derselben kausalen Situation besitzen. Fehlt dieser Anteil des positiven Wissens, so ist allerdings ein Wahrscheinlichkeitsurteil auch nach unserer Überzeugung unzulässig. Bekanntlich hatte Fermat zuversichtlich angenommen, daß alle Zahlen von der Form $2^{2n} + 1$ Primzahlen seien, was für die ersten fünf Fälle stimmte. Aber schon die sechste Zahl $2^{32} + 1$ ist nicht mehr prim, wie Euler zeigte. Dem Verf. dieser Arbeit widerfuhr ein ähnliches Versehen, als er einmal $1 \cdot 1 : 9$ zu rechnen hatte und $0 \cdot 1234567$ fand; er schloß nun, daß der Quotient sich wahrscheinlich mit 890 fortsetzen werde, während sich faktisch $0 \cdot 12345679012$ u. s. w. ergibt.

[3] Stumpf, Über den Begriff der mathem. Wahrscheinlichkeit, Studie i. d. Sitzungsber. d. bayr. Akad. d. Wiss., München 1892, p. 37—120; v. Kries, Die Prinzip. d. Wahrscheinlichkeitsrechnung, Freiburg i. B. 1886, p. 36 ff. Vgl.

Objektive Bedeutung mißt dagegen der Gleichwertigkeit Ed. v. Hartmann
bei, der von der gleichen Wahrscheinlichkeit der sog. möglichen Fälle ausgeht.
Gleichwahrscheinlich drückt in diesem Falle keinen Zirkel aus, da es sich nur
um eine gleichmäßige Repartition der Gewißheit des Totalurteils auf die Dis-
junktionsglieder handelt. Gleichwahrscheinliche Fälle sind nach Hartmann solche,
„deren konstante Bedingungen identisch, deren unterscheidende Merkmale (z. B.
die Punkte auf den Würfeln) kausal einflußlos sind und deren variable Bedingungen sich umsomehr durch Kompensation ausgleichen und ausschalten, je
größer die Zahl der Vorgänge ist". Alle diese Voraussetzungen, auch die negative
der kausalen Einflußlosigkeit der unterscheidenden Merkmale, müssen Gegenstand
der Kenntnis sein, damit ein Wahrscheinlichkeitsurteil zu stande kommen kann;
für die Unkenntnis als mitbestimmender Faktor des Wahrscheinlichkeitsurteils
bleibt dabei kein Raum [1]).

Nach unserer Auffassung der Gleichwertigkeitsfrage wiederholt sich hier
das Dilemma zwischen objektivistischer und subjektivistischer Deutung der
Wahrscheinlichkeit überhaupt. Für den Realisten beispielsweise ist nicht nur
die Wahrscheinlichkeit, sondern auch die Identität der kausalen Bedingungen für
die möglichen Fälle etwas erkennbar Wirkliches, während sich für den Nicht-
realisten das Wahrscheinliche zu einer bloß gedachten Relation zwischen Vorstellungsgegenständen und die Gleichwertigkeit zur gleichen Unwissenheit hinsichtlich der realen Lage verflüchtigt. Die Gleichwertigkeit ist jedenfalls nicht
selbst mathematisches Datum, sondern Voraussetzung jeder Formelbildung.

An dieser Stelle unserer Untersuchung dürfte der Versuch
zweier Definitionen angemessen erscheinen. Wir glauben als solche
die Sätze vertreten zu sollen:

Im engeren Sinne ist Wahrscheinlichkeit das Merkmal
eines Urteils, das einen Tatbestand behauptet im Hinblick
darauf, daß die das Vorhandensein verwirklichenden Umstände im Vergleiche zu den das Nichtvorhandensein bedingenden Umständen überwiegen. Wahrscheinlich im
weiteren Sinne ist das Merkmal eines Urteiles, das einen
Tatbestand behauptet im Hinblick auf das Maßverhältnis

---

dazu Sigwarts Besprechung in der Vierteljahrsschr. f. wiss. Phil., 14. Bd.,
p. 90 ff. Sigwart sagt über Kries' Erörterung des Falles, daß Mendelejeff das
spezifische Gewicht eines neuentdeckten Körpers zwischen 5·1 und 5·2 für wahrscheinlich hielt: „Daß der hier zu grunde gelegte Begriff des Spielraums nur
der Umfang unserer Unwissenheit, kein objektives Verhalten ausdrückt, bedarf
wohl keines Beweises; in dem Urteil, das Gewicht sei entweder 5·1 oder 5·2
u. s. f., ist nur ein Glied möglich, die anderen alle absolut unmöglich; wenn
ich ein Schrotkorn auf ein Schachbrett werfe, kann ich sagen, die Spielräume
für das Liegenbleiben auf einem schwarzen und einem weißen Felde seien gleich ...
das spezifische Gewicht einer Substanz aber ist immer dasselbe, es hat in der
Tat keinen Spielraum" (a. a. O., p. 101).

[1]) Ed. v. Hartmann, Die Grundlage des Wahrscheinlichkeitsurteils.
Vierteljahrsschr. f. w. Phil., 28. Jahrg., p. 312.

zwischen den das Vorhandensein verwirklichenden Umständen und der Gesamtheit der Umstände, von denen Vorhandensein und Nichtvorhandensein abhängig sind.

Das psychologische Anzeichen der Wahrscheinlichkeit im engeren Sinne (der faktischen Wahrscheinlichkeit) ist die Wahrscheinlichkeitszuversicht, deren Grade mit dem erkannten Übergewicht der günstigen Umstände gegenüber den ungünstigen korrespondiert. Enthält beispielsweise eine Urne 10 weiße, 10 rote und 10 blaue Kugeln, so kann nur für das Ziehen einer buntfarbigen (roten oder blauen) Kugel von faktischer Wahrscheinlichkeit und Zuversicht gesprochen werden. Algebraisch stellt sich für die buntfarbige Kugel $w = \frac{20}{30} = \frac{2}{3}$, für die weiße Kugel $w_1 = \frac{10}{30} = \frac{1}{3}$; mithin wäre die Zuversicht zu symbolisieren mit $z = w - w_1 = \frac{2}{3} - \frac{1}{3} = +\frac{1}{3}$, d. h. die Zuversicht korrespondiert mit dem Übergewicht der günstigen Umstände. Bei $w = 1$ (Gewißheit) ist $w_1 = 0$ und $z = 1$ (Evidenz); sind sowohl w als $w_1 = \frac{1}{2}$, so wird $z = 0$ (voller Zweifel). Nur wenn $w > \frac{1}{2}$, wird z positiv und stellt faktische Zuversicht dar. Für die Wahrscheinlichkeit im weiteren Sinne besteht wohl gleichfalls ein fester Zusammenhang zwischen der Zuversicht und der Relation der Umstände, allein dieser Zusammenhang ist nicht unmittelbar aus der Wahrscheinlichkeitsgleichung ersichtlich. Enthält beispielsweise jene Urne wiederum 10 weiße, 10 rote und 10 blaue Kugeln, so ist die Wahrscheinlichkeit für das Ziehen einer weißen Kugel $w = \frac{10}{30} = +\frac{1}{3}$. Die zugeordnete Zuversicht hingegen kann (nach Bolzano) nur nach der Formel $z = 2w - 1$, wozu noch eine Konstante zu setzen wäre, bestimmt werden, also $z = 2 \cdot \frac{1}{3} - 1 = -\frac{1}{3}$, d. h. die Zuversicht, daß eine weiße Kugel gezogen werde, ist negativ, und zwar $-\frac{1}{3}$. Für eine buntfarbige Kugel betrüge $z = 2 \cdot \frac{2}{3} - 1 = +\frac{1}{3}$, bei einer Wahrscheinlichkeit von $w = \frac{20}{30} = \frac{2}{3}$. Für den Fall $w = \frac{1}{2}$ wird $z = 0$, d. h. es fehlt jede Zuversicht und somit die Möglichkeit des Urteilens, trotzdem eine indifferente Wahrscheinlichkeit besteht.

Gegenstände des Wahrscheinlichkeitsurteiles können, wie früher bemerkt, Tatbestände des Seins, Beschaffenheithabens und Inbeziehungstehens sein. Die Gliederung des objektiv Vorhandenen nach der Seinsstufe haben wir bereits bei der Erörterung der Wahrheit versucht. Treffen unsere dort entwickelten Aufstellungen zu, so dürfen wir folgende Leitsätze vertreten:

1. Durch faktisch wahrscheinliche Urteile wird die Existenz und die Beschaffenheit der physischen Gegenstäude sowie die relative Beschaffenheit der psychischen Erlebnisse mit Erinnerungsanteil erkannt. Urteile der äußeren Wahrnehmung und Erinnerungsurteile sind als unmittelbar wahrscheinlich gegeben; werden intentionale Beziehungsverhältnisse auf die Wirklichkeit übertragen, so haben die darauf gegründeten Urteile gleichfalls unmittelbare Wahrscheinlichkeit. Alle sonstigen Wahrscheinlichkeitsurteile sind mittelbar wahrscheinliche.

2. Das psychologische Anzeichen der Wahrscheinlichkeit ist die faktische Zuversicht, die unmittelbar auf der Anschauung oder mittelbar auf einer Reflexion über die das Vorhandensein des Tatbestandes bedingenden Umstände ruht. Eine solche begründete Zuversicht wird auch „berechtigte Vermutung" genannt.

3. Die hier hervorgehobene Reflexion tritt relativ selten in expliziten und geordneten Schlußreihen auf und beschränkt sich im Denken des gewöhnlichen Lebens auf ein vergleichendes Zusammenbringen des Tatbestandes mit Erfahrungskomplexen, die zu ihm in Relation stehen.

4. Die in der Mathematik behandelten Wahrscheinlichkeitsfälle beziehen sich auf meßbare Mannigfaltigkeiten gleichberechtigter Elemente und werden hinsichtlich der indifferenten Wahrscheinlichkeit exakt bestimmt.

5. Grundsätzlich kann die Wahrscheinlichkeit einen beliebig hohen Grad erreichen und bis zur empirischen Sicherheit wachsen, ohne jedoch die Gewißheit zu erreichen. Die empirische Sicherheit genügt zur Fundierung der Erfahrungswissenschaften, der praktischen Technik und der ungestörten Lebensführung.

6. Außer den „logisch berechtigten" gewissen und wahrscheinlichen Urteilen gibt es noch ein Gebiet von Urteilen ohne logischen Rechtstitel; solche Meinungen (wie etwa, daß der 13. Tag eines Monats Unglück bringe) sind jedoch zur wissenschaftlichen Verwertung nicht geeignet.

58.

Logische Berechtigung von Urteilen. Eines präzisierenden Hinweises bedarf noch die soeben gestreifte belangvolle Unterscheidung

„logisch berechtigter" und „logisch berechtigungsloser" Urteile. Es kann als definitorische Festsetzung der Logik gelten, daß logisch berechtigt jene Urteile sind, für deren Behauptungsgehalt eine zureichende Begründung besteht: für apriorische Urteile liegt die zureichende Begründung in der unmittelbaren oder durch Deduktion vermittelten Evidenz der Gewißheit, für aposteriorische Urteile hingegen in der unmittelbaren Anschauung beziehungsweise Erinnerung, sofern kein Widerspruch zu dem Erfahrungsbestande zutage tritt, oder in der mittelbaren Zuversicht, welche die Induktion darbietet. Nach dem Dargelegten sind die als wahr und wahrscheinlich charakterisierten Urteile in der Regel zugleich logisch berechtigte, weil sie ihre zureichende Begründung (ihren Erkenntnisgrund) entweder in der Evidenz oder in einer Reflexion über das Verhältnis der Anschauung, beziehungsweise Erinnerung zum Erfahrungsbestande, oder endlich in induktiven Instanzen finden.

Die Erkenntnispraxis wird die Wahrheit und Wahrscheinlichkeit gegebener Urteile über Physisches und über relative psychische Beschaffenheiten nach diesen logischen Rechtstiteln indirekt bestimmen müssen, da bei solchen Gegenständen der direkte Einblick in die reale Wirklichkeit verwehrt ist. In den Fällen, in denen Relationsfakten vorliegen, wird auch die Erkenntnispraxis die Attribution von wahr—falsch, wahrscheinlich – unwahrscheinlich auf Grund eines Vergleiches der Behauptung mit dem in den Gegenständen Vorhandenen vollziehen. Festzuhalten ist jedoch, daß Urteile ohne zureichenden Grund immerhin objektiv wahr oder wahrscheinlich sein können.

Es ist weiterhin möglich, daß die durch kritisch gewürdigte Anschauung und Induktion begründeten Urteile objektiv falsch oder unwahrscheinlich sind; welche Schwäche des menschlichen Erkenntnisvermögens durch kein dialektisches Kunststück oder Postulat aus der Welt zu schaffen ist. Für Urteile ohne Evidenz der Gewißheit muß die „praktische Bewährung" im nachhinein als letzter Maßstab des Erkenntniswertes hingenommen werden.

Wie uns scheint, liegt, streng genommen, in der Übertragung der Urteilsmerkmale wahrscheinlich, möglich und notwendig in das Gebiet der Wirklichkeit ein Akt des Transzendierens. Geht der Naturforscher von der Voraussetzung aus, daß in der Welt der realen Dinge alles nach festen Gesetzen zu stande kommt, so sind die Dinge, wie sie sein müssen, und laufen die Vorgänge notwendig in einer ganz bestimmten Richtung ab, so daß von wahrscheinlichem oder möglichem Beschaffensein und Geschehen innerhalb der Wirklichkeit nicht die Rede sein kann. Wir sprechen dann eben von wahrscheinlich oder möglich nur, weil wir nicht sämtliche Bedingungen der Realität kennen; im Besitze der Leibnizischen Weltformel gäbe es nur Notwendiges für uns. Genau besehen ist aber auch die

objektive Notwendigkeit nur eine Projektion der subjektiven Notwendigkeit in die Welt der Wirklichkeit[1]).

Wenn wir Hume und Mach glauben dürften, so würde es zur Abbildung des Gegebenen in der Naturwissenschaft genügen, einfach faktische Regelmäßigkeiten oder Abhängigkeiten zu registrieren, ohne der realen Welt die Notwendigkeit des Geschehens (damit auch des Beschaffenseins) beizulegen. Tun wir dies dennoch, so ist damit etwas Transzendentes gesetzt.

Diese Überlegungen scheinen uns nicht außer Zusammenhang mit der oben dargelegten Auffassung der Wahrheit zu stehen, wonach wahr ein Urteil ist, wenn es denjenigen Tatbestand behauptet, der im Bereiche der Gegenstände vorhanden ist. Welchen Sinn hätte es nun zu sagen, daß die Beschaffenheiten der Dinge und der Verlauf der Vorgänge der Realität „wahr" sind, oder gar, daß sie „falsch" seien? Ist „wahr" lediglich ein Urteilsmerkmal, so legt dies die Prüfung der Frage nahe, ob nicht auch wahrscheinlich, möglich, notwendig ... als eigentliche Merkmale in der Wirklichkeit zu leugnen seien.

Nun ist allerdings zweifellos, daß ein Erkennen der physischen Wirklichkeit ohne jedes Transzendieren undenkbar ist, wenn man nicht den Gewaltstreich begeht, die Außenwelt schlechthin zum bloß subjektiven Gedankending zu machen. Ein gewisses Maß von Transzendenz ist Bedingung eines jeden Denkens mit Erkenntniswert, sofern dieses auf Physisches geht. Unbeschadet der Anerkennung des Grundsatzes entia (auch transendentia) non sunt multiplicanda praeter necessitatem, sind wir überzeugt, daß jeder Versuch der Beschreibung der Außenwelt ohne Projizieren der Wahrscheinlichkeit, Möglichkeit, Notwendigkeit und ihrer Gegenteile nur scheinbar immanent bleibt, mit anderen Worten, daß eine necessitas für Transzendenz vorliegt. Auch Mach bildet ja die Abhängigkeiten der Elemente in Gleichungen ab, also in etwas, dem wenigstens die Relation der Denknotwendigkeit innewohnt; jede andere Art von Abbildung würde offenbar auf eine bloße Registrierung von Einzelfakten hinauslaufen. Die praktische Naturforschung hat überdies keinen Anlaß gefunden, die Entbehrlichkeit der Begriffe des Wahrscheinlichen, Notwendigen und Möglichen im Gebiete der äußeren Wirklichkeit zu behaupten.

59.

Vergleich einiger Wahrheits- und Wahrscheinlichkeitstheorien.

Daß die Wahrheit in einer gewissen Übereinstimmung gelegen sei,

---

[1]) Wir übersehen nicht, daß es keineswegs an Stimmen fehlt, welche eine Projektion in umgekehrter Richtung annehmen. P. Volkmann schreibt in den Erkenntnistheoretischen Grundzügen der Naturwissenschaften und ihre Beziehungen zum Geistesleben der Gegenwart, Leipzig 1896: „So halte ich dafür, daß die Logik in uns ihren Ursprung in dem gesetzmäßigen Geschehen der Dinge außer uns hat, daß die äußere Notwendigkeit des Naturgeschehens unsere erste und recht eigentliche Lehrmeisterin ist", p. 172. Die äußere Notwendigkeit des Naturgeschehens sei geradezu „der formale Ursprung unserer Logik und Erkenntnistheorie", p. 174. Wir halten P. Volkmann nur die eine Tatsache entgegen, daß der Notwendigkeitsbegriff beispielsweise auch im Betriebe der Geometrie in schärfster Weise zutage tritt, ohne daß die geometrischen Präzisionsgebilde naturwissenschaftlich Gegebenes sind.

ist eine fast allen Theorien von der Antike bis zum heutigen Tage
gemeinsame Lehre, doch besteht weitgehender Dissens hinsichtlich
der näheren Bezeichnung dessen, womit das wahre Urteil übereinstimmen müsse. *a)* Der erkenntnistheoretische Realist, der die Erkennbarkeit auch der äußeren Wirklichkeit behauptet, nennt als
Vergleichsglied eben diese Wirklichkeit (wozu die physischen
Dinge und Vorgänge gehören). Die mittelalterlichen Aristoteliker
zählen in diesem Punkte zu den Realisten und vertreten die Formel:
„Veritas intellectus est adaequatio intellectus et rei, secundum quod
intellectus dicit esse quod est, vel non esse quod non est."[1] Es muß
der historischen Kritik überlassen bleiben, zu entscheiden, ob auch
das „ideatum" Spinozas[2], Leibnizens „Dinge unter sich"[3] und
Chr. Wolfs „obiectum"[4] im realistischen Sinne zu verstehen seien,
wofür mancherlei spricht. In unserer Zeit haben beispielsweise Bain,
Sully, Lotze, Ueberweg die Wirklichkeit als das zweite Glied der in der
Wahrheit ausgedrückten Relation genannt, ohne freilich die Wirklichkeit im genau gleichen Sinne zu definieren. *b)* Einen prinzipiell anderen
Standpunkt vertritt die Immanenzphilosophie, insofern sie das Sein
als Gedachtwerden faßt. In folgerichtiger Weiterführung dieser Annahme bestimmen Schubert-Soldern und Glogau den Wahrheitsbegriff
nach dem Merkmal der Übereinstimmung der Denkakte unter sich.
Auch zahlreiche, jener Richtung nicht angehörige Vertreter der Philosophie der Gegenwart begnügen sich mit dem Kennzeichen der
Übereinstimmung des zu prüfenden Urteils mit den übrigen apriorischen und empirischen Urteilen oder mit der logischen, beziehungsweise empirischen Widerspruchslosigkeit der im Urteil liegenden
Erkenntnis. Zuweilen wird auch die nachträgliche praktische Bewährung in die Wesensbestimmung des Wahren aufgenommen. *c)* Als
Psychologismus bezeichnen manche Kritiker die Lehre Brentanos:
„Wir nennen etwas wahr, wenn die darauf bezügliche Anerkennung
richtig ist."[5] Allerdings fügt derselbe Autor hinzu: „Ob ich sage,
ein affirmatives Urteil ist wahr oder sein Gegenstand sei existierend ..., in beiden Fällen sage ich ein und dasselbe"[6], mit welcher
These er sich dem Realismus (obzwar hier „Existenz" wesentlich

---

[1] Thomas v. A., Contra gent., I., 59.
[2] Spinoza, Ethica, I., prop. XXX.
[3] Leibniz, Nouv. Ess., IV. Bch., V. Kap, § 1.
[4] Chr. Wolf, Logik, § 505.
[5] Brentano, Vom Ursprung sittlicher Erkenntnis, Leipzig 1889, p. 17.
[6] Ebenda, p. 76.

Brentano, Marty und Hillebrand sämtliche Urteile auf das sogenannte Existentialschema bringen (etwa SP ist, SP ist nicht), so demonstrieren sie damit in der Tat unwiderleglich, daß alle Urteilsakte Eingliedrigkeit besitzen, mögen nun sprachlich noch so viele Zeichen zu ihrem Ausdruck benützt werden. Allein diese Feststellung scheint uns noch nicht zu beweisen, daß auch die Urteilsmaterien bloß aus einer Vorstellung konstituiert sind, wir vertreten vielmehr den Satz: Die Urteilsmaterien von Beschaffenheitsurteilen sind mindestens zweigliedrig, die Materien von Relationsurteilen mindestens dreigliedrig.

Beschaffenheitsurteile, wie etwa „Der Sonnenkern ist kalt", „Der Walfisch atmet nicht durch Kiemen" weisen so deutlich mindestens zwei als Materie zugrundeliegende Vorstellungen auf, daß wohl keine Interpretation diesen Sachverhalt zu verwischen vermöchte: Denn wenn auch die Umformung vollzogen wird „Der kalte Sonnenkern ist, der durch Kiemen atmende Walfisch ist nicht", so ist damit wohl eine Zusammenfassung der Materie bewerkstelligt, keineswegs aber eine Reduktion der Vorstellungen Sonnenkern und kalt, Walfisch, Atmen und Kiemen auf eine Vorstellung. In analoger Weise gestaltet sich der Sachverhalt bei den Beziehungsurteilen. Setzen wir statt $7 + 5 = 12$ das Urteil „Die Gleichheit von $7 + 5$ und 12 ist", so bleiben die vier Vorstellungsgegenstände erhalten, mögen sie nun in eine Materie zusammengefaßt werden oder nicht. Das Urteil „Freiheit und Willkür sind Verschiedenes" in seiner Umformung „Die Verschiedenheit von Freiheit und Willkür ist" zeigt unverkennbar die Mindestzahl von drei Vorstellungsgegenständen, welche den Materien der Relationsurteile eigen ist.

Die eigentliche Schwierigkeit des Problems tritt bei den Existentialurteilen zutage. Die Existenz im engeren Sinne, das Sein in der Wirklichkeit, das reale Dasein ist zwar, wie wir glauben, ein Prädikat innerhalb der Urteilsmaterie, aber kein solches, das sich den Beschaffenheiten kalt, atmend, gleich, abhängig u. s. f. nebenordnen ließe. Die Existentialurteile sind vielmehr eine eigene Grundklasse der Urteile. Die Frage, ob die Urteilsmaterie bei „Gott ist", „ich bin", „Fernwirkung ist nicht" zwei Vorstellungen in sich schließe oder nur eine, hat den hauptsächlichen Anlaß zur Diskussion gegeben. Ohne die Gewagtheit einer allgemeinen Entscheidung zu verkennen, glauben wir uns der Ansicht von Zweigliedrigkeit auch dieser Urteilsmaterien zuneigen zu sollen, da, wie

uns scheint, bei dem Urteil „Gott ist" an Gott und seine Existenz,
bei „ich bin" an die Existenz meines Ich, endlich bei „Fernwirkung ist nicht" an die Fernwirkung und ihr Nichtvorhandensein gedacht wird, was schon daran zu erkennen ist, daß die Gedanken „Gott", „ich" und „Fernwirkung" keine Urteile, sondern
bloße Vorstellungen sind. Nimmt man aber dem „ist" und „ist
nicht" den Charakter eines Prädikats, so wird es zum bedeutungs-
losen Anhang, der keine Vorstellung zu einer Urteilsmaterie machen
kann. Eine Gegeninstanz könnte noch in den Existentialurteilen der
Wahrnehmung liegen, beispielsweise beim Erblicken eines Meteors,
das als ein Seiendes außerhalb des Ich erfaßt wird. Hier scheint
nur eine Vorstellung, eben die des erblickten Meteors, vorzuliegen,
trotzdem die Wahrnehmung deutlich einen Urteilsbestandteil einschließt. Doch scheint uns die Lösung dieser Schwierigkeit in dem
Hinweis auf den impliziten Charakter eines solchen Wahrnehmungsurteils zu liegen. Bei einem urteilsmäßigen Verhalten des Ich zum
Objekte der Außenwelt wird weder der Urteilsakt noch Subjekt
und Prädikat innerhalb des komplexen Phänomens gesondert zum
Bewußtsein gebracht. Diese Sonderung im Bewußtsein ist jedoch
unschwer zu erzielen, wenn man im Beschauer einen Zweifel am
Wahrnehmungssachverhalt erregt, etwa durch die Frage „glaubst
du, daß das Meteor dort oben wirklich existiert? Ist es nicht bloß
eine Einbildung deiner Phantasie?" Was sich im Gefragten sodann
abspielt, ist ein explizites Existentialurteil mit einer Materie, in der
das Ding und dessen Sein diskret vorgestellt werden. Die Antwort
des Beschauers könnte lauten: „Das Meteor ist in Wirklichkeit vorhanden." Das Wahrnehmungsurteil darf somit als zweigliedrig gelten,
sofern seine explizite Gestalt in Betracht gezogen wird.

Die Frage nach dem Wesen der Existentialurteile hat bekanntlich wesentliche Meinungsverschiedenheiten gezeitigt. Schon Kant beschäftigt sich mit ihr
und kommt zu dem Schlusse: „Der Begriff des Daseins könne nie Prädikat,
immer nur Subjekt im Satze sein." (Einzig mögl. Beweisgrund z. ein. Dem. d.
Das. Gottes.) Herbart hat die Existentialurteile für subjektlos gehalten (Einl.
z. Philos., p. 56), Bolzano, welcher das Dasein für eine „Beschaffenheit" hält,
schematisiert A ist $= A$ hat Dasein. (Wissenschaftslehre, II., p. 10 f., 64 f.)
Brentano, Marty und Hillebrand vertreten den Standpunkt, daß sämtliche Urteile, um ihre Natur richtig zum Ausdruck zu bringen, auf die Existentialform zu
reduzieren seien; die eigentlichen Existentialsätze seien sprachlich und logisch
prädikatlos. (Psychologie, p. 283 f.) Cornelius widmet den Existentialurteilen eine
besondere Studie (Versuch einer Theorie des Existentialurteils, Leipzig 1894) und
vertritt die Definition: „Alle diejenigen Erkenntnisse und Aussagen, welche in
irgend einer Weise das Dasein eines denkbaren Inhalts betreffen: gleichviel ob das

gegenwärtige Dasein eines solchen Inhalts als Inhalt unseres Bewußtseins erkannt oder ein gegenwärtiges, vergangenes oder zukünftiges Dasein desselben in irgend einem Sinne behauptet oder geleugnet wird" sind Existentialsätze (l. c., p. 6). Er hält diese Sätze für zweigliedrig (p. 22). B. Erdmann vertritt die Ansicht, daß Existenz zwar kein Merkmal, aber doch etwas Prädizierbares darstelle (Logik, p. 136 und 402). James entscheidet sich für die Zweigliedrigkeit der Existentialurteile. Höfler-Meinong neigen zur Brentanoschen Lehre der Eingliedrigkeit (Logik, p. 110). Vgl. auch Marty, Über subjektlose Sätze, Vierteljahrsschr. f. wiss. Phil. Leipzig 1884, p. 171 f. Vgl. unsere Anmerkung zu den Impersonalien.

Das oben hinsichtlich der Existentialurteile Ausgeführte scheint uns auch für die Impersonalien zu gelten, denen Brentano, Marty und Miklosich das Subjekt absprechen, während Sigwart und Windelband auch hier eine Zweigliedrigkeit vorfinden. Die impersonalen Urteile „Es ist schwül, es friert nicht, es dunkelt, es mangelt an Wasser" u. ä. haben als logisches Subjekt die Schwüle, das Frieren, das Dunkeln, den Mangel an Wasser, als Prädikate Sein, beziehungsweise Nichtsein, so daß die expliziten Äquivalente etwa lauten „Schwüle ist, Frieren hat nicht statt" u. s. w. (Bolzano würde umformen: „Schwüle hat Gegenständlichkeit".) Das Urteil behauptet nun das objektive Vorhandensein dieser in den Materien ausgedrückten Tatbestände. In vielen derartigen Fällen handelt es sich übrigens um unechte Impersonalia, d. h. das Sprachzeichen „es" ersetzt ein früher gedachtes Subjekt durch die Vorstellung des nicht näher bestimmten „Etwas". „Es mangelt an Wasser" kann ausdrücken wollen „Mangel an Wasser ist" oder „ein (nicht näher bestimmter) Ort hat Wassermangel". Nur im ersteren Sinne ist das Impersonale ein echtes. (Der im vorliegenden Urteile als objektiv vorhanden behauptete Tatbestand ist selbstverständlich der „Mangel an Wasser", dem Sein zukommt, wenn auch nicht dingliche oder psychische Existenz.)

Leicht ist zu zeigen, daß auch Ausrufe und verkürzte Antworten, die nur durch ein Sprachzeichen ausgedrückt sind, logische Zweigliedrigkeit besitzen. Wer oberhalb Torbole plötzlich den Gardasee zu seinen Füßen erblickt und ausruft „Entzückend!", äußert den Gedanken „das Bild ist entzückend". Die Interjektion „Ah!" kann (ebenso wie ein Kreischen, Grunzen . . .) bloß ein physiologisches Gefühlskorrelat oder aber ein sprachlich sehr verkürztes Urteil bedeuten. Selbstverständlich darf auch die Antwort „Lesen" (auf die Frage „Was tust du?") nicht für logisch subjektlos gelten. Das „Ja" vertritt, ob es nun antwortend oder bestätigend verwendet wird, ein zweigliedriges Urteil; beispielsweise bedeutet das „Ja" nach der

Frage „Willst du Arznei?“ offenbar „Ich will Arznei“, der Zwischen-
ruf „Ja“ nach der Behauptung eines Redners „die Reform muß eine
gründliche sein“ das Urteil „dein Urteil ist wahr“. Im „Nein“
kann eine Antwort oder eine Behauptung gelegen sein. Wird auf
die Frage „War Napoleon I. ein geborener Franzose?“ mit „Nein“
reagiert oder dem Ausspruche „Die Zirkelquadratur ist konstruktiv
lösbar“ ein „Nein“ entgegengestellt, so erscheinen damit volle Urteile
in sprachlich verkürztem Symbol zum Ausdruck gebracht. Echte
Urteile können übrigens auch in rhetorischen Fragen (die keine
Antwort fordern) beschlossen liegen. Man denke an Wendungen
wie „Wer vertraut nicht fest auf den Sieg der Wahrheit? Wer
wollte die Möglichkeit weiteren Fortschrittes leugnen?“

Lotze versuchte sämtliche Impersonalia zu zweigliedrigen Beschaffenheitsurteilen zu machen, indem er „es“ zum Subjekt erklärt. „Es blitzt“ hat nach
Lotze das Subjekt es = der allumfassende Gedanke der Wirklichkeit. (Logik, p. 71.)

Sigwart wies nach, daß viele sogenannte impersonale Urteile nur grammatisch subjektlos seien. Bei Urteilen „Der Vater!“ „Feuer“ sei „dies ist“ zu ergänzen. (Logik, I., p. 67.) „Im eigentlichen und strengen Sinn impersonale Sätze
sind . . . nur diejenigen, bei welchen der Gedanke an ein Dingsubjekt ausgeschlossen ist . . .“ (Ebenda, p. 76.) Echte Impersonalia sind daher „mich
hungert, pudet, poenitet“, doch haben auch sie ein logisches Subjekt in dem
unterdrückten demonstrativen „das“. Es donnert = Donnern (Subjekt) das.
Genauer hat Sigwart das Problem mit Rücksicht auf Brentano und Miklosich
in der Abhandlung „Die Impersonalien, Freiburg i. B. 1888, p. 37 ff.“ untersucht
und zehn Gruppen von Urteilen mit impersonaler Form unterschieden; die Grundauffassung ist in dieser Schrift dieselbe wie in der Logik. In verwandtem Sinne
entscheidet sich Schuppe in seinem Artikel über subjektlose Sätze i. d. Zeitschr.
f. Völkerpsych. u. Spr. 1886. B. Erdmann erblickt in den echten Impersonalien
(z. B. es regnet) unbestimmte Kausalurteile mit einem sprachlich nicht näher
bezeichneten logischen Subjekt. (Logik, I., 2. Aufl., Halle a. S. 1907, p. 435 ff.)

Wundt nennt die Impersonalien „unbestimmte Urteile“, insofern sie zwar
ein logisches Subjekt haben, das aber (weil es die Aufmerksamkeit nicht in
Anspruch nimmt) nicht sprachlich bezeichnet ist. (Logik, 3. Aufl., I., p. 166.)

In eigenartiger, scharfsinniger Weise hat die Brentanosche Schule zur
Frage der Impersonalien Stellung genommen. Nach Brentano (Psychologie,
I. Bd., Wien 1874, p. 279 f., und Vom Ursprung sittl. Erkenntnis, Leipzig 1889,
Beilage, p. 111 ff.) ist der Existentialsatz (M ist) ein prädikatloser, der Imper-
sonalsatz ein subjektloser Satz; beide Sätze sind eingliedrig. Er beruft sich in
dieser Hinsicht auf die Autorität Miklosich', der in einer Abhandlung „Über
subjektlose Sätze“, 2. Aufl., Wien 1883, den gleichen Standpunkt vertritt. (Sigwart
wendete ein, daß subjektlos hier nur „ohne Dingsubjekt“ bedeuten könne.) In
gründlicher Weise bildet Brentanos Theorie Marty in dem Artikel „Über subjektlose Sätze und das Verhältnis der Grammatik zu Logik und Psychologie“, Viertelj.
f. wiss. Phil., VIII. Bd., Leipzig 1884, p. 56 ff., weiter, indem er zunächst die
Lehren Ueberwegs, Lotzes, Prantls, Steinthals, Herbarts und Sigwarts ablehnend

kritisiert und den Gedanken betont, „daß das „ist" im kategorischen Satze dieselbe Bedeutung wie im existentialen besitze" (p. 167). „Wer also die Impersonalia für Existentialurteile erklärt, hat sie dadurch mit dem Dogma von der Zweigliedrigkeit des Urteils gar nicht versöhnt" (p. 91). Impersonalien sind vielmehr vollständige Urteile ohne Subjekt. Bezüglich der Existenz bemerkt Marty gegen Sigwart, daß dieser Begriff durch Reflexion auf eine bestimmte Art von Urteilen gewonnen sei; Existenz „bezeichnet nur die Beziehung irgend eines Gegenstandes (worunter wir jedes Vorgestellte verstehen) auf ein mögliches Urteil, das ihn anerkennt und dabei wahr und richtig ist" (p. 172). Gegen Marty verteidigte sich Sigwart durch den Hinweis auf die verschiedenen Arten des Seins, von denen die Existenz nicht einfache Position, sondern die Bejahung der Wirklichkeit sei. Ähnlich spricht sich W. Enoch aus in seinem Artikel „Franz Brentanos Reform der Logik", Phil. Monatshefte, 29. Bd., Berlin 1893, p. 433 ff. Für Brentano und Hillebrand sei Existenz = Vorstellbarkeit, während Existentialsätze (z. B. Gott ist) Realität behaupten. Auch H. Cornelius erhebt gegen die Brentanosche Logik diesen Vorwurf unter eingehender Begründung (Vers. einer Theorie d. Existentialurteile, München 1894, p. 82 f.).

Für Brentano ist Hillebrand in seiner Schrift „Die neuen Theorien der kategorischen Schlüsse", Wien 1891, mit beachtenswerten Argumenten eingetreten (p. 32 ff.). Auch Stumpf und Kerry dürfen zu den Anhängern dieser Lehre gerechnet werden, während außer Sigwart auch Windelband, Bergmann, Schuppe und Paul gegen Brentano entschieden.

61.

Konditionale Bestimmtheit des Urteils. Urteile von der Form „Wenn der Luftdruck wächst, so erhöht sich der Siedepunkt der Flüssigkeiten" oder „Wenn zwei Größen einer dritten gleich sind, so sind sie auch untereinander gleich" gelten als echt hypothetische oder bedingte Urteile[1]. Hinsichtlich der Natur solcher Urteile sind zwei abweichende Auffassungen vertreten worden.

a) Nach der neueren Lehre sind auch hypothetische Urteile nur besondere Gestaltungen von kategorischen Behauptungen, so daß das hypothetische Element nicht den Behauptungscharakter, sondern lediglich den Gegenstand der Materie trifft. Danach würde sämtlichen Urteilen, was ihren spezifischen Gegenstand anlangt, kategorischer Charakter zukommen[2]. Im Sinne dieses Standpunktes geht die Behauptung bei hypothetischen Urteilen auf die Tatsache der nicht

---

[1] Nicht zu den echten hypothetischen Urteilen zählen die Urteile mit temporalem, beziehungsweise iterativem „Wenn". Beispiele: Wenn (in dem Zeitpunkte als) nötig, werde ich zu kämpfen wissen; wenn (so oft als) Berlioz komponierte, ergriff ihn Exaltation. Solche Urteile haben die schematische Form: „S und S_r stehen in Sukzessionsbeziehung P".

[2] So Sigwart, Logik, I., p. 276 ff.

umkehrbaren Abhängigkeitsrelation „Bedingung—Bedingtes" (in speziellen Fällen Ursache und Wirkung, Grund und Folge). Die oben erwähnten Urteile würden demnach zur Verdeutlichung des Sachverhaltes folgende äquivalente Umformungen fordern: Das Wachsen des Luftdrucks (S) hat die Erhöhung des Siedepunkts (S_r) zur Wirkung (P). Im zweiten Beispiele: Das Gleichsein der Größe S_1 mit S_r und der Größe S_2 mit S_r hat das Gleichsein (P) von S_1 und S_2 zur Folge. Die allgemeinste Formel hypothetischer Urteile wäre demzufolge: S und S_r stehen in Abhängigkeitsbeziehung P. Aus der Formel ergibt sich, daß solchen Urteilen zwei Subjekte oder aber ein Subjekt mit zwei Gegenständen zukommt, denen eine bestimmte Relation als Prädikat gegenübersteht. Die behauptete Tatsache wäre das objektive Vorhandensein jener Beziehung von Bedingung und Bedingtem (die nicht umkehrbar ist[1]).

b) Wir können der eben entwickelten Auffassung nicht beipflichten. Nicht nur psychologisch, sondern auch logisch scheint uns die Behauptung in der Form „wenn—so" aus zwei Teilen zu bestehen, wovon der zweite (die Thesis) ein bedingt gefälltes Urteil ist, zu dem der erste Gedanke (die Hypothesis) als Annahme die nähere Angabe der Bedingung beibringt. Auch das hypothetische Urteil behauptet ein objektives Vorhandensein, aber mit einer einschränkenden Voraussetzung. Irren wir darin nicht, so liegt die Nötigung vor, sich der älteren Auffassung anzuschließen, wonach das hypothetische Urteil die logische Form hat: Wenn S_1 P_1 ist (hat), so ist (hat) S_2 P_2. Der die Voraussetzung enthaltende Teil S_1 ist (hat) P_1 ist kein gefälltes Urteil, sondern die Vorstellung eines wahren Urteils; der die Thesis bringende Teil ist jedoch ein Urteil. Die Abhängigkeitsbeziehung begründet unseres Erachtens eine Modifikation des Aussagecharakters, insofern das objektive Vorhandensein des Tatbestandes (z. B. die Erhöhung des Luftdrucks) von dem Erfülltsein einer hinzugedachten Bedingung (des Wachsens des Druckes) abhängig ist.

Die kantische Einteilung der Urteile nach der „Relation" besteht somit für den Gegensatz kategorisch—hypothetisch zurecht;

---

dagegen halten wir die Nebenordnung „disjunktiv“ für sachlich unzulässig.

c) Nicht den Behauptungscharakter, sondern die Gestalt der Materie betrifft das Merkmal der Disjunktion. Urteilen wir „Die Holbein-Madonna in Dresden ist entweder das Original oder eine Kopie des Meisters selbst“, so liegt die Behauptung des Tatbestandes vor, daß dem Subjekt eines von zwei Prädikaten zukomme. Die Umformung, welche diesen Sachverhalt klarer hervortreten läßt, lautet: „Die Madonna ist eines von beiden, Original oder Kopie“, allgemein „S hat eines unter P_1 und P_2“. Das negative Urteil „Empfindungen sind weder physikalische Vorgänge noch Organzustände“ weist schematisch die Gestalt „S_1 ist nicht eines unter P_1 und P_2“. Eine genauere Analyse zeigt, daß bei echten disjunktiven Urteilen[1]) die P_1 P_2 ... eine vollständige Reihe bilden, deren Glieder sich gegenseitig ausschließen[2]), in welchen Einschränkungen dasjenige liegt, was das eigentliche Prädikat P, nämlich „eines unter“, indirekt bestimmt. Daß auch Existential- und Relationsbehauptungen disjunktive gestaltete Materien haben können, bedarf keines besonderen Belegens. Wenn wir soeben den Standpunkt vertraten, daß das Disjunktionsmerkmal nicht den Behauptungscharakter des Urteils, sondern die Gestalt der Materie treffe, so haben wir damit auch die Möglichkeit der Nebenordnung der disjunktiven Urteile zu den kategorischen und hypothetischen negiert; die disjunktiven Urteile bilden dementsprechend eine Gattung der kategorischen Behauptungen, welche Gattung nach dem Merkmal „indirekte Bestimmung des Prädikats durch Disjunktion“ zu bilden ist.

d) Ergänzend sei beigefügt, daß dem disjunktiven Urteil der üblichen Form ein nicht minder häufig vorkommendes Urteil mit zwei oder mehr Subjekten zur Seite steht. Urteile von der Art „eines unter S_1 und S_2 ist P“, beispielsweise „Entweder der Vater oder der Sohn muß diesen Mord begangen haben“, entbehren bisher eines klassifizierenden Namens. Wir glauben als solchen „Urteile

---

[1]) Nicht zu den echten disjunktiven Urteilen gehören die sog. divisiven, bei welchen die Zeichen „entweder—oder“ ohne Sinnänderung durch „teils—teils“ ersetzt werden können; z. B. die altägyptischen Schriftzeichen sind entweder hieroglyphische oder hieratische oder demotische. Allgemein: „Das Gegenstandsgebiet S hat Σ_1 Σ_2 Σ_3 (und nur diese) zu Teilen.“

[2]) Vgl. Höfler-Meinong, Logik, p. 114. Auch Sigwart erklärt die disjunktiven Urteile für kategorische. Vgl. Logik, I., 305 f.

mit disjunktivem Subjekt" in Anregung bringen zu sollen. Auch die Subjekte S_1 S_2 bilden hier eine vollständige Reihe mit sich ausschließenden Gliedern, durch welchen Umstand das Subjekt „eines unter" zu einem indirekt bestimmten wird. Mit dem sogenannten konjunktiven Urteil „Sowohl S_1 als S_2 ... sind P" fällt diese vergessene Gattung ebensowenig zusammen, wie das echte disjunktive mit dem sogenannten induktiven oder kopulativen „S ist sowohl P_1 als P_2".

Modale Bestimmtheit des Urteils. Wir haben als ein logisches Merkmal des Urteils die modale Bestimmtheit bezeichnet, welche seit Kant durch die Namen problematisch, assertorisch und apodiktisch festgehalten zu werden pflegt. Bevor wir auf die Frage eingehen, ob die modale Bestimmtheit lediglich die Gestalt der Materie oder aber den Behauptungscharakter als solchen betrifft, sei festgestellt, daß die Begriffe Möglichkeit und Notwendigkeit zwei verschiedene Hauptbedeutungen aufweisen, die aus erkenntnistheoretischen Gründen wohl auseinanderzuhalten sind. „Möglichkeit", beziehungsweise „Notwendigkeit" kann nämlich entweder in formaler (apriorischer) oder in realer (aposteriorischer) Bedeutung zu nehmen sein; dasselbe gilt von der Unmöglichkeit und der Zufälligkeit (genauer dem Mangel an Notwendigkeit). Der Sinn dieser Unterscheidung mag an folgenden Beispielen demonstriert werden:

1. Die Summe aus unendlich vielen Reihengliedern kann eine endliche Größe sein (formale Möglichkeit);

2. Rechtsanschauungen können sich unmerklich ändern (reale Möglichkeit);

3. für eine diophantische Gleichung kann keine eindeutige Lösung gefunden werden (formale Unmöglichkeit);

4. etwas Ausdehnungsloses kann nicht gesehen werden (reale Unmöglichkeit);

5. eine Beziehung muß zwei Fundamente haben (formale Notwendigkeit);

6. Maschinen müssen Reibungen zeigen (reale Notwendigkeit);

7. Unbewiesenes muß nicht unwahr sein (formaler Notwendigkeitsmangel);

8. Weisheit und Güte müssen nicht vereint auftreten (realer Notwendigkeitsmangel).

Die genaue Betrachtung der Fälle für for m a l e Möglichkeit, beziehungsweise Notwendigkeit und deren Gegenteile (1, 3, 5, 7) zeigt, daß dieselben ausschließlich auf B e z i e h u n g e n zwischen

Vorstellungsgegenständen, die vermittels eindeutiger Wortzeichen gedacht werden, gehen. Solche Vorstellungsgegenstände sind vor allem die Objekte der mathematischen Begriffe; aber auch andere Vorstellungen mit Gegenständen, die klaren Inhalten entsprechen, Denkmöglichkeiten und Denknotwendigkeiten, die in der Natur der Gegenstände (hier Beziehungsfakten) begründet sind, nennen wir vom erkenntnistheoretischen Betrachtungsstandpunkte aus apriorische oder richtiger apriorisch erkannte. Alle formalen Modalitäten sind zugleich apriorische.

Die Fälle 2, 4, 6, 8 betreffen dagegen die r e a l e Möglichkeit, Notwendigkeit, Unmöglichkeit und Zufälligkeit, welche a p o s t e r i o r i, d. h. auf Grund der Erfahrung über eine Existenz oder eine Beschaffenheit erfaßt werden. Um zu den Urteilen zu gelangen, daß sich Rechtsanschauungen unmerklich ändern können, daß Weisheit und Güte nicht vereint auftreten müssen u. s. w., bedarf es vorausgehender Erfahrungen über Sein und Beschaffenheit der betreffenden Vorstellungsobjekte.

Darin, daß wir die Möglichkeit, Notwendigkeit . . . als in der Welt der realen Wirklichkeiten bestehend denken, liegt, wie wir bereits bemerkten, ein Transzendieren, da wir diesen Sachverhalt nicht unmittelbar, sondern nur auf Grund der Phänomene (der Zeichen für die Realität) zu erkennen vermögen.

Was endlich die sogenannte assertorische Modalität anbelangt, so hängt ihr Verhältnis zu der problematischen und apodiktischen davon ab, welcher Seite des Urteilsvorganges wir diese Kennzeichen beizulegen haben. Auf alle Fälle aber scheint uns die Gruppierung sachgemäß: *a*) assertorische oder schlechthin behauptende Urteile, *b*) modal bestimmte Urteile, und zwar problematische und apodiktische.

Die Hauptfrage nach dem Wesen der modalen Bestimmtheit des Urteils hat zweierlei Beantwortungen gefunden.

Die neuere Auffassung geht dahin, die modale Bestimmtheit der M a t e r i e beizulegen und die problematischen, beziehungsweise apodiktischen Urteile zu Unterarten der assertorischen zu machen. Jedes Urteil, wird gesagt, behauptet schlechthin, es kann jedoch der Gegenstand dieser Behauptung auch eine Möglichkeits- oder Notwendigkeitsrelation sein. Die angeführten Beispiele seien hienach schematisch zu formulieren:

a) S und Sr stehen in Möglichkeitsrelation P,

b) S und Sr stehen in Unmöglichkeitsrelation P,

c) S und Sr stehen in Notwendigkeitsrelation P,

d) S und Sr stehen in Zufälligkeitsrelation P.

[Von der Unzulässigkeit, etwa b) und d) als verneinende Varianten von a) und c) zu denten, sei hier nicht weiter die Rede.]

Ältere Logiker hatten dagegen angenommen, daß die Modalität auf den Behauptungscharakter des Urteils gehe, weshalb zu formulieren sei:

S hat möglicherweise P,

S hat notwendig P,

S hat unmöglich P,

S hat zufällig P.

Hiezu kämen noch die Schemata für die verneinende Qualität. Unseres Erachtens begünstigt die logische Kritik diese letztere Auffassung, die auch durch den psychologischen Sachverhalt ihre Bestätigung findet. Die Richtung solcher Urteile geht nicht auf das Setzen einer Relation, sondern auf das Setzen eines Tatbestandes mit einschränkendem oder erweiterndem Begleitgedanken. Der Urteilende will zum Ausdrucke bringen, daß objektiv eine endliche Summe von unendlich vielen Reihengliedern möglich sei, daß bei Maschinen jedenfalls Reibungen notwendig vorhanden sind u. s. f. Hier wird, wie uns scheint, das objektive Vorhandensein durch die Modalitäten „möglich" und „notwendig" näher bestimmt, nicht aber die Möglichkeits- und Notwendigkeitsbeziehung in einem assertorischen Relationsurteile behauptet[1]).

63.

Analytische und synthetische Urteile. Der vielverhandelten Kantischen Einteilung der Urteile in analytische und synthetische glauben wir keine grundlegende Bedeutung beimessen zu sollen. Nach Höfler-Meinong (Logik, p. 132) ruhen alle analytischen Urteile auf einer Definition, welche die Bestandteile eines Begriffsinhaltes vollständig angibt. Im analytischen Urteile wird der Tatbestand behauptet, daß der Begriffsinhalt des Subjekts (das Definiendum) den Bestandteil, den das Prädikat ausdrückt (das Definiens), enthalte, z. B. Säuren schließen Wasserstoff ein. Bei synthetischen Urteilen

---

[1]) Für **Meinong** bedeuten notwendig, möglich, zufällig, unmöglich auch Merkmale der Objektive. „Daß A ist, ist notwendig, sofern das Urteil ‚A ist' a priori einleuchtet. Daß A ist, ist unmöglich, sofern das Urteil ‚es ist nicht, daß A ist' a priori evident ist." Annahmen, p. 193.

dagegen wird in der Materie dem Subjekt etwas zu- oder abgesprochen, was nicht in seinem Begriffsinhalt gelegen ist. Bei
Fällen, in welchen die Definition zwar nicht das Prädikat enthält,
aber doch Bestandteile, aus denen das Prädikat gefolgert werden
kann, führt die angegebene Charakteristik der analytischen Urteile
zu Schwierigkeiten. Man betrachte etwa das Urteil „Die Zentriwinkel
des Kreises haben die doppelte Größe der Peripheriewinkel desselben
Bogens", dessen analytische Natur wohl von den meisten Logikern
anerkannt werden dürfte. Angesichts solcher Fälle möchten wir im
Verfolge einer Anregung Bolzanos die Charakteristik etwa so fassen:
Ein analytisches Urteil liegt vor, wenn notwendige Beschaffenheiten
eines Vorstellungsgegenstandes in Bestandteilen des Vorstellungsinhaltes explizit gemacht werden. Die apriorische Natur der analytischen Urteile wäre auch durch diese weitere Fassung streng
gewahrt[1]).

Beglaubigung der Urteile. Die große Wichtigkeit der Unterscheidung der Urteile nach der Beglaubigungsgrundlage bestimmt
uns, den einschlägigen Fragen einen besonderen Abschnitt zu widmen,
dem wir jedoch aus sachlichen Gründen eine spätere Stelle anzu-
weisen haben. Die Besprechung des Denkens als Erkennen wird
das Ergebnis liefern, daß apriorische Urteile in der Natur der
beurteilten Gegenstände beglaubigt sind. Diese Gegenstände sind
Beziehungstatsachen, deren Vorhandensein mit Evidenz der Gewißheit erfaßt wird. Diese Evidenz kann eine unmittelbare oder eine mittelbare (durch Deduktion erreichte) sein. Aposteriorische Urteile dagegen betreffen eine Existenz oder eine Beschaffenheit, die nur auf
Grund der Erfahrung erkannt werden kann; solchen Urteilen kommt
Wahrscheinlichkeit verschiedenen Grades zu, die in einer Zuversicht
von gradweise abgestufter Intensität ihr psychologisches Anzeichen
hat. Eine solche Zuversicht ruht entweder unmittelbar auf der er-
fahrungsgemäßen Anschauung, beziehungsweise Erinnerung oder
mittelbar auf der Induktion. Die nähere Besprechung dieser erkenntnistheoretischen Charakteristik der Urteile sei dem IV. Abschnitte vorbehalten.

64.

Grundarten der Urteile. Die wesentlichsten Klassen der Urteile wurden bereits im vorigen Paragraphen gelegentlich genannt

---

[1]) Vgl. dazu auch Lotze, Logik, p. 78.

und im Zusammenhange mit verschiedenen prinzipiellen Fragen charakterisiert. Es dürfte sich gleichwohl empfehlen, folgende Haupteinteilungen rekapitulierend herauszuheben:

I. Psychologische Einteilungen:

1. Nach der Erscheinungsweise des Urteilsaktes: *a*) explizite Urteile mit diskret gedachtem Subjekt und Prädikat der Materie, *b*) implizite Urteile, welche in einem urteilsmäßigen Verhalten des erkennenden Subjekts zu einem erkannten Objekt bestehen;

2. nach dem spezifischen Inhalte: *a*) Urteile mit Bejahungen eines Seins, einer Beschaffenheit, eines Beziehungsverhältnisses; *b*) Urteile mit Verneinungen dieser Denkinhalte;

3. nach der psychologischen Qualität: *a*) Urteile mit positivem Verhältnisse des Subjekts und Prädikats innerhalb der Materie (zusprechende Urteile), *b*) Urteile mit negativem Verhältnisse der Bestandteile der Materie (absprechende Urteile);

4. nach dem Zuversichtsgrade: *a*) evident-gewisse, *b*) wahrscheinliche Urteile; von diesen beiden Arten sind die einsichtslosen Urteile zu unterscheiden;

5. nach dem emotionalen Korrelat: *a*) theoretische und *b*) praktische (Wert-) Urteile.

II. Logische Einteilungen:

1. Nach der Art des Gegenstandes (d. h. des durch Urteil erfaßten Tatbestandes): *a*) Seinsurteile oder Existentialurteile im weiteren Sinne, *b*) Beschaffenheits- oder Notalurteile, *c*) Beziehungs- oder Relationsurteile;

2. nach der logischen Qualität: *a*) Urteile mit positiven, *b*) mit negativen Tatbeständen;

3. nach dem gegenständlichen Umfang: *a*) Urteile mit universalem, *b*) solche mit partikularem Subjekt der Materie:

4. nach dem Erkenntniswert: *a*) wahre und falsche, *b*) wahrscheinliche und unwahrscheinliche, *c*) logisch berechtigte und logisch unberechtigte Urteile;

5. nach der konditionalen Bestimmtheit: *a*) unbedingte oder kategorische, *b*) bedingte oder hypothetische Urteile;

6. nach der modalen Bestimmtheit: *a*) assertorische, *b*) modal bestimmte, nämlich problematische und apodiktische Urteile;

7. nach der Beglaubigungsgrundlage *a*) Urteile a priori, *b*) Urteile a posteriori.

Daß mit der Aufzählung dieser prinzipiell wichtigsten Klassen nicht alle wissenschaftlich brauchbaren Einteilungen erschöpft sein können und sollen, bedarf wohl keiner Auseinandersetzung[1]).

65.

Zur Wesensbestimmung einiger urteilsähnlicher Gedanken.

a) Die häufig erörterte Frage, ob Glauben dasselbe wie Urteilen sei, entscheidet sich je nach der Auffassung der Natur des Glaubens in verschiedener Weise. Wird „Glauben" im weitesten Sinne (als Dafürhalten, englisch believe) genommen, so stellt es das übergeordnete Genus dar, zu dem das logisch berechtigte Urteilen als eine Spezies gehört, nämlich das Glauben aus Gründen. Im, wie uns scheint, zutreffenden engeren Sinn des deutschen Sprachgebrauches ist jedoch Glauben ein Fürwahrhalten auf Anlaß von Gemütsbedürfnissen, in welchem Falle sich das Glauben mit dem Gebiete der

---

[1]) Es dürfte nicht überflüssig sein, an dieser Stelle über einige, die Einteilung der Urteile betreffende neuere Standpunkte kurz zu referieren.

Lotze anerkennt die üblichen Einteilungen des Urteils nach der Quantität (allgemein, partikular, singulär), nach der Qualität (affirmativ, negativ, nicht aber limitativ) und nach der Relation (kategorisch, hypothetisch, disjunktiv), verwirft dagegen die Einteilung nach der Modalität (Logik, p. 59 f.).

Sigwart sondert die Urteile nach der Quantität und Qualität; hinsichtlich der Modalität setzt er assertorisch und apodiktisch gleich und erklärt die problematischen Sätze für nicht echte Urteile. (Logik, p. 235 ff.) Die Sonderung nach der Relation verwirft Sigwart, indem er die hypothetischen Urteile als Relationsurteile deutet und den disjunktiven den kategorischen Charakter zuspricht. (Ebenda, p. 305.) Innerhalb der quantitativ einfachen Urteile unterscheidet Sigwart *a*) erzählende Urteile mit einer Individualvorstellung als Subjekt (hiezu gehören Benennungs-, Beschaffenheits-, Relations- und Existentialurteile mit individuellem Subjekt) und *b*) erklärende Urteile mit einer Allgemeinvorstellung als Subjekt. Die pluralen Urteile sondert er in allgemeine und partikulare.

Wundt gliedert die Urteile nach den Subjektsformen (unbestimmtes Urteil, Einzelurteil, Mehrheitsurteil), den Prädikatsformen (erzählende, beschreibende, erklärende) und den Relationsformen (Identitäts-, Uber- und Unterordnungs-, Koordinations- und Abhängigkeitsurteile). Logik, 3. Aufl, I. Bd., p. 162—192.

B. Erdmanns Hauptklassen der Urteile sind die Real- und Idealurteile, die Inhalts- und Umfangsurteile. Die ersteren zerfallen in formale, attributive und kausale, die letzteren in grammatische, normative und Ähnlichkeitsurteile. (Logik, p. 426 492.)

Eine neuartige Einteilung der Urteile nach den Grundklassen der Objektive hat Meinong begründet; er unterscheidet Seins- und Soseinsurteile, welche der thetischen und synthetischen Funktion des Denkens entsprechen. (Gegenstandstheorie, p. 7.)

logisch berechtigungslosen Urteile deckt. Daß aber auch letztere
Urteile, welche außerhalb des Forums der Logik liegen, materiell
wahr, beziehungsweise wahrscheinlich sein können, wurde bereits
hervorgehoben. *b)* Mannigfache Kontroversen hat die Schwierigkeit
einer Wesensbestimmung der F r a g e hervorgerufen[1]). Die ältere Logik
vertrat vorwiegend den Standpunkt, daß in den Fragen Urteile einer
besonderen Art vorlägen, welche Ansicht jedoch unhaltbar erscheint,
da Fragen dem für Urteile konstitutiven Gegensatze von wahr und
falsch nicht unterliegen. Wir halten die Frage für ein komplexes
Phänomen, nämlich für ein Wollen, welches auf die Gewinnung
eines Urteils über eine in bestimmtem Ausmaße determinierte Materie
gerichtet ist. Das letztere Ausmaß kann vom einfachen „was gibt's,
wer ist's, wo?" bis zur fertigen Urteilsmaterie, die nur ein Ja oder
Nein als Ergänzung fordert, variieren. Die Antwort im weiteren Sinne,
d. h. jenes Urteil, auf dessen Gewinnung die Frage gerichtet war,
besteht aus der Vereinigung des in der Frage determiniert gewesenen
Teiles der Materie mit der Ergänzung durch die Antwort im engeren
Sinne. Wird gefragt: „Wer war Wilhelm Tell in Wirklichkeit? und
geantwortet „Er ist ein Erzeugnis der Volkssage, die sich an das
Freiwerden der Schweizer knüpft", so stellt die Frage ein Wollen
dar, das auf die Gewinnung eines Urteils über das Historische an
Tell gerichtet ist, und die Antwort im weiteren Sinne eine Vereinigung dieses vorbestimmten Teiles der Materie mit der Antwort im
engeren Sinne, wonach Tell ein Erzeugnis der Volkssage ist. (Die
Antworten des täglichen Lebens sind oft durch Mitteilungen bereichert, welche über die durch die Frage geforderte Ergänzung
hinausgehen.) Zu den psychologischen Beschaffenheiten der Frage
gehört auch ein eigenartiger Begleitaffekt mit vorwiegendem Unlust-
charakter; führt die Antwort zu einem abschließenden Urteil des
Fragestellers, so pflegt sich Lust einzustellen. Die Frage hat ferner
nicht nur einen p s y c h o l o g i s c h e n Inhalt (ein Wollen bestimmter
Qualität) und Gegenstand (die Gewinnung eines Urteils), sondern
auch einen l o g i s c h e n Inhalt (den Inhalt des vorbestimmten Teils
der Urteilsmaterie) und Gegenstand (der Teil des Tatbestandes, der
dem logischen Inhalt entspricht). Haupteinteilungen der Fragen sind

[1]) Vom heutigen Stande des Problems ausgehend, hat E. M a r t i n a k in
seinem wertvollen Vortrage auf dem V. Kongreß für Psychologie „Das Wesen
der Frage" (enthalten in den Atti del V. Congr. Roma 1905) die wesentlichen
Schwierigkeiten dieses Gebiets herausgehoben und sich um den Ausbau einer
neuen Theorie verdient gemacht

die in Positionsfragen (Hat S ... P?) und Negationsfragen (Hat
S ... P nicht?), ferner in Existential-, Beschaffenheits- und Re-
lationsfragen.

Die Analyse der psychologischen Merkmale (Willensqualität,
Willensrichtung, Intensität, allgemein-psychologische Bestimmtheiten
und Korrelate) und der logischen Merkmale der Frage (Gegenstand,
logische Qualität, Umfang, konditionale und modale Bestimmtheit)
sei der Spezialuntersuchung überlassen[1]). Es möge nur noch die Bemerkung Platz finden, daß eine Frage häufig vom unlustbetonten
Zustand des Zweifels gefolgt wird, welcher an die Vorstellung
mehrerer sich gegenseitig ausschließender Urteile geknüpft ist, von
denen mangels Zuversicht keines gefällt werden kann. Die wiederholte Wiederkehr des fragenden Wollens ohne seine Befriedigung
erweckt eben Unlustgefühl.

c) Ebensowenig wie die Frage kann auch die Annahme
unter die Urteile schlechthin eingereiht werden, wovon bereits an
früherer Stelle die Rede war. Die psychologische und logische
Eigenart der Annahme läßt es möglich erscheinen, diesem Phänomen
den Rang einer selbständigen Klasse von Denkerscheinungen einzuräumen, außerdem bleibt die Möglichkeit offen, sie als Phantasie-
urteil (nebengeordnet der Phantasievorstellung, dem Phantasiegefühl,
der Phantasiebegehrung) oder aber als Reproduktionsvorstellung
eines wahren, beziehungsweise wahrscheinlichen Urteils zu charakterisieren. Diese Wesensbestimmungen hat v. Meinong als erster auf
Grund tiefgehender und vollständiger Analysen gegeneinander ab-
gewogen[2]). Unabhängig von der Hauptfrage nach der Natur der
Annahme muß das Faktum anerkannt werden, daß Annahmen gleich
wie eigentliche Urteile den Ausgangspunkt von Urteils- und Schluß-
prozessen bilden können.

d) Weit einfacher stellt sich das öfters untersuchte Problem,
ob Befehle und Wünsche zu den Urteilen zu rechnen seien. Wir
vermögen einer solchen Unterordnung schon deshalb nicht zuzustimmen, weil Befehlen und Wünschen das Merkmal des Erkenntnis-

---

[1]) Ebenso wie ein implizites Urteilen gibt es auch ein implizites Fragen
oder fragendes Verhalten. (Kopfwenden bei Lichtreiz.) Hiezu verhalten sich die
Instinkt-, Trieb- und vollbewußten Fragen als genetisch höhere Stufen.

[2]) Meinong, Über Annahmen, Leipzig 1902, namentlich III. und IV. Kap.
Er neigt zur Ansicht, daß die Annahme als eigene Klasse von Denkerscheinungen
anzusehen sei, der eine Art Mittelstellung zwischen dem Vorstellen und dem
Urteilen zukomme.

wertes mangelt und die Umformung in erzählende Urteile keine Äquivalenz aufweist. Der Imperativ der Sprache ist der Ausdruck für das Wollen des Subjekts, daß ein fremdes Subjekt etwas tue oder unterlasse. (Z. B.: Du sollst beten, verleumdet nicht.) Das Befehlen ist mit der Erwartung der Realisierung des Gewollten verbunden.

Der Optativsatz ist das sprachliche Zeichen des Wunsches. Unter Wünschen begreifen wir das Wollen eines Gegenstandes ohne ein (explizites, beziehungsweise implizites) Urteilen über dessen Vorhandensein oder Realisierbarkeit. Während beim bewußten Wollen im engeren Sinne (der sogenannten Zielstrebigkeit) das Willensobjekt mit der Zuversicht, daß es gegenwärtig wirklich oder zukünftig verwirklichungsfähig sei, angestrebt wird, fehlt dem Wunsche dieser Erlebnisbestandteil. Gewünscht kann auch Nichtvorhandenes und Nichtrealisierbares werden, es tritt jedoch häufig an Stelle eines Urteils darüber eine Phantasievorstellung der Wunscherfüllung auf. Dem Wünschen ist denn auch ein eigentümlicher Begleitaffekt charakteristisch, der in einem Wechsel der Unlust aus der Irrealität des Gewünschten und der Lust aus der Phantasievorstellung der Realisierung besteht. Offenbar ist ein Wünschen auch ohne sprachlichen Ausdruck sehr wohl möglich. Der Versuch, Wünsche (oder Befehle) in erzählende Urteile zu verwandeln (z. B. ich wünsche oder ich befehle, daß du dich fügst), zeigt sogleich, daß damit das wesentliche emotionale Charakteristikum verschwindet und das Erlebnis ein durchaus anderes wird.

66.

Urteilsgesetze. Unter der Voraussetzung, daß der Name „Gesetz" eine in Urteilsform ausgedrückte notwendige Regelmäßigkeit innerhalb des Gebietes der objektiven physischen und psychischen Tatbestände bedeutet, finden wir zwei Gattungen von Urteilsgesetzen, nämlich formale oder logische und materiale oder psychologische; eine Unterart der letzteren sind die psychobiologischen oder genetischen Gesetze.

a) Formale oder logische Urteilsgesetze sind der Ausdruck notwendiger Regelmäßigkeiten im Urteilen, soweit dieselben durch die Urteilsgegenstände bedingt sind. Solche Gesetze (die selbst wieder Urteile a priori sind) betreffen entweder ein Urteil für sich oder das Verhältnis zweier Urteile zueinander. Die Gesetze für das

Formale eines Urteils sind indirekt in den logischen Merkmalen, welche wir an früherer Stelle anführten, mitgegeben. Jedes Urteil muß hinsichtlich dieser Merkmale eine feste Bestimmtheit aufweisen, mithin einen gewissen Gegenstand, eine Qualität, einen Umfang, einen Erkenntniswert, eine Konditionalität, eine Modalität, eine Beglaubigungsgrundlage haben. Abgeleitet hieraus erscheinen Gesetze, wie „ein Urteil kann nicht mehr als einen Gegenstand haben, der behauptete Tatbestand kann nicht zugleich positiv und negativ sein" u. s. f.

Von den Urteilsmerkmalen steht für die Theorie der Logik offenbar der Erkenntniswert des Urteils im Vordergrunde. Es ist daher sachlich wohlmotiviert, wenn von den meisten Logikern das mit diesem Werte in mittelbarer Beziehung stehende Principium rationis sufficientis als oberstes Urteilsgesetz (für das einzelne Urteil) erklärt wird.

Das Prinzip der zureichenden Begründung besagt: Ein Urteil hat logische Berechtigung, wenn für dasselbe eine zureichende Begründung besteht. Als zureichender Grund gilt, wie bereits erörtert, bei apriorischen Urteilen die unmittelbare oder die durch Deduktion vermittelte Evidenz, bei aposteriorischen Urteilen die Anschauung, beziehungsweise Erinnerung (deren widerspruchslose Einfügung in den Erfahrungsbestand erkannt ist) oder die durch Induktion vermittelte Überzeugung.[1] Unzutreffend wäre es unseres Erachtens, den Satz vom Urteilsgrunde etwa zu formulieren: Ein Urteil ist wahr, wenn für dasselbe ein zureichender Grund besteht. Es gibt nämlich gewiß zahllose wahre Urteile, für die ein zureichender Grund fehlt, und zahllose bloß wahrscheinliche Urteile mit einem solchen Fundament. Im Principium rationis sufficientis darf jedoch rechtmäßig nur der Erkenntnisgrund angerufen werden, nicht aber der Realgrund für einen Sachverhalt der Wirklichkeit.

Die formale oder logische Natur beweist der Satz vom Erkenntnisgrunde dadurch, daß er nicht über einen bestimmten Tatbestand (Sein, Beschaffenheit, Beziehung) entscheidet und ausschließlich der Definition der logischen Berechtigung dient[2].

---

[1] Vgl. B. Erdmann, Logik, S. 409 ff.

[2] Sigwart hat zwei Fassungen des Satzes vom Grunde unterschieden, und zwar *a)* die metaphysische (Leibniz), wonach alles Geschehen und auch das Urteilen kausal bestimmt sei, *b)* die psychologische, derzufolge kein Urteil ausgesprochen wird, ohne einen psychologischen Grund seiner Gewißheit. Vgl. Logik, I. Bd., 252. Wir glauben dagegen, daß die Fassung *b)* nur den Spezialfall der

Historisch und sachlich von nicht minderer Bedeutung sind die formalen Gesetze, die hinsichtlich des Verhältnisses zweier Urteile bestehen. Abhängigkeitsbeziehungen von Urteilen untereinander können nämlich selbst wieder Gegenstände von Urteilen a priori sein. Dies zeigen Urteile, wie: Ich erkenne die Unverträglichkeit der Urteile „Es gibt keinen Zufall" und „Es gibt (zuweilen) Zufälle". Das übergeordnete Beziehungsurteil hat hier die Abhängigkeitsbeziehung der Unverträglichkeit zum Gegenstande[1]); letztere Beziehung besteht in einer solchen gegenseitigen Abhängigkeit der beurteilten Urteile, derzufolge das eine Urteil falsch ist, wenn das andere wahr ist. Das Bemühen, solche Relationsurteile über Urteile auf allgemeinste Schemata zu bringen, hat zur Aufstellung von formalen Urteilsgesetzen oder „obersten Denkgesetzen" geführt. Diese Gesetze sind, wie bereits betont, Urteile a priori, als solche von der Erfahrung unabhängig, mit Evidenz der Gewißheit, Allgemeinheit und Notwendigkeit ausgestattet. Als Ergebnisse maximaler Abstraktion bilden sie repräsentative Formen, unter welche sich alle übrigen Beziehungsurteile subsumieren lassen. Die formalen Denkgesetze erweisen ihren apriorischen Charakter durch den Umstand, daß sie über ein Sein oder eine Beschaffenheit nichts aussagen — sie entscheiden eben nicht, welches von den zwei unverträglichen Urteilen das wahre und welches das falsche ist — nur die Abhängigkeitsrelation ist ihr Gegenstand. (Ob diese Denkgesetze mit vollem Recht „Gesetze" zu nennen sind, darf hier unerörtert bleiben.)

Unseres Erachtens bestehen vier oberste formale Urteilsgesetze, und zwar:

A. Denkgesetze der Verträglichkeit von Urteilen:

1. Principium identitatis, modus positivus: Von zwei Urteilen, die (etwa mit Hilfe verschiedener Vorstellungen) denselben Tatbestand bejahen, können beide wahr oder beide falsch sein[2]);

Fassung *a)* ausspricht; die Dichotomie hat vielmehr zu lauten: *a)* psychologisch-kausale Bedeutung des Satzes vom Grunde, im Hinblick auf den Realgrund, *b)* logische Bedeutung dieses Satzes, im Hinblick auf den Erkenntnisgrund. Zutreffend ist Sigwarts Differenzierung zwischen subjektiver Möglichkeit, beziehungsweise Notwendigkeit des Urteilens in bestimmter Weise und objektiver Möglichkeit, beziehungsweise Notwendigkeit des im Urteil ausgesprochenen Tatbestandes.

[1]) Im Anschluß an Höfler-Meinong, Logik, Wien 1890, S. 133.

[2]) Die übliche Formel *A* ist *A* stellt sich als ganz ungeeignet dar, das Denkgesetz der Identität zu symbolisieren, da dieses auf die Relation zweier Urteile geht.

2. **Principium identitatis, modus negativus:** Von zwei Urteilen, die (etwa mit Hilfe verschiedener Vorstellungen) denselben Tatbestand verneinen, können beide wahr oder beide falsch sein.

B. Denkgesetze der Unverträglichkeit von Urteilen:

3. **Principium contradictionis:** Von zwei Urteilen, die denselben Tatbestand sowohl bejahen als verneinen, können nicht beide wahr sein;

4. **Principium exclusi tertii:** Von zwei Urteilen, die denselben Tatbestand sowohl bejahen als verneinen, können nicht beide falsch sein. (Aus diesem Prinzip folgt unmittelbar, daß ein drittes, wahres Urteil über denselben Sachverhalt ausgeschlossen ist; auf diesen Folgesatz geht die hergebrachte Benennung.)

Diese vier Gesetze lassen sich in ein höchstes formales Gesetz zusammenfassen: Zwei Bejahungen desselben Tatbestandes, ferner zwei Verneinungen desselben Tatbestandes sind verträglich, dagegen ist Bejahung und Verneinung desselben Tatbestandes unverträglich.

Mittels der dargestellten allgemeinsten formalen Gesetze des Urteilens lassen sich vier weitere Gesetze begründen, nämlich:

A. Denkgesetze für das Zusammentreffen gleicher Urteilsqualitäten:

1. **Duplex affirmatio affirmat.** Wird die Wahrheit eines bejahenden Urteils durch ein zweites Urteil bejaht, so ist die Bejahung des Tatbestandes als wahr gesetzt;

2. **Duplex negatio affirmat.** Wird die Wahrheit eines verneinenden Urteils durch ein zweites Urteil verneint, so ist die Bejahung des Tatbestandes als wahr gesetzt.

B. Denkgesetze für das Zusammentreffen entgegengesetzter Urteilsqualitäten:

3. **Affirmatio negationis negat.** Wird die Wahrheit eines verneinenden Urteils durch ein zweites Urteil bejaht, so ist die Verneinung des Tatbestandes als wahr gesetzt;

4. **Negatio affirmationis negat.** Wird die Wahrheit eines bejahenden Urteils durch ein zweites Urteil verneint, so ist die Verneinung des Tatbestandes als wahr gesetzt.

Man hat die hier angeführten Gesetze „leer" genannt. Der berechtigte Sinn dieser Aussage liegt jedoch lediglich darin, daß diese Gesetze nichts über das Sein oder die Beschaffenheit von Gegenständen der realen Wirklichkeit ausmachen.[1]) Gleichwohl können

---

[1]) Jevons, Leitfaden der Logik, deutsch von Kleinpeter, Leipzig 1906, p. 120.

wir jene Prinzipien nicht wertlos finden, etwa deshalb, weil sie selbstverständlich (evident) sind.

Jevons verwandelt die formalen Denkgesetze scheinbar in materielle, indem er sie wie folgt faßt: 1. Alles, was ist, ist (hier fehlt der Zusatz: Alles, was nicht ist, ist nicht); 2. nichts kann zugleich etwas sein und nicht sein; 3. jedes muß entweder sein oder nicht sein. Diese Fassungen begehen zunächst den Fehler, Sein und Beschaffenheit (etwas sein) zu vermengen; überdies sind sie nicht allgemein genug, weil die Urteile, welche in den Denkgesetzen in Relation gesetzt werden, ein Sein oder eine Beschaffenheit oder ein Beziehungsverhältnis bejahen oder verneinen können. Immerhin sind die Fassungen Jevons' von Bedeutung, da sie daran erinnern, daß die Denkgesetze, wie alle apriorischen Urteile, insoweit für die Objekte der realen Wirklichkeit gelten, also diese Objekte (zu welchen auch Sachverhalte gehören) durch Denkinhalte adäquat erfaßt werden. Die Wahrheit der apriorischen Erkenntnis ist aber in jeder Gestalt von der Frage der Wirklichkeit oder Unwirklichkeit der gedachten Gegenstände unabhängig.

Von vielen Logikern wird den oben angeführten Denkgesetzen das Principium rationis sufficientis nebengeordnet, jedoch mit Unrecht. Unseres Erachtens ist der Satz vom zureichenden Grunde kein Relationsurteil über zwei Urteile, sondern die Definition einer bestimmten Klasse von Urteilen[1]).

---

[1]) Von Wichtigkeit sind die sorgfältigen Untersuchungen Sigwarts über die Denkgesetze, die er in seiner Logik, I. Bd., p. 102 ff., mitgeteilt hat. Er stellt zunächst das Prinzip der Übereinstimmung auf und definiert dasselbe: „Das Urteil ist uns darum gültig, weil es notwendig ist, Übereinstimmendes in eins zu setzen." (p. 106). Dieser Satz falle keineswegs mit dem Identitätssatze zusammen, der in verschiedenen Bedeutungen aufgetreten ist, je nachdem, ob die reale oder die logische Identität damit getroffen wurde. Der Satz des Widerspruches bezieht sich nach Sigwart, „auf das Verhältnis eines positiven Urteils zu seiner Verneinung" (p. 188). Dieser Satz besagt bei Arisoteles „Es ist unmöglich, daß dasselbe demselben in derselben Beziehung zugleich zukomme und nicht zukomme", bei Leibniz und Kant, daß das Prädikat dem Subjekte nicht entgegengesetzt sein dürfe. Die aristotelische formale Fassung sei die zutreffende. Das Prinzip der doppelten Verneinung bringe zum Ausdruck, daß „die Verneinung der Verneinung bejahe". Aus dem Satze des Widerspruchs und der doppelten Verneinung folge das Prinzip des ausgeschlossenen Dritten, wonach „von zwei kontradiktorisch entgegengesetzten Urteilen das eine notwendig wahr ist". Aristoteles hatte die Folgerung an die Spitze gestellt, daß „zwischen Satz und Gegensatz kein Drittes möglich" sei, während Wolff und Kant formulieren, „jedem denkbaren Subjekt muß eines von zwei kontradiktorisch entgegengesetzten Prädikaten zukommen".

b) **Materiale oder psychologische Urteilsgesetze.** Als solche bezeichnen wir Gesetze, welche notwendige Regelmäßigkeiten im Urteilen, soweit sie an den Denkinhalten zutage treten, betreffen. Die psychologische Forschung darf die These für empirisch gesichert betrachten, daß das Urteilen gleich den übrigen Denkfunktionen kausal bestimmt ist. (Diese These deckt sich mit dem Satz vom zureichenden Grunde des Urteilens in bestimmter Weise, der zuweilen mit dem definitorischen Satz der zureichenden Begründung der logisch berechtigten Urteile zusammengeworfen wurde.)

Die sich darbietenden Gegenstände und die Bewußtseinslage (einschließlich der Dispositionen) sind der Realgrund des Ablaufes der Urteilsfunktion in bestimmter Weise, der Ablauf ist als reale Folge anzusehen. Die zeitlich letzte Teilbedingung, nach deren Erfüllung ein gewisses Urteil notwendig eintritt, bezeichnen wir als Ursache, den Urteilsvollzug als Wirkung. Die hiebei sich kundgebende Notwendigkeit ist eine physische, im Gegensatze zur logischen, welche sich in den formalen Gesetzen ausdrückt. Spezielle Gesetze beherrschen das Zustandekommen der Zuversicht bestimmten Grades, die Beziehungen zu den psychischen Korrelaten des Urteils und die Entwicklung der Urteilsfunktion. Der Nachweis solcher Gesetze im einzelnen ist die Aufgabe der erklärenden Psychologie, deren Ergebnisse an diesem Orte keiner Darlegung oder Kritik bedürfen.

67.

Zur Biologie des urteilenden Denkens. Im Wege des Urteilens paßt sich der Intellekt an die zu beherrschende Mannigfaltigkeit der Objekte dadurch an, daß er den Vorstellungsgegenständen des Tatbestandes das Sein, Haben und In-Beziehung-Stehen beilegt oder aberkennt. Die Vorstellungsgegenstände, die im Urteilsgegenstande liegen, sind bei einfachen Lebensverhältnissen die wahrgenommenen Dinge und Vorgänge der Außenwelt; auf höheren Lebensstufen werden auch Reproduktionsgebilde und sonstige innere Erlebnisse Stoff der Beurteilung. Das Gleichfinden und Unterscheiden, das Suchen und Wiederkennen muß auch beim Tiere urteilsmäßige Gestalt gewinnen, da sonst die lebenserhaltenden Erkenntnisse, an die sich die Betätigungen knüpfen, unerklärlich blieben. Die meisten festgegründeten Instinkte der Tiere schließen jedenfalls neben Wertdispositionen auch Urteilsdispositionen in sich. Wenn Tiere im Urteil lediglich sinnliche Bilder verarbeiten, so ist es als unersetzlicher Vorteil der menschlichen Intelligenz anzusehen, daß sie das Urteilen mit Hilfe von Allgemeinvorstellungen, Begriffen und Sprachzeichen ermöglicht, wodurch der Umfang und Reichtum der Materien sowie die Zahl und Differenzierung der behaupteten Tatbestände ins Ungemessene gesteigert wird. Die allgemeine Entwicklung des Intellekts ist offenbar von einem Wachstum der Bedeutung der expliziten, vollständigen Urteilsvorgänge begleitet. Alle höheren Formen der Analyse und Synthese, der Bildung anschaulicher und repräsentativer Einheiten bei sittlichen und ästhetischen Wertungen sind von einer gereiften Urteilsfähigkeit mitbedingt. Immer aber ist es das Leben — im weitesten Sinne genommen —, welches die Anlässe zur urteilenden (rezeptiven und transitiven) Anpassung darbietet, während das herrschende Interesse des Urteilszeitpunktes die Wahl der Materie bestimmt. Die Qualität der Attribution dagegen hängt einerseits vom gegebenen Erlebnisinhalte, anderseits von der Beschaffenheit des Intellekts (seiner Organisation, dem Dispositionsschatze u. s. f.) ab. Nur die biologische Betrachtungsweise kann es begreiflich machen, warum und in welcher Richtung in einem bestimmten Augenblicke die Urteilsfunktion tätig wird oder suspendiert bleibt. Explizit beurteilt wird stets das Bedeutsame, Interesseerweckende, Neue, sei es nun ein Mittel der Bedürfnisbefriedigung, ein Naturvorgang, ein kausaler Zusammenhang oder aber eine soziale Erscheinung, ein Begriffsverhältnis, ein emotionaler Prozeß. Die gewohnten Objekte und ihre Beziehungen dagegen pflegen lediglich ein implizites Urteil oder urteilsmäßiges Verhalten auszulösen.

68.

Besprechung einiger anderer Urteilstheorien. Aus der kaum zu übersehenden Fülle von Urteilstheorien sei uns nunmehr gestattet, eine Auswahl von Typen herauszuheben und einer kurzen vergleichenden Prüfung zu unterziehen.

Wir glauben diesem Versuche folgende Feststellungen vorausschicken zu sollen:

Das Wesen einer Urteilstheorie tritt nirgends klarer zutage als in der schematischen Satzform, auf welche die betreffende Theorie sämtliche Urteile reduziert, z. B. S ist P, $S = P$, S hat P u. s. w. Für diese Reduktionen oder Umformungen auf das Schema gilt die Forderung der „Äquivalenz" oder „Gleichwertigkeit" des im schema-

tischen Satze ausgedrückten Urteiles mit jenem Urteile, dessen
sprachlicher Ausdruck die Umbildung erfuhr. Diese Äquivalenz
kann verbal, grammatisch, psychologisch und logisch gemeint sein.
Für die verbale Äquivalenz ist die Beibehaltung der gleichen Worte
unter Änderung ihrer Stellung maßgebend. Beispielsweise: Feindseligkeit besteht zwischen Kastiliern und Arragoniern = Zwischen
Kastiliern und Arragoniern besteht Feindseligkeit. (Diese Umformung
wäre psychologisch nicht äquivalent.) Wird die Gleichwertigkeit
grammatisch verstanden, so muß Subjekt, Prädikat und die Art
ihrer sprachlichen Verbindung ungeändert bleiben, während die
Flexionsform und die Einschiebung von Hilfsverben freisteht. Das
oben benützte Beispiel verträgt hienach die Umformung: Feindseligkeit ist ein zwischen C und A Bestehendes. Am strengsten ist
die Forderung der psychologischen Gleichwertigkeit. Unter der
Voraussetzung, daß der gegebene Satz genau den Urteilsgedanken
des Sprechers wiedergibt, würde auch die kleinste Änderung in
den Worten und Wortstellungen diese Übereinstimmung stören.
Auch die genaue Übersetzung in eine fremde Sprache ist — der
häufigen Differenz in der inneren Sprachform wegen — nicht zuverlässig äquivalent, ebensowenig wie das zweite Glied einer algebraischen Gleichung mit dem ersten andersgestalteten psychologisch
kongruiert. Für die Urteilstheorie kommt jedoch im Sinne der hier
gewählten Untersuchungsrichtung einzig die logische Äquivalenz in
Betracht, welche voraussetzt, daß trotz der äußerlichen Verschiedenheit des alten und neuen Satzes der in den zugehörigen Urteilen
behauptete Tatbestand der gleiche bleibt. Unser Paradigma kann
logisch gleichwertig umgebildet werden in „C und A verhalten
sich feindselig" oder es ist objektiv der Tatbestand vorhanden, daß
zwischen „C und A Feindseligkeit besteht" oder „die Feindseligkeit zwischen C und A hat statt" u. s. w. Logisch äquivalent sind
gewiß auch $a + b = c$ und $c = a + b$. Wenn wir im folgenden
an bestimmten Umformungen Kritik zu üben haben, so werden wir
regelmäßig von dieser logischen oder gegenständlichen Bedeutung
der Äquivalenz ausgehen müssen.

Für die Zwecke der vorliegenden Arbeit sind zu berücksichtigen die Umfangstheorie, die Inhaltstheorie, die Identitätstheorie,
die Existentialtheorie und die Attributionstheorie des Urteils. Die
Tatbestandstheorie sei zu Vergleichszwecken am Schlusse des Abschnittes kurz wiederholt.

69.

a) **Die Umfangstheorie.** Sie geht auf den aristotelischen Gedanken[1]) zurück, daß das Urteilsprädikat die Gattung angebe, in die das Subjekt gehöre, woraus die Definition abgeleitet wurde, ein (kategorisches) Urteil sei die Subsumtion eines Begriffs unter den Umfang eines zweiten. Die damit zum Ausdruck gelangende Auffassung wurde seit Christian Weise († 1708) durch die Verwendung der Sphärendarstellung in der Urteils- und Schlußlehre neu belebt. Nach der Umfangstheorie bedeutet das Schema „S ist P“, daß der Umfang des Begriffes S in den Umfang des Begriffes P subsumiert werde. Wir beginnen mit der Besprechung dieser wunderlichen Lehre, weil sie die passendste Gelegenheit gibt, einige grundlegende Irrtümer der älteren Urteilstheorien in Kürze nachzuweisen. Vor allem ist geltend zu machen, daß Urteile psychologisch und logisch keineswegs auf Begriffe oder Vorstellungen gehen. Das Urteil „ich fühle Hunger“ will nicht sagen, daß der Begriff des Ich Hunger fühle, noch auch daß ich den Begriff Hunger fühle. Auch beim Urteile „Licht ist heilkräftig“ handelt es sich offenkundig nicht um Begriffe oder Vorstellungen, sondern um Vorstellungsgegenstände, hinsichtlich welcher ein objektiver Tatbestand ausgesagt wird.

Die Reduktion „Begriff S ist Begriff P“ ist logisch nicht äquivalent mit „Gegenstand S hat Beschaffenheit P“, welches Schema allen Attributionen von Eigenschaften, Merkmalen, Zuständen ... zugrundeliegt.

Wenn die mathematischen Urteile einen Relationstatbestand zwischen Gegenständen behaupten, so sind diesmal intentionale Objekte in der Materie gegeben, nämlich Begriffe, zu denen als gleichfalls Intentionales die Relation tritt; hier bildet die Relation selbst den Gegenstand des Urteils, nicht aber die Vorstellung als solche.

Der Umfangstheorie ist ferner entgegenzuhalten, daß nur ein relativ unbedeutender Teil der Urteile Subsumtionen vollzieht. Die Einordnung einer Pflanzenart in eine Linnésche Klasse ist ein echter Subsumtionsfall. Welche derartige Umfangsbeziehung sollte aber in den Urteilen „es gibt keine Maschine ohne Reibung“ oder „$v^{n-1} < v^n$“ gemeint sein? Wird zugegeben, daß die Urteile nicht auf Begriffe oder Vorstellungen gehen, so verliert die Lehre von der Umfangssubsumtion von selbst ihren Sinn. Dies gilt auch für die genauere Fassung, daß in jedem Urteil eine der fünf mög-

---

[1]) Aristoteles, Anal. prior., I., 1 u. 4.

lichen Umfangsrelationen von Vorstellungen (nämlich Deckung, Umschließung, Einwohnung, Kreuzung und Ausschließung) behauptet werde. Ein beliebiges disjunktives Urteil widerlegt überdies sofort die Meinung, daß für jede Attribution eine Sphärendarstellung möglich sei[1]).

Für die Umfangstheorie finden sich, wie erwähnt, Ansätze bereits bei Aristoteles, wenn auch dieser das Hauptgewicht auf andere Urteilskriterien legt[2]). In neuerer Zeit huldigten der Lehre von der Subsumtion u. a.: Ploucquet, Destutt de Tracy, Twesten, Beneke, Ulrici. Benekes Satz: „In dem Verhältnis des Urteils stehen zwei als bewußt gegebene Seelentätigkeiten, von denen die eine sich als in der anderen enthalten kundgibt“[3]), bereitet seine Schlußlehre vor, welche im wesentlichen auf Umfangsbeziehungen ruht. Am schärfsten faßte die Subsumtionsthese H. Ulrici. Für ihn ist Urteilen „ein Besonderes unter sein allgemeines, ein Exemplar unter seine Gattung, ein einzelnes unter seinen Begriff subsumieren“[4]). Ähnlich drückt sich J. H. v. Kirchmann aus. Nicht wenige andere Autoren der Logik, namentlich Anhänger der Identitätstheorie, legen ihren Lehren den Gesichtspunkt der Vorstellungsumfänge zu grunde, ohne ihn in der Definition des Urteils zum Ausdruck zu bringen.

70.

b) **Inhaltstheorie.** Nach der Inhaltstheorie bezieht sich das Urteil auf Begriffs- oder Vorstellungsinhalte, wobei die ältere Ansicht ein Verbinden oder Trennen, die neuere ein Zerlegen solcher Inhalte für das Wesen des Urteilens erklärt; zuweilen wird das Urteil bloß als ein Verhältnis von Begriffs- oder Vorstellungsinhalten definiert. In schematischer Form besagen diese Theorien:

[1]) Die Kreissymbole sind bekanntlich nicht bloß von der aristotelischen Umfangstheorie in Anspruch genommen worden. Lotze deutet die Sphären als Inhalte von Vorstellungen und die Teile von Sphären als Merkmale. (Inhärenzverhältnis.) Trendelenburg vereinigt den Umfangs- und Inhaltsgesichtspunkt und erblickt in den Sphären die Beziehung des Umfangs auf den Inhalt und umgekehrt.

[2]) Die Urteilstheorie des Aristoteles ist bekanntlich von verschiedenen, teils grammatischen, teils logischen Gesichtspunkten getragen.

Einerseits ist das Urteil: Λόγος ἀποφαντικὸς ἐστὶν, ἐν ᾧ τὸ ἀληθεύειν ἢ ψεύδεσθαι ὑπάρχειν. De interpret. 4, 1, vgl. dazu De anima 3, 6.

Aber auch: ἔστιν ἡ ἁπλῆ ἀπόφανσις φωνὴ σημαντικὴ περὶ τοῦ ὑπάρχειν τι ἢ μὴ ὑπάρχειν, ὡς οἱ χρόνοι διῄρηται. De interpret. 5, 3.

Endlich: πρότασίς (Urteil als Schlußbestandteil) ἐστι λόγος καταφαντικὸς ἢ ἀποφαντικὸς τινος κατὰ τινος. Analyt. prior. 1, 1, 2.

[3]) Beneke, N. Gr. z. Metaphysik, Berlin 1822, p. 5. Auch Syst. d. Logik, I., p. 156 f., 260 f.

[4]) Ulrici, Syst. d. Logik, Leipzig 1852, p. 482.

α) Inhalt S ist mit Inhalt P verbunden oder von Inhalt P getrennt;

β) Inhalt P ist ein Teil des zerlegten Inhaltes SP;

γ) Inhalt S steht zu Inhalt P in einem Verhältnis.

Unsere Bedenken gegen die Inhaltstheorie sind folgende: So wenig als Urteile auf Begriffs- oder Vorstellungsumfänge gehen, so wenig gehen sie auf Inhalte. Das Urteil „Ich habe Hunger" will nicht besagen. daß der Vorstellungsinhalt „Ich" den Vorstellungsinhalt „Hunger" habe, noch auch, daß diese Inhalte verbunden, getrennt, aufeinander bezogen seien. Das gleiche zeigt sich bei jedem anderen Urteil, wie etwa bei „Licht ist heilkräftig, es gibt keine Maschine ohne Reibung" u. s. f. Stets sind es Gegenstände von Vorstellungen, bezüglich welcher etwas ausgesagt wird. Wenn innerhalb der Psychologie oder Erkenntnistheorie über Vorstellungsinhalte geurteilt wird, dann wird eben dieser Vorstellungsinhalt (z. B. der Begriffsinhalt Kugel) zum Gegenstande einer neuen Vorstellung, welche in den eigentlichen Urteilsgegenstand eingeht.

Daß die Kennzeichnung des Urteils als einer Verbindung oder Verknüpfung von Vorstellungen ganz unzureichend ist, wurde von vielen neueren Logikern zwingend nachgewiesen. Mein Hunger, heilkräftiges Licht u. s. w. sind Vorstellungsverbindungen ohne Urteilscharakter. Verneinende kategorische und disjunktive Materien können nur in der ganz äußerlichen Weise als verbunden oder verknüpft angesehen werden, daß sie in demselben komplexen Gedanken, beziehungsweise Satze beisammen sind.

Nicht minder bedenklich ist die Lehre von der Natur des Urteilens als eines Trennens oder Zerlegens von Begriffs- oder Vorstellungsinhalten. Bei dem Urteil „Licht ist heilkräftig" wird nicht die Vorstellung „heilkräftiges Licht" in Bestandteile geschieden, sondern dem Gegenstande Licht die Eigenschaft heilkräftig beigelegt. Es ist doch jedenfalls unwahr, daß jedem Urteil eine komplexe Vorstellung vorhergehe, die dann urteilend zerlegt wird. Wer aus $y = f(x)$ den Differentialquotienten entwickelt, stellt nicht bei jedem Schritt zunächst die gesamte Zwischengleichung vor und trennt sie hinterher. Auch mit gewaltsamer Interpretation läßt sich die Zerlegungstheorie bei Urteilen wie „es gibt keinen Zufall", „es gibt weder Wunder noch Zufälle" anwenden. Dürfte anderseits etwa das Zerlegen der Vorstellung „Sommernacht" in „Sommer" und „Nacht" als Urteil angesprochen werden? Daß psychogenetisch das Trennen von komplexen Inhalten zu den frühesten Anlässen des Urteilens gehören mag, ist zuzugeben.

Unannehmbar ist wohl auch die These, daß im Urteilen ein nicht näher bestimmtes „Verhältnis" von Begriffs- oder Vorstellungsinhalten zum Ausdruck gebracht werde, denn es gibt jedenfalls viele derartige Verhältnisse, die nicht Urteile sind. Das Überordnungs- und Unterordnungsverhältnis von Privatrecht und Strafrecht beispielsweise ist so lange kein Urteil, als nicht der Tatbestand dieses Verhältnisses behauptet wird.

α) Aus der reichen Fülle von Urteilsdefinitionen im Sinne der Inhaltstheorie heben wir nur die folgenden heraus:

In der Verbindung von Vorstellungsinhalten erblickten die meisten mittelalterlichen Aristoteliker (an die συμπλοκή des Plato und Aristoteles anknüpfend) das Wesen des Urteils; aber auch Kant und sein Anhang (Krug, Jacobi), Herbart, Lotze und Höffding stehen in der Hauptsache auf diesem Standpunkt. Der Sinn der Definition Kants in seiner Logik „Ein Urteil ist die Vorstellung der Einheit des Bewußtseins verschiedener Vorstellungen oder die Vorstellung des Verhältnisses derselben, sofern sie einen Begriff ausmachen"[1]) ist allerdings kontrovers, namentlich im Hinblick auf die Charakterisierung in der Kritik der reinen Vernunft[2]).

Allen Bestimmungen Kants ist jedenfalls der Hinweis auf ein Zusammenbringen von Vorstellungsinhalten gemeinsam. Ein entschiedener Vertreter der Inhaltstheorie im Gegensatze zur Umfangssubsumtion ist Lotze, der nach kritischer Begründung zu dem Satze gelangt: „Jedes Urteil ... will ein Verhältnis zwischen dem Inhalte zweier Vorstellungen, aber nicht ein Verhältnis dieser beiden Vorstellungen aussprechen."[3]) Auf ein Verbinden bestimmter Art legt Sigwart das Hauptgewicht, wenn er im Urteil eine „Ineinssetzung" (mit objektiver Gültigkeit) findet[4]).

Zur hier behandelten Gruppe gehört wohl im wesentlichen auch die Einordnungstheorie Benno Erdmanns, welcher definiert: „Das Urteil ist die durch den Satz sich vollziehende, durch die Inhaltsgleichheit der materialen Bestandteile bedingte, in logischer Immanenz vorgestellte Einordnung eines Gegenstandes in den Inhalt eines anderen."[5])

β) Von den spezifisch psychologischen Beschreibungen des Urteils, welche der Inhaltstheorie nahestehen, sei diejenige Jodls als die wohldurchdachteste hervorgehoben. Jodl gelangt nach weitgreifenden Abwägungen zu einer Charakterisierung des Urteils, welche sich nicht auf den Behauptungsakt als solchen be-

---

[1]) Kant, Logik, her. v. Jäsche, § 17.

[2]) Kant, Krit. d. r. Vern., 2. Aufl., Abschn. Von dem log. Verstandesgebrauche überhaupt, p 93: „Das Urteil ist ... die mittelbare Erkenntnis eines Gegenstandes, mithin die Vorstellung einer Vorstellung desselben."

[3]) Lotze, Logik, p. 57. Bei genauer Prüfung seiner Ausführungen will es uns scheinen, daß Lotze eigentlich Vorstellungsgegenstand meint, wo er von dem gewissermaßen verselbständigtem Inhalte spricht. Dagegen zielt jedenfalls auf die Inhalte die Erklärung Herbarts, daß ein Urteil „die Entscheidung über die Verknüpfbarkeit gegebener Begriffe" sei. Lehrb. z. Einl. i. d. Phil., § 52.

[4]) Sigwart, Logik, I. Bd., p. 102.

[5]) B. Erdmann, Logik, 2. Aufl., I. Bd., Halle 1907, p. 359.

schränkt, sondern den ganzen Komplex der beim Urteilen auftretenden psychischen Elemente umfaßt. Seine Bestimmung lautet: „Unter Urteil im weitesten Sinne versteht man jeden Akt der psychischen Tätigkeit, wodurch eine im Bewußtsein gegenwärtige Wahrnehmung oder Vorstellung als etwas Bestimmtes bezeichnet, eine andere Vorstellung als mit ihr verknüpft oder in ihr enthalten ins Bewußtsein gehoben, bemerkt und so eines durch das andere verdeutlicht und erklärt wird.“[1]

γ) Psychogenetisch ist die Introjektionslehre zu verstehen, welche Jerusalem vertritt. Er erklärt die Funktion des Urteilens für eine Gliederung und Formung vorgestellter Inhalte, und zwar in der Richtung, daß das Urteilssubjekt als Kraftzentrum, das Prädikat als Kraftäußerung genommen wird[2].

δ) Eine ziemlich einflußreiche Gruppe von Logikern ordnet das Verbinden von Vorstellungsinhalten den bejahenden, das Trennen den verneinenden Urteilen zu. Bereits Locke bezeichnet die Natur der mental propositions in dieser Weise[3], ebenso Chr. Wolf[4] In neuerer Zeit erklärt Drobisch die Urteile für „Formen der Verknüpfung oder Trennung der Begriffe, durch welche uns die Verhältnisse zu ihren Teilen und zueinander zum Bewußtsein kommen“.[5]

ε) Wenn wir von Hegels durch metaphysische Hinweise komplizierter Erklärung absehen[6], so dürfen wir Wundt als den eigentlichen Begründer der Theorie betrachten, daß das Urteil eine Zerlegung sei, und zwar die „Zerlegung einer zusammengesetzten Vorstellung in ihre Bestandteile“ oder auch „die Zerlegung eines Gedankens in seine begrifflichen Bestandteile“[7]. Auch diese Lehre hat bereits mehrfach kritische Ablehnungen erfahren; es wurde darauf hingewiesen, daß das Urteil im allgemeinen nicht zerlege, sondern beilege, wobei dasjenige, dem beigelegt wird, regelmäßig der Gegenstand einer Vorstellung sei.

---

[1] Jodl, Lehrb. d. Psychologie, II. Bd. X. Kp., 3. Abschn., p. 277.

[2] Anknüpfend an das Beispiel „Der Baum blüht“, äußert sich Jerusalem folgendermaßen: „Durch das Urteil wird der ganze Vorstellungskomplex, der unzergliederte Vorgang dadurch geformt und gegliedert, daß der Baum als ein kraftbegabtes, einheitliches Wesen hingestellt wird, dessen gegenwärtig sich vollziehende Kraftäußerung eben das Blühen ist. Die Funktion des Urteilens ist somit nicht sowohl ein Trennen oder Verbinden, es besteht vielmehr in der Gliederung und Formung vorgestellter Inhalte." Die Urteilsfunktion, Wien 1895, p. 82 f.

[3] Locke, Ess. o. h. u., IV., ch. Knowledge then seems to me to be nothing but the perception of connexion and agreement, or disagreement and repugnancy of any of our ideas. (IV. ch. 5. § 2.)

[4] Chr. Wolf, Philos. rational, § 39: „Dum igitur mens iudicat, notiones duas vel coniungit vel separat."

[5] Drobisch, N. Darst. d. Logik, 5. Aufl., § 9.

[6] Hegel, Enzyklop. d. phil. Wiss., Heidelberg 1817, § 115: „Das Urteil ist der Begriff in seiner Besonderheit, als unterscheidende Beziehung seiner Momente, die zugleich als für sich seiende und mit sich identische gesetzt sind, somit als einzelnes und allgemeines gegeneinander treten. Urteilen ist ursprüngliche Teilung des Begriffes."

[7] Wundt, Logik. 3. Aufl., Stuttgart 1906, I. Bd., p. 147 f.

Die Zusammengesetztheit der Vorstellung sei jedoch keine Bedingung für das Urteil. Daß, schematisch gesprochen, „S ist P" keineswegs logisch äquivalent sei mit „SP hat zu Teilen S und P" oder „P ist Teil des zerlegten SP", kann wohl nicht bezweifelt werden.

ζ) Mit der Erklärung, daß in den Urteilen Verhältnisse von Vorstellungsinhalten gegeben seien, begnügen sich Leibniz, Condillac, Platner, Schopenhauer. Condillac meint „un jugement n'est que la perception d'un rapport entre deux idées que l'on compare"[1]), und Schopenhauer findet, daß das Urteilen „im Vergleichen zweier Begriffe" bestehe[2]). Diesen psychologisch und logisch unzureichenden Bestimmungen gegenüber bedeutet der Hinweis J. St. Mills[3]), Al. Bains[4]) und James[5]), daß zur Verbindung von Vorstellungen der Akt des „belief" hinzukommen müsse, um das Urteil zu konstituieren, einen bedeutsamen Fortschritt. Mill hat überdies mit überzeugenden Argumenten gegen die Inhaltstheorien in der Logik Stellung genommen[6]) und eine idiogenetische Auffassung des Urteils vertreten.

71.

c) **Die Identitätstheorie.** Die Identitätstheorie behauptet in der älteren Form die Identität von Subjekt und Prädikat schlechthin (S ist identisch mit P), in der neueren die Identität des Subjekts mit einem bestimmten Teil des Prädikats oder dem „quantifizierten Prädikate" (S ist identisch mit vP). Varianten der Lehre ergeben sich je nach der Hervorhebung des Umfanges oder des Inhaltes der betreffenden Vorstellungen. Diese Theorie bildet meist die Grundlage einer Substitutionslogik, welche die Schlüsse lediglich als Akte des Erzielens neuer Urteile durch Substitution von Vorstellungen in gegebene Urteile behandelt; diese Art von Logik hat bekanntlich in der mathematisch formulierten „Logistik" eine sehr bemerkenswerte theoretische Ausgestaltung erfahren.

---

[1]) Condillac, Traité des sensat., I., ch. 2, § 15.

[2]) Schopenhauer, Welt a. W. u. V., II., Kp. 10.

[3]) J. St. Mill, Ded. and ind. Log., B. I., Cp. V, § 1.

[4]) Bain, Logic, P. 1., p. 80.

[5]) James, Psychol., P. II., ch. 22.

[6]) Mill stellte fest (Logik I, 96 f.), daß die Logik **Gegenstände** der Vorstellung zu untersuchen habe. Die Urteilsanalyse sei Psychologie, die Analyse der Sätze Logik. Hinsichtlich der möglichen Prädikate äußert sich Mill: „Existenz, Koexistenz, Sukzession, Ursächlichkeit, Ähnlichkeit — eines oder das andere von diesen wird in jedem Satze ausgesagt oder verneint, welcher nicht bloß worterklärender Art ist. Diese fünffache Einteilung ist eine erschöpfende Klasseneinteilung alles Tatsächlichen, aller Dinge, die man glauben oder für die man Glauben heischen, aller Fragen, die man aufwerfen, und aller Antworten, welche man auf dieselben erteilen kann." Logik, I., 116.

Eine Stellungnahme zur Identitätstheorie ist wohl auch ohne das Eingehen auf die Einzelheiten der Lehren ihrer Vertreter möglich. Wir halten die Identitätsurteile für logisch nicht äquivalent mit sämtlichen Urteilen, ausgenommen jenen, die in der Tat die Relation der Dieselbigkeit zweier Gegenstände behaupten. Um nur einige Beispiele herauszugreifen, verweisen wir auf Urteile wie „Es gibt kein Perpetuum mobile“, ferner „Der Weise ist nicht unfehlbar“. Die Umformungen müßten etwa lauten: „Perpetuum mobile ist identisch mit nichtseiendem Perpetuum mobile (oder mit einem bestimmten Teile des Nichtseienden)“ und „Weiser ist identisch mit nicht unfehlbarem Weisen (oder mit einem nicht unfehlbaren Teil der Menschen)“. In beiden Fällen liegt es auf der Hand, daß der eigentliche Gegenstand des Urteils ein anderer geworden ist; nicht eine Identität wurde in den ursprünglichen Urteilen behauptet, sondern eine Nichtexistenz, beziehungsweise ein Nichthaben. Es ist übrigens gewiß sinnlos „S = nichtseiendes S“ oder „S = S, welches nicht P hat“ als zulässige Gleichungen hinzustellen. So bestechend auch die mathematisierende Form der bejahenden Aussageurteile zunächst scheinen mag, so hält sie doch der einfachsten Überprüfung an den alltäglichsten Urteilsfällen keineswegs stand. Nicht einmal das Urteil „Das Sonnenlicht ist gelblich“ darf als äquivalent genommen werden mit „Sonnenlicht ist identisch mit gelblichem Sonnenlicht“ oder „Sonnenlicht ist identisch mit dem Teile des Gelblichen, welches Sonnenlicht ist“. Die schlimmsten Übertreibungen der Umfangssubsumtion sind noch harmlos im Vergleiche zu solchen Zumutungen.

Die Anfänge einer prinzipiellen Identitätstheorie des Urteils gehen wohl auf Hobbes zurück, der das Denken für ein Rechnen, das Urteilen für ein Bilden von Gleichungen hält[1]). Die Quantifikation des Prädikats taucht bereits in der Logik von Port-Royal deutlich auf, welche lehrt: „L'attribut d'une proposition affirmative n'est point affirmé selon toute son extension, si elle est de soi-même plus grande que celle du sujet. L'extension de l'attribut est resserrée par celle de sujet en sorte qu'il ne signifie plus que la partie de son extension qui convient de sujet.“ [2])

In Deutschland hat Ploucquet, welcher an Leibniz und Wolf anknüpft, den Arnauldschen Gedanken aufgegriffen und zur Grund-

---

[1]) Hobbes, Elem. phil., I., 1, 2 f.; Leviathan, I., 5.
[2]) La Logique ou l'art de penser. (Verf. Arnauld e Nicole, Paris 1644.) Ausg. v. Charles, Paris 1878, ch. XVII, p. 222 f.

lage einer Logistik gemacht [1]). Seiner Lehre zufolge besteht das
bejahende Urteil nur in einem Gedanken, dem der Identifikation;
im partikulären Urteile wird die Identität des S mit einem Teile
des P eingesehen, so daß auch $S = P$ rein umkehrbar ist. Mit Hilfe
eines schematischen Zeichensystems entwickelt Ploucquet sodann eine
Substitutionslogik des Schlusses. Fast gleichzeitig mit Ploucquet
versuchte Lambert in seiner Architektonik feste Stützpunkte für
einen logischen Kalkul zu gewinnen [2]).

In ähnlichen Gedankenkreisen bewegte sich sechzig Jahre
später die Logik Benekes. Nach Beneke liegt der Prädikatsbegriff
in der Subjektsvorstellung, so daß alle Urteile analytisch sind und
lediglich verdeutlichen [3]).

In unseren Tagen ist namentlich Riehl für die Identitäts-
theorie eingetreten [4]). Er sieht in der Logik die Theorie der allge-
meinen, widerspruchslosen Relationen zwischen Objekten überhaupt,
in den Urteilen Gleichungen, die den mathematischen verwandt sind.
Die direkte Anwendung der mathematischen Symbolik und des
Gleichungsprinzips auf die Logik hat E. Schröder in scharfsinniger
Weise unternommen, jedoch, wie uns scheint, ohne wahren sachlichen
Gewinn [5]). Die eigentliche Pflegestätte der quantifizierenden und

---

[1]) Gottfr. Ploucquet, Principia de substantiis et phaenomenis, accedit
Methodus calculandi in logicis . . . Franc. et Lips, 1753.

[2]) Joh. Hch. Lambert, Anlage zur Architektonik oder Theorie des Einfachen und Ersten in d. philos. und math. Erkenntnis, 2 Bde., Riga 1777.

[3]) Fr. Ed. Beneke, Lehrb. d. Logik als Kunstlehre des Denkens, Berl. 1832,
p. 110 ff., und Syllogimorum analyticorum origines et ordinem naturam demon-
stravit, Berol. 1839; ders., System der Logik als K. d. Denk., Berl., 1842. I. Bd.,
p. 201—245. Vgl. auch Trendelenburg, Logische Untersuchungen, 3. Aufl., Berl. 1870,
II., p. 377 ff.

[4]) Riehl, Philos. Kritizismus, II. Bd., 1. Teil, Leipzig 1879, p. 226 ff., und
Die englische Logik der Gegenwart, Vierteljahrsschr. f. wiss. Phil., Bd. 1,
Leipzig 1876. An Riehl schließt sich Münsterberg vorbehaltlos an: „Jegliches
Urteil ist eine Gleichung . . . Stets wird in beiden Seiten der Gleichung der-
selbe Vorstellungsinhalt auf zwei verschiedene Weisen ausgedrückt." Beitr. z. exper.
Psych., Leipig 1889, p. 148 f.

[5]) Ernst Schröder, Vorlesungen über die Algebra der Logik (exakte
Logik), I. Bd, Leipzig 1890; II. Bd., ebda. 1891; III., ebda. 1895. Der Satz des
Widerspruchs gewinnt bei Schröder die symbolische Gestalt $a\,a_1 = 0$; der Satz
des ausgeschlossenen Mittels $a + a_1 = 1$; der Satz der doppelten Verneinung
$(a_1)_1 = a$, das Prinzip der Identität $(a \subset a) = i$ oder $a \subset a$ (vgl. II. Bd., p. 32).
Befremden erwecken die ganz unzureichenden Ausführungen über Induktion, I., p. 9.

Zur Frage des Verhältnisses von Logik und Mathematik vgl. die wichtigen
Untersuchungen von Edm. Husserl, Logische Untersuchungen, I. Teil, Halle 1900.

mathematisierenden Logik (der Logistik) ist England. Hier hatte schon der Kantianer Hamilton gelehrt: „Die Beziehung von Subjekt und Prädikat ist enthalten in jener des Ganzen und des Teils; wir können nämlich immer sehen, daß entweder der determinierende oder der determinierte Begriff das Ganze ist, welches den anderen enthält."[1] Das Urteil ist einfach eine Gleichung. In gleicher Richtung bewegen sich die Theorien A. de Morgans, Th. S. Baynes, G. Booles[2] und W. St. Jevons', von denen namentlich der letztgenannte in Deutschland vielfache Wertschätzung erfuhr. Jevons versucht allerdings, sich von der Auffassung frei zu halten, daß Urteile auf Vorstellungsumfänge oder Inhalte gerichtet seien und legt seinen Formeln „Klassen von Gegenständen" zu grunde: allein in der Ausführung erweist sich die Korrektur als rein äußerlich. Schließlich betreffen die Gesetze Jevons' doch wieder nur Umfangssubsumtionen oder Inhaltseinordnungen.[3]

(II. Teil, ebda. 1901.) Zu den besten Beiträgen zur mathematisierenden Behandlung des Logischen zählt das VI. Kapitel in Stöhrs Logik in psychol. Darst., Wien 1905, p. 147 ff., sowie dessen Algebra der Grammatik, Wien 1898.

[1] William Hamilton, Lectures on Logic, 3. ed., I., p. 242. Auch Lectures on Metaphysics and Logic, ed. by Mansel and Veitch. London 1859/60.

[2] George Boole, The Mathematical Analysis of Logic, Cambridge 1847; On Analysis of the Laws of Thought etc. London 1854. Die Formel $x^2 = x$ entspricht nach Boole dem „Indexgesetz", welches besagt, daß die mehrmalige Setzung des Objekts der einmaligen gleichwertig sei. (Hierin liege Besonderheit des logischen Kalküls im Vergleiche zum allgemein-mathematischen.) Aus dem Indexgesetz entspringt der Satz des Widerspruchs, nämlich $x (1-x) = 0$, das Grundprinzip der Logik, ferner der Satz vom ausgeschlossenen Dritten $x + (1-x) = 1$. Hiebei bedeutet x eine Klasse von Objekten, $1-x$ die übrigen Objekte. Nach Boole soll der Begründer der quantifizierenden Logik Georg Bentham (der Neffe des Jeremias Bentham) gewesen sein. A. a. O., p. 83.

[3] W. Stanley Jevons (1835—1882) veröffentlichte drei Hauptwerke aus dem Gebiete der Logik, nämlich „Pure Logic, or the science of Quality apart from Quantity, London 1864; The substitution of Similars, London 1869 (beide Schriften vereinigt in der Ausgabe der Pure Logic von B. Adamson und Harriet A. Jevons, London 1890). Von vielen wird sein Werk The Principles of Science, 2. Aufl., London 1877, am meisten geschätzt. Vgl. zur Kontroverse Ljub. Nedich, Die Lehre von der Quantifikation des Prädikats in der neueren englischen Logik, in Wundts Philos. Studien, III. Bd., p. 157 ff.

In der Pure Logic (Ausg. 1890) gelangt Jevons zu folgenden Grundgesetzen:

1. Condition or postulate: The meaning of a term must be same throughout any piece of reasoning; so that $A = A$, $B = B$ and so on (§ 14).

2. Law of Sameness (§ 25)

$$A = B = C, \text{ hence (daher) } A = C.$$

72.

d) **Die Existentialtheorie.** Eine eigenartige, scharfsinnig erdachte Urteilstheorie verdanken wir Franz v. Brentano, dem sich namentlich Marty und Hillebrand vorbehaltlos angeschlossen haben. Er lehrt, daß sämtliche Urteile in einem Anerkennen oder Verwerfen eines Vorstellungsinhaltes (der Materie) bestehen, mithin eingliedrig sind und in der Gestalt des Existentialsatzes ihr eigentliches Wesen kundgeben. Das allgemeine Schema des Urteils ist sonach „M ist, M ist nicht". (Die prinzipielle Unterscheidung von Subjekt und Prädikat entfällt.) Von den Urteilsgattungen der früheren Logik anerkennt Brentano nur die partikulär bejahenden und die allgemein verneinenden; diesen einfachen Urteilen fügt er die Klasse der Doppelurteile bei, welche das Sein und zugleich eine Bestimmung zu- oder absprechen.

Unsere Bedenken gegenüber der Existentialtheorie sind folgende: Wir glauben durch die bisherigen Ausführungen dargetan zu haben, daß Bejahung und Verneinung zur Materie und zum Urteilsinhalte gehören; Urteilsgegenstand aber ist der Tatbestand, denn die bejahende oder verneinende Materie ausdrückt. Dieser Tatbestand wird im Urteilsakt als objektiv vorhanden, beziehungsweise nicht vorhanden gesetzt oder (mit Brentano zu sprechen) anerkannt. Das Fürwahrhalten im Urteil ist immer eine Position; würde jenes Vorhandensein oder Nichtvorhandensein nicht gesetzt, so käme überhaupt kein Urteilsakt zu stande. Wir halten ferner daran fest, daß zwar der Urteilsakt eingliedrig ist, die Materie aber einen Tatbestand, nicht einen Vorstellungsgegenstand schlechthin ausdrückt; ein Tat-

---

3. Law of Simplicity (§ 42)
$$A A = A \qquad B B B = B.$$
4. Law of Same Partes and Wholes (§ 44)
$$A = B; \text{ hence } A C = B C.$$
5. Law of Unity (§ 69)
$$A + A = A \qquad B + B + B = B.$$
6. Law of Contradiction (§ 90)
$$A a = 0 \qquad A B b = 0.$$
7. Law of Duality (§ 90)
$$A = A (B + b) = A B + A b$$
$$A = A (B + b) (C + c) = A B C + A B c + A b C + A b c \text{ u. s. w.}$$

Jevons hat übrigens auch eine Darstellung der älteren Logik (mit Ausschluß der Logistik) geliefert in den Elementary Reasons in Logic inductive and deductive, London 1870 u. s. f., welche Propädeutik außerordentliche Verbreitung gefunden hat.

bestand ist niemals eingliedrig. Der Tatbestand kann, wie wir dar-
legten, eine Existenz, eine Beschaffenheit oder eine Beziehung sein,
die einem etwas zukommt oder nicht zukommt; es ist daher unseres
Erachtens keineswegs zutreffend, jeden Urteilsinhalt für eine Existenz-
behauptung, beziehungsweise Leugnung anzusehen. Ebensowenig ist
der Urteilsakt ein Setzen, das mit dem Anerkennen einer Existenz
zusammenfiele. Existenz im strengen Sinne haben nur Gegenstände
der realen physischen und psychischen Wirklichkeit, den bloß vorgestellten Gegenständen kommt intentionales Sein oder Gegebensein
zu. Sonach existieren wohl Vorstellungsinhalte als psychische Erlebnisse, allein ihr Erlebtwerden ist jedenfalls nicht dasjenige, was
etwa ein Urteil über Physisches treffen will. Das Urteil „Gold ist
gelb" besagt gewiß nicht, daß ich den Vorstellungsinhalt gelbes
Gold erlebe, sondern daß der Gegenstand Gold die Eigenschaft, gelb
zu sein, habe. Der Gegenstand Gold wird vom Urteil keineswegs als
intentionales Objekt des Vorstellens, sondern vielmehr als existentes
Ding der Außenwelt ergriffen. (Die gegenteilige Ansicht fiele mit
der Leugnung einer realen Wirklichkeit zusammen, was Brentano
zu behaupten fernliegt.)

Es sei ferner geltend gemacht, daß die bloße Setzung einer
Vorstellung (beispielsweise Gold, gelbes Gold) entweder ein Wollen
bedeutet, einen Inhalt (Gold, gelbes Gold) vorzustellen, oder aber
die Realisierung dieses Wollens, in keinem Falle ein Urteil. Anerkennen, Bejahen, Verwerfen, Verneinen ... ist mehr als Setzen.
Ein „anerkanntes, bejahtes, verworfenes, verneintes ... Gold oder
gelbes Gold" — dieser Gedanke scheint uns nichts vom Urteil zu
bergen, wohl aber hat es den besten Sinn, die Existenz des Goldes
oder das Gelbsein desselben, also Tatbestände, anzuerkennen u. s. w.

In voller Übereinstimmung mit der Brentanoschen Schule befinden wir uns in der Frage, ob das Urteil auf eine Art des Vorstellens zurückführbar sei oder eine irreduzible Grundseite des psychischen darstelle, indem wir uns zur letzteren, von Hillebrand zutreffend „idiogenetisch" genannten Anschauung bekennen.

Die Existentialtheorie als Grundlage einer „qualifizierenden" Logik (im
Gegensatze zur quantifizierenden) hat Brentano in seiner Psychologie vom empirischen Standpunkte, I. Bd., Wien 1874, zum ersten Male entwickelt. Die Weiterführung dieser Prinzipien brachte Franz Hillebrands Publikation „Die neuen
Theorien der kategorischen Schlüsse", Wien 1891. Mancherlei zum theoretischen
Ausbau hat auch die bekannte Diskussion Martys mit Sigwart über die Impersonalien beigetragen.

Auch Brentano griff später im Anmerkungsteile seines Buches „Vom Ursprung sittlicher Erkenntnis", Leipzig 1889, in die Kontroverse über seine Theorie ein. Mehrseitige Anfechtung hat Brentanos Kritik der bisherigen Logik des Urteilens und Schließens erfahren.

Nach Hillebrands Darstellung gestaltet sich das Verhältnis der Brentanoschen Urteilstypen zu denen der älteren Logik in folgender Weise: Ist SP die Urteilsmaterie, $+$ das Zeichen der Bejahung, $-$ das Zeichen der Verneinung, $p = \text{non } P$, so entspricht

$$\text{das alte Urteil } i \text{ dem neuen } SP+$$
$$\text{„ „ „ } e \text{ „ „ } SP-$$
$$\text{„ „ „ } a \text{ „ „ } Sp-$$
$$\text{„ „ „ } o \text{ „ „ } Sp+$$

Das allgemein bejahende Urteil ist somit eigentlich allgemein verneinend (es gibt nicht S, das Nicht-P wäre), das partikulär verneinende Urteil eigentlich partikulär bejahend (es gibt S, welche Nicht-P sind). Vgl. Brentano, Psychol., 1, p. 279 f.; Hillebrand, D. n. Theor. d. kat. Schlüsse, p. 40 f.

Als Beispiel eines Doppelurteils führt Hillebrand an: „Sokrates ist ein griechischer Philosoph", in welcher Behauptung sowohl eine attributive Bestimmung als auch die Existenz des Sokrates gesetzt sei. In einem verneinenden Urteile von dieser Form entfalle jedoch der Bestandteil der Existenzbejahung.

Von den Folgerungen der alten Logik verwirft Brentano beispielsweise das Dictum de omni et nullo (das auch nach Bolzano bei kollektivem Sinne des omne ungültig ist); dagegen erhebt er die von der Scholastik verworfene Quaternio terminorum zur allgemeinen Regel. Der Grundsatz „Ex mere negativis nil sequitur" sei falsch; es gelte vielmehr „Ex mere affirmativis nil sequitur". Daß auch die aristotelisch-goclenischen Modi des Syllogismus einige Eliminationen erfahren, hängt mit diesen speziellen Lehren zusammen.

Eine ausführliche ablehnende Kritik der Brentanoschen Logik hat W. Enoch in seinem Artikel „Franz Brentanos Reform der Logik", Philos. Monatshefte, 29. Bd., Berlin 1893, p. 433 ff., geliefert.

73.

c) **Die Attributionstheorie.** Die Attributionstheorie des Urteils in der Bolzanoschen Gestalt charakterisiert das Urteilen als das Fürwahrhalten, daß ein Etwas etwas habe. In schematischer Form besagt somit das Urteil: „S hat P" und (bei Verneinungen) „S hat Mangel an P". Die Relation des „Habens" (die Kopula) ist von Natur allgemein genug, um nicht nur Beschaffenheiten, sondern auch das Sein und das Inbeziehungstehen adäquat auszudrücken. Das Existentialurteil lautet im Sinne der Attributionstheorie zutreffend „S hat Dasein oder Gegenständlichkeit", das Beschaffenheitsurteil „S hat P", das Beziehungsurteil „SS_1 haben Relation P". Die negativen Schemata hiezu weisen die Form auf „S hat Mangel an Dasein, (Gegenständlichkeit), Beschaffenheit, Relation". Die Zeitbestimmung gehört zum Subjekt. Auch die Wahrscheinlichkeitsurteile sind im Wesen attributiv zu fassen, beispielsweise „Daß A b habe — hat — Wahrscheinlichkeit". In analoger Weise sind die Modalitäten der Notwendigkeit und Zufälligkeit aufzufassen.

Unsere Stellung zur Attributionstheorie dürfte in den dogmatischen und kritischen Darlegungen der früheren Abschnitte ausreichend klar zum Ausdruck gelangt sein. Wir glauben nur noch folgende Gesichtspunkte hervorheben zu sollen. Das Attributionsschema stellt unseres Erachtens die richtige allgemeine Form der Materie des Urteils dar, ohne den eigentlichen Urteilsgegenstand symbolisch zu bezeichnen, worin ein Mangel liegt.

Auch können wir der Verweisung der Negation in das Prädikat nicht zustimmen und halten an der zweifachen Kopula „hat" — „hat nicht" fest. In der sprachlichen Wendung „hat Mangel" scheint uns nämlich nur formal eine attributive Beziehung vorzuliegen und kein vollwertiger Ersatz der Verneinung dargeboten zu sein.

Ansätze zur Attributionstheorie finden sich bereits in der älteren Logik. Chr. Wolf definiert sehr bestimmt: „Judicium est actus mentis, quo aliquid a re quadam diversum eidem tribuitur, aut ab ea removetur"[1] und Suabedissen vertritt mit seiner Zuteilungstheorie wesentlich dieselbe Ansicht[2]. Jedoch erst bei Bolzano wird der Attributionsgedanke in seiner prinzipiellen Bedeutung erfaßt und zu einem grundlegenden Bestandteil der Logik. Bolzano unterscheidet streng zwischen Urteil und Satz, indem er lehrt: „Urteil ist ein Satz, den irgend ein denkendes Wesen für wahr hält"[3]; somit hat das Urteil „Dasein im Geiste des Urteilenden". Dagegen ist ein Satz „jede Rede, wenn durch sie irgend etwas ausgesagt oder behauptet wird und mithin immer entweder wahr oder falsch ist"[4]. Der Satz ist demnach die Materie oder der Stoff des Urteils, besitzt aber auch abgelöst vom urteilenden Subjekt eine gegenständliche Bedeutung, insoferne er entweder wahr oder falsch ist. Es gibt neben den gedachten Sätzen und Wahrheiten auch „Sätze an sich" und „Wahrheiten an sich". Der Typus des Urteils liegt nach Bolzano, wie bereits besprochen, in den Formeln „A hat Beschaffenheit b" und „A hat Mangel an b" ausgedrückt, auf die sich sämtliche Urteilsarten[5]

---

[1] Chr. Wolf, Logica, Ed. 3, Francof. 1740, § 39.

[2] Suabedissen, Betracht. d. Menschen, Kassel 1815, I., p. 276.

[3] Bolzano, Wissenschaftslehre, 1. Bd., § 22, p. 86.

[4] Ebenda, I., p. 76. Die eingehende Besprechung der Merkmale des Urteiles findet sich I., p. 154 ff.

[5] Bolzano hat sehr vollständige Gliederungen der Sätze und Urteile durchgeführt; er unterscheidet zunächst Begriffssätze (Dankbarkeit ist eine Pflicht; die Quadratwurzel aus der Zahl 2 ist irrational) und Anschauungssätze (Dies ist eine Blume, Sokrates war ein Athener). Zu den Sätzen mit Inbegriffsvorstellungen im Subjekte gehört a) der Kollektivsatz (C, S und T sind die Gründer der Anstalt); b) der Distributivsatz (Jede der 3 Personen C, S und T hat sich verdient gemacht); c) der Vielheitssatz (Ein Inbegriff von Materie hat keine Vorstellungen);

reduzieren lassen. Es sei uns gestattet, einige seiner charakteristischen Umformungen hier anzuführen:

Gott ist = Gott — hat — Dasein.

Es gibt ein Sittengesetz = Die Vorstellung des Sittengesetzes — hat — Gegenständlichkeit.

Es schneit = Die Vorstellung von einem Schneefalle in der jetzigen Zeit — hat — Gegenständlichkeit.

Einige A sind B = Die Vorstellung eines A, das die Beschaffenheit b hat — hat — Gegenständlichkeit.

Es gibt kein A = Die Vorstellung A — hat — keine Gegenständlichkeit.

Kein A ist B = Die Vorstellung eines A, das die Beschaffenheit b hat — hat — keine Gegenständlichkeit.

Jedes A ist Nicht-B = Jedes A hat die Beschaffenheit Nicht-b.

A wird B sein = Der Gegenstand A in der Zeit t — hat — die Beschaffenheit b.

A stellt vor = A hat die Vorstellung b.

Wenn Cajus tot ist, so ist Sempronius ein Bettler = Die Vorstellung eines Verhältnisses von C und S, wonach beim Tode des C der S ein Bettler wird — hat — Gegenständlichkeit.

Entweder A oder B oder C ist M = Unter den Sätzen A, B, C befindet sich ein einziger wahrer (strenge Fassung); unter den Sätzen A, B, C befindet sich wenigstens ein wahrer (minder strenge Fassung).

Jede Wirkung muß notwendig ihre Ursache haben = Der Satz, daß jede Wirkung ihre Ursache habe, ist eine reine Begriffswahrheit.[1])

Es ist nicht zu verkennen, daß viele dieser Umformungen an einer gewissen Gezwungenheit leiden, die eben in dem Bestreben den Grund hat, mit einem einzigen Attributionsschema das Auslangen zu finden. Die Gezwungenheit verliert sich sofort, wenn man sich entschließt, die Seins-, Beschaffenheits- und Beziehungsurteile als relativ selbständige Urteilsklassen zu behandeln.

74.

f) **Die Tatbestandstheorie.** Anklänge an die Tatbestandstheorie, zu welcher sich die vorliegende Arbeit bekennt, finden sich in der älteren Logikliteratur nur sehr spärlich. Vielleicht schwebten Kant ähnliche Gesichtspunkte vor, als er erklärte, das Urteil sei „eine Handlung, durch die gegebene Vorstellungen zuerst Erkenntnisse

---

d) der Allheitssatz (Alle endlichen Wesen zusammengenommen vermögen nichts wider Gott); *e)* der Ausnahmesatz (Alle Substanzen, mit Ausnahme der einen unendlichen, sind geschaffene Substanzen). Diese Gliederung wiederholt sich bei den Sätzen mit Inbegriffsvorstellungen im Prädikat (kollektive, distributive, Vielheits-, Allheits-, Ausnahmeprädikate). A. a. O., p. 33—40. Eine besondere Behandlung erfahren die Sätze, „die eine psychische Erscheinung aussagen" A. a. O., p. 67.

[1]) A. a. O., II. Bd., p. 10 ff., 206 ff.

eines Objekts werden“[1]), oder sind Bolzanos und Brentanos Zusammenfassungen der Materie, an welchen erst der Urteilsakt angreift, von verwandten Gedanken getragen. Auch Ueberweg sei erwähnt; nach ihm ist das Urteil „das Bewußtsein über die objektive Gültigkeit einer subjektiven Verbindung von Vorstellungen...., d. h. das Bewußtsein, ob zwischen den entsprechenden objektiven Elementen die analoge Verbindung bestehe“[2]).

Meinong hat wohl als erster auf den spezifischen Urteilsgegenstand hingewiesen und ihn mit voller Schärfe herausgearbeitet. Wie bereits hervorgehoben, bezeichnet er den Gegenstand des Urteilens (und Annehmens) als „Objektiv“, zum Unterschiede vom Vorstellungsgegenstande, dem „Objekt“, und behandelt die „Tatsachen“ als Art der Objektive, nämlich als Objektive, welche bestehen[3]). Das Objektiv ist nach Meinong „jederzeit selbst auf ein Objekt gestellt, dem dann der zugehörige Inhalt als feste Vorstellungsbasis unter keiner Bedingung abzustreiten wäre“[4]). Die Objektive selbst sind zwar nicht Vorstellungen, können aber gleichwohl Gegenstände von neuen Urteilen werden. Was an einem Urteil „Objektiv“ ist, wird sprachlich am richtigsten durch die Konstruktion mit „daß“ herausgehoben; so ist beispielsweise das Urteil „harmonisch Reines kann melodisch unrein sein“ äquivalent mit „ich glaube, daß harmonisch Reines melodisch unrein sein kann“. Der aussagende Daßsatz isoliert hier, wie auch sonst regelmäßig, das Objektiv. In gleichartiger Weise darf mit Fug das Urteil „A existiert nicht“ in „Es ist, daß A nicht existiert“ umgeformt werden, in welchem Falle das, was „ist“, durch das Objektiv mit verneinendem Inhalte gesetzt wird.

Wenn wir in der vorliegenden Untersuchung den spezifischen Urteilsgegenstand „Tatbestand“ genannt haben, so übersehen wir die Unvollkommenheit dieser Namengebung keineswegs. Es liegt

---

[1]) Kant, Metaph. Anfangsgründe der Naturwiss., Vorrede.

[2]) Ueberweg. Syst. d. Logik, 5. Aufl., Bonn 1882, p. 189.

[3]) v. Meinong, Annahmen, p. 156, 189, überhaupt Kap. VII. Vgl. auch unseren Bericht über Meinongs Lehre vom Inhalt und Gegenstand, S. 23, woselbst sich weitere Literaturangaben finden. Witasek, Psychologie, p. 279 ff.

Nach R. Ameseder steht das Objektiv dem Objekte als ein Gegenstand gegenüber, „der nicht nur, wie dieses, günstigenfalls Sein hat, sondern vor allem selbst Sein ist“. Untersuch. z. Gegenstandsth. u. Psych., her. v. Meinong, II. Beitrag, p. 54. Dieser näheren Bestimmung pflicht Meinong bei. Üb. d. Stellung d. Gegenstandsth., Leipzig 1906, p. 66.

[4]) Annahmen, p. 161 f.

darin unter anderem die Zumutung, auch das, was in mathematischen Urteilen behauptet wird (etwa $\sin \alpha : \cos \alpha = \operatorname{tg} \alpha$), als einen, Tatbestand zu bezeichnen. Mancher wird es auch als Mangel empfinden, daß bei dem Worte Tatbestand ziemlich selbstverständlich an das objektive Vorhandensein gedacht wird, so daß die Wendung „Vorhandensein eines Tatbestandes" abundant erscheinen könnte. Trotz dieser von uns ernst erwogenen Bedenken konnten wir uns zur Wahl eines anderen Terminus nicht entschließen, da wohl allen sonst in Betracht zu ziehenden Ausdrücken noch erheblichere Mängel entgegenstehen dürften. Auch die Neuprägung „Objektiv" ist von Meinong selbst als nicht ganz einwandfrei bezeichnet worden, unter anderem deshalb, weil dadurch das Eigenschaftswort „objektiv" viel an Verwendbarkeit einbüßt. Es wird sich eben hinsichtlich des Fachausdruckes für den Urteilsgegenstand in der Folge noch eine Auslese zu vollziehen haben.

Um Vergleiche zu ermöglichen, dürfte es nicht überflüssig sein, auch die Schemata für unseren eigenen Standpunkt in der Urteilsfrage hier anzufügen, welche lauten:

Der Tatbestand — S hat Sein bestimmter Art (P) — ist objektiv vorhanden;

der Tatbestand — S hat Beschaffenheit P — ist objektiv vorhanden;

der Tatbestand — S und S_1 haben ein Beziehungsverhältnis P — ist objektiv vorhanden.

Der Ersatz der Kopula „hat" durch „hat nicht" liefert die Schemata für verneinende Urteile und bringt die Liste zum Abschluß.

B. Die Schlußfunktion.

75.

Das Schließen im allgemeinen. Wir hoffen darlegen zu können, daß die vielfach übliche Auffassung des Schlußvorganges, wonach derselbe die Ableitung eines Urteils aus anderen Urteilen ist, einer strengen Untersuchung kaum standhält, und daß jene Auffassung jedenfalls die Natur des Schließens als einer irreduziblen Funktion des Denkens nicht zutage treten läßt. Es sei uns gestattet, die Erörterung mit der Anführung einiger Beispiele von Schlüssen einzuleiten:

1. Alles Ausgedehnte hat Teile; der Punkt hat keine Teile; der Punkt ist nicht ausgedehnt.

2. Grundstoffe sind nicht durch Synthese erzeugbar; Gold ist ein Grundstoff; Gold ist nicht durch Synthese erzeugbar.

3. Alle Insekten assimilieren eine bestimmte Nahrung; die Eintagsfliege ist ein Insekt; die Eintagsfliege assimiliert eine bestimmte Nahrung.

4. Man findet durch Rechnung die Reihenglieder $c_1 = a$, $c_2 = a \cdot q$, $c_3 = a \cdot q^2$, $c_4 = a \cdot q^3$, fällt sodann das Urteil, daß hier die Potenz von q ganz allgemein um 1 kleiner sei als der Index von c, und schließt endlich $c^n = a \cdot q^{n-1}$.

5. Der Biß der Kreuzottern A, B, C, D wirkte giftig; wie A, B, C, D verhalten sich alle Kreuzottern; der Biß der Kreuzotter überhaupt wirkt giftig.

6. Es zeigt sich, daß $2^3 - 1 = 7$, $2^5 - 1 = 31$, $2^7 - 1 = 127$ ist; hierauf wird vermutet, daß die Beispiele ein Gesetz zum Ausdruck bringen, und geschlossen: Alle ungeraden Potenzen von 2 abzüglich 1 sind Primzahlen. (Nach Apelt.)

Bei dem Versuch, die gemeinsamen psychologischen Merkmale dieser (vorausgesetzt typischen) Schlußfälle festzuhalten, ergeben sich ohne Schwierigkeit die folgenden:

Das Schließen ist ein psychischer Akt, der an Urteile anknüpft; es besteht darin, daß ein Urteil (Conclusio) aus anderen Urteilen (Prämissen) „gefolgert" wird, wobei das Folgern im Innewerden besteht, daß das Fürwahrhalten der Conclusio aus dem Grunde des Fürwahrhaltens der Prämissen erfolge.

Das logische Korrelat zum psychologischen Folgern (oder Ableiten) ist das „Folgen" des schließlichen Urteiles aus den früheren Urteilen, von denen es bedingt ist.

Das Folgen im Schlusse ist somit eine ganz eigenartige Relation des Bedingung- und Bedingtseins der Wahrheit von Urteilen; diese Relation des „Weil — so" ist bei Schlüssen nicht umkehrbar, ihre Umkehrung „So — weil" liegt jedoch dem Verfahren des Beweisens zu grunde.

Überprüfen wir die angeführten Beispiele nach dem Gesichtspunkte, ob das Fürwahrhalten der Conclusio aus den Prämissen mit dem Bewußtsein des gewiß richtigen oder wahrscheinlich richtigen Folgerns eintritt, so zeigt es sich sofort, daß in den Fällen 1, 2 und 3 ein mit Gewißheit richtiges, in den Fällen 4, 5 und 6

ein mit Wahrscheinlichkeit richtiges Schließen vorliegt[1]). Richtig
ist ein Schließen, wie der Vergleich beispielsweise der Schlüsse 1
und 2 mit sinnlos angereihten Sätzen ergibt, wenn das Folgern zum
Fürwahrhalten eines Urteils führt, das aus den zugehörigen Prämissen folgt, oder wenn die gedachte Abhängigkeit des Bedingtseins
der Wahrheiten einer wirklichen Abhängigkeit im Sinne dieser Relation entspricht. Von dem bekannten Unterscheidungsmoment innerhalb der Schlüsse, welches in der Zahl der Prämissen gelegen ist,
sei hier zunächst abgesehen. Die Prüfung der induzierenden Fälle
kann jedoch noch auf einen anderen Umstand als die Art des
Folgerns gerichtet sein, nämlich auf den Erkenntniswert des Urteils,
das erschlossen wird. Die Conclusio ist in den Fällen 1 und 4
wahr, in den Fällen 2 und 5 wahrscheinlich, bei 3 und 8 falsch[2]).

Eine dritte Sonderung ergibt sich, wenn wir die Allgemeinheit
der Prämissen mit jener der Conclusio vergleichen. Die Fälle 1,
2 und 3 zeigen einen Übergang von Allgemeinerem zu minder
Allgemeinem, die Fälle 4, 5 und 6 den umgekehrten Sachverhalt.

Wir glauben, daß hier eine Differenz in der „Richtung des
Schließens" vorliegt, derzufolge wir die erste Gruppe als Schlüsse
mit „regressiver", die zweite als Schlüsse mit „progressiver" Richtung bezeichnen dürfen[3]).

Auch drängt sich uns die Wahrnehmung auf, daß zur Vollständigkeit der Aufzählung eigentlich noch der Fall gehört, daß
aus gegebenen Prämissen eine ins Auge gefaßte Conclusio nicht

---

[1]) In dem Falle der geometrischen Progression, wo aus $c_1 = a$, $c_2 = a \cdot q \ldots$
auf $c_n = a \cdot q^{n-1}$ geschlossen wird, besitzt das Zwischenurteil, daß allgemein die
Potenz von q um 1 kleiner als der Index von c sei, nur Wahrscheinlichkeit,
wenn es aus der Gestalt einiger berechneter Glieder induziert worden ist, dagegen Evidenz der Gewißheit, sofern die algebraische Ableitung hinzutritt. Wir
haben diesen Schluß als ein Beispiel dafür geführt, daß das Verfahren des
Schließens bloß wahrscheinlich sein kann, auch wenn die Materie aus gewissen
Urteilen besteht — der Gegenfall zum dritten Beispiele (Alle Insekten assimilieren u. s. w.), in dem trotz teilweise falscher Urteile in der Materie das Folgern
als solches evident richtig ist. Sollten wir irren und das Beispiel der Progression
einen Fall mit Gewißheit wahren Schließens darstellen, so würden die späteren
Erörterungen dadurch nicht unzutreffend werden.

[2]) Die Eintagsfliegen, welche nach einmaligem Zeugungsakt absterben,
nähren sich während ihres kurzen Daseins nicht. Auch das Ergebnis des sechsten
Schlusses ist falsch, da z. B. $2^9 - 1 = 511 = 7 \cdot 73$ ist, also keine Primzahl.

[3]) Die Termini progressives und regressives Schließen kommen bereits bei
Whewell, namentlich aber bei Apelt, Die Theorie der Induktion, Leipzig 1854,
p. 5, vor, jedoch in genau dem entgegengesetzten Sinne wie hier.

gefolgert wird. Wenn die Urteile vorliegen, „kein rechtwinkliges Dreieck ist gleichseitig, kein gleichwinkliges Dreieck ist rechtwinklig", so unterbleibt hier ein Folgern etwa auf den Zusammenhang zwischen Gleichseitigkeit und Gleichwinkligkeit oder auf eine sonstige geometrische Tatsache. Wird nach den soeben angeführten scheinbaren Prämissen das an sich wahre Urteil gesetzt „alle gleichwinkligen Dreiecke sind gleichseitig", so ist leicht zu erkennen, daß kein Folgen des letzteren Urteiles aus den vorangegangenen besteht und falsch gefolgert wurde. Das Nichtfolgern eines Urteils aus anderen darauf versuchsweise bezogenenen Urteilen ist gewissermaßen die negative Betätigungsweise der Schlußfunktion, die für den Wissenschaftsbetrieb keineswegs ohne Bedeutung ist und einer besonderen Würdigung bedürfte.

Eine Zusammenfassung der bisher entwickelten Gesichtspunkte führt uns zwar nicht zu einer eigentlichen Definition des Schließens, die uns unmöglich scheint, aber doch zu einer psychologischen Charakteristik dieser Funktion: Das Schließen ist das Fürwahrhalten eines Urteils mit dem Bewußtsein, daß dieses Fürwahrhalten von dem Fürwahrhalten anderer Urteile bedingt ist.

Das bedingte Fürwahrhalten im Schlusse ist entweder mit Gewißheitsevidenz oder mit Wahrscheinlichfinden in verschiedenem Grade ausgestattet; gegenständlich und daher auch logisch entspricht diesen Merkmalen das Wahrsein, beziehungsweise die Wahrscheinlichkeit des Folgens.

Zur Vervollständigung der Charakteristik wären auch die Fälle heranzuziehen, daß gewisse Schlüsse des Fürfalschhaltens eines urteilsähnlichen Gedankens auf Grund des Fürfalschhaltens anderer solchen Gedanken, endlich auch die Abhängigkeit zwischen Fürwahrhalten und Fürfalschhalten zum Gegenstande haben, wovon im Kapitel über Folgerungen näher zu handeln sein wird.

Die logische Definition des Schlusses erhalten wir aus der soeben gelieferten psychologischen dadurch, daß wir den Schluß „an sich", d. h. wie er sich ohne Rücksicht auf das denkende Subjekt und die Wirklichkeit der Schlußmaterie darbietet, ins Auge fassen: Logisch ist der Schluß eine Abfolge von Urteilssätzen, bei der das Wahr- oder Wahrscheinlichsein eines Urteilssatzes durch das Wahr- oder Wahrscheinlichsein anderer Urteilssätze bedingt wird.

Sowohl psychologisch als logisch ist der Unterschied zwischen dem Schlusse und dem hypothetischen Urteile leicht darzutun. Bei dem Schlusse „alle Menschen sind sterblich, Cajus ist ein Mensch, Cajus ist sterblich", sind beide bedingenden Sätze faktische Urteile; dagegen stellen in dem hypothetischen Urteile „wenn alle Menschen sterblich sind und Cajus ein Mensch ist, dann ist Cajus sterblich" die ersten zwei Sätze Annahmen und nicht Urteile dar.

Wir stellen uns mit den psychologischen Bestimmungen auf den prinzipiellen Standpunkt, daß das Schließen, ebenso wie das Verbinden, Erneuern, Urteilen ..., eine besondere, auf keine andere rückführbare Denkfunktion sei. Wir haben im vorigen Kapitel zu zeigen versucht, daß das Urteilen nicht ein (irgendwie determiniertes) Vorstellen und daß das Urteil keine Vorstellung oder Vorstellungsverbindung sei, obwohl es in der Regel (wir glauben immer) Gegenstände von Vorstellungen sind, welche in den eigentlichen Urteilsgegenstand eingehen. Dieser Sachverhalt wiederholt sich mutatis mutandis beim Schließen. Das Schließen ist kein Urteilen und der Schlußgegenstand ist kein Tatbestand, obwohl der eigentliche Schlußgegenstand zwei oder mehrere Urteilsgegenstände voraussetzt. Ein Beispiel soll diese Behauptungen ins klare setzen. Wird geschlossen „$A > B$; $B > C$ ergo $A > C$", so ist der psychische Akt, durch den dieses Folgen gedacht wird, also das „Folgern" der Schlußakt. Dagegen besteht der Schlußinhalt in dem Gedanken, daß, weil $A > B$ und $B > C$ sind, so $A > C$ sei.

Den Schlußgegenstand endlich finden wir in dem Wahrsein des $A > C$ auf Grund der Bedingungen, daß $A > B$ und $B > C$ sind. Allgemein gesagt ist der spezifische Schlußgegenstand jenes Wahrsein oder Wahrscheinlichsein eines Urteils (der Conclusio), das mit dem Wahrsein oder Wahrscheinlichsein anderer Urteile (der Prämissen) im Verhältnis des Bedingten zur Bedingung steht. Die Relation der Wahrheiten, beziehungsweise Wahrscheinlichkeiten drückt sich nun, wie später zu zeigen sein wird, entweder in einer Deduktion (deduktives Schließen) oder in einer Konstitution (induktives und analogistisches Schließen) aus. Die im Schlusse beteiligten Urteile haben offenbar selbst wieder ihre Inhalte und Gegenstände, aber keiner von diesen ist Inhalt, beziehungsweise Gegenstand des Schlusses als solchem. Weder das Urteil $A > B$ noch das andere $B > C$ noch auch das endliche $A > C$ enthalten das Gegenständliche, worauf der Schluß geht, nämlich das Wahrsein des dritten Urteils als Folge des Wahrseins der beiden ersten.

Ebenso enthält weder der Instanzenkomplex noch das Fürwahrhalten einer kausalen Abhängigkeit noch endlich die induzierte Er

kenntnis den Gegenstand des induktiven Schlusses, der in Übereinstimmung mit dem deduktiven auf das Wahrscheinlichsein eines
Urteiles als Folge des Wahr- oder Wahrscheinlichseins anderer gerichtet ist.

Das Innewerden des Wahr-, beziehungsweise Wahrscheinlichseins ist nicht selbst wieder ein viertes Urteil, wenn es auch im
nachhinein in Urteilsform gedacht werden kann — ähnlich wie das
Urteil keine dritte Vorstellung ist, die zu den zwei, die Materie
bildenden Vorstellungen tritt. Die Urteile, welche am Schlusse beteiligt sind, enthalten ihrerseits wieder Vorstellungen mit eigenen
Inhalten und Gegenständen, die aber weder die Urteils- noch die
Schlußinhalte und Gegenstände sein können. Der Parallelismus
zwischen Urteil und Schluß, der soeben aufgezeigt wurde, besteht
aber noch in weiteren Punkten.

Das Urteil „das Perpetuum mobile ist von der Reibung nicht
abhängig“, behauptet einen Tatbestand als objektiv vorhanden, unbeschadet des Umstandes, daß der Gegenstand der Vorstellung,
Perpetuum mobile, nicht in Wirklichkeit existiert. Ähnlich ist es
beim Schlusse. Auch wenn ein beteiligtes Urteil keinem Tatbestand
der Wirklichkeit entspricht, also objektiv unwahr ist, kann dieses
Urteil der Bestandteil eines richtigen Schlußvorganges sein. (Vgl.
unser drittes Beispiel.)

76.

Bestandteile und Merkmale des Schlusses. Der Schlußakt ist
sozusagen „eingliedrig“, insofern im Setzen der Konsequenz, d. h.
im Fürwahrhalten des erschlossenen Urteils keine Teilprozesse vorhanden sind. Wohl aber ist die Materie des Schlusses mindestens
zweigliedrig, indem sie ein bedingendes und ein bedingtes Urteil
enthalten muß. Ist nur ein bedingendes Urteil vorhanden, so spricht
die herkömmliche Logik von Folgerungen, bei zwei Bedingungen
und deduktiver Richtung von Syllogismen oder Schlüssen im engeren
Sinne[1]); erst die neuere Logik hat dem Syllogismus die Induktion beigesellt, welche aus dem Instanzenkomplex, dem Ver-
allgemeinerungsurteil und der Conclusio besteht, also ebenso wie
der Syllogismus dreigliedrig ist. Die üblichen Bezeichnungen

---

[1]) Die sogenannten zusammengesetzten Syllogismen sind, wie von vielen
Logikern gezeigt, in Schlüsse mit je zwei Prämissen zerlegbar und sollen hier
außer Behandlung bleiben.

„Prämisse" (Ober- und Untersatz) und „Conclusio" (Schlußsatz) dürfen wir als klar bestimmte ohne Beschränkungen übernehmen, ohne damit der Theorie des Schlusses zu präjudizieren; in welchem weiteren Sinne wir die Termini Folgerung und Folgern zu fassen genötigt waren, dürfte aus den bisherigen Erörterungen deutlich geworden sein.

Unter den Merkmalen des Schlusses halten wir die psychologischen und logischen auseinander.

I. Psychologische Merkmale des Schlusses sind:

1. Jeder Schluß ist ein psychischer Akt,

2. hat einen spezifischen Inhalt und

3. entweder eine positive Qualität (die Konsequenz wird gesetzt) oder eine negative Qualität (bei einem Versuch zu schließen, ergibt sich ein Nichtfolgern); jedem Schlusse ist ferner eigen

4. ein Zuversichtsgrad, dessen Grenzfälle das mit Evidenz richtige Folgern und das unsichere Dafürhalten, daß der Schlußsatz aus den Prämissen folge, sind;

5. dem Schlusse kommt ferner psychologisch eine zeitliche Bestimmtheit, ein Empfindungs-, Gefühls- und Willenskorrelat zu.

II. Logische Merkmale des Schlusses:

1. Jeder Schluß hat ein bestimmtes Folgen, das zur Materie hinzutritt, als Gegenstand;

2. eine logische Qualität, je nachdem ein Folgen oder Nichtfolgen zum Ausdruck gelangt;

3. einen gegenständlichen Umfang (Quantität), nach Maßgabe der Allgemeinheit des Schlußsatzes;

4. einen Erkenntniswert des Verfahrens nach den Gegensätzen wahr — falsch, wahrscheinlich — unwahrscheinlich, logisch berechtigt — logisch unberechtigt;

5. eine logische Bestimmtheit der Materie, wobei die Wahrheit oder Wahrscheinlichkeit, beziehungsweise die Falschheit oder Unwahrscheinlichkeit des Konklusionsurteiles als die wichtigste Bestimmtheit zu gelten hat;

6. eine logische Richtung im Sinne des Überganges vom Allgemeineren zum minder Allgemeinen oder umgekehrt;

7. ein Begründungsprinzip nach den Gegensätzen Deduktion und Konstitution.

Die Mehrzahl der hier aufgeführten Merkmale bedarf keiner eingehenden Erörterung, da dieselben im Abschnitte über das Urteil in einer Allgemeinheit besprochen wurden, die eine zutreffende

Übertragung auf das Gebiet des Schließens ermöglicht. Die Eigenart des Schlusses im Gegenhalte zum Urteile, welche im Inhalte und Gegenstande des Folgerns, beziehungsweise Folgens liegt, haben wir bereits ausreichend zu verdeutlichen gestrebt. Hervorzuheben sind nur noch die folgenden wesentlichen Gesichtspunkte: Im Schließen ist, wie in der Urteilsfunktion, ein gegenständlicher Hinweis enthalten. Es wird „etwas" erschlossen, nämlich das Wahrsein eines Urteiles in Abhängigkeit vom Wahrsein anderer Urteile; dieses bedingungsweise Wahrsein (das „Weil—so" der Wahrheiten) ist ein eigenartiger Gegenstand, der nicht mit der Qualität der Conclusio, wahr zu sein, zusammenfällt, was schon durch die bereits herangezogene Überlegung gesichert erscheint, daß sehr oft das Nichtfolgen eines an sich wahren Urteils aus (angeblichen) Prämissen erschlossen wird.

Die Arten des positiven Folgens, die im Folgern erfaßt werden, sind:

1. das gewisse Wahr- oder Wahrscheinlichsein des besonderen Bedingten aus dem Wahr- oder Wahrscheinlichsein des allgemeinen Bedingenden — die Deduktion;

2. das wahrscheinlich Wahr- oder Wahrscheinlichsein des allgemeinen Bedingten aus dem Wahr- oder Wahrscheinlichsein des besonderen Bedingenden — die Induktion und Analogie.

Die Aufzeigung der Natur dieser Arten des Folgens sei nunmehr in speziellen Abschnitten versucht.

77.

Das regressive Schließen aus einer Prämisse. Die Erörterung der logischen Grundlagen des regressiven Schließens sei dem nächsten Paragraphen vorbehalten, doch möge hier ein aufzählender Überblick über die zweigliedrigen Schlüsse, welche die übliche Logik als „Folgerungen im engeren Sinne" oder „unmittelbare Schlüsse" bezeichnet, eingeschaltet werden.

Sämtliche Folgerungen ruhen auf einem der vier evidenten Begründungsprinzipien:

1. Besteht die Wahrheit oder Wahrscheinlichkeit eines gegebenen Urteils, so besteht die Falschheit oder Unwahrscheinlichkeit eines zweiten Urteils, sofern das Bestehen der Wahrheit oder Wahrscheinlichkeit des zweiten Urteils mit dem gleichen Erkenntniswert des ersten unverträglich ist. Über die Unverträglichkeit ent-

scheidet unmittelbar der Satz des Widerspruches. (Prinzip für die Kontrarietät und für die Kontradiktion bei wahrer oder wahrscheinlicher Prämisse.)

2. Besteht die Wahrheit oder Wahrscheinlichkeit eines gegebenen Urteils, so besteht die Wahrheit oder Wahrscheinlichkeit eines zweiten Urteils, sofern das Nichtbestehen der Wahrheit oder Wahrscheinlichkeit des zweiten mit dem gleichen Erkenntniswert des ersteren unverträglich ist. (Prinzip für die Subalternation, ferner für die Äquipollenz, Konversion und Kontraposition bei wahrer oder wahrscheinlicher Prämisse.)

3. Besteht die Falschheit oder Unwahrscheinlichkeit eines gegebenen Urteils, so besteht die Falschheit oder Unwahrscheinlichkeit eines zweiten Urteils, sofern das Bestehen der Wahrheit oder Wahrscheinlichkeit des zweiten Urteils mit der Falschheit oder Unwahrscheinlichkeit des ersten unverträglich ist. (Prinzip der Äquipollenz, Konversion und Kontraposition bei falscher oder unwahrscheinlicher Prämisse.)

4. Besteht die Falschheit oder Unwahrscheinlichkeit eines gegebenen Urteils, so besteht die Wahrheit oder Wahrscheinlichkeit eines zweiten Urteils, wenn das Nichtbestehen der Wahrheit oder Wahrscheinlichkeit des zweiten Urteils mit der Falschheit oder Unwahrscheinlichkeit des ersten unverträglich ist. (Prinzip der Subkontrarietät und der Kontradiktion bei falscher oder unwahrscheinlicher Prämisse.)

Sämtliche Folgerungen nach diesen Begründungsprinzipien sind mit Gewißheit richtige, allein die Urteile, welche die Materie solcher Schlüsse bilden, können selbst nur Wahrscheinlichkeit, beziehungsweise Unwahrscheinlichkeit besitzen. Die bisherige Logik beachtete fast ausschließlich die Fälle mit begrifflichen Materien, wodurch das zweigliedrige Schließen zu einem Erkennen von Relationen zwischen Begriffsumfängen wurde; einer künftigen Spezialbearbeitung dieses Gebietes wird die volle Berücksichtigung der Fälle, in denen Wahrscheinlichkeit, beziehungsweise Unwahrscheinlichkeit in die Relation der Bedingung und des Bedingten treten, obliegen.

Als erste Gruppe seien die auf den Begründungsprinzipien mit wahrer Prämisse ruhenden Folgerungen in Kürze bezeichnet;

I. Die Kontrarietät, umfassend die Fälle:

1. Wahr: S hat P.

Falsch: S hat nicht P.

2. Wahr: S hat nicht P.
   Falsch: S hat P.
3. Wahrscheinlich: S hat P.
   Unwahrscheinlich: S hat nicht P.
4. Wahrscheinlich: S hat nicht P.
   Unwahrscheinlich: S hat P.

Bei den ersten zwei Fällen besteht die Begründung in der Einsicht, daß die Wahrheit der Prämisse (S hat P, beziehungsweise S hat nicht P) die Falschheit der Konklusion (S hat nicht P, beziehungsweise S hat P) deshalb bedinge, weil das Bestehen der Wahrheit des zweiten Urteils mit dem Wahrsein des ersten (nach dem Satz des Widerspruches) unverträglich wäre; jedes Urteil muß aber entweder wahr oder falsch sein (nach dem Satz des ausgeschlossenen Dritten). Gleichartig gestaltet sich das Verhältnis, wenn die Prämisse, wie in den Fällen 3 und 4. wahrscheinlich, die Konklusion unwahrscheinlich ist. Wenn „S hat P" wahrscheinlich ist, so kann „S hat nicht P" nur unwahrscheinlich sein — der Name wahrscheinlich in der faktischen Bedeutung aufgefaßt, wie wir sie in der Urteilslehre entwickelten. (Für den mathematischen Wahrscheinlichkeitsbegriff würden die Gegensätze $>\frac{1}{2}$ und $<\frac{1}{2}$ gelten es wäre evident, daß ein Wert über $\frac{1}{2}$ des ersten Ereignisses für das zweite einen Wert unter $\frac{1}{2}$ bedingt.)

II. Die Kontradiktion bei wahrer oder wahrscheinlicher Prämisse, umfassend die Fälle:

1. Wahr: S hat P.
   Falsch: s hat nicht P.
2. Wahr: S hat nicht P.
   Falsch: s hat P.
3. Wahr: s hat P.
   Falsch: S hat nicht P.
4. Wahr: s hat nicht P.
   Falsch: S hat P.

Noch vier Fälle ergeben sich, wenn das erste Urteil wahrscheinlich, das gefolgerte unwahrscheinlich als Erkenntniswert besitzt. Die Begründung stützt sich wieder auf die evidente Erkenntnis der Unverträglichkeit des Wahrseins der Conclusio mit dem Wahrsein des Obersatzes; insofern diese Erkenntnis von der Subalternation — „S hat nicht P" bedingt „s hat nicht P" — abhängig ist,

tritt uns die Kontradiktion als eine Folgerung, die zweier Begründungsprinzipien bedarf, entgegen, wobei jedoch das zweite Prinzip als das
sekundäre zu gelten hat.

III. Die Subalternation, umfassend die Fälle:

    1. Wahr: S hat P.
       Wahr: s hat P.

    2. Wahr: S hat nicht P.
       Wahr: s hat nicht P.

    3. Wahrscheinlich: S hat P.
       Wahrscheinlich: s hat P.

    4. Wahrscheinlich: S hat nicht P.
       Wahrscheinlich: s hat nicht P.

Der Nerv für die Begründung dieser unmittelbaren Schlüsse
liegt in der Einsicht, daß das Nichtbestehen der Wahrheit „s hat P"
(wobei s ein Teil von S bedeutet) mit der Wahrheit „S hat P"
unverträglich wäre, weshalb die Wahrheit von „S hat P" eben die
Wahrheit von „s hat P" bedingt. Gleichartige Sätze ergeben sich
für die Fälle der Wahrscheinlichkeit der Urteile in der Materie.
Ist es wahrscheinlich, daß S ... P nicht hat, dann ist auch wahrscheinlich, „s hat nicht P". Das aristotelische Dictum de omni et
nullo, demzufolge für den untergeordneten Teil dasselbe gilt wie für
das übergeordnete Ganze, ist nur ein spezieller und gekürzter Ausdruck des umfassenden evidenten Begründungsprinzips, das wir
oben formuliert haben.

IV. Die Äquipollenz bei wahrer oder wahrscheinlicher Prämisse umfassend die Fälle:

    1. Wahr: S hat P.
       Wahr: S hat nicht non-P.

    2. Wahr: S hat nicht non-P.
       Wahr: S hat P.

    3. Wahr: S hat nicht P.
       Wahr: S hat non-P.

    4. Wahr: S hat non-P.
       Wahr: S hat nicht P.

Vier andere Äquipollenzfolgerungen ergeben sich für die
Fälle der partikularen Materie. (Einige s haben P, einige s haben
nicht non-P u. s. f.) und weitere acht durch Ersetzung des Erkenntniswertes „wahr" durch „wahrscheinlich".

Das erste Begründungsprinzip nimmt bei dieser Gruppe von zweigliedrigen Schlüssen die spezielle Gestalt an: die Wahrheit, daß S oder s ... P habe, bedingt die Wahrheit, daß S oder s ... das kontradiktorische Gegenteil von P (nämlich non-P) nicht habe, da das Haben von non-P mit dem Haben von P evident unvereinbar wäre.

V. Die Konversion bei wahrer oder wahrscheinlicher Prämisse, umfassend die Fälle:

    1. Wahr: S hat P.
       Wahr: p hat S (als Bestandteil).
    2. Wahr: s hat P.
       Wahr: p hat s (als Bestandteil).
    3. Wahr: S hat nicht P.
       Wahr: p hat nicht S (als Bestandteil).

Hiezu treten noch drei gleichartige Fälle für wahrscheinliche Materien. Die bei der Konversion wirksamen besonderen Formen des ersten Begründungsprinzips lassen sich in die Sätze kleiden: Die Wahrheit, daß alle S oder einige s ... P haben, bedingt die zweite, daß P oder p in ihrem Umfang die Gegenstände S oder s als Bestandteil haben. Beispielsweise: Jede bunte Farbe hat Helligkeit, also hat das Helligkeit Habende die bunten Farben als Bestandteil. Im 3. Falle hat kein S ... P, daher ist auch im Umfange von P (genauer von p) kein S vorhanden.

VI. Die Kontraposition, umfassend die Fälle:

    1. Wahr: S hat P.
       Wahr: Non-P hat nicht S (als Bestandteil).
    2. Wahr: S hat nicht P.
       Wahr: Non-p hat S (als Bestandteil).
    3. Wahr: s hat nicht P.
       Wahr: Non-p hat s (als Bestandteil).

Die wahrscheinliche Materie liefert weitere sechs Kontrapositionen. In allen diesen Fällen nimmt das Begründungsprinzip den speziellen Ausdruck an: Die Wahrheit, daß alle S ... P haben, bedingt, daß im kontradiktorischen Gegenteil von P kein S als Bestandteil zu finden ist; ein dem Bedingten widerstreitender Tatbestand wäre eben mit S hat P unverträglich. Anderseits macht die Wahrheit, daß kein S ... P hat, das Urteil, wonach im Non-P (und zwar im Ausmaße non-p) das S einen Bestandteil bildet, wahr;

anderseits wird das Urteil „Non-p hat s" durch die Bedingung, daß einige s nicht P haben, bewahrheitet.

Insofern hier auch das Konversionsprinzip vermittelnd auftritt, kann die Kontraposition als zusammengesetzte Folgerung bezeichnet werden.

Einer kritischen Analyse bedürfte an dieser Stelle nun noch die als modale Konsequenz bezeichnete Folgerungsform, deren wichtigste Fälle etwa die folgenden sind:

 1. Wahr: S hat (hat nicht) notwendig P.
  Wahr: S hat (hat nicht) P.
  Wahr: S hat (hat nicht) möglicherweise P.

 2. Wahr: S hat (hat nicht) P.
  Wahr: S hat (hat nicht) möglicherweise P.

Hier wird aus der Wahrheit des apodiktischen auf die Wahrheit des assertorischen und problematischen Urteils mit gleicher Materie, ferner aus der Wahrheit des assertorischen Urteils auf die Wahrheit des problematischen über denselben Tatbestand geschlossen. Ob bei dem Übergang vom Apodiktischen zum Assertorischen ein Folgern stattfinde und ob der Schluß vom Assertorischen zum Problematischen überhaupt statthaft ist, darf als Streitfrage bezeichnet werden, die an dieser Stelle nicht erledigungsbedürftig erscheint. Die Theorie des Schlusses würde durch die Entscheidung dieser Frage wohl nur unwesentlich berührt.

Die zweite Gruppe von Folgerungen, welche für den praktischen Wissenschaftsbetrieb allerdings von minderer Bedeutung sind, aber in der logischen Theorie volle Berücksichtigung fordern, erscheinen durch einen falschen oder unwahrscheinlichen Obersatz charakterisiert. Wir zählen darunter:

I. Die Äquipollenz bei falscher oder unwahrscheinlicher Prämisse, umfassend die Fälle:

 1. Falsch: S hat P.
  Falsch: S hat nicht non-P.

 2. Falsch: S hat nicht non-P.
  Falsch: S hat P.

 3. Falsch: S hat nicht P.
  Falsch: S hat non-P.

 4. Falsch: S hat non-P.
  Falsch: S hat nicht P.

Hiezu treten die vier Äquipollenzen mit unwahrscheinlicher Materie, deren Anführung eine überflüssige Weitläufigkeit wäre. Allen diesen Fällen liegt die Begründung zu grunde, daß die zweiten Urteile falsch (unwahrscheinlich) sein müssen, da ihre Wahrheit (Wahrscheinlichkeit) mit der Falschheit (Unwahrscheinlichkeit) des Obersatzes unverträglich wäre. Für den ersten Fall sei das Beispiel beigebracht: Wasserstoffgas hat Farbigkeit (falsch) — Wasserstoffgas hat nicht Farblosigkeit (falsch).

II. Die Konversion bei falscher oder unwahrscheinlicher Prämisse, umfassend die Fälle:

> 1. Falsch: S hat P (als Bestandteil).
> Falsch: p hat S.
> 2. Falsch: s hat P.
> Falsch: p hat s (als Bestandteil).
> 3. Falsch: S hat nicht P.
> Falsch: p hat nicht S (als Bestandteil).

Die analogen drei Fälle für die Unwahrscheinlichkeit bedürfen keiner Aufzählung. Daß hier, wie bei der vorigen Art von Folgerungen, aus der Falschheit (Unwahrscheinlichkeit) der Prämisse die Falschheit (Unwahrscheinlichkeit) der Conclusio deshalb unmittelbar erschlossen wird, weil die Wahrheit (Wahrscheinlichkeit) der letzteren mit der Prämisse unverträglich ist, kann unschwer für jeden der sechs Fälle aufgezeigt werden. Ist es beispielsweise falsch, daß es Gefühle gibt, die keine Intensität haben (was von beachtenswerter Seite behauptet wurde), so ist es auch falsch, daß unter den Phänomenen ohne Intensität Gefühle zu finden seien (3. Fall).

III. Die Kontraposition bei falscher oder unwahrscheinlicher Prämisse, umfassend die Fälle:

> 1. Falsch: S hat P.
> Falsch: Non-P hat nicht S (als Bestandteil).
> 2. Falsch: S hat nicht P.
> Falsch: Non-p hat S (als Bestandteil).
> 3. Falsch: s hat nicht P.
> Falsch: Non-p hat s (als Bestandteil).

Daran sind drei Fälle der Kontraposition aus unwahrscheinlichen Prämissen zu reihen. Eine ausführliche Entwicklung des Begründungsprinzips darf nach dem bereits bei der Konversion Ausgeführten unterbleiben, da auf den ersten Blick ersichtlich ist, daß hier der dritte unter den von uns aufgezählten Folgerungsgrundsätzen Anwendung findet. Daß die Kontraposition als zusammengesetzte Folgerungsform aufzufassen ist, haben wir bereits erwähnt.

IV. Die Subkontrarietät, umfassend die Fälle:

      1. Falsch: s hat P.
        Wahr: s hat nicht P.
      2. Falsch: s hat nicht P.
        Wahr: s hat P

nebst den zwei Folgerungen einer wahrscheinlichen Konklusion aus der unwahrscheinlichen Prämisse bei entgegengesetzter Qualität. Die Subkontrarietät folgt dem vierten oben angegebenen Begründungsprinzip, indem aus der Falschheit eines gegebenen Urteils (s hat P, beziehungsweise s hat nicht P) die Wahrheit eines zweiten Urteils (s hat nicht P, beziehungsweise s hat P) unmittelbar erschlossen wird; das Nichtbestehen der Wahrheit des zweiten Urteils wäre nämlich mit der Falschheit des ersten, gegebenen Urteils unverträglich. Dieser Satz kann auch für das Folgen der Wahrscheinlichkeit der Konklusion aus der gegebenen Unwahrscheinlichkeit der Prämisse formuliert werden. Ist es beispielsweise unwahrscheinlich, daß einige platonische Dialoge echt sind, so ist das Gegenteil des Nichtechtseins wahrscheinlich.

V. Die Kontradiktion bei falscher oder unwahrscheinlicher Prämisse, umfassend die Fälle:

      1. Falsch: S hat P.
        Wahr: s hat nicht P.
      2. Falsch: S hat nicht P.
        Wahr: s hat P.
      3. Falsch: s hat P.
        Wahr: S hat nicht P.
      4. Falsch: s hat nicht P.
        Wahr: S hat P.

Hiezu treten die vier analogen Fälle der Unwahrscheinlichkeit des ersten Urteils, aus der die Wahrscheinlichkeit des zweiten evident wird. Das hier zur Anwendung gelangende (vierte) Begründungsprinzip ist dasselbe wie bei der Subkontrarietät, doch bedarf es der Vermittlung einer Subalternation, nämlich „S hat nicht P", also „s hat nicht P" u. s. w., so daß eine Folgerung mit Hilfe zweier Folgerungsprinzipien oder eine zusammengesetzte Folgerung vorliegt.

Sollen der Vollständigkeit halber auch die etwa in die zweite Gruppe gehörigen Folgerungen nach modaler Konsequenz aufgezählt werden, so wären als Hauptfälle anzuführen:

1. Falsch: S hat (hat nicht) möglicherweise P.
   Falsch: S hat (hat nicht) P.
   Falsch: S hat (hat nicht) notwendig P.
2. Falsch: S hat (hat nicht) P.
   Falsch: S hat (hat nicht) notwendig P.

Hinsichtlich der Bedenklichkeit dieser Art des Folgerns verweisen wir auf unsere frühere Bemerkung über die Consequentia modalis.

78.

Das regressive Schließen aus zwei Prämissen. Das allgemeine Prinzip aller Schlüsse mit dreigliedriger Materie läßt sich in dem Satze ausdrücken: Besteht die bedingende Wahrheit oder Wahrscheinlichkeit zweier gegebener Urteile (der Propositio major und der Pr. minor), so folgt die von ihr bedingte Wahrheit oder Wahrscheinlichkeit eines neuen dritten Urteils (der Conclusio) nach den Sätzen des Widerspruches und des ausgeschlossenen Dritten.

Das regressive Schließen ist ein gewisses und vollzieht sich mit drei klaren Begriffen. Die Conclusio als Urteil für sich genommen, kann gleichwohl nur Wahrscheinlichkeit besitzen. Werden nämlich die Begriffsverhältnisse auf die Wirklichkeit übertragen, so verleiht dieser Übertrag — wenn eine Prämisse bloß wahrscheinlich ist oder beide Prämissen wahrscheinliche sind — auch der Conclusio nur mehr den Erkenntniswert der Wahrscheinlichkeit. Kurz ausgedrückt: Regressiv kann nichts erschlossen werden, das einen höheren Erkenntniswert besitzt als das Bedingende, aus welchem es fließt.

Im Schlußsatze unterscheiden wir einen Subjekts- und einen Prädikatsbegriff; der dritte im Schlusse vorkommende Begriff (der Medius) funktioniert vermittelnd und fehlt im Schlußsatz. Die Vermittlung des Medius vollzieht sich im Untersatz, welcher bei jedem regressiven Schluß eine Substitution vollzieht oder als nichtvollziehbar setzt. Es wird nämlich im Untersatz entweder das Subjekt der Conclusio (S) an Stelle des Medius (M) gesetzt oder die Nichtsubstituierbarkeit des Subjekts für den Medius ausgesprochen. Je nachdem das eine oder das andere im Untersatz vollzogen wird, zerfallen die regressiven Schlüsse in zwei Hauptarten, die später näher besprochen werden sollen. Die Entscheidung dafür, ob in einem gegebenen Falle S für M substituierbar ist oder nicht, liegt in der Natur der Relation, die zwischen diesen beiden Begriffen besteht. Als unmittelbar einleuchtend darf bezeichnet werden, daß in folgenden drei Fällen die Substitution eintritt:

1. Die Begriffe M und S repräsentieren den gleichen Gegenstand (in verschiedener Repräsentationsform), so daß eine Identitäts- oder eigentlich Gleichheitsrelation vorliegt. Die daran sich knüpfende Benennung „Identitätsschlüsse" ist ziemlich eingebürgert.

2. Der Begriff M repräsentiert das Ganze, der Begriff S den Teil, so daß S unter M zu subsumieren ist: Subsumtionsschlüsse[1]).

3. Der Begriff M steht zu S in der Relation des Zukommens oder S hat M als Beschaffenheit. In diesem Falle hat S auch jene sekundären Beschaffenheiten, die der primären Beschaffenheit M zukommen. Auf diesem Verhältnis ruhen die Koadjektionsschlüsse.

In den Fällen 2 und 3 ist das M augenscheinlich das in irgend einem Sinne Allgemeinere im Vergleiche zu S; im ersten Falle ist zwar M und S jedes für sich genommen gleich allgemein, da aber vor der Substitution M sowohl für M als für S steht, so ist wenigstens die Repräsentationsform M in diesem Zeitpunkt die allgemeinere. Dies zugegeben stellt das Schließen regressiver Richtung einen Übergang vom Allgemeineren zum Besonderen (oder minder Allgemeinen) dar, welcher seit altersher mit dem Namen Deduktion zutreffend bezeichnet wird. Wollte man die Identität nicht der Subsumtion und Koadjektion nebenordnen, so würde dies die Einteilung der regressiven Schlüsse in Identitäts- und Deduktionsschlüsse rechtfertigen. Eine über die Art und Weise der Gruppenbildung hinaus-

---

[1]) Musterfälle des subsumierenden Schließens bietet die Handhabung des Strafrechtes dar.

Der Richter hat (nach österreichischem Strafrecht) beispielsweise die gesetzliche Definition als Obersatz:

„Eines Raubes macht sich schuldig, wer einer Person Gewalt
    antut, um sich ihrer oder sonst einer fremden beweglichen
    Sache zu bemächtigen." (§ 190.)

Untersatz ist die zu beurteilende Einzeltat; als Schlußsatz wird Schuldspruch gefällt oder die Schuld am Raube verneint.

Sollte der gegebene Fall nur deshalb eine negative Konklusion liefern, weil das Merkmal der Gewalt fehlt, so wird der Richter die Subsumtion unter § 171 versuchen: „Wer um seines Vorteiles willen eine fremde bewegliche Sache aus eines anderen Besitz ohne dessen Einwilligung entzieht, begeht einen Diebstahl." Die Fortsetzung dieses Vorganges führt schließlich zur Entscheidung über die strafrechtliche Qualität der untersuchten Handlung.

geheude prinzipielle Bedeutung für die Theorie des Schlusses käme dieser Neuerung nicht zu.

Ist keine der angegebenen drei Relationen zwischen M und S vorhanden, so besteht nur die negative Relation, daß M und S sich hinsichtlich des Beisammenseins in einem Tatbestande ausschließen, in welchem Falle die Nichtsubstitution ausdrücklich geurteilt wird. Dieser Untersatz liefert, wenn der Obersatz das Zusammenbestehen von P und M ausspricht, eine gültige Konklusion, derzufolge S nicht mit P identisch ist, beziehungsweise S das P nicht als Teil oder Beschaffenheit hat. Wenn wir im folgenden an den Urteilssymbolen „S hat P" und „S hat nicht P" festhalten, so mögen dieselben als verkürzte Ausdrücke für alle drei Arten des Tatbestandes „S hat P als gleichen Gegenstand, als Umfangsteil, als Beschaffenheit" und beziehungsweise für die Negation dieser Setzungen verstanden werden.

Wir schreiten nunmehr zur schematischen Aufzählung der fundamentalen Fälle der regressiven Schlüsse, wobei wir mit Absicht paradigmatische Begriffe zu Beispielen heranziehen:

I. Hauptart des regressiven Schließens.

(Bejahender Untersatz, der die Substitution vollzieht.)

1. Form, Obersatz positiv:

$$M \text{ hat } P$$
$$S \text{ hat } M$$
$$S \text{ hat } P.$$

Beispiel:

Alles Schmerzfühlende hat ein Recht auf Schonung.
Das Tier hat die Fähigkeit, Schmerz zu fühlen.
Das Tier hat ein Recht auf Schonung.

2. Form, Obersatz negativ:

$$M \text{ hat nicht } P$$
$$S \text{ hat } M$$
$$S \text{ hat nicht } P.$$

Beispiel:

Das physikalische Atom hat nicht Beseelung.
Die Hirnzelle hat die Natur physikalischer Atome.
Die Hirnzelle hat nicht Beseelung.

3. Form, Obersatz positiv:

$$P \text{ hat } M$$
$$\underline{S \text{ hat } M}$$
$$\text{Kein Schluß auf } S \text{ zu } P.$$

Allerdings folgt aus den beiden Urteilen mit Hilfe einer hinzutretenden Folgerung die Konklusion: „S und P haben gemeinsam M"; allein dieser Schluß bezieht sich nicht auf eine der regressiv zu gewinnenden Relationen der Identität, der Subsumtion, beziehungsweise der Koadjektion zwischen S und P.

4. Form, Obersatz negativ:

$$P \text{ hat nicht } M$$
$$\underline{S \text{ hat } M}$$
$$S \text{ hat nicht } P.$$

Beispiel:

> Der Wert ist nicht eine Eigenschaft (hat nicht die Natur
> einer Eigenschaft).
> Nützlichkeit ist eine Eigenschaft.
> Nützlichkeit ist nicht Wert.

II. Hauptart des regressiven Schließens.

(Verneinender Untersatz; die Substitution wird als nicht vollziehbar
gesetzt.)

1. Form, Obersatz positiv:

$$M \text{ hat } P$$
$$S \text{ hat nicht } M$$
$$\text{Kein Schluß auf } S \text{ zu } P.$$

2. Form, Obersatz negativ:

$$M \text{ hat nicht } P$$
$$\underline{S \text{ hat nicht } M}$$
$$\text{Kein Schluß auf } S \text{ zu } P.$$

3. Form, Obersatz positiv:

$$P \text{ hat } M$$
$$\underline{S \text{ hat nicht } M}$$
$$S \text{ hat nicht } P.$$

Beispiel:

> Alle Fische haben Kiemen.
> Der Delphin hat keine Kiemen.
> Der Delphin ist kein Fisch.

4. Form, Obersatz negativ:

P hat nicht M

S hat nicht M

Kein Schluß auf S zu P.

Mit Hilfe einer Folgerung ergibt sich jedoch die Conclusio „S und P haben gemeinsam das Nichthaben von M", womit jedoch ein Schluß mit neuer Materie entsteht.

Alle anderen Schlußmodi der älteren Syllogistik sind durch Variation der Prämissen nach Maßgabe der Quantitätsfolgerungen aus den hier entwickelten vier gültigen Grundformen abgeleitet und ruhen nicht auf eigenartigen Begründungsprinzipien.

Die Zusammenfassung der Merkmale der gültigen Grundformen des regressiven Schließens läßt sich in folgenden Regeln geben:

1. Aus zwei verneinenden Prämissen ergibt sich kein Schluß, da dieselben kein Urteil über die Substitution von S und M ermöglichen[1]).

2. Eine Prämisse muß wenigstens universal sein, weil sonst ein Urteil über die Substitution von S und M unmöglich würde.

3. Bei der ersten Hauptart ist der Untersatz positiv.

4. Bei der zweiten Hauptart ist der Untersatz negativ.

5. Bei der zweiten Hauptart muß der Obersatz positiv sein, da sonst ein Urteil über die Nichtsubstituierbarkeit unmöglich wird.

Eine besondere Hauptart des regressiven Schließens ergibt sich dann, wenn die Prämissen nicht beide, wie bei der I. und II. Hauptart, kategorische Schlüsse sind, sondern ein hypothetisches Urteil enthalten, beziehungsweise aus zwei hypothetischen Urteilen bestehen. Die vier gültigen rein hypothetischen Formen entsprechen den Schemata:

1. Form (rein hypothetischer Schluß, modus ponens):

Wenn M etwas hat, hat es P

Wenn S es hat, hat es M

Wenn S etwas hat, hat es P.

2. Form (rein hypothetischer Schluß, modus tollens):

Wenn M etwas hat, hat es P nicht

Wenn S es hat, hat es M

Wenn S etwas hat, hat es P nicht.

[1]) Bolzano kritisiert diese Regel in der Wissenschaftslehre, II., p. 558 ff. ablehnend und gibt das Beispiel: Kein M ist ein P, kein M ist ein S, einige Nicht-S sind Nicht-P. Vgl. dazu unsere Bemerkung zur II. Hauptart, 4. Form.

3. Form (rein hypothetischer Schluß, modus tollens):

    Wenn P etwas hat, hat es M nicht

    Wenn S es hat, hat es M

    Wenn S es hat, hat es P nicht.

4. Form (rein hypothetischer Schluß, modus tollens):

    Wenn P etwas hat, so hat es M

    Wenn S es hat, hat es M nicht

    Wenn S es hat, hat es P nicht.

Hiezu treten die beiden gemischt-hypothetischen Fälle:

5. Form (gemischt-hypothetischer Schluß, modus ponens):

    Wenn M etwas hat, hat es S

    M hat es

    S hat es.

6. Form (gemischt-hypothetischer Schluß, modus tollens):

    Wenn M etwas hat, hat es S

    M hat es nicht

    S hat es nicht.

Die sogenannten disjunktiven Schlüsse reihen wir gemäß der Anschauung, daß die disjunktiven Urteile im Grunde kategorische (mit indirekter Bestimmung des Prädikats) sind, in die kategorischen Schlüsse. Das gleiche gilt für Schlüsse, deren Prämissen Urteile mit disjunktivem Subjekt sind. Ein näheres Eingehen auf die verschiedenen Arten der nicht kategorischen Schlüsse überschritte die unserer Arbeit gezogene sachliche Grenze.

Erwähnt sei jedoch die Scheidung zwischen logisch berechtigten und logisch unberechtigten regressiven Schlüssen. Die letzteren entstehen dann, wenn der Untersatz, welcher die Substitution vollzieht, hinsichtlich seiner Glaubwürdigkeit ungeprüft hingenommen wird oder ganz unter der Bewußtseinsschwelle bleibt. Eine logisch unberechtigte Deduktion muß nicht eben falsch sein, wenn auch die Gefahr naheliegt, daß die sorglose Art des Anknüpfens von Schlußsätzen an eine unvollständige Materie von Prämissen zu „willkürlichen Konstruktionen" führt. Eine Hauptgefahr für die Erkenntnispraxis liegt aber in der Verwechslung der evidenten Richtigkeit des deduktiven Verfahrens und der materiellen Wahrheit des Schlußurteils, welche Verwechslung wiederholt zu schweren Verirrungen in der Metaphysik geführt hat. Die Zeit ist noch nicht so ferne, in der man glaubte, aus den Begriffen mit Evidenz erschlossen zu haben, daß es nur sieben Planeten geben könne.

Auch in der Gegenwart besteht noch vielfach die Meinung, daß die bekannten neunzehn Schlußmodi der mittelalterlichen Logik die einzig möglichen und richtigen Schemata für alle gültigen Syllogismen darstellen. Bereits die Wahrnehmung, daß die partikularen Konklusionen jener Modi teils „nur einige S", teils „mindestens einige S' als Subjekt haben müssen, um richtig zu sein (wobei das Subjekt „nur einige S" ein Doppelurteil fordern würde), könnte den Glauben an die unverrückbare Korrektheit der ehrwürdigen vier Figuren erschüttern. Wirksamer aber mag der Hinweis sein, daß recht verschiedenartige Gruppenbildungen und Schemata zur wissenschaftlichen Ordnung der Schlüsse geeignet sind, und daß Versuche in dieser Richtung gelehrt haben, in den schollastischen Syllogismen nur eine Auswahl der theoretisch möglichen Kombinationen zu erblicken. Es sei uns gestattet, ein kurzes Beispiel hiezu einzuschalten:

Bolzano stellt in der Wissenschaftslehre, II. Bd., § 227, p. 410 ff., sechs Verbindungsfälle an die Spitze seiner überreichen Liste der mittelbaren Schlüsse. Diese scharfsinnig und originell konstruierten Grundfälle sind:

1. Verbindung:

Was a hat, hat b
Was a hat, hat c

Was a hat, hat die Beschaffenheit, jeder der Vorstellungen B, C zu unterstehen.

2. Verbindung:

Was a hat, hat b
Was a nicht hat, hat c

Entweder B und C bezeichnen nur eine Vorstellung ...
oder sie bezeichnen zwei Vorstellungen, die zusammengenommen jedes beliebige Etwas umfassen.

3. Verbindung:

Was a hat, hat b
Was c hat, hat b

Jeder Gegenstand, der unter irgend einer von den Vorstellungen A und C steht, hat b.

4. Verbindung:

Was a hat, hat b
Was c hat, hat nicht b

Was a hat, hat nicht c, und was c hat, hat nicht a — oder zusammengefaßt: „Die Vorstellung eines Gegenstandes, der unter beiden Vorstellungen A und C stände, hat keinen Gegenstand."

5. Verbindung:

Was a hat, hat b
Was c hat, hat a

Was c hat, hat auch b.

    6. Verbindung:

$$\text{Was } a \text{ hat, hat } b$$
$$\text{Was } c \text{ hat, hat nicht } a$$

Daß alles, was b hat, auch c habe, ist falsch; das Gebiet der Vorstellung A ist ein Teil vom Gebiete der Vorstellung eines Etwas überhaupt; was a hat, hat nicht c.

An dieser Stelle der Untersuchung erscheint die Berührung der alten Frage unumgänglich, welchen Erkenntniswert der Syllogismus besitze. Während die Aristoteliker und wohl auch die Platoniker bis zu Hegel in der Deduktion das einzige Mittel erblickten, die sichere Erkenntnis des Seienden zu erweitern, spricht eine andere Gruppe von Logikern, als deren ersten Vertreter wir wohl Pyrrho[1]) anzusehen haben, dem Syllogismus jeden Wert für das Erkennen ab, und zwar mit der Begründung, daß eine der Prämissen, um gültig zu sein, die Conclusio bereits in sich enthalten, beziehungsweise voraussetzen müsse. Die neuere Philosophie hat sich bemüht, zwischen diesen Extremen zu vermitteln, namentlich seit J. St. Mill die skeptische These von der Wertlosigkeit der Deduktion aufgriff[2]).

So hat beispielsweise Sigwart[3]) nach sorgfältigen kritischen Erwägungen gezeigt, daß die Stellungnahme zu jenem Problem je nach dem Sinne des allgemeinen Obersatzes eine verschiedene sein müsse. Sind die Obersätze analytische Begriffsurteile, so können die daran geknüpften subsumierenden Syllogismen lediglich die feststehenden Begriffsverhältnisse bei ihrer Anwendung gegenwärtig halten und das Schlußverfahren sichern. Eine höhere Bedeutung gewinnen die Deduktionen im Sinne des Aristoteles, wenn sie in den Dienst der Begriffsbildung treten und zur Konstruktion von Definitionen herangezogen werden. Eine Erweiterung der Erkenntnis wird sich aber ergeben, wenn die Obersätze synthetische Urteile a priori nach der Auffassung Kants bedeuten. Die Mathematik findet Neues, indem sie aus Definitionen mit Hilfe der Axiome Relationen zwischen den definierten Gegenständen feststellt. Soweit Sigwart. Wir können ihm in allem Prinzipiellen nur beipflichten. Das Neue, das der Syllogismus darbietet, liegt in den Relationen, welche durch die intellektuelle

---

[1]) Sext. Empir. Pyrrh. hypot., II., 194 ff.

[2]) J. St. Mill, Logik, d. v. Gomperz, I. Bd., II. Bch., 3. Kap., p. 209 f. Eine wertvolle kurze Geschichte der Einwendungen gegen den Wert des Syllogismus findet sich bei Ueberweg, Logik, 4. Aufl., Bonn 1874, p. 271 ff. Dazu Gegengründe, p. 318 ff.

[3]) Sigwart, Logik, 2. Aufl., Freiburg i. B. 1889 (3. Aufl. Tübingen 1904), 1. Bd., § 55, p. 470.

Tätigkeit des Schließens zwischen die Begriffe mit Evidenz gesetzt werden, wofür freilich die Begriffsinhalte die Fundamente abgeben müssen. Wie wertvoll das auf diese Weise zum wissenschaftlichen Bestand Hinzugebrachte sein kann, beweist die Mathematik. Aber auch jede andere Disziplin, welche die Gegenstände rein logischer Urteile in deduktiven Schlüssen behandelt, vermag durch Feststellung von apriorischen Relationen in der Conclusio „Neues" zu bringen. Der Syllogismus ist jedoch unfähig, Neues hinsichtlich des Seins, der Beschaffenheit und der Beziehungsverhältnisse von Gegenständen der Wirklichkeit zu erschließen, wie dies die Induktion und Analogie, wenn auch nur mit Wahrscheinlichkeitswert, leistet. Da nun selbst die Bildung der Begriffsinhalte von Erkenntnissen wirklicher Elemente ihren ersten Ausgang nimmt, so sind alle Fundamente, an welche die Deduktion anknüpft, nicht Leistungen des Syllogismus. Der Begriff des Menschen mit seinem Merkmale der Sterblichkeit und das Einordnen des Cajus unter die Menschen (mit oder ohne Reflexion auf das Sterblichkeitsmerkmal) sind bloß induktiv zu verantworten. Sind aber der Allgemeinbegriff des Menschen und der Individualbegriff des Cajus einmal gegeben, so erfolgt die Prädikation der Sterblichkeit mittels evidenter Deduktion. Diese Prädikation bringt Neues bei, insofern sie zwischen jene Begriffe eine Relation der Unterordnung setzt, was eine intellektuelle Tat bedeutet, die durch die Begriffe selbst zwar ermöglicht, aber nicht realisiert wird. Der Wert des Syllogismus steigt, wenn der Obersatz durch eine Induktion aus Einzelfällen zu stande kam, in denen der Einzelfall des Untersatzes nicht enthalten war. Dann kann der Schlußsatz etwas Überraschendes an sich haben, beispielsweise, wenn aus der Natur der Schwere und des Vakuums deduziert wird, daß ein Markkügelchen und ein Stein in einer luftleeren Röhre gleich rasch fallen müssen. Wie uns an späterer Stelle auszuführen obliegt, werden inmitten der naturwissenschaftlichen Forschung an vollzogene Induktionen stets gewissermaßen kontrollierende Deduktionen angeschlossen und die Induktionsschlußsätze in fortwährendem Wechselspiel der beiden Schlußweisen den gegebenen Sachverhalten solange möglichst angepaßt, bis Obersätze von der ausgezeichneten Sicherheit und Klarheit mathematisch formulierter Gesetze gefunden sind. Solche Obersätze bilden dann das Gerüst des naturwissenschaftlichen Systems. Die Geringschätzung des Syllogismus und überhaupt des regressiven Schlußverfahrens ist angesichts dieser Rolle ein altväterisches Vorurteil.

79.

Das progressive Schließen aus zwei Prämissen. Wie jedes Schließen, so ist auch das progressive — mag es nun eine Induktion oder ein Analogismus sein — das „Folgern" eines Urteils (conclusio) aus anderen Urteilen (praemissae), d. h. ein Fürwahrhalten der Conclusio aus dem Grunde des Fürwahrhaltens der Prämissen. Und auch bei dieser Hauptklasse des Schließens ist das logische Korrelat zum psychologischen „Folgern" das „Folgen" des schließlichen Urteils aus den bedingenden anderen. Dem progressiven Schließen ist es jedoch charakteristisch, daß bei ihm die Relation „Weil—so" die Wahrscheinlichkeit des Bedingtseins der Conclusio durch die Prämissen bedeutet — mögen nun die beteiligten Urteile selbst wahr, wahrscheinlich oder falsch sein. Die an die Spitze dieses Abschnittes gestellten Beispiele 4—6 können zur Bekräftigung dienen. Man betrachte den Schluß: Der Biß der Kreuzottern A, B, C, D wirkte giftig; wie A, B, C, D verhalten sich alle Kreuzottern: Der Biß der Kreuzotter überhaupt wirkt giftig. Das Begründungsprinzip liegt hier offenbar (wie beim regressiven Schluß) im Untersatz, der von den Fällen A, B, C, D zu allen Fällen K fortschreitet; die Eigenart dieses Satzes, von welcher noch zu sprechen sein wird, stempelt das ganze Schlußverfahren zu einem wahrscheinlichen. Würde dieser Untersatz nicht explizite oder implizite gedacht und nicht für wahr gehalten, so käme es nicht zum Schlußurteil. Auch der Fall des **Nichtfolgerns** in progressiver Richtung bedarf als negative Qualität des Prozesses einer Analyse für sich. Die Wahrscheinlichkeit des Schlußvorganges bestünde im untersuchten Beispiele auch dann, wenn etwa der Obersatz zum Teile irrig sein sollte, was auch den Schlußsatz falsch machen müßte. Im Schlusse, der aus $2^3 - 1 = 7$, $2^5 - 1 = 31$, $2^7 - 1 = 127$ folgert, daß die ungeraden Potenzen von 2 abzüglich 1 prim seien, ist der Schlußsatz falsch — wenn auch selbst Mathematiker von Beruf nicht selten dem Triebe unterliegen, ihn zu induzieren, bis die Rechnung sie eines besseren belehrt[1]).

Alle Fälle des progressiven Schließens zeigen einen Übergang vom minder Allgemeinen zum Allgemeineren, welche Richtung mit

---

[1]) Ob das wahrscheinliche progressive Verfahren auch an evident wahre Urteile anknüpfen kann, glaubten wir unter der Voraussetzung bejahen zu sollen, daß speziell der Untersatz nicht evident sei und die Natur einer Konstitution bewahre; wird der Untersatz evident, dann liegt ein Syllogismus vor, dessen Form äußerlich der Induktion nachgebildet ist.

der Gewißheit richtigen Ableitens nicht zu vereinen ist. Dafür beschränkt sich das progressive Schließen nicht auf die Feststellung von Relationen zwischen deutlichen Vorstellungen (in der Regel Begriffen), sondern gelangt zu Schlußurteilen, in denen das Sein, die Beschaffenheit oder ein Beziehungsverhältnis (oft die Kausalbeziehung) von Gegenständen mit realer Wirklichkeit behauptet wird. Das Prinzip der „Konstitution", das diese Grundklasse des Schließens beherrscht, führt aposteriorisch zu Erkenntnissen, die empirisch Neues (nicht durch Analyse des begrifflichen Denkgegenstandes Gewinnbares) bringen und damit das Wissensmaterial der Erfahrung aufbauen. Die Überprüfung und Ordnung des in deutliche Vorstellungen eingegangenen Erfahrungswissens sowie das apriorische Gewinnen von neuen Begriffsverhältnissen durch Analyse der Denkgegenstände fällt sodann dem Syllogismus zu.

Die Bestandteile des unverkürzten progressiven Schlusses oder „Epagogismus" sind:

1. Der Obersatz oder der Instanzenkomplex;
2. der Untersatz oder das konstituierende Urteil;
3. der Schlußsatz.

Das Begründungsprinzip dieser Grundklasse von Schlüssen ist im Untersatz zum Ausdrucke gebracht, der hier nicht eine Substitution, wie bei den Syllogismen, sondern eine „Konstitution" vollzieht. Der hiemit eingeführte Name mag seine Rechtfertigung in dem Umstande finden, daß im Untersatze irgend ein Mehr gesetzt wird, welches das im Instanzenkomplex Behauptete zu einer allgemeinen Tatsache ausbaut. Jenes Mehr spielt die Rolle des Medius, durch welchen sich die Vermittlung zwischen dem S und P der Instanzen mit dem S und P der Conclusio vollzieht, es stellt also den Hauptbegriff des Begründungsprinzips dar, der im Schlußsatz nicht zutage tritt. Das Begründungsprinzip kann jedoch auch die Nichtvollziehbarkeit der Konstitution aussprechen, welcher Umstand die Conclusio negativ oder unvollziehbar macht. (Hievon in der Folge Näheres.) Die Entscheidung dafür, ob in einem gegebenen Falle S oder P (des Obersatzes) zu M konstituierbar ist oder nicht, liegt in der Natur der Relation, die zwischen den beiden Gegenständen S und P (des Obersatzes) besteht.

Diese Relation ist, wenn Konstitution möglich sein soll, jedesmal die von Grund und Folge, und zwar bei allen Progressionen über das Erfahrungsgebiet die Kausalrelation, bei den mathematischen progressiven Schlüssen die Abhängigkeitsrelation im Sinne einer Definition oder eines Axioms. Bei der Induktion der Giftigkeit der Kreuzottern ist es das Bewußtsein von dem kausalen Zusammenhang dieser Eigenschaft mit der somatischen Beschaffenheit solcher Schlangen, die Gegenstand der Allgemeinvorstellung „Kreuzotter" sind.

Wird der Analogieschluß gezogen, daß der Mars, der eine Atmosphäre, Wasser, Jahreszeiten, Meere, Kontinente, Pflanzenwuchs . . . besitzt, der Erde auch hinsichtlich der Bewohnbarkeit durch Tiere gleich sei, so ist es wiederum die kausale Abhängigkeit der Bewohnbarkeit von der in den gemeinsamen Eigenschaften sich kundgebenden Natur des Mars.

Bei den sogenannten mathematischen Induktionen (so lange sie echte, d. h. unvollständige sind) drückt der Untersatz eine Abhängigkeitsrelation aus, die wahrscheinlicherweise in einem der Axiome oder in der vorausgesetzten Definition fixiert ist.

Der Anfänger in der Geometrie wird auf Grund zweier verschieden angelegter Fälle geneigt sein, mit großer Zuversicht induzierend für wahr zu halten, daß der Peripheriewinkel halb so groß als der Zentriwinkel über demselben Bogen sei, und zwar auf Grund des wahrscheinlichen Untersatzes, daß eine feste Abhängigkeitsbeziehung solcher Winkel in den Axiomen der Euklidischen Geometrie beschlossen liege. Der geschulte Mathematiker wird jedoch zu zeigen haben, daß jene Winkelrelation erst evident gewiß sei, wenn noch eine dritte Stellung der Winkel darauf untersucht und die vollständige Erschöpfung der Möglichkeiten durch die drei geprüften Stellungen aufgezeigt wird. Die Induktion geht dadurch in einen Syllogismus über, dessen Sätze durch Umstellung der früher der Induktion zu grunde liegenden sofort deduktiv geordnet werden können. Ein mathematischer Analogieschluß beispielsweise liegt in dem noch nicht als apriorisch richtig bewiesenen Übergang von $c_2 = a \cdot q \ldots$ auf $c_n = a \cdot q^{n-1}$. (Im Hinblick auf den Umstand, daß Induktionen und Analogismen der naturkundlichen und soziologischen Erfahrung ohne jenes Maß von spezialwissenschaftlichen Voraussetzungen, wie es bei mathematischen Deduktionen besteht, wiedergegeben werden können, glauben wir unsere späteren Beispiele aus dem ersterwähnten Wissensgebiet entlehnen zu sollen.)

Urteilt der Untersatz des progressiven Schlusses, daß keine Relation von Grund und Folge in dem Verhalten von S und P des

Obersatzes zum Ausdruck komme, so fällt die Conclusio negativ
aus oder wird überhaupt unvollziehbar. Wenn jemand zeigt, daß
eine Anzahl von untersuchten Völkern mit schwarzer Hautfarbe
minder anpassungsfähig an die abendländische Kultur sei, als eine
Anzahl von lichthäutigen Kaukasiern, so liefert diese Zusammenstellung lediglich ein statistisches Datum; eine Induktion würde
sich erst ergeben, wenn eine kausale Relation zwischen Hautfarbe und Anpassung für wahr gehalten werden könnte. Wird das
Bestehen dieser Relation durch den Untersatz ignorationis causa
nicht gesetzt, so folgt kein Urteil über das Verhalten jener Neger
zur Kultur. Dagegen entsteht eine negative Conclusio, wenn ein
Fall bekannt wird, daß ein Volk mit schwarzer Hautfarbe die verglichenen Kaukasier an Bildungsfähigkeit übertreffe, da der Untersatz cognitionis causa die fragliche Beziehung verneint. Das Schlußurteil lautet dann: „Menschen mit schwarzer Hautfarbe haben als
solche nicht ein vergleichsweise geringes kulturelles Anpassungs-
vermögen.“

Als Hauptarten der progressiven Schlüsse werden wir die Induktionen (im engeren Sinne) oder Induktionismen und die Analogieschlüsse oder Analogismen kennen lernen. Bei den naturwissenschaftlichen Induktionismen wird in der Regel aus Einzelfällen
(z. B. Beobachtungen gleicher Erscheinungspaare) vermöge des Fürwahrhaltens, daß dabei ein bestimmtes Verhältnis von Ursache und
Wirkung bestehe, zum allgemeinen Gesetze (z. B. die notwendige
Abhängigkeit jener Erscheinungen voneinander) vorgeschritten.

Jede Induktion mit bejahendem Schlußsatz stellt
sich als eine Verallgemeinerung des in einzelnen Fällen
besonderten Subjekts des Obersatzes im Schlußsatze dar, wofür der Untersatz das Begründungsprinzip liefert.

Dagegen sprechen die Analogismen dieses Wissengebietes in
der Regel aus, daß ein Gegenstand außer den bekannten Beschaffenheiten noch andere besitze, weil das Vorhandensein der bekannten
Beschaffenheit infolge kausaler Erwägungen durch den Besitz der nicht
festgestellten gewährleistet sei. Spencer hat dem Ektoderm die regulierende, dem Entoderm die ernährende und dem Mesoderm die
verteilende Funktion im Organismus zugewiesen und gezeigt, daß im
Staate der Krieger- und Richterstand dem Ektoderm, der Land-
wirte- und Industriellenstand dem Entoderm und der Handelsstand
dem Mesoderm entspreche. Mittels des Untersatzes, daß diese Auf-
teilungsweise von Funktionen in der Natur des Staates kausal be-

gründet liege, zog er schließlich die Konklusion, daß der Staat ein
Organismus sei, dem dann auch ein Nervensystem eigen sein müsse
— dieses Merkmal fand Spencer in der Regierung, als der obersten
Leitung der sozialen Funktionen.

Das logisch Bemerkenswerteste an diesem Muster eines Analogismus ist der begründende Untersatz, der nicht ausdrücklich ausgesprochen zu werden pflegt: Das Recht, dem Staate alle Eigenschaften des Organismus zuzuschreiben und damit ihn selbst unter die
Organismen einzureihen, wird aus dem expliziten oder impliziten
Urteile geschöpft, daß der Besitz der festgestellten Eigenschaften
(kein Zufall, sondern) der Ausdruck eines notwendigen Verbundenseins der Natur des Staates mit den Eigenschaften or-
ganischer Einheiten sei. Zu diesen Eigenschaften gehören dann
auch die nicht festgestellten und ihr Besitz ist für den Staat
ebenso notwendig, wie das Haben der erkannten Merkmale.
Der Untersatz der Analogismen verallgemeinert das in
einzelne Eigenschaften zerlegte Prädikat des Obersatzes, wofür wiederum der Untersatz das Begründungsprinzip darbietet.

Bei den Analogismen wie bei den echten Induktionen hat der
begründende Untersatz lediglich Wahrscheinlichkeitswert. Dieser
Wert steigt mit dem Maße, als die Instanzen im Obersatz
sich vermehren, d. h. einen je größeren Teil des Subjekts der Induktion, beziehungsweise des Prädikats des Analogismus der Obersatz
bereits enthält, desto wahrscheinlicher wird die Verallgemeinerung
durch Konstitution. Als Bunsen und Kirchhoff die Spektra eines
Teiles der Planeten untersucht hatten, vermuteten sie induktiv, daß
auch die Spektra der übrigen Planeten lediglich die auf der Erde
bekannten Stoffe aufweisen würden; dieses Wahrscheinlichkeitsurteil
wurde immer zuversichtlicher und sachlich gewichtiger, je mehr
Planetenspektra zur Untersuchung gelangten. (Völlig abgeschlossen
ist diese Forschung auch heute noch nicht.) Die berühmte Frage
J. St. Mills, wie es komme, daß gewisse Induktionen schon nach wenigen
Instanzen, ja nach einem einzigen Fall mit beträchtlicher Glaubwürdigkeit vollzogen werden, während andere Induktionen sich selbst
nach relativ oftmaligem Beobachten des gleichen Sachverhaltes noch
recht unsicher darbieten, ist nach dem von uns Entwickelten wohl
leicht zu beantworten. Wenn zwei Chemiker unabhängig voneinander
das Atomgewicht des Thoriums auf 232·4 bestimmen, so gilt dieses
Ergebnis ohneweiters als verläßlich, und selbst die chemische Be-

stimmung eines einzigen Males, wenn sie mit allen wissenschaftlichen Vorsichten geschah, erhält sehr bedeutenden Wahrscheinlichkeitswert. Dies hat seinen Grund darin, daß ein solcher
einzelner Fall eben als der Repräsentant für viele gleichartige
Ermittlungen genommen werden kann, da die Methoden der
Wissenschaft den Glauben berechtigen, daß hier kein wesentlicher Fehler unterlief und beliebig viele Messungen das gleiche
Ergebnis zutage fördern müßten. Nicht die eine Instanz, sondern
die aus diesen mit Hilfe der Kenntnis der experimentellen und
rechnerischen Bedingungen entwickelte große Vielzahl gleichartiger Instanzen ist es also, welche als Obersatz der Induktion
fungiert. Oft verleiht die Möglichkeit, eine Einzelbeobachtung
dem gesicherten Bestand der Wissenschaft widerspruchslos beizuordnen, einem singularen Falle durch das Hinzutreten unterstützender Wahrscheinlichkeiten jenen beträchtlichen Wert, der
anderseits manchen häufig wiederholten Daten (z. B. den zweifelhaften Versicherungen über das Vorkommen prophetischer „Ahnungen“) versagt wird. Niemals, auch bei einer großen Zahl der
Beobachtungen von Beisammensein oder Aufeinanderfolge, wird
aber ein rechtmäßiger Induktionsschluß gezogen. wenn der Untersatz nicht mitgedacht wird, demzufolge das Haben des P durch
das S im Obersatze eine Relation von Grund und Folge offenbart.
Allerdings wird das oftmalige Wiederkehren des Gleichen dazu anregen, nach einem kausalen Band zu suchen, aber erst bis dieses
mit (wenn auch geringer) Zuversicht für wahr gehalten wird, kommt
ein progressiver Schlußprozeß zu stande. Unsere Auffassung erklärt
es auch, daß in gewissen Fällen eine einzige sichere Gegeninstanz
eine gewohnte Induktion über den Haufen wirft — dann nämlich,
wenn die Gegeninstanz die Falschheit des Untersatzes, der eine
Relation von Grund und Folge statuiert, dartut. womit auch die
Conclusio fällt.

Noch ein Umstand fordert in diesem Zusammenhang eine besondere Hervorhebung. Dem Scheine nach sind die üblichen Induktionen und Analogismen zweigliederige Schlüsse. Aus dem
häufigen Zusammentreffen von Ostwind und hohem Barometerstand
wird geschlossen, daß bei solcher Windrichtung in unserer Gegend
der Luftdruck ein hoher wird. Allein bei genauerer Analyse des
Schlusses wird sich sofort zeigen, daß derselbe enthymematisch ist
und das wesentliche Glied der kausalen Beziehung beider Erscheinungen nicht ausdrücklich ausspricht, aber als logisch not

wendigen Bestandteil einschließt[1]). Sache der Logik ist es, diesen
Bestandteil jedesmal deutlich zum Bewußtsein zu bringen und, wenn
er tatsächlich nicht vorhanden ist, die versuchte Induktion, beziehungsweise Analogisierung abzuweisen.

80.

Logische Berechtigung solcher Schlüsse. „Logisch be-
rechtigungslose" progressive Schlüsse, wie sie der Mensch des Alltags häufig genug vollzieht, entstehen dann, wenn die Prüfung des
konstituierenden Untersatzes auf seine Glaubwürdigkeit unterbleibt,
so daß die Induktionen oder Analogismen „voreilig" werden. Nicht
berechtigungslos sind solche Progressionen, deren Minores wissenschaftliche „Hypothesen" (ökonomische Annahmen von Kausal-
beziehungen) sind, insofern bei den Schlußsätzen solcher Schlüsse
ihre Abhängigkeit von einer Annahme berücksichtigt wird[2]).

Wir schreiten nunmehr zu dem Versuche, eine schematische
Übersicht der Hauptfälle des progressiven Schließens zusammenzustellen; wir finden als solche:

---

[1]) Anderer Ansicht ist Benno Erdmann, der in seiner Logik, I., § 557,
p. 737 a, die Schemate bildet:

1. Verallgemeinernde Induktion

$$\frac{S_1, S_2, S_3 \dots \text{ sind } G}{\text{Alle } S \text{ sind } G.}$$

2. Ergänzende Induktion (Analogie)

$$\frac{G \text{ ist } P_1, P_2, P_3 \dots}{G \text{ ist } P.}$$

Der in unserem Schema im Untersatz vollzogene Übergang von $S_1, S_2, S_3 \dots$
zu S, beziehungsweise von $P_1, P_2, P_3 \dots$ zu P wird bei Erdmann in das Begründungsprinzip verlegt und nicht ausgedrückt. Auch Wundt erblickt in der
„Regelmäßigkeit des Geschehens" keine Prämisse, sondern eine Bedingung.
Logik, II., 22.

[2]) Induktionen, welche im nachhinein als irrig konkludierend erkannt
werden, müssen bei ihrem Vollzug logisch berechtigungslos gewesen sein. Sir
W. Herschel schloß: Viele beobachtete Nebelflecke lösen sich im Teleskop in
Sternhaufen auf — der Anblick der Nebelflecke ist bedingt durch die große Entfernung der Sternhaufen — alle Nebelflecke sind Sternhaufen. Der Fehler lag
hier im Untersatz, da auch wirkliche kosmische Nebel aus großer Entfernung
den Anblick der Nebelflecke darbieten.

81.

A. **Induktives Schließen.**

I. Hauptart des induktiven Schließens.

(Bejahender Untersatz, der die Konstitution vollzieht.)

1. Form, Obersatz positiv:

s_1, s_2, s_3 ... haben P;

was die einzelnen s_1, s_2, s_3 ... haben, haben alle s

(hat S überhaupt):

alle s (S überhaupt) haben wahrscheinlich P.

Beispiel:

Die Pflanzenarten A bis Q haben Assimilationsvermögen für stickstoffhaltige Substanzen:

was A bis Q haben, haben alle Pflanzen (weil diese Eigenschaft wahrscheinlich kausal mit der Pflanzennatur verbunden ist):

alle Pflanzen haben wahrscheinlich Assimilationsvermögen für stickstoffhaltige Substanzen.

2. Form, Obersatz negativ:

s_1, s_2, s_3 haben nicht P;

was die einzelnen s_1, s_2, s_3 ... haben, hat S:

S hat wahrscheinlich nicht P.

Beispiel:

Die Pflanzenarten A bis Q haben nicht magnetische Eigenschaften:

was A bis Q haben, haben alle Pflanzen;

alle Pflanzen haben Eigenschaften, unter denen sich der Magnetismus wahrscheinlich nicht befindet.

3. Form, Obersatz positiv:

P hat als Umfangsbestandteil s_1, s_2, s_3 ...:

was die einzelnen s_1, s_2, s_3 haben, hat S;

kein Schluß auf S zu P.

Bei dieser Begriffsstellung ist es nämlich unsicher, ob P zu den durch die Grund-Folge-Relation an die Natur des S geknüpften Beschaffenheiten zähle. Läßt sich jedoch der Obersatz so konvertieren, daß das Prädikat unter die vom Untersatze getroffenen kausal bedingten Beschaffenheiten gelangt, so entsteht die erste Schlußform und gestattet dann eine gültige Conclusio. Aus dem In-

stanzenschatze „unter den Naturkörpern mit Sinnesorganen befinden
sich mehrere Pflanzenarten“ und dem Untersatze „was mehrere
Pflanzenarten haben, hat die Pflanze überhaupt“, folgt kein progressives Schlußurteil, so lange es ungewiß ist, ob der Besitz von Sinnesorganen unter die kausal bedingten Beschaffenheiten der Pflanzennatur gehören oder nicht.

4. Form, Obersatz negativ:

P hat nicht als Umfangsbestandteil s_1, s_2, s_3 . . .;
was die einzelnen s_1, s_2, s_3 . . . haben, hat S:
S hat wahrscheinlich nicht P.

Beispiel:
Unter den magnetischen Naturkörpern sind die Pflanzenarten A
bis Q nicht:
was die Pflanzenarten A bis Q haben, haben alle;
alle Pflanzen haben wahrscheinlich nicht Zugehörigkeit zu den
magnetischen Naturkörpern.

Wird aus dem Obersatz durch Folgerung s_1, s_2, s_3 . . . haben
nicht P gewonnen, so geht das Schema in das des zweiten
Falles über.

II. Hauptart des induktiven Schließens.
(Verneinender Untersatz, der die Konstitution als nicht vollziehbar setzt.)

1. Form, Obersatz positiv:

s_1, s_2, s_3 . . . haben P;
was die einzelnen s_1, s_2, s_3 . . . nicht haben, hat S
überhaupt nicht:
kein Schluß auf S zu P (infolge desselben Zweifels
wie bei der 1. Hauptart, 3. Stellung).

2. Form, Obersatz negativ:

s_1, s_2, s_3 . . . haben nicht P;
was die einzelnen s_1, s_2, s_3 . . . nicht haben, hat S
überhaupt nicht;
S hat wahrscheinlich nicht P.

Beispiel:
Die Pflanzenarten A bis Q haben nicht magnetische Eigenschaften;
was A bis Q nicht haben, haben alle Pflanzen nicht (weil das Nichthaben hier wahrscheinlich mit der Pflanzennatur verknüpft ist);
alle Pflanzen haben nicht magnetische Eigenschaften.

3. Form, Obersatz positiv:

P hat als Umfangsbestandteil s_1, s_2, s_3 ...;
was die einzelnen s_1, s_2, s_3 ... nicht haben, hat S
überhaupt nicht;

kein Schluß auf S zu P.

4. Form, Obersatz negativ:

P hat nicht als Umfangsbestandteil s_1. s_2, s_3 ...;
was die einzelnen s_1, s_2, s_3 ... nicht haben, hat S
überhaupt nicht;

kein Schluß auf S zu P.

Der Schluß wird deshalb unmöglich, weil es bei dieser Begriffsstellung unsicher bleibt, ob P zu den Merkmalen gehört, die durch die Relation von Grund und Folge von S ausgeschlossen sind; ist letzteres der Fall, dann geht der Schluß in die 2. Form über und wird vollziehbar.

Die Zusammenfassung der Merkmale der gültigen Grundformen induktiven Schließens läßt sich in folgenden Regeln geben:

1. Aus einem bejahenden oder verneinenden Obersatz ergibt sich kein Schluß, wenn sein P nicht zu jenen Beschaffenheiten gehört, für welche der Untersatz das Verknüpftsein mit S durch die Relation von Grund und Folge ausspricht oder abweist, da daran die Möglichkeit der Konstitution gebunden ist.

2. Der Untersatz muß auf ein universales S gehen, weil sonst eine Konstitution darin nicht zum Ausdruck käme.

3. Bei der ersten Hauptart ist der Untersatz positiv.

4. Bei der zweiten Hauptart ist der Untersatz negativ.

5. Bei der zweiten Hauptart muß der Obersatz negativ sein, da davon das Zustandekommen einer Konstitution abhängt.

An einem typischen Falle sei das Verhältnis der Induktion zum Syllogismus klargelegt. Es sei die Induktion gegeben:

Die Planeten A, B, C haben (wie beobachtet) Achsendrehung;
was A, B. C haben, haben (wegen kausaler Relation) alle Planeten;

Planeten haben Achsendrehung.

Der zugehörige Syllogismus ist invers hiezu:

Planeten haben Achsendrehung;
was Planeten überhaupt haben, hat jeder einzelne von ihnen;

die Planeten A, B, C haben Achsendrehung.

Es darf der Spezialarbeit der Logiker überlassen bleiben, zu zeigen, daß die Inversion für jeden Fall der Induktion möglich ist. Doch ist hiebei festzuhalten, daß die Gewißheit der Conclusio des Syllogismus nur dann besteht, wenn das Subjekt des Obersatzes als Begriff oder wenigstens als deutliche Allgemeinvorstellung genommen wird; die Übertragung des Syllogismus auf die Gegenstände der äußeren Wirklichkeit macht den Schlußsatz zu einem wahrscheinlichen, und zwar besteht für ihn jener Grad von Wahrscheinlichkeit, den die zugehörige Induktion besitzt. Daß der Planet A sich um seine Achse drehe, ist (auf Grund des Schlusses für sich) so wahrscheinlich als es die Induktion war, die den Obersatz des Syllogismus lieferte. Was jedoch das Schlußverfahren als solches anlangt, so ist die Substitution des Syllogismus immer eine mit Gewißheit richtige, die Konstitution des Induktionsschlusses dagegen immer eine mit Wahrscheinlichkeit richtige, so daß das Verhältnis des Inversseins nicht auch für den Erkenntniswert der beiden gegensätzlichen Schlußweisen gilt.

Die Einreihung der sogenannten vollständigen Induktionen unter die echten Induktionen im engeren Sinne lehnen wir nachdrücklich ab. Ist der Nachweis erbracht, daß s_1, s_2 und s_3 alle s oder mit S identisch sind, so ist der darauf gegründete Schluß ein Syllogismus. Wurde gefunden, daß alle Planeten Achsendrehung besitzen, so ergibt sich daraus kein progressiver Schluß für diese Materie. Der Schluß:

Merkur, Venus, Erde, Mars, die Planetoiden, Jupiter, Saturn, Uranus, Neptun haben Achsendrehung:
Merkur, Venus … Neptun sind alle Planeten;

alle Planeten haben Achsendrehung

ist ein Schluß nach der I. Hauptart, 1. Form, oder in scholastischer Bezeichnung nach Barbara und folgt somit dem regressiven Verfahren. Darin, daß durch fortgesetzte Forschung aus dem Instanzenstoffe einer Induktion der Obersatz eines Syllogismus werden kann, ist nichts Befremdliches zu erblicken.

Diese Feststellungen ermöglichen uns auch die Natur des J. St. Millschen Schlusses „vom einzelnen auf einzelnes", dessen außerordentliche Wichtigkeit für die wissenschaftliche und außerwissenschaftliche Denkpraxis offenkundig ist, genau zu erkennen. Ein solcher Schluß ist zusammengesetzt aus einer Induktion und einer Deduktion. Die Induktion liefert aus dem ersten Einzel-

falle die allgemeine Regel und aus der letzteren wird das Urteil über
den zweiten Einzelfall deduktiv gewonnen. Betrachten wir den Schluß:

Die Probe *A* von Thorium hat das Atomgewicht
232·4;
diese (noch nicht untersuchte) Probe *B* von Thorium
hat gleichfalls dieses Atomgewicht.

So geläufig uns diese verkürzte Schlußform in der Denkpraxis
ist, so ist die Logik doch nicht in der Lage, ohne Ausfüllung der
Enthymeme die Einsicht des Folgens zu vermitteln. Die Logik zerlegt den Fall wie folgt:

1. Induktion mit Wahrscheinlichkeit:

Die Probe *A* von Thorium hat das Atomgewicht 232·4;
Thorium überhaupt verhält sich wie Probe *A* (wegen kausaler Rela-
tionen);
Thorium überhaupt hat das Atomgewicht 232·4.

2. Deduktion (Folgerung) mit Gewißheit:

Thorium überhaupt hat das Atomgewicht 232·4;
diese Probe *B* von Thorium hat gleichfalls dieses
Atomgewicht.

Daß dies in der Tat der Schlußvorgang ist, der vom einzelnen
aufs einzelne führt, ergibt die einfache Frage an den Chemiker,
warum er von der nicht untersuchten Probe *B* glaube, daß sie
jenes Atomgewicht zeige. Er wird antworten: Die Probe *B* ist ja
auch Thorium wie *A*. Damit erscheint aber das mittlere Stadium
des Doppelschlusses, nämlich das Urteil. „Thorium überhaupt hat
das Atomgewicht 232·4", deutlich zum Ausdruck gebracht.

Die Beziehung der Induktion als naturwissenschaftliche Methode
zur Induktion als Schlußart läßt sich im Sinne unserer Theorie in einfachster Weise
kennzeichnen: Die Induktion als Methode der Naturforschung ist das Verfahren
des Gewinnens der Materie von Induktionsschlüssen und des Vollziehens solcher
Schlüsse, wobei das Konklusionsurteil ein Gesetz zum Ausdruck bringt. Das Verfahren der induktiven Forschung zerfällt sonach in drei Stadien:

a) die Sammlung eines Instanzenschatzes, der in eine oder mehrere Regeln
zusammengefaßt wird;

b) die Feststellung oder Hypothesierung einer Abhäugigkeitsrelation (und
zwar der kausalen) zwischen den Erscheinungspaaren der Instanzen;

c) die Bildung eines Gesetzes für das Neben- oder Nacheinander der Erscheinungen jener Paare.

Der Instanzenschatz besteht aus singulären Urteilen, deren Subjekt eine
Erscheinung und deren Prädikat eine gleichzeitige oder nachfolgende zweite

Erscheinung ist. Die beiden Erscheinungen bilden infolge ihrer Verknüpfung ein Paar. Die gleichartigen Paare können in Regeln vereinigt werden. Daß diese Gleichzeitigkeit, beziehungsweise Abfolge auf eine Relation von Grund und Folge (hier regelmäßig eine Kausalrelation) weist, wird mit jener Wahrscheinlichkeit für wahr gehalten, welche die einfache und künstliche Beobachtung (Experiment, Statistik, Fehlerausgleichung) vermittelt. Die Erkenntnispraxis muß sich in vielen Fällen mit der ökonomischen Annahme des Bestehens einer Kausalrelation, d. i. mit einer Hypothese[1]) begnügen. Das Gesetz entsteht durch Induktionsschlüsse, deren Schlußsatz jene Relation zwischen den Erscheinungspaaren der Instanzen zum Urteilsgegenstande hat. Die ideale Gestalt von Gesetzen der Naturwissenschaft ist die Differentialgleichung.

Die Überprüfung der gefundenen induzierenden Regeln und konkludierten Gesetze geschieht durch ihr deduktives Anwenden auf weitere Einzelfälle, wobei das erschlossene Ergebnis mit dem beobachteten verglichen wird. In der Naturwissenschaft werden Induktion und Deduktion abwechselnd zur Anwendung gebracht und erst in der fortschreitenden Anpassung der Erkenntnisse aus beiden Quellen entwickelt sich die Summe von Wissen, dessen ökonomische Bearbeitung und Ordnung zur Bildung des Systems führt[2]).

82.

Die Analogismen, deren Erörterung wir uns jetzt zuzuwenden haben, lassen sich im Sinne folgender Schemata ordnen:

B. Analogistisches Schließen.

I. Hauptart des analogistischen Schließens.

(Bejahender Untersatz, der die Konstitution vollzieht.)

1. Form, Obersatz positiv:

$$S \text{ hat } p_1, p_2, p_3 \ldots;$$
$$\text{was die einzelnen } p_1, p_2, p_3 \ldots \text{ hat, hat alle } p$$
$$(P \text{ überhaupt}):$$
$$S \text{ hat wahrscheinlich } P.$$

[1]) Fr. Hillebrand definiert (einigermaßen abweichend): „Eine Hypothese ist ein Urteil, welches wir darum für wahr halten, weil wir erkennen, daß ein anderes Urteil, welches uns als sicher gilt, aus ihm mit Notwendigkeit oder mit Wahrscheinlichkeit folgt." (Zur Lehre v. d. Hypothesenbildung, Wien 1896, p. 6.) Neben diesen eigentlichen Hypothesen anerkennt Hillebrand „vorläufige Hypothesen" als bloß „vorgestellte Urteile". Damit würden sich Ostwalds „Protothesen" ziemlich decken. Vgl. auch P. Volkmann, Erkenntnisth. Grundzüge der Nat.-Wiss., Leipzig 1896, p. 61.

[2]) Wundt stellt drei Stufen der Induktion als Methode auf, nämlich:

a) die Auffindung empirischer Gesetze, d. i. regelmäßiger Gleichzeitigkeit oder Aufeinanderfolge oder Wechselwirkung (ohne Kausalband);

b) die Aufstellung allgemeiner Erfahrungsgesetze, welche einige empirische Gesetze vereinigen (z. B. das Mariottesche Gesetz);

c) die Ableitung von Kausalgesetzen. Vgl. Wundts Logik, II. Bd., p. 23.

Beispiel:
Der Staat hat eine regulierende, eine ernährende und eine verteilende
Funktion;
was diese Funktionen hat, hat alle Funktionen eines Organismus;
der Staat hat wahrscheinlich alle Funktionen eines Organismus.

Aus dieser Conclusio wird sodann regressiv geschlossen. daß
der Staat überhaupt ein Organismus sei. Das hier angeführte Beispiel
ist typisch für einen unvollständigen Analogismus; der vollständige
Analogismus, bei welchem die in den Prämissen vorkommenden
p_1, p_2, p_3 alle Möglichkeiten, somit das volle P erschöpfen, ist ein
Syllogismus in verkehrter Anordnung der drei Sätze des Schlusses.

2. Form, Obersatz negativ:

S hat nicht p_1, p_2, p_3 . . .;
was die einzelnen p_1, p_2, p_3 . . . hat, hat P;
S hat wahrscheinlich nicht P.

Beispiel:
Dieser Schädel hat nicht einen Gesichtswinkel von 70—90 Grad;
was dieses Merkmal hat, hat alle artbildenden Merkmale des
Menschenschädels;
dieser Schädel hat nicht die artbildenden Merkmale des Menschenschädels.

Aus dem Schlußsatz wird hierauf gefolgert: Dieser Schädel
ist nicht der eines Menschen.

3. Form, Obersatz positiv:

p_1, p_2, p_3 . . . haben S als Träger;
was die einzelnen p_1, p_2, p_3 . . . hat, hat P;
kein Schluß auf S zu P.

Es besteht nämlich der Zweifel, ob S des Obersatzes der durch
die Grund-Folge-Relation geforderte Träger (welchen der Untersatz
meint) ist. Kann in einem speziellen Falle das S des Obersatzes mit
dem S des Untersatzes identifiziert werden, so ist der Obersatz umkehrbar und das gültige erste Schlußschema herstellbar.

4. Form, Obersatz negativ:

p_1, p_2, p_3 haben nicht S als Träger;
was die einzelnen p_1, p_2, p_3 . . . hat, hat P;
S hat wahrscheinlich nicht P.

Beispiel:

Der Gesichtswinkel von 70—90 Grad ist an diesem Schädel nicht
vorhanden;

was den Gesichtswinkel von 70—90 Grad hat, hat alle artbildenden
Merkmale des Menschenschädels;

dieser Schädel hat nicht die artbildenden Merkmale des Menschenschädels.

Aus dem Obersatz dieses Schemas kann der Obersatz der
zweiten Form gefolgert werden, worauf sich der Schluß im Sinne
der letzteren vollzieht.

II. Hauptart des analogistischen Schließens.

(Verneinender Untersatz, der die Konstitution als nicht vollziehbar
setzt.)

1. Form, Obersatz positiv:

S hat p_1, p_2, p_3 . . .;

was die einzelnen p_1, p_2, p_3 . . . nicht hat, hat P nicht;

kein Schluß auf S zu P (infolge desselben Zweifels wie bei der
I. Hauptart, 3. Form).

2. Form, Obersatz negativ:

S hat nicht p_1, p_2, p_3 .

was die einzelnen p_1, p_2. p_3 . . . nicht hat, hat P nicht;

S hat wahrscheinlich nicht P.

Beispiel:

Dieser Schädel hat nicht einen Gesichtswinkel von 70—90 Grad;

was diesen Gesichtswinkel nicht hat, hat kein artbildendes Merkmal
des Menschenschädels;

dieser Schädel hat nicht die artbildenden Merkmale des Menschenschädels.

3. Form, Obersatz positiv:

p_1, p_2, p_3 . . . haben S als Träger;

was die einzelnen p_1, p_2, p_3 . . . nicht hat, hat nicht P;

kein Schluß auf S zu P.

4. Form, Obersatz negativ:

p_1, p_2, p_3 . . . haben nicht S als Träger;

was die einzelnen p_1, p_2, p_3 . . . nicht hat, hat nicht P;

kein Schluß auf S zu P.

Ein Schluß nach 4. Schema ist unvollziehbar, weil es bei dieser Begriffsstellung unsicher bleibt, ob S vermöge seiner Natur nicht Träger von p_1, p_2, p_3 ist; ist der negative Tatbestand kausal bedingt, dann geht das Schema in das zweite, gültige über.

Die Zusammenfassung der Merkmale der gültigen Grundformen analogistischen Schließens läßt sich in folgenden Regeln geben:

1. Aus einem bejahenden oder verneinenden Obersatz ergibt sich kein Schluß, wenn sein S kein solcher Träger der Prädikate ist, für welchen der Untersatz das Verknüpftsein mit P durch die Relation von Grund und Folge ausspricht, da dadurch die Konstitution unmöglich wird.

2. Der Untersatz muß auf ein universales P gehen, weil sonst eine Konstitution darin nicht zum Ausdruck käme.

3. Bei der ersten Hauptart ist der Untersatz positiv.

4. Bei der zweiten Hauptart ist der Untersatz negativ.

5. Bei der zweiten Hauptart muß der Obersatz negativ sein, da davon das Zustandekommen einer Konstitution abhängt.

Das Verhältnis des Analogismus zum Syllogismus sei an folgendem typischen Beispiele erläutert:

Es sei der Analogismus gegeben:

Mars hat Atmosphäre, Wasser, Jahreszeiten, Meere, Kontinente, Pflanzenwuchs . . .;
ein Weltkörper, der diese Beschaffenheiten hat, hat alle zur Bewohnbarkeit nötigen Beschaffenheiten;

Mars hat alle zur Bewohnbarkeit nötigen Beschaffenheiten.

Der dazugehörige inverse Syllogismus lautet:

Mars hat alle zur Bewohnbarkeit nötigen Beschaffenheiten;
zu den letzteren gehören Atmosphäre, Wasser . . .;

Mars hat Atmosphäre, Wasser . . .

In letzterem Syllogismus ist wiederum das Schlußverfahren als solches mit Gewißheit richtig, der Schlußsatz als Urteil genommen jedoch nur wahrscheinlich, und zwar in demselben Grade wie es die Vordersätze sind.

Die sogenannten „vollständigen“ Analogismen zählen wir nicht zu den echten. Ist es nämlich gewiß, daß die Prädikate p_1, p_2, p_3 alle Prädikate sind und P erfüllen, dann liegt eben ein Syllogismus vor.

Der Schluß:

Diese Figur hat Geschlossenheit, vier gleiche, gerade Seiten und
vier rechte Winkel;
letztere Beschaffenheiten sind alle geometrische Merkmale des Quadrats;
diese Figur hat die Natur eines Quadrats,

ist ein Syllogismus. Auch die Analogismen sind prinzipiell fähig,
durch den Nachweis der Vollständigkeit der Prädikate zu regressiven
Schlüssen entwickelt zu werden.

Den in der Denkpraxis so häufig verwendeten Analogismus
vom einzelnen auf einzelnes betrachten wir als Kompositum eines
Analogismus und eines Syllogismus. Wenn Spencer auf das Vorhandensein von Krankheiten des Staates schließt, so stellt sich sein
Verfahren in extenso folgendermaßen dar:

1. Analogismus mit Wahrscheinlichkeit.

Der Staat hat eine regulierende, eine ernährende und eine verteilende Funktion;
was diese Funktionen hat, hat alle Funktionen eines Organismus;
der Staat hat alle Funktionen eines Organismus.

Nach einem vermittelnden regressiven Schluß, daß der Staat
bei dem in der Conclusio gegebenen Sachverhalt ein Organismus
sei, wird fortgesetzt:

2. Syllogismus mit Gewißheit.

Organismen haben (unter Umständen) Krankheiten:
der Staat ist ein Organismus;
der Staat hat (unter Umständen) Krankheiten.

Wenn an früherer Stelle von den Induktionen gesagt wurde,
daß ihre Wahrscheinlichkeit mit dem Ausmaße, in dem S durch
die bekannten s_1, s_2, s_3 erfüllt ist, steige, so darf hier an ein gleich-
artiges Verhalten der Analogismen erinnert werden. Die Wahrscheinlichkeit der letzteren steigt offenbar mit dem Ausmaße, in
dem die bekannten p_1, p_2, p_3 das ganze P erfüllen. Das Vorhandensein oder Fehlen einer einzigen Beschaffenheit kann — sofern
dadurch der begründende Untersatz aufgehoben wird — die Analogie
unmöglich machen, in welchem Umstande neuerlich ein Parallelismus
des analogistischen und induktiven Schließens zutage tritt. In der
progressiven Richtung liegt aber das einigende Band dieser beiden
Arten des Schließens.

83.

Eine viel erörterte Schwierigkeit in der Lehre J. St. Mills bedarf hier der Berührung, da sie auch unserer Theorie anhaftet. Der Millschen Lehre zufolge ruhen die Induktionen auf dem Glauben an die Gleichförmigkeit des Naturlaufes, also in letzter Linie auf dem Fürwahrhalten des Kausalgesetzes; das Kausalgesetz selbst aber wird auf Grund einer Enumeratio simplex für bestehend gehalten. Die Versuche, aus dieser Theorie den Zirkel hinauszuinterpretieren, haben so lange keinen wirklichen Erfolg, als nicht zwischen dem allgemeinen Kausalgesetz und der einzelnen Kausalrelation, die den Untersatz einer Induktion bildet, unterschieden wird. Wenn auch das allgemeine Kausalgesetz eine induktiv gewonnene Einsicht wäre, so müßte doch nicht jeder kausale Einzelfall das Ergebnis einer Induktion sein, so wenig als etwa die einzelne Wahrnehmung einen Begriff zur Voraussetzung hat. Das allgemeine Kausalgesetz in der Form „jedes Anfangen hat eine Ursache" ist, wie Höfler-Meinong (Logik, p. 188 f.) überzeugend ausführen, evident gewiß und kein Ergebnis von Induktionen; dagegen haben alle speziellen Kausalurteile bloß Wahrscheinlichkeitswert und sind zum Teil erschlossen, zum Teil aber direkt durch das Urteil gewonnen. Gewiß ist eine sehr große Zahl der Untersätze, welche in den wissenschaftlichen und volkstümlichen Induktionsschlüssen (und Analogismen) verwertet werden, durch Prozesse entstanden, die selbst wieder progressive Schlüsse enthalten, aber nicht alle Untersätze sind in dieser Weise vermittelt.

Ähnlich wie der unter Mitwirkung des Denkens zu stande gekommene Erfahrungsschatz auf letzte, nicht weiter zerlegbare Empfindungserlebnissse zurückweist, so gibt es auch unter den speziellen Kausalurteilen viele, die elementarer Natur sind und keine Schlußvorgänge voraussetzen. Die elementaren Kausalurteile (z. B. meine Hand ist Ursache, indem ich dieses Buch wegschiebe, der Stein fällt zu Boden, weil ich seine Unterlage entferne u. s. f.) sind Urteile aus reflexionslosen Anwendungen des in meiner psychischen Organisation gegründeten Kausalprinzips auf eine Gleichzeitigkeit, beziehungsweise Abfolge der wirklichen Welt, keine durch induktive Schlüsse erzielten Erkenntnisse. Wie alle Urteile über die äußere Wirklichkeit, besitzen die Kausalurteile über das Buch, den Stein u. s. f. allerdings nur hohe Wahrscheinlichkeit, nicht Gewißheit. Aus solchen Elementarurteilen gehen nun mit Hilfe der Denkfunktionen, vor allem auch des Schließens, jene vergleichsweise verwickelten Urteile über einzelne Kausalrelationen hervor, die als begründende Untersätze in Induktionen (und Analogismen) der empirischen Wissenschaft eingehen. Sehen wir recht, so beseitigen diese Hinweise die Paradoxie unserer Lehre vom progressiven Schlusse, sofern sie die kausale Relation zu einem Teil der Materie macht. in restloser Weise.

84.

Grundarten der Schlüsse. Der vorige Abschnitt hat sich mit der Frage der Arten der Schlüsse so weit eingehend beschäftigt, daß wir uns an dieser Stelle auf ein wiederholendes Zusammenstellen zum Zwecke des allgemeinen Überblicks beschränken dürfen.

I. Psychologische Einteilungen.

1. Nach der Erscheinungsweise des Schlußaktes: *a*) explizite Schlüsse mit diskret gedachten Prämissen und Konklusionen, *b*) implizite Schlüsse (worunter die enthymematischen), bei denen nicht alle zur Einsicht erforderlichen Glieder der Materie ins Bewußtsein treten ;

2. nach dem spezifischen Inhalte: *a*) Schlüsse, in denen Besonderes aus Allgemeinem, *b*) solche, in denen ein Allgemeines aus Besonderem gefolgert wird;

3. nach der psychologischen Qualität: *a*) Schlüsse, die auf einen positiven Schlußsatz gerichtet sind, *b*) Schlüsse mit Richtung auf eine negative Conclusio;

4. nach dem Zuversichtsgrade: *a*) evident gewisse, *b*) wahrscheinliche Schlüsse; von diesen sind die einsichtslosen Schlüsse zu unterscheiden. (Eine Einteilung der Schlüsse nach emotionalen Gesichtspunkten wäre hier bedeutungslos.)

II. Logische Einteilungen.

1. Nach der Art des Gegenstandes (d. h. des durch Schluß erfaßten Folgens): *a*) substituierende Schlüsse, nämlich Identitäts-, Subsumtions- und Koadjektionsschlüsse, und *b*) konstituierende Schlüsse, nämlich Induktions- und Analogieschlüsse oder aber mit Rücksicht auf die Richtung des Folgens *a*) regressive und *b*) progressive Schlüsse;

2. nach der logischen Qualität: *a*) Schlüsse mit einem Folgen des Schlußsatzes aus den Prämissen, *b*) solche mit einem Nichtfolgen des in Betracht gezogenen Urteils aus gegebenen anderen;

3. nach dem gegenständlichen Umfang: *a*) Schlüsse auf Besonderes, *b*) Schlüsse auf Allgemeines;

4. nach dem Erkenntniswert: *a*) mit Gewißheit richtige und falsche, *b*) mit Wahrscheinlichkeit richtige und falsche, *c*) logisch berechtigte und unberechtigte Schlüsse;

5. nach der konditionalen Bestimmtheit: *a*) unbedingte oder kategorische, *b*) bedingte oder hypothetische Schlüsse [1]);

6. nach der modalen Bestimmtheit des Schlußsatzes: *a*) Schlüsse mit assertorischen, *b*) Schlüsse mit modal bestimmten (problematischen, apodiktischen) Schlußsätzen:

7. nach der Beglaubigungsgrundlage: *a*) Schlüsse a priori (beglaubigt durch Relationen zwischen deutlichen Vorstellungen, meist durch Begriffsverhältnisse) und *b*) Schlüsse a posteriori (beglaubigt durch die Wahrscheinlichkeit von Grund-Folge-Relationen, meist Kausalverhältnisse).

[1]) Von den zahlreichen Einteilungen der Schlüsse heben wir nur einige neuere hervor.

Beneke unterscheidet analytische und synthetische Schlüsse als Hauptklassen und rechnet in die erste Klasse die Folgerungen, die konjunktiven, divisiven und disjunktiven Schlüsse, in die zweite Klasse dagegen die Kombinations-, die Setzungs- und Aufhebungs- und die Ergänzungsschlüsse (unter diesen finden sich die Hypothesen und Analogismen). Syst. der Logik, I. Bd., p. 210 ff., II. Bd., p. 89 ff.

An die althergebrachte Gruppierung der Schlüsse in unmittelbare (Folgerungen) und mittelbare (Syllogismus und Induktion) hält sich Ueberweg und wagt, trotzdem er einige Mängel der scholastischen Deduktionslogik klar sieht, keine Reform in der Anordnung der einzelnen Schlußarten. Logik, § 82, p. 227 ff., § 99, p. 263 ff.

Sigwart bringt keine neuen Einteilungsgesichtspunkte bei, zieht aber die aristotelischen Syllogismen zu 2 Figuren zusammen, welche von richtiger Einsicht in das wahrhaft Wesentliche zeugen. Logik, I. Bd., § 55, p. 467. Bemerkenswert ist der Versuch Lotzes, der die Gruppen bildet: 1. Schlüsse durch Subsumtion, durch Induktion, durch Analogie; 2. mathematische Folgerungen durch Substitution, durch Proportion; dazu treten 3. die systematischen Formen, nämlich Klassifikation, erklärende Theorie, dialektisches Ideal. Vgl. Lotzes Logik, Drei Bücher vom Denken, 2. Aufl., Leipzig 1880, I. Buch, 3. Kap., p. 108, 121—131.

Bei Wundt finden wir die Gliederung in 1. Identitätsschlüsse, 2. Subsumtionsschlüsse (und zwar klassifizierende und exemplifizierende), 3. Bedingungs- und Begründungsschlüsse und 4. Beziehungsschlüsse. Logik, I. Bd., 2. Aufl., p. 309—354 ff. — Die Gruppierung B. Erdmanns folgt in der Hauptsache derjenigen Ueberwegs. Logik, I. Bd., 2. Aufl, § 499—590, p. 641—792.

85.

Zur Biologie des schließenden Denkens. Daß auch im Schließen
eine Anpassung des Denkens an die dargebotene Mannigfaltigkeit
von Gegenständen liegt, ist minder leicht zu erkennen als bei der
Urteilsfunktion. Eine genauere Betrachtung lehrt jedoch, daß das
Denken nicht etwa in dieser einzigen Funktion vom Leben in
weitestem Sinne losgelöst ist und indeterminiert abläuft. Die Urteilsgegenstände, deren biologische Grundlagen wir an früherer Stelle
aufgezeigt haben, treten ebenso als zu beherrschende Mannigfaltigkeit in das Blickfeld des Bewußtseins wie die Vorstellungsgegenstände, und lösen ihrerseits die Schlußfunktion aus, durch welche
die Tatbestände im Sinne von Begriffsverhältnissen und Grundfolge-
relationen verknüpft werden. Das Leben, sofern es Erkennen höherer
Stufe ist, bedarf zu seiner Erhaltung und Förderung des Schließens
nicht minder als des Urteilens. Es wäre unseres Erachtens ein
Irrtum, wegen der Abhängigkeit des Schließens vom Urteilen etwa
daran zu denken, daß sich das erstere erst aus dem letzteren
allmählich entwickelt habe. Wir halten vielmehr daran fest, daß
psychologische irreduzible Grundfunktionen des Denkens auch nicht
genetisch auseinander ableitbar sind, sondern in ihren Ansätzen
bereits dem allereinfachsten psychischen Leben angehören müssen.
Ohne Zweifel ist die Schlußfunktion bereits bei den höheren Tieren
ziemlich ausgebildet, da beispielsweise nahrungsuchende und dem
Begattungstrieb folgende Vögel Handlungen vollführen, die mit dem
allgemeinen Hinweis auf den Gattungsinstinkt nicht zu verstehen
sind, sondern ein Schließen von Fall zu Fall voraussetzen. Das
Erwarten ähnlicher Wirkungen von ähnlichen Nahrungsstoffen, das
Auflauern der Beute, die Überlistung des sich sträubenden Weib-
chens sind viel zu verwickelte, in jedem Fall den besonderen Umständen angepaßte Serien von Betätigungen, an denen progressive
und wohl auch regressive Schlüsse mit Hilfe von Erinnerungsbildern
mitbeteiligt sein müssen. Daß ebenso wie zum Urteilen auch zum
Schließen Wortvorstellungen nicht unerläßlich sind, darf als gesicherte Induktion der Tierpsychologie gelten.

Mit der Höhe der Lebensform steigt auch der Anteil der
schließenden Denkfunktion an dem Anpassungsprozesse des Individuums. Der Kulturmensch sieht sich einer Unzahl von Begriffen,
Gleichzeitigkeiten und Abfolgen gegenüber, deren Beherrschung nur
durch die Erweiterung der Erkenntnis auf dem Wege des Schlusses

möglich wird. Seine verwickelten Lebensverhältnisse machen es in
immer steigendem Grade nötig, Vorausbestimmungen zu vollziehen, die ihm eine Ausbreitung der vorsorgenden Tätigkeit in
die Zukunft oder einen wissenschaftlichen Gewinn sichern. Jede
begründete Aussage über Zukünftiges setzt aber einerseits die Induktion von Regeln und Gesetzen, anderseits die Verwertung solcher
Urteile als Obersätze von Deduktionen voraus. Die Wissenschaft
vollends baut ihr System nicht nur aus geordneten Begriffs- und
Urteilsmassen, sondern auch aus bewährten und durch Prinzipien
zusammenhängenden Schlußreihen auf, deren Gestaltung dann für
den Charakter der betreffenden Disziplin ausschlaggebend ist. So
ist es beispielsweise die streng deduktive Art der Gedankenentwick-
lung, was die Eigenart der Mathematik bestimmt, während die Induktion in dieser Wissenschaft nur die Rolle eines gelegentlichen
heuristischen Hilfsmittels spielt, während für die Naturwissenschaften
das breite, induktiv gewonnene Fundament bezeichnend ist, welches
auf reiferen Stufen zu einem einheitlich geordneten Ganzen von
Begriffen, Regeln und Gesetzen ausgewachsen ist und unter anderm
die deduktiven Schlüsse der technischen Praxis trägt. Die sich auf
diesen Stufen psychischen Lebens vollziehenden Anpassungen des
Denkens an das Gegebene stellen sich freilich nur dem hierin
geübten Beobachter als prinzipiell gleichartig mit jenen einfachsten
Anpassungsbetätigungen dar, für welche die biologischen Begriffe
zunächst geprägt worden waren. Ein Stück der altgewohnten menschlichen Anmaßung geht freilich verloren, wenn der Gedanke zu Ende
gedacht wird, daß die bewundernswerten Denkfunktionen des reifsten
Intellekts nur graduelle Steigerungen und komplexere Äußerungsformen jener Ansätze bedeuten, die wir bei den sogenannten ver-
nunftlosen Lebewesen mehr oder weniger sicher erkennen.

86.

Besprechung einiger anderer Schlußtheorien. I. Die Psychologie ist namentlich an der Vorfrage interessiert, ob die Schlußfunktion heterogenetisch oder idiogenetisch zu behandeln sei. Nach
dem heterogenetischen Standpunkte ist der Schluß nichts anderes
als ein Urteil oder eine Reihe von Urteilen, also keine Grundfunktion
des Denkens. Hiebei wird entweder nur die Conclusio als Schluß
genommen und der letztere zu einem Urteil, das durch andere
Urteile motiviert ist, gestempelt, oder es gilt die Gesamtheit der

Prämissen samt der Konklusion als Urteil kategorischer, beziehungsweise hypothetischer Art; endlich kommt auch noch die Variante vor, daß der Schluß als ein neues Urteil erklärt wird, das zu den am Schlusse beteiligten Urteilen hinzutritt.

Die Lehre, daß der Schluß ein Urteil, beziehungsweise Urteilsreihe sei, erinnert an die verwandte These von der Auflösbarkeit des Urteils in eine oder mehrere Vorstellungen und teilt mit dieser die Unfähigkeit, die Differentia specifica der so geschaffenen Unterart zutreffend anzugeben.

Von den neueren Vertretern der Logik hat namentlich Lewes mit seiner Behauptung „A ratiocination is a judgment"[1]) dem Schlusse die Selbständigkeit gegenüber dem Urteile abgesprochen, welche Anschauung, trotz der Abweichungen in der näheren Charakteristik, auch der Herbartianer Volkmann vertritt.

Unter den Anhängern Brentanos bezieht sich Franz Hillebrand mit seiner These, daß der Schluß ein durch eines oder mehrere Urteile „motiviertes Urteil" sei[2]), auf die Conclusio, abweichend von Meinong, der in seinen Hume-Studien den Schlußsatz als ein „Urteil über die Verträglichkeit oder Unverträglichkeit zweier Urteile" erklärt[3]). Jerusalem findet im Schließen nichts anderes „als ein Urteilen, das mit dem Bewußtsein der Gründe verbunden ist, welche uns veranlassen, das erschlossene Urteil für wahr zu halten"[4]). Anderseits hat Schuppe[5]) ein eigenes Urteil über die gesamte Schlußmaterie, die Conclusio mitinbegriffen, im Auge, wenn er den „Zusammenhang" zwischen Prämissen und Konklusion als Urteil gedacht wissen will.

Während die angeführten Logiker den Schluß mit einem kategorischen Urteil in eins setzen, hat Apelt (wie vor ihm Fries) die Lehre von der Unterordnung der Schlüsse unter die hypothetischen Urteile vertreten, wobei der Vordersatz durch die Prämissen gegeben ist, während der Nachsatz die Konklusion darstellt[6]). Im Grunde hatte schon Bolzano in gründlichster Weise den Versuch

---

[1]) Lewes, Problems of Life an Mind. London 1875, II., p. 154 f. Ältere Definitionen s. bei Eisler, Philos. Wörterbuch, p. 286 ff.

[2]) Fr. Hillebrand, Die neuen Theor. d. kateg. Schlüsse. Wien 1891. p. 11.

[3]) Meinong, Hume-Studien. II., 106.

[4]) Jerusalem, Psychologie. 4. Aufl., Wien 1907, p. 126.

[5]) Schuppe, Erkenntnistheor. Logik. Bonn 1878, p. 38.

[6]) E. F. Apelt, Theorie der Induktion. Leipzig 1854, p. 1. Er behauptet zugleich: „Der kategorische Schluß ist in der Konsequenz immer problematisch." Ebda., p. 12.

durchgeführt, mit dem Gedanken der Ableitbarkeit von Urteilen im logischen Sinne alles Wesentliche am Schlusse zu kennzeichnen. Er sagt ausdrücklich, daß Sätze, die ein „Verhältnis der Ableitbarkeit“ von Sätzen der Form M, N, O... aus A, B, C... hinsichtlich der veränderlichen Vorstellungen i, j... aussagen, Schlüsse seien; solche Schlüsse bedeuten hypothetische oder bedingte Urteile [1]).

Unsere Gründe gegen jede heterogenetische Theorie des Schlusses haben wir bereits im ersten Paragraphen dieses Abschnitts entwickelt. Wir fanden zwar, daß die Schlüsse aus Urteilen bestehen und gaben zu, daß auch das Fürwahrhalten der Konklusion — wie jeder andere Tatbestand — nachträglich in ein neues Urteil über jene Bestandurteile des Schlusses gekleidet werden kann. Allein weder das Folgern noch das Folgen selbst, d. h. das bedingte Fürwahrhalten (psychologisch), beziehungsweise das bedingte Wahrsein (logisch) ist an sich ein Urteil, sondern ein Erlebnis, beziehungsweise ein Sachverhalt von solcher Eigenart, daß weder eine Subsumtion unter die Vorstellung, noch eine solche unter das Urteil möglich ist. Ist nämlich das Fürwahrhalten, beziehungsweise Wahrsein ein konstitutives Merkmal des Urteils, so kann dieses Merkmal nicht selbst wieder ein Urteil sein.

Daß das Schließen von Aristoteles bis heute als ein Gebiet für sich neben dem Urteil behandelt wurde, mag auch als sachliche Stütze unserer Kritik genommen werden. Das Schließen bot sich eben allzeit als eine von Urteilen wohlabgegrenzte Betätigung des Denkens dar.

II. Idiogenetisch ist jene andere Auffassung, wonach die Schlußfunktion zu einer irreduziblen Klasse psychischer Aktivität erklärt wird. Innerhalb dieser prinzipiellen Voraussetzung wird das Wesen des Schließens entweder in einem Ableiten (Gewinnen) oder in einem bedingten Fürwahrhalten gefunden. Die Ableitungstheorie [2])

---

[1]) Bolzano, Wissenschaftslehre, Bd. II, § 155. 27, p. 124, § 164, 2, p. 200, namentlich Bd. III, § 223, p. 391 f.

[2]) Kant sagt: „Ein Schluß überhaupt ist also die Ableitung eines Urteils aus einem anderen.“ Logik. § 41. und Wundt, Logik, I., 286. — Auch B. Erdmann lehrt: „Ein Schluß im engeren Sinne, ein mittelbarer Schluß oder ein Syllogismus im weitesten Sinne ist dasjenige logische Verfahren, durch das aus mehr als einem gegebenen Urteil ein von diesem verschiedenes denknotwendig abgeleitet wird.“ Logik, I., § 499, p. 641. Vgl. ferner Höfler-Meinong, Logik, Wien 1890, § 59, p. 140. — Ähnlich Ueberweg: „Der Schluß ist die Ableitung eines Urteils aus irgend welchen gegebenen Elementen.“ Logik, 4. Aufl., Bonn 1874, § 74.

findet bei den älteren Logikern meist die Zuspitzung zu einem ausgesprochenen

Pansyllogismus, indem den epagogischen Schlüssen (Induktion, Analogismus) die Gültigkeit oder Selbständigkeit abgesprochen wird, so daß alles Schließen deduktiven Charakter erhält. In der Hauptfrage nach dem Begründungsprinzip des Schließens sind die Pansyllogisten nicht selten in weitere Einseitigkeiten geraten, indem sie entweder die Identität (wohl auch die Ähnlichkeit) oder die Umfangssubsumtion oder endlich die Inhaltskoadjektien für die allgemeine und einzige Legitimation des Schlusses erklärten.

α) Die Vertreter des Identitätsgedankens huldigen dem Schema „$S = M$, $P = M$, $S = P$" und gewinnen die verschiedenen Modi durch Konversion der Prämissen, beziehungsweise durch sonstige Folgerungen aus den Vordersätzen. Im Grunde hat schon die Logik Hobbes dem Satze „Quae sunt eadem uni tertio, sunt eadem inter se" die herrschende Rolle in der Schlußtheorie zugewiesen, was mit dem allgemeinen Prinzip, daß das Denken ein Rechnen sei, gut zusammenstimmt. Der Identitätsgedanke liefert auch in der quantifizierenden Logik, die wir im nächsten Absatz besprechen, die entscheidende Fundierung, allerdings mit dem Zusatze, daß im Schlusse neben Vollidentitäten auch Teilidentitäten (des Umfangs oder des Inhalts) das Ableiten der Conclusio begründen. Im Algorithmus der mathematisierenden Logik Schröders[1]) bildet wiederum die Gleichung das Wesen alles gültigen Schließens, das schlechthin zum Ableiten einer Gleichung aus anderen Gleichungen gestempelt wird. Auch bei Schuppe finden wir neuerlich die These: „Das Schließen reduziert sich ... einfach auf das Bewußtsein einer (bestimmten) Identität"[2]).

β) Den Subsumtionsgedanken, welcher den Sphärenbeweisen der Schlüsse zu grunde liegt, hat man gewöhnlich in das sogenannte Dictum de omni et nullo gekleidet: Quidquid de omni valet, valet etiam de quibusdam et singulis; quidquid de nullo valet, nec de quibusdam, nec de singulis valet. Daß das omne in diesem Gesetze nicht „das Ganze", sondern „der Inbegriff aller einzelnen" bedeutet oder „distributiv" zu nehmen ist, hat Bolzano gezeigt. Noch deutlicher auf den Umfang geht die Leibnizsche Fassung jener Regel „Includens includentis est includens inclusi" und die

---

[1]) E. Schröder, Vorlesungen über die Algebra der Logik (exakte Logik). Leipzig, I. Bd., 1890, II. Bd., 1891, III. Bd., 1895.

[2]) Schuppe, Logik, p. 50.

Konzeption der Schemata „$S > M$, $M > P$, $S > P$" und „$S < M$, $M < P$, $S < P$".

Das Subsumtionsprinzip hat bereits Aristoteles für die erste Figur der Syllogismen in Anspruch genommen, ob und inwieweit er dasselbe auch auf die beiden anderen Figuren ausgedehnt wissen wollte, ist eine Streitfrage[1]). In der quantifizierenden Logik von Port-Royal, welche aristotelische und cartesianische Elemente verschmilzt, findet sich ausdrücklich als allgemeines Ableitungsprinzip der Syllogismen der Satz „l'une des deux propositions doit contenir la conclusion, et l'autre faire voire qu'elle la contient"[2]), wobei das „contenir" im Sinne des Umfangs verwendet wird. Ebenso hat Chr. Wolff im subsumierenden Dictum de omni et nullo die Legitimation alles Schließens erblickt[3]).

Von den modernen Logikern hat sich der bereits genannte E. F. Apelt mit besonderer Entschiedenheit auf diesen theoretischen Standpunkt gestellt, indem er sagte: „Der Schluß ist ein Urteil, in welchem ein Subjekt (der Unterbegriff, term. min.) vermittels eines Begriffes (des Mittelbegriffes, term. med.) einem anderen Begriff untergeordnet wird"[4]). Subsumtionen sind es auch, welche bei den quantifizierenden Logikern unserer Zeit einzelnen oder allen Ableitungen der Conclusio als Legitimation untergeschoben werden.

Jevons reine Logik beispielsweise verbindet in ihrem Schlußprinzip der „Substitution of Similars" die Fiktion der Teilidentität mit der auf den Inhalt angewendeten Unterordnung der Begriffe[5]). Sind auch die Ausgangspunkte der Logik Brentanos wesentlich andere als die der eben erwähnten Gruppe von Denkern, so weist sie doch den verwandten Zug auf, daß sie dem Subsumtionsgedanken den Rang eines Fundamentes des Schließens einräumt[6]). Damit ist

[1]) Aristoteles, Kateg. 3, 1 b, 10; Anal. prior. 4, 25 b, 32. — Vgl. zur Geschichte dieses Problems Ueberweg, Logik, 4. Aufl., p. 284 f.

[2]) La logique ou l'art de penser. III., ch. X, p. 278. Vgl. auch III. ch. I, p. 285.

[3]) Chr. Wolff, Philosophia rationalis, § 316 f.

[4]) Apelt, Theorie d. Ind., p. 3.

[5]) Jevons, Pure logie etc, London 1861. und The substitution of Similars, London 1869. Vgl. in letzterem Werk die charakteristischen Übertragungen der Modi Barbara, Darii, Darapti und Celarent in das neue Zeichensystem, p. 99 ff.

[6]) Brentano hat die Grundlagen seiner Schlußlehre in seiner Psychologie vom empirischen Standpunkte, I. Bd., Leipzig 1874 (II. Buch), angedeutet. Die Ausführung dieser Ansätze ist Fr. Hillebrands Verdienst. Letzterer erklärt a. a. O., p. 81, daß die Schlüsse auf zwei Begründungsprinzipien beruhen, nämlich

übrigens der Nachweis Brentanos und Hillebrands, daß das Urteilen selbst kein Subsumieren bedeute, durchaus verträglich, da von einer „Materie" und ihren „Teilen" auch bei einer Existentialtheorie des Urteils gesprochen werden kann.

γ) Auf die Inhaltsbestandteile zielt der Gedanke der Koadjektion oder der vermittelten Prädikation eines Habens, beziehungsweise Nichthabens, wofür die Schemata „S hat M, M hat P, S hat P und S hat M, M hat nicht P, S hat nicht P" gebildet wurden. Auf dieser Grundlage ruht das Prinzip der kategorischen Vernunftschlüsse, das Kant vertreten hat: Nota notae est nota rei ipsius; repugnans notae, repugnat rei ipsi[1]). Gleichartige Leitgedanken beherrschen auch die Schlußlehre jener Logiker, die an der Inhaltstheorie des Urteils festhalten, bezüglich welcher wir auf unser Referat im vorigen Abschnitt verweisen dürfen. Wir heben aus ihnen nur J. St. Mill als besonders entschiedenen Anhänger der Inhalts-Attributionstheorie des Urteils und des Schlusses hervor. Seine Auffassung vom Syllogismus ist die folgende: „Der Obersatz ... sagt aus, daß alle Dinge, die ein gewisses anderes Attribut (oder mehrere solche) besitzen, daneben ein gewisses anderes

---

a) „daß die Affirmation einer Materie eine Affirmation jedes ihrer Teile einschließt und daß die Negation einer Materie in der Negation jedes ihrer Teile eingeschlossen ist"; *b*) daß folgende zwei evidente Sätze gelten:

$$A\,B\,- \qquad\qquad A\,B\,-$$
$$A\,+ \qquad\qquad A\,b\,-$$
$$A\,b\,+ \qquad\qquad A\,-$$

Aus diesen Voraussetzungen werden sodann 24 Modi abgeleitet. In scharfsinniger Weise haben Brentano und Hillebrand die Fundamente der älteren deduktiven Schlußtheorie kritisiert und hiebei den Satz „Ex mere negativis nihil sequitur" angefochten, dagegen die „Quaternio terminorum" zum allgemeinen Gesetz erhoben.

[1]) Kant, Logik, I., § 3. Das allgemeine Prinzip der Vernunftschlüsse (die Folgerungen gelten als Verstandesschlüsse) lautet bei Kant: „Was unter der Bedingung einer Regel steht, das steht auch unter der Regel selbst" (§ 57). Für die kategorischen Vernunftschlüsse gilt der oben zitierte Grundsatz (§ 63), für die hypothetischen der Satz vom Grunde: „A ratione ad rationatum, a negatione rationati ad negationem rationis valet consequentia (§ 76). Die disjunktiven Vernunftschlüsse folgen dem Prinzip des ausgeschlossenen Dritten: A contradictorie oppositorum negatione unius ad affirmationem alterius — a positione unius ad negationem alterius valet consequentia (§ 78). — Dazu treten bei Kant die Schlüsse der reflektierenden Urteilskraft (Induktion, Analogie) nach dem Prinzipe, „daß vieles nicht ohne einen gemeinschaftlichen Grund in einem zusammenstimmen, sondern daß das, was vielem auf diese Art zukommt, aus einem gemeinschaftlichen Grunde notwendig sein werde" (§ 83).

Attribut (oder mehrere solche) besitzen oder nicht besitzen. Der Untersatz sagt aus, daß das Ding oder die Gruppe von Dingen, welche das Subjekt dieses Satzes bilden, das zuerst genannte Attribut besitzen, und der Schluß daraus ist, daß sie das zweite besitzen oder nicht besitzen"[1]. An späterer Stelle liefert er als allgemeines Schema aller Syllogismen:

„Das Attribut A ist ein Merkmal des Attributs B;
der gegebene Gegenstand hat das Merkmal A,
folglich
der gegebene Gegenstand hat das Attribut B[2].

Was wir zu diesem an sich lehrreichen Fundierungsversuch Mills zu sagen haben, stützt sich auf die Schlußbeispiele aus der klassifizierenden Naturgeschichte und überdies auf die mathematischen Syllogismen: Die Charakteristik Mills paßt auf die Mehrzahl der deduktiven Schlüsse, aber nicht auf alle; vor allem nicht auf solche, die wirkliche Umfangsbeziehungen von Gattung und Art zur Konklusion haben. Auch die Abhängigkeitsrelationen, welche die Schlüsse der Mathematik behandeln, sind ohne Gewaltsamkeit nicht als Attribute (im Millschen Sinne als Inhaltsmerkmale) deutbar.

Neuestens hat Gneisse versucht, die Subsumtion mit der Koadjektion vereinigt zur Kennzeichnung des regressiven Schließens zu verwerten. Er definiert nämlich: „Deduktion ist das Denkverfahren, das einen einzelnen begrifflich bestimmten Gegenstand oder einen Begriff näher bestimmt, indem es ihn einem höheren Begriff subsumiert und ihm ein mit diesem notwendig verknüpftes Merkmal zuerkennt"[3]. Diesem Definitionsversuch wäre entgegenzuhalten, daß er einerseits den keineswegs selten vorkommenden Identitätsschlüssen nicht Rechnung trägt, anderseits das weite Gebiet der auf eine negative Konklusion gerichteten Syllogismen unberücksichtigt läßt.

[1] Mill, System der ded. u. ind. Logik, deutsch v. Gomperz, 2. Aufl., I. Bd., Leipzig 1884, II. Bch., 2. Kap., p., 203.

[2] Ebda., p. 207.

[3] Gneisse, Deduktion und Induktion. Eine Begriffsbestimmung. Straßburg 1899, p. 23. Vgl. auch p. 7. — Induktion ist nach Gneisse „das Denkverfahren, das die einzelnen Gegenstände eines Begriffes wie diesen selbst durch ein mit ihm notwendig verknüpftes Merkmal näher bestimmt, indem es dieses Merkmal an allen beobachteten Erscheinungen desselben Begriffs als stetig nachweist". A. a. O., p. 23. In dieser Auffassung, die den Nachweis der Stetigkeit fordert, wäre für die unvollständige Induktion kein Platz.

δ) Die Identifikation, Umfangssubsumtion und Inhaltsprädikation vereinigt die **Substitutionstheorie** des Schlusses, die bereits bei Beneke und Ueberweg im Grundgedanken entwickelt, aber erst in der neueren englischen Logik volle Ausbildung und Verwertung gefunden hat. Beneke schildert den Schlußvorgang als Substitution folgendermaßen: „In einem gegebenen Urteile setzen wir an die Stelle des einen seiner Bestandteile einen anderen, und zwar auf Veranlassung eines zweiten Urteils, welches ein Verhältnis angibt zu dem früheren und dem neuen Bestandteile. Die **Substitution** kann eintreten, wenn der neue Bestandteil in keiner Weise über den alten hinaussteht. Dies tritt ein, entweder wenn das Substituierte dasselbe ist, nur mit einem anderen Ausdrucke, oder ein Teil dessen, welchem es substituiert wird" [1]. Hiebei ist als „Teil" nicht bloß Umfangsteil, sondern auch Inhaltsteil (Merkmal) gemeint. Im Anschlusse an Beneke hat Ueberweg wenigstens für die Syllogismen aus zwei kategorischen Urteilen das Substitutionsprinzip als Fundament erklärt [2]. Und wenn wir Wundt richtig verstehen, so läuft auch seine weitgreifende Untersuchung auf die Behauptung, daß alles Schließen Substitution sei, hinaus [3].

Verwandt mit der Substitutionstheorie ist die wohldurchdachte **Einordnungstheorie** B. Erdmanns, welche dieser im Anschlusse an seine Lehre vom Urteile vertritt. „Bezeichnen wir das Verfahren", sagt Erdmann, „durch das einem Subjekte seine mittelbaren Prädikate zugesprochen werden, ... als Einordnung, so ist der Syllogismus ein Schluß durch Einordnung" [4].

ε) Unsere eigene Schlußtheorie gipfelte in dem Ergebnis, daß der Schluß psychologisch das bedingte Fürwahrhalten eines Urteils, logisch das bedingte Wahr- oder Wahrscheinlichsein eines Urteilssatzes bedeute. Dieses Fürwahrhalten, beziehungsweise Wahr- oder Wahrscheinlichsein hat entweder die Substitution oder die Konstitution zum Begründungsprinzip. Der damit gegebenen Charakteristik fehlt es nicht an Anknüpfungspunkten in der bisherigen logischen Literatur.

---

[1] Beneke, System der Logik, 2 Bde., Berlin 1842, I., p. 217; vgl. auch desselben Lehrbuch der Logik als Kunstlehre des Denkens, Berlin 1832, p. 110 ff.

[2] Ueberweg, Logik, 4. Aufl., Bonn 1874, § 120, p. 347.

[3] Wundt, Logik, 3. Aufl., I. Bd., p. 298 f., 311 f.

[4] Erdmann, Logik, I., § 537, p 709. Vgl. dagegen dessen Grundsatz der Induktion, „daß die gleichen gegebenen Ursachen die gleichen Wirkungen haben werden", § 567, p. 751.

Sigwart vertritt eine ähnliche Auffassung, wenigstens für die psychologische Seite: „Ein Folgern oder Schließen im psychologischen Sinne findet überall da statt, wo wir zu dem Glauben an die Wahrheit eines Urteils ... durch den Glauben an die Wahrheit eines oder mehrerer anderer Urteile bestimmt werden"[1]). Das „evidente Gesetz" vollendet den Schluß zu einem logischen. Auch J. St. Mill erblickt das Wesen des Schlusses darin, „daß wir dabei einem Satz (Urteil) als eine Folgerung aus etwas anderem Glauben schenken oder für ihn Glauben in Anspruch nehmen"[2]). Vermutlich liegt auch Schuppes Lehre eine verwandte Anschauung zu grunde. Unseres Erachtens tritt die in der vorliegenden Studie vertretene Theorie sofort unvermeidlich zutage, sobald man ernstlich versucht, auch beim Schlusse (wie bei der Vorstellung und beim Urteil) Inhalt und Gegenstand klar auseinanderzuhalten.

87.

Zur Ergänzung unseres Referates seien noch einige von der unseren abweichende Lehren über die Natur der Induktion und des Analogismus besprochen.

a) Die Pansyllogisten rechnen die Induktionen unter die deduktiven Schlußformen, für welchen Zweck die II und III. aristotelische Figur in Betracht zu ziehen ist. Nach der zweiten Figur mit der Begriffsstellung $P M - S M - S P$ kämen für die Induktion mit bejahendem Schlußsatz die Modi $P a M - S a M$, ferner $P a M - S i M$, endlich $P i M - S a M$ zur Anwendung, allein keiner dieser Modi gestattet einen gültigen Schluß. Die Zuordnung der Induktionen zur II. Figur ist daher prinzipiell unmöglich. Besser scheint die Sache bei der III. Figur mit der Begriffsstellung $M P - M S - S P$ zu liegen, da hier für den Fall der bejahenden Conclusio die Modi Darapti, nämlich $M a P - M a S - S i P$, Disamis, nämlich $M i P - M a S - S i P$, und Datisi, nämlich $M a P - M i S - P i S$, zur Verfügung stünden. Allein keiner dieser Modi hat einen universalen Schlußsatz, so daß auch sie für die Aufnahme der Induktion, welcher

---

[1]) Sigwart, Logik, 3. Aufl., § 49, p. 432 f. Die logische Charakteristik, die Sigwart für den Schluß liefert, lautet: „Die allgemeinste Formel der Ableitung eines Urteils aus anderen ist der hypothetische Schluß, der entweder ... die einfache Anwendung des Satzes ist, daß mit dem Grunde die Folge bejaht, mit der Folge der Grund aufgehoben ist, oder ... auf dem Satze ruht, daß die Folge der Folge Folge des Grundes ist

[2]) J. St. Mill, Logik, 2. Aufl., Übers. v. Gomperz. I., p. 182.

die Allgemeinheit der Conclusio wesentlich ist, ungeeignet sein
müssen.

Abweichender Ansicht ist Wundt, der in seiner Logik, II. Bd., p 21,
ausdrücklich betont: „Die elementare logische Form der Induktion ist ... der
Verbindungsschluß oder der Schluß der III. Figur. Er ist am nächsten verwandt
dem Vergleichungsschluß, dem Schluß der II. Figur, welche der Methode der
Abstraktion zu grunde iegt.“ Auch Schuppe meint: „Das induktive Verfahren ...
ist von seiten der formalen Schlüssigkeit ein Syllogismus mit disjunktivem Obersatz.“ Grundriß d. Erkenntnisth. u. Logik, Berlin 1894, p. 53.

Zuweilen dachte man daran, für die ungültige Folgerung ad
subalternantem, welche aus „Einige S haben P“ auf „Alle S haben
P“ schließt, eine Art Ausnahme zu gunsten der unvollständigen Induktion zu schaffen oder überhaupt der Enumeratio simplex (Baco)
eine gewisse Beweiskraft für die universale Konsequenz zuzugestehen.
Allein auch diese krummen Wege halten der Kritik nicht stand,
welche geltend macht, daß bei der Induktion (wie auch bei der
Analogie) prinzipiell niemals von Subsumtion oder Koadjektion die
Rede sein könne.

b) Angesichts der erörterten Schwierigkeiten hat man nicht
selten die unvollständige Induktion logisch preisgegeben und mit
einigen verlegenen Worten abgetan, die „vollständige“ hingegen als
gültige und zugleich ideale Form der Induktion hingestellt[1]). Die
Anordnung der Sätze erfolgte einfach im Sinne der I. Figur, und
zwar (bei bejahendem Schlußsatz) nach dem Modus Barbara, der
den Vorzug aufwies, eine positive und universale Conclusio zu liefern.
Als Obersatz wurde hiebei die Gesamtheit aller Einzelfälle genommen,
deren Vollständigkeit nach Maßgabe des allgemeinen Schlußsatzes
im Untersatze festzustellen war. Sonach ergab sich in schematischer
Form der Ansatz:

$$S_1 \text{ hat } P, \; S_2 \text{ hat } P, \; S_3 \text{ hat } P,$$
$$S_1 . \; S_2 . \; S_3 \text{ sind alle } S$$
$$S \text{ hat } P.$$

Diesem Schlusse fehlt aber durchaus der Charakter einer Induktion. Er geht nämlich nicht vom Besonderen auf das Allgemeine,
weil die Major. als Ganzes genommen, genau so allgemein ist, wie

---

[1]) Dies ist eigentlich die Haltung der sonst bewundernswerten Logik von
Port-Royal, welche im III. Buch IX. Kap., p. 344, die Induktion zwar richtig
definiert, aber ohne nähere Prüfung beiseite schiebt. Unglaublich ist die Unter-
schätzung und Verkennung der Induktion bei manchen mathematisierenden Logikern. Vgl. Schröder, Vorlesungen über die Algebra der Logik, I. Bd., p. 9.

die Conclusio, was die Minor zum Überfluß ausspricht. Daß hier der Schlußsatz bekannt sein mußte, bevor der Untersatz ausgesprochen werden konnte, wäre leicht zu zeigen. Es liegt eben keine echte Induktion, sondern ein Syllogismus, und zwar ein Identitätsschluß nach der I. Hauptart, 1. Form, vor.

Im Grunde ist dies auch die Form, die E. F. Apelt der „klassischen Induktion" Keplers zur Entdeckung der wahren Figur der Marsbahn gibt: Am Orte O_1, d. i. zur Zeit der wahren Anomalie des Mars v_1, betrug der Radius vector r_1 oder kürzer

$$\left.\begin{array}{l} \text{im Zeitpunkt } v_1 \text{ ist der Rad. vect. } r_1 \\ \text{\ \ \ \ \ \ \ \ } v_2 \text{ \ \ } r_2 \end{array}\right\} \text{Obersatz}$$

$$\left.\text{im Zeitpunkt } v_n \text{ ist der Rad. vect. } r_n \right\} \text{Untersatz}$$

$$\left.\begin{array}{l} \text{Die Marsbahn ist eine Kurve mit der} \\ \text{Polargleichung } r = \dfrac{a\,(1-e^2)}{1-e\cos v}, \text{ also} \\ \text{eine Ellipse.} \end{array}\right\} \text{Schlußsatz}$$

Newtons Induktion soll dagegen nach Apelt gewesen sein:

Obersatz: Die konkreten Bewegungen der Planeten;

Untersatz: Die drei Keplerschen Gesetze in ihrer Allgemeinheit;

Schlußsatz: Die Gravitation. (A. a. O., p. 21, 24.)

Dieser Ansatz ist aber nur dann ein echt induktiver, wenn in der Conclusio die allgemeine Gravitation der Massen gemeint ist, in welchem Falle der Untersatz durch die Konstitution auf Körper, die nicht Planeten sind, erweitert werden müßte.

Nur eine scheinbare Verbesserung bedeutet die durch den ausdrücklichen Übergang vom Einzelnen zum Allgemeinen erweiterte Fassung:

$$S_1,\ S_2,\ S_3 \text{ haben } P,$$
$$S_1,\ S_2,\ S_3 \text{ sind alle } S,$$

was die einzelnen S haben, haben alle S überhaupt
(einer kausalen Beziehung zwischen S und P wegen)

$$S \text{ hat } P.$$

Oder wenn der Beweis der Vollständigkeit des Obersatzes außerhalb des Ansatzes verlegt und die Prop. minor an die Spitze gestellt wird:

Was die einzelnen S (die zusammen S ausmachen) haben,
das haben alle S überhaupt (wegen kausaler Beziehung)
$S_1,\ S_2,\ S_3,$ welche die einzelnen S sind, haben P

$$S \text{ hat } P.$$

In dieser Weise schließt bereits Aristoteles (nach der Deutung Apelts):

Tiere ohne Galle sind Menschen, Pferde, Maulesel ...
Die genannten Tiere sind langlebig.

Alle Tiere ohne Galle sind langlebig.

Analyt. prior., II. Kap. 23. Das Beispiel wird übrigens auch in der Form dargestellt:

Menschen, Pferde, Maulesel sind langlebig
Eben diese Tiere haben keine Galle

Die Tiere ohne Galle sind langlebig.

In beiden Schemata ist das Hereinziehen der zur Induktion unerläßlichen Kausalrelation entweder falsch oder überflüssig. Die Schlußweise gilt nämlich auch dann, wenn S und P zufällig beisammen sind, beispielsweise wenn geschlossen würde: Die soeben vorbeigehenden Venezianerinnen S_1, S_2 und S_3 haben rotes Haar — es sind dies alle vorbeigehenden Venezianerinnen — alle eben vorbeigehenden Venezianerinnen haben rotes Haar. Hier wäre die kausale Begründung des Zusammenseins der Gebürtigkeit in Venedig und der Rothaarigkeit unwahr. Wäre die kausale Begründung aber auch zutreffend, so müßte sie als überflüssig bezeichnet werden, da der Identitätssyllogismus auch nach ihrer Hinweglassung evident und wahr bleibt. Ein Syllogismus ohne Identität des S des Obersatzes mit dem S des Schlußsatzes würde hier eine Quaternio terminorum verschulden, die keinen gültigen Schluß zuläßt. Wir glauben damit den Nachweis geliefert zu haben, daß die sogenannte vollständige Induktion nicht unter die progressiven Schlüsse, sondern unter die Syllogismen zu rechnen ist[1]. Ob es sich für die Theorie verlohnen würde, jenen Pseudoinduktionen die Stellung einer eigenen Art innerhalb der Identitätschlüsse einzuräumen (etwa als Identitäts-

[1] Auch B. Erdmann kommt nach sorgfältigen Erwägungen zu diesem Resultate. Logik, I, § 551, p. 730 ff. Vgl. auch B. Erdmanns ältere Arbeit Zur Theorie des Syllogismus und der Induktion in den Phil. Aufsätzen, Ed. Zeller gewidmet, Leipzig 1887, p. 203, 205, 219.

Apelt, der die Induktion Bernouillis für die Binomialkoeffizienten wiedergibt, übersieht, daß der hier vorliegende Schluß in dem Augenblick seinen Charakter der Induktion verliert, als die Allgemeingültigkeit, beziehungsweise die algebraische Notwendigkeit der Formel erwiesen ist. A. a. O, p. 31. Richtig ist dagegen die Unterscheidung Apelts zwischen der sogenannten Inductio per enumerationem simplicem, die kein Schluß, sondern eine Assoziationserscheinung ist (z B. der Glaube, daß Nachtfrost stets bei Mondschein eintrete), und der wahren oder rationellen Induktion, die ein Naturgesetz zur Grundlage hat (z. B. die Conclusio, daß Frost stets bei Wärmeausstrahlung der Erdoberfläche eintrete). A. a. O., p. 48. Vgl. Sigwarts Polemik gegen Apelt, Logik, I., 477.

schlüsse mit disjunktivem Obersatz), mag hier unerörtert bleiben; wir würden glauben, daß die praktische Wichtigkeit jener vollständigen Zusammenfassung von Subjekten mit gleicher Beschaffenheit eine solche Artbildung immerhin rechtfertigen würde.

Die Geschichte der Auffassung und Wertschätzung des Induktionsschlusses ist mit der Entwicklung des Verstehens und Anwendens der induktiven Methode aufs innigste verschmolzen.

Es darf als allgemein anerkannt gelten, daß Baco von Verulam weder der Erfinder noch der erste Nutznießer der Induktion gewesen ist. Was er in dem berühmten Beispiele von der Wärme mit Hilfe seiner Tabellen zu abstrahieren suchte, war die „Form" im platonischen Sinne, nicht ein allgemeiner naturwissenschaftlicher Sachverhalt. Immerhin hat er für die Philosophie durch seine Forderungen und Kritiken eine neue Richtung in der Theorie der Methode angebahnt.

Im bekannten Streite zwischen Liebig und Sigwart über die Bedeutung Bacos scheint uns der letztere im Rechte zu sein[1]. Laurenz Müllner bezeichnet mit überzeugenden Argumenten Galilei als den wahren Begründer der induktiven Forschung[2], von welcher Ansicht auch E. Machs historische Mechanik getragen ist[3]. Dagegen möchte E. F. Apelt die „Erfindung" der induktiven Methode Kepler zugesprochen wissen[4], während B. Erdmann D. Hume als den eigentlichen ersten Theoretiker der Induktion nennt[5].

Für die neuere Philosophie ist jedenfalls J. St. Mills[6] vielfach anregendes Logikwerk der Ausgangspunkt tieferer Untersuchung des Gesamtbereiches der progressiven Schlußweise gewesen. Daß selbst die Mathematik aus der unvoll-

[1] Justus v. Liebig, Über Induktion und Deduktion, in „Reden u. Abhandl.", Leipzig und Heidelberg 1874, p. 296 ff. (Der bemerkenswerteste Gedanke Liebigs ist die Wertschätzung der Einbildungskraft beim Naturforscher.) Vgl. ferner desselben Autors Rede „Francis Baco v. Verulam und die Geschichte der Naturwissenschaften", in „Reden u. Abh.", p. 220 ff. Dagegen schrieb Sigwart den Artikel „Ein Philosoph und ein Naturforscher über Francis Baco v. Verulam", p. 255 ff. — Liebig versuchte eine Abwehr in „Noch ein Wort über Francis Baco v. Verulam", p. 280 ff.

[2] Laurenz Müllner, Die Bedeutung Galileis für die Philosophie, Wien 1894.

[3] Mach, Die Mechanik in ihrer Entwicklung, 4. Aufl., Leipzig 1901, namentlich 2. Kapitel.

[4] Apelt, a. a. O., p. 141.

[5] B. Erdmann, a. a. O., § 585, p. 781.

[6] J. St. Mill, A System of Logic rationative and inductive, 2 Bände, London 1843; deutsch als System der deduktiven und induktiven Logik, übersetzt von Gomperz, 2. Aufl., Leipzig 1884, p. 188, p. 331 ff. Vgl. auch Whewell, Philosophy of the inductive sciences, 2 Bde., London 1840 u. 1847; History of the inductive sciences, 3 Bde., London 1837, deutsch von Littrow, Stuttgart 1832—1842.

ständigen Induktion als heuristisches Mittel nicht unwesentlichen Gewinn zog, hat u. a. E. Mach dargetan [1]).

c) Mit den vorstehenden Ausführungen über die Induktion haben wir unseren Standpunkt in der Frage nach der Natur der Analogismen vorweg gekennzeichnet. Nur unvollständige Analogieschlüsse sind echte; kommen einem Subjekte gewisse Einzelprädikate,

[1]) Mach, Erkenntnis und Irrtum, Leipzig 1905, p. 306 f. Nachdem bereits Cavalieri (1635) und Wallis (1655) mit mathematischen Induktionen gearbeitet hatten, unternahm Jakob Bernouilli in den Acta Eruditorum (1686, p. 360) die Darstellung der Methode, wie unvollständige Induktionen in vollständige verwandelt werden können. Bernouilli bildete zunächst die Summe der natürlichen ganzen Zahlen (mit Einschluß der 0), nämlich

$$0 + 1 = 1 \qquad \text{oder} \qquad 1\,(1 + 1) : 2 = 1$$
$$0 + 1 + 2 = 3 \qquad \qquad 2\,(2 + 1) : 2 = 3$$
$$0 + 1 + 2 + 3 = 6 \qquad \qquad 3\,(3 + 1) : 2 = 6$$
$$\text{u. s. f.} \qquad\qquad\qquad \text{u. s. f.}$$

und zeigt, daß $\Sigma\, n = \dfrac{n\,(n + 1)}{2}$ allgemein gilt, weil dieselbe Formel richtig bleibt, wenn man die Gliederzahl um ein Glied vermehrt, also $\dfrac{n\,(n + 1)}{2} + (n + 1) = \dfrac{(n + 1)\,(n + 2)}{2}$, welches Verfahren beliebig fortgesetzt werden kann.

An dieser Stelle sei der Theorie der Induktion, die Bolzano aufgestellt hat, mit einigen Hinweisen gedacht. Er anerkennt in d. Wissensch. L, II., 446 f., eine vollständige Induktion nach dem Schema:

$$X\,(a)\ \text{hat}\ m,\ X\,(b)\ \text{hat}\ m,\ X\,(c)\ \text{hat}\ m \ldots,$$
$$\text{die Vorstellung}\ (X)\ (n\,a + n\,b + n\,c + \ldots)$$
$$\underline{\text{hat keine Gegenständlichkeit, ergo}}$$
$$\text{jedes}\ X\ \text{hat}\ m.$$

Bei der unvollständigen Induktion (Wissensch. L., III., p. 318 f.) ist der Untersatz nicht abgeschlossen, gestattet jedoch die Wahrscheinlichkeitsbewertung des Schlußergebnisses. Wenn alle A (alle Teile des Gesamtsubjekts A) zusammen $m + n$ sind und m-Fälle bereits erfahrungsmäßig dahin geprüft sind, daß sie b besitzen, so ist die Wahrscheinlichkeit, daß alle A die Beschaffenheit b haben, $= \dfrac{m + 1}{m + n + 1}$. Wenn nun $m < n$ ist, so wird der Bruch $\frac{1}{2}$ oder kleiner als $\frac{1}{2}$, dagegen ergibt sich bei $m > n$ ein Bruch, der $\frac{1}{2}$ oder größer als $\frac{1}{2}$ ist. Schon im Falle $m = 2$ und $n = 1$ ergibt sich eine Wahrscheinlichkeit für die Gültigkeit der Konklusion, nämlich $\dfrac{2 + 1}{2 + 1 + 1} = \frac{3}{4}$. Die hier entwickelte Wahrscheinlichkeitsformel gilt nach Bolzano auch für die Analogie. Über die beiden progressiven Schlußarten äußert sich Bolzano (III., p. 513, Anm.): „Meines Erachtens sind die Gründe, auf welchen diese zwei Schlußarten beruhen, z. B. der Satz, es sei wahrscheinlich, daß eine gewisse Beschaffenheit b allen A zukomme, wenn sie an mehreren bereits gefunden worden sei, ebenso unbedingt geltende, reine Begriffswahrheiten, als es diejenigen sind, auf denen irgend eine andere Schlußregel, z. B. die des gewöhnlichen Syllogismus oder die der Unterordnung beruht. Wir haben durchaus nicht nötig, erst die Erfahrung zu befragen, ob diese Schluß-

welche nachweislich ein Gesamtprädikat vollständig erfüllen, zu, so liegt ein Syllogismus der I. Hauptart (1. Form) vor, der im Obersatze und Schlußsatze dasselbe in verschiedener Gestalt zuerkennt. Schematisch:

$$S \text{ hat } P_1, P_2, P_3$$
$$P_1, P_2, P_3 \text{ sind alle } P$$
$$S \text{ hat } P.$$

Hinsichtlich der Art der Relation zwischen S und P gilt hier ähnlich wie für die Induktion die Forderung, daß das Haben der Einzelprädikate infolge des wahrscheinlichen Bestehens einer Abhängigkeitsrelation auch das Haben der übrigen Beschaffenheiten des Bereiches P begründen muß, um den Analogieschluß logisch berechtigt zu machen.

d) Die Problemgeschichte, soweit sie die Induktion betrifft, haben u. a. Apelt[1] und Ueberweg[2] dargestellt; Historisches über die Geschichte der Analogie berichtet das verdienstliche Buch von L. William Stern[3], das jedoch die bedeutungsvollen Gedanken Ernst Machs über diesen Gegenstand nicht verwerten konnte[4].

Die Analogie als Schlußweise und Methode hat nur selten von Seite der Logiker entsprechende Beachtung gefunden. Aristoteles behandelt die παράδειγμα wiederum als einen Syllogismus, dem nicht Bedeutung genug zukommt, um nähere Untersuchung zu verlohnen[5]. Erst ein wenig bekannter Geschichtsphilosoph des XVII. Jahrhunderts, Giov. Batt. Vico, hat im Anschlusse an Baco der Analogie eine ausführliche Betrachtung gewidmet, ohne jedoch über programmatische Aufstellungen hinauszukommen[6]. In der Folge begnügte man

regeln wirklich gelten; wir müssen vielmehr ihre Gültigkeit bereits voraussetzen, um nur Erfahrungen machen zu können." — Nach unserer Meinung bezieht sich jedoch die hier angerufene Evidenz nur auf ein Urteil über das Bestehen, beziehungsweise Nichtbestehen einer bestimmten Wahrscheinlichkeit der Conclusio bei Kenntnis der Zahl der Instanzen, nicht aber auf das Verfahren des induktiven Schließens in jedem besonderen Falle, welches Verfahren selbst nur wahrscheinlich richtig ist.

Denselben Gesichtspunkt glauben wir der Behauptung Lotzes (Logik, p. 128), daß der „logische Gedanke" der Induktion so gewiß sei wie der des Identitätsschlusses, entgegenhalten zu dürfen.

[1] Apelt, a. a. O., p. 129 ff.

[2] Ueberweg, a. a. O., § 127—129, p. 371 ff.

[3] L. W. Stern, Die Analogie im volkstümlichen Denken, Berlin 1893, p. 72 f.

[4] E. Mach, Die Ähnlichkeit und die Analogie als Leitmotive der Forschung. In den Annalen der Naturphilos., I. Bd., Leipzig 1902.

[5] Aristoteles, Analyt. prior., II., 24, Metaphys., 6, 1048 b., 1093 b. Den Ausdruck „τὸ ἀνάλογον' gebraucht Aristoteles daselbst im Sinne von „Proportion".

[6] G. B. Vico, Principii di una szienza nouva, Neapel 1725, deutsch von Weber, Leipzig 1822, p. 135.

sich mit der Einordnung des Analogieschlusses unter die Syllogismen, und zwar hatte Hegel die II. Figur, Trendelenburg die III. Figur des Aristoteles für den theoretischen Ort dieser Schlüsse erklärt. Die große praktische Bedeutung der Analogie für die Naturwissenschaften wurde erst durch die Arbeiten von Hoppe[1]), Wundt, L. W. Stern und Mach in volles Licht gesetzt. Bei Wundt gilt der Analogieschluß allerdings als „Unterart des Subsumtionsschlusses"[2]) etwa nach dem Schema

M hat die Eigenschaft P,

S gleicht dem M in den Eigenschaften $a, b, c \ldots$

Also hat auch S wahrscheinlich die Eigenschaft P.

Hier ist mithin das Begründungsprinzip außerhalb des Schlusses verlegt. In der Hauptsache schließt sich an Wundt die Spezialarbeit von L. W. Stern an, der in der Analogie „eine Übereinstimmung der Verhältnisse zwischen den Einzelmerkmalen" findet, also die Gleichheit der Gestaltqualität, wie wir sagen würden[3]). Der Gedanke, daß es das Übereinstimmen der Gestaltqualität sei, welches die Abhängigkeitsrelation des Untersatzes in vielen Analogiefällen konstituiert, würde jedenfalls eine genauere Untersuchung verlohnen, wie die Prüfung der auffallendsten Beispiele dieser Art, der Anthropomorphismus, die Metapher, die Volksetymologie, die Audition colorée u. ä. lehrt. Ohne diesen Weg weiter zu verfolgen, entwickelt Stern das Schlußschema:

V hat die Merkmale $a \; b \ldots$

V ist gleich V_1 in $a \; b$

V ist gleich V_1 auch in d

oder anders gewendet:

Viele $a \; b \; c$ sind verbunden mit dem Merkmale d,

Die vorliegende Vorstellung enthält die Elemente $a \, b \, c$,

Daher ist die vorliegende Vorstellung auch zu verbinden
mit dem Merkmale d.

Beide Schemata[4]) beziehen sich hier auf den Fall einer Analogie „vom einzelnen aufs einzelne", den wir als einen Komplex aus einem echten Analogismus mit einem deduktiven Schluß erkannt haben. — Während Stern die Induktion für den „potentiellen Analogieschluß" erklärt, behandelt B. Erdmann die Analogie als „Vorstufe zur Induktion", indem er sagt: „Der Analogieschluß

<hr>

[1]) Hoppe, Die Analogie, Berlin 1873. Vor ihm hatte schon J. St. Mill in seiner Logik, II. Bd., p. 286 f., der Analogie eine weitblickende Erörterung gewidmet.

[2]) Wundt, Logik, I. Bd., p. 333 f.

[3]) L. William Stern, Die Analogie im volkstümlichen Denken, Berlin 1893 (mit Vorbemerkung von Lazarus), p. 11, 12. Stern unterscheidet das Bilden und das Ergänzen von Analogien, welche Funktionen entweder willkürlich oder unwillkürlich ablaufen können. Seine Klassenbildung (äußere objektivistische, subjektivistische und innere Analogie) will uns freilich nicht einleuchten. — Wenig Brauchbares enthält die Arbeit von Joh. Zahlfleisch, „Das natürliche Denken auf Grund der Analogie; ein Beitrag zur Reform der Logik." Philosoph. Monatshefte, 26. Bd., Heidelberg 1890, p. 515 ff.

[4]) A. a. O., p. 72 und 91.

ist ... in dem Induktionsschluß enthalten, er ist die notwendige Vorstufe der Induktion, und zwar in jede ihrer beiden Formen gleicher Weise" [1]).

Mit besonderer Liebe und Scharfsinnigkeit wird die Analogie (vorwiegend als Verfahren) von Ernst Mach behandelt. Er definiert die Analogie als „eine Beziehung von Begriffssystemen, in welcher sowohl die Verschiedenheit je zweier homologer Begriffe als auch die Übereinstimmung in den logischen Verhältnissen je zweier homologer Begriffspaare zum klaren Bewußtsein kommt" [2]). Mach behandelt somit die Analogie als Spezialfall der Gestaltqualität. In einem Artikel des I. Bandes der Ostwaldschen Annalen der Naturphilosophie (Leipzig 1902, p. 5 ff.) gibt Mach auch eine historische Übersicht über die Entwicklung der Wertschätzung und die fruchtbare tatsächliche Anwendung des Analogieschlusses. Schon Kepler hätte bekannt „plurimum namque amo analogias fidelissimos meos magistros". Die Analogie der Jupitertrabanten war eine mächtige Hilfe für das kopernikanische System. Faradays Entdeckung der Drehung der Polarisationsebene des Lichts durch den elektrischen Strom, Fouriers Theorie des Wärmestromes, Lord Kelvins (W. Thomsons) Behandlung der Wärmeleitung als Attraktionsphänomen gehen auf Analogieerwägungen zurück; das glänzendste Beispiel ist aber Maxwells elektromagnetische Lichttheorie, die ihren Ausgangspunkt in der Analogie zwischen den Gleichungen der Lichtbewegungen und der elektrischen Schwingungen hatte.

---

[1]) B. Erdmann, Logik, § 588, p. 787.
[2]) E. Mach, Populärwiss. Vorlesungen, Leipzig 1896, p. 265.

Vierter Abschnitt.

Das Denken als Erkennen.

1. Vorbemerkungen.

88.

Psychische Erlebnisse und physische Erscheinungen. Das
Bezeichnende der psychischen Zustände und Vorgänge finden wir
in einer gegebenen Beziehung auf eine Wesenheit, welche dieselben
erlebt. Die erlebende Wesenheit nennen wir Subjekt. Im Gegensatze zu dieser Bestimmung liegt das Kriterium der physischen
Phänomene in einer gegebenen Beziehung zu etwas, das nicht die
erlebende Wesenheit ist; dieses etwas bezeichnen wir als Außenwelt. Wird das Physische durch Denken oder Wollen erfaßt, so
entspricht dem Inhalt des Erlebnisses ein Gegenstand, nämlich
ein Objekt mit realer Bedeutung in der Außenwelt (der Name Objekt
hier im weitesten Sinne verstanden). Der Mond, der elektrische
Strom, der Akkord, aber auch die Bewegungen des Tastzirkels, die
Vorgänge im Leibesinnern sind physische Gegenstände, die in
Denkinhalten erfaßt werden.

Dagegen zählt ein Urteilsakt oder ein Entschluß, den ich
gerade vollziehe, ferner eine Lust, eine Lichtempfindung, welche
ich in mir vorfinde, zum psychischen Gebiete.

Blicken wir einen Stein vor uns an, so unterliegen wir bei
diesem Erleben dem unmittelbaren Zwange, das Erblickte als ein
fremdes Seiendes hinzunehmen: um zu urteilen, daß auch der
Stein nur als meine Vorstellung gegeben sei, bedarf es einer ab-
sichtlichen Abstraktion vom Tatbestande.

Werden wir uns aber einer schmerzvollen Erinnerung bewußt,
so können wir uns dem Zwange nicht entziehen, dieses Erlebnis
als ein solches des eigenen Subjekts zu erfassen; weist der Physiologe darauf hin, daß dieser Vorgang auch als Gehirnprozeß betrachtet
werden könne, so bedarf es wiederum einer Abstraktion, um diesen Stand-

punkt zu gewinnen[1]). Während des Erlebens unterliegt der Mann der Wissenschaft so gut wie der naivste Analphabet dem geschilderten Zwange und beide richten dann auch ihr gesamtes Handeln danach. Wir schließen daraus, daß die Scheidung der Phänomene in physische und psychische keine müßige Erfindung der Stubengelehrsamkeit ist, welche eine reine Erfahrungsphilosophie als Vorurteil zu beseitigen habe, sondern ein ursprünglicher Sachverhalt, an den jede Theorie des Erkennens anknüpfen muß[2]).

Die vergleichende Analyse der physischen Phänomene zeigt uns als generelle Merkmale:

1. Sie besitzen den Charakter des Nichtsubjektiven, d. h. sie sind mit einer Beziehung zu etwas, das nicht das erlebende Subjekt ist, gegeben;

2. sie sind dem Erkennen als komplexe Gegenstände (Dinge oder Vorgänge) dargeboten, die mittelbar in Denkinhalten erfaßt werden;

3. sie werden außerhalb des Subjekts verlegt (externisiert oder projiziert) und räumlich bestimmt;

4. sie sind durch ein Band innerer Beziehungen zu einer Einheit zusammengehalten, zur „physischen Natur".

---

[1]) Der häufig vertretenen These, daß alle Erlebnisse oder wenigstens alle Wahrnehmungserlebnisse doppeldeutig sind, d. h. eine physische und eine psychische Seite haben, können wir nicht beipflichten. Beim Wahrnehmen eines roten Ziegelsteins ist die Rot-Empfindung etwas ausschließlich Psychisches, der rote Stein selbst etwas ausschließlich Physisches. Der physiologische Vorgang, der mit der Rot-Empfindung parallel stattfindet, ist lediglich physisch und der rote Stein ist auch dann, wenn er von der (stets psychischen) Wahrnehmung ergriffen wird, ein Objekt der Außenwelt und kein seelisches Datum. Ebenso ist ein bestimmtes Schmerzgefühl nur psychisches Erlebnis, während die zugeordneten vasomotorischen Verengungen (nicht der Schmerz selbst) etwas zur Außenwelt Gehöriges darstellen.

[2]) Avenarius dagegen lehrt: „Die volle Erfahrung ist erhaben über den Dualismus von Physischem und Psychischem." (Viertelj. f. wiss. Philos., 19. Bd., p. 15.) Psychisch ist eine Erfahrung nur insofern, als sie von einer bestimmten Änderung des Systems C (des Zentralnervensystems) abhängig ist. (Ebenda, p. 16.) Die Anerkennung innerer Zustände und die Spaltung Subjekt-Objekt, Innen-Außenwelt sei eine Verfälschung (D. menschl. Weltbegriff, p. 25 ff.) und ein Fehlschluß (p. 157 ff.). Ebenso sieht Mach die Unterscheidung der physischen und psychischen Erscheinungen als nichts Gegebenes an; dieselben seien im Grunde identisch. (Erkenntnis und Irrtum, Leipzig 1905, p. 6, und in den Analysen der Empfindung, 4. Aufl., Jena 1903, p. 14.) Ihm schließt sich in der Hauptsache Münsterberg an. (Grundz. d. Psych., I., p. 72.)

Dagegen finden wir als allgemeine Merkmale der psychischen Erlebnisse:

1. Sie besitzen subjektiven Charakter, d. h. sie sind mit einer Beziehung zum erlebenden Subjekt gegeben;

2. sie sind dem Erkennen als komplexe Gegenstände (Zustände oder Abläufe) dargeboten, die unmittelbar in Denkinhalten erfaßt werden;

3. sie werden nicht außerhalb des Subjekts verlegt und sind zeitlich, jedoch nicht räumlich bestimmt;

4. sie sind durch ein Band innerer Beziehungen zu einer Einheit zusammengehalten, zur „Seele" im streng empirischen Sinne.

Die nähere Beschreibung dieser Merkmale fällt teils der deskriptiven Psychologie, teils der speziellen Erkenntnistheorie zu.

89.

Erkenntnis im allgemeinen. Wir erblicken in der Erkenntnis den psychischen Tatbestand, der sich durch das Urteil und durch den Schluß ergibt. Das Erkennen verhält sich zum Urteilen und Schließen wie Innewerden und Setzen. Das Erkennen vermittelt das „Wissen", welches den Erkenntnisinhalt im Gedächtnis festhält. Als Ergebnis des Urteils und Schlusses unterscheidet sich das Erkennen deutlich von dem bloßen Stattfinden physischer oder psychischer Geschehnisse, und zwar dadurch, daß jeder Erkenntnisinhalt auf einen Erkenntnisgegenstand durch ein Urteil oder einen Schluß (positiver oder negativer Qualität) weist [1]).

Mit Meinong unterscheiden wir zwischen apriorischer und empirischer Erkenntnis, je nachdem ob das Urteil, beziehungsweise der Schluß auf die Natur des Denkgegenstandes oder auf die Erfahrung über das Objekt gegründet ist. Die Erkenntnis durch regressive Schlüsse ist apriorisch, jene durch progressive Schlüsse aposteriorisch

---

[1]) Es sei mit aufrichtigem Dank festgestellt, daß der Verfasser in diesem Abschnitte vielseitige und wichtige Anregungen durch die Lehren v. Meinongs erfahren hat, wie sie namentlich in dessen „Erfahrungsgrundlagen unseres Wissens" (S. A., Berlin 1906) niedergelegt sind. Abweichend von Meinong vertritt jedoch der Verfasser die Lehre vom indirekten Erkennen des Physischen und vom evidenten Erfassen des Psychischen auch hinsichtlich der Beschaffenheit des Erlebten. Eine weitere Differenz ergibt sich dadurch, daß der Verfasser das im Schlusse Erfaßte gleichfalls als Erkenntnis, und zwar nicht als Erkenntnis durch Urteil betrachtet.

oder empirisch. Wir halten dafür, daß apriorische Erkenntnisgegenstände nur Relationstatsachen sein können (z. B. die Relationen der Mathematik und die Bedingtheitsbeziehung der Urteile in der Deduktion), während alle sonst möglichen Objekte des Erkennens ausschließlich empirisch erfaßt werden. Das Sein oder eine Beschaffenheit kann von realen Dingen oder Vorgängen der Außenwelt und von realen Zuständen oder Abläufen der Innenwelt niemals a priori, sondern stets nur a posteriori erkannt werden; dagegen sind die apriorischen Erkenntnisse über die (zu den psychischen Daten zu zählenden) Beziehungen von Begriffen von der Erfahrung unabhängig, unbeschadet der Tatsache, daß Begriffe selbst im Wege der Empirie entstehen. Dieser Gedankengang wird in der Folge des näheren auszuführen sein.

Keine Instanz gegen die Aposteriorität jeder Erkenntnis des Seins könnte in dem Hinweis erblickt werden, daß das Nichtexistieren eines Gegenstandes mit widersprechenden Merkmalen (eckiger Kreis) a priori evident sei. Hier scheint uns eine Unverträglichkeit der Begriffe „Existieren (in der äußeren Wirklichkeit)" und „Gegenstand, der ein Merkmal zugleich hat und nicht hat" vorzuliegen; die Behauptung der Nichtexistenz eines Dinges mit eckiger Rundung stützt sich dann auf ein Übertragen des allgemeinen begrifflichen Tatbestandes auf das besondere Gebiet des Realen. Dieselben Übertragungen liegen der Anwendung der geometrischen Wahrheiten auf wirkliche Objekte zu grunde, welche Objekte die in jenen Wahrheiten ausgedrückten Beziehungen unter der Voraussetzung aufweisen, daß sie die Beschaffenheiten haben, die der Begriffsinhalt anzeigt. Geometrisch Unmögliches ist aber auch in der realen Welt unmöglich, da die Beziehungen geometrischer Gegenstände ohne Rücksicht auf Sein und Nichtsein der Gegenstände gelten und die existierenden Dinge nur Spezialfälle jener allgemeinen Gegenstände sind. Dinge mit widersprechenden Merkmalen sind aber Spezialfälle der begrifflich erfaßten unverträglichen Gegenstände.

Es ist nun evident, daß das für den allgemeinen Fall Gültige auch für den subsumtionsfähigen besonderen Fall gilt. Diese Erkenntnis berechtigt zur Behauptung, daß Dinge mit unverträglichen Merkmalen nicht existieren.

Ein weiterer, entscheidend wichtiger Gegensatz besteht zwischen den Erkenntnissen mit Evidenz der Gewißheit und solchen ohne letzteres Merkmal. Von der Evidenz wurde bereits bei den Funktionen des Urteilens und Schließens gesprochen. Hier sei daran erinnert, daß sämtlichen apriorischen Erkenntnissen Evidenz der Gewißheit zukommt. Erfahrungserkenntnisse des Physischen dagegen sind niemals, Erfahrungserkenntnisse des Psychischen hinsichtlich der Existenz und absoluten Beschaffenheit evident gewiß; alle sonstige Empirie genießt lediglich jene Zuversicht, die auf faktische Wahrscheinlichkeit geht.

90.

Allgemeine Bemerkungen zur Erkenntnistheorie. Nach der üblichen Lehre gruppieren sich die Probleme der Erkenntnistheorie um zwei Hauptfragen, die Genesisfrage und die Realitätsfrage.

1. Die Genesisfrage lautet in kürzester Form: Woher stammen unsere Bewußtseinsinhalte, die auf Physisches gehen? Je nach der prinzipiellen Antwort hierauf unterscheidet man bekanntlich einen Empirismus und einen Rationalismus. Der Empirismus leitet die Bewußtseinsinhalte mit physischen Gegenständen aus der Erfahrung ab, welche auf die äußere Wahrnehmung zurückgeht; der Stoff dieser Wahrnehmung entstammt zuletzt der Sinnesempfindung. Alles Wissen von der Welt ist somit lediglich verarbeitete Erfahrung. Hinsichtlich des Anteils der Denkfunktionen an der Entstehung des erfahrungsmäßigen Wissens gehen die einzelnen Theoretiker des Empirismus nicht unbeträchtlich auseinander. Im grundsätzlichen Gegensatz zur empiristischen Richtung steht der Rationalismus mit seiner Behauptung, daß das Wissen von der Welt der Vernunft entstamme, welche die Prinzipien der Erkenntnis vor aller Erfahrung in sich trage und auf deduktivem Wege zur Erfassung des Physischen gelange. Die sich darbietenden Erscheinungen gelten hiebei als bloße Anlässe zur Betätigung der erkennenden Vernunft. Dieser Gegensatz von Empirismus und Rationalismus, so wichtig er für die Philosophie des XVI., XVII. und XVIII. Jahrhunderts auch war, hat in der Gegenwart seine richtunggebende Bedeutung verloren. Daß an jeder Erkenntnis von Dingen und Vorgängen der Außenwelt sowohl Erfahrungselemente als Denkfunktionen beteiligt sind, ist eine allgemein durchgedrungene Überzeugung, mag nun auch über die Art des Zusammenwirkens beider Komponenten vielfältiger Dissens bestehen.

2. Dagegen steht die Realitätsfrage auch heute noch ohne eine innerliche Überbrückung der Gegensätze in eifriger Verhandlung. Der Kernpunkt liegt hier in dem Problem: In welchem Sinne erkennen wir die physische Wirklichkeit in unseren darauf bezüglichen Bewußtseinsinhalten?

Die Antwort des Realismus lautet in schematischer Knappheit: Wir erkennen die äußeren Dinge und Vorgänge so, wie sie in Wirklichkeit sind. Unser Erkennen trifft sonach die äußere Wirklichkeit selbst. Während der naive Realismus (der mit empiristischer Ableitung des Wissens verbunden zu sein pflegt) dieser Ansicht ohne Einschränkung huldigt, steht der kritische Realismus empiristischer Richtung auf dem Standpunkte, daß wir zwar die Existenz der äußeren Dinge und Vorgänge durch Wahrnehmungen erkennen, aber hinsichtlich des Erkennens der qualitativen Beschaffenheiten auf die Korrektur der Physik und Physiologie angewiesen seien, welche in den Sinnesqualitäten psychisch erfaßte Reaktionen der Organe auf Reize der Außenwelt (z. B. stoffliche Bewegungen) erblickt. Da nach strenger Kritik nicht nur die sekundären, sondern auch die primären Qualitäten Lockes dieser physiologisch-psychologischen Deutung verfallen, so erfährt die These des Realismus damit eine sehr wesentliche Einschränkung.

Neben dem Realismus wird jedoch noch immer der Idealismus in wissenschaftlich ernster Weise verfochten und für den einzig möglichen erkenntnistheoretischen Standpunkt erklärt. Nach dem gemäßigten Idealismus erkennen wir nicht die äußere Wirklichkeit selbst, sondern wissen bloß um die Erscheinungen, die ausnahmslos in den Bereich des Psychischen fallen. Innerhalb der psychischen Phänomene zwischen einer Außenwelt und Innenwelt zu unterscheiden, bedeutet ausschließlich eine Differenzierung von Forschungsrichtungen. Sollte es „hinter" den Erscheinungen eine Realität geben, so ist der Glaube an die Vergleichbarkeit ihrer Beschaffenheit mit den Merkmalen der Erscheinungen abzuweisen. Der absolute Idealismus leugnet in konsequenter Fortbildung dieser Gedanken die Existenz jeder äußeren Wirklichkeit neben den gegebenen Phänomenen. Im Solipsismus endlich wird das gesamte Sein zur Leistung des produktiven Vorstellens eines individuellen Subjekts, neben welchem andere Subjekte anzunehmen nur eine Analogievermutung bedeutet[1]).

Eine besondere Variante des Idealismus stellt der Standpunkt dar, daß die Gegenstände des Erkennens, unter ihnen die der realen Wirklichkeit, einem allgemeinen, unpersönlichen Bewußtsein immanent seien, nicht aber einem individuellen Ich. Dieses Immanentsein im allgemeinen Bewußtsein ersetze den Existenzbegriff des Realismus vollwertig und ermögliche die empirische Beschreibung der Wirklichkeit in gewohnter Weise. Nach Rickert[2]), der diese Lehre in bester Fassung entwickelt hat, ist mit der Wendung ins Unpersönliche den Absurditäten des Solipsismus ein Ende bereitet, ohne die idealistische Grundwahrheit zu verleugnen.

---

[1]) Vgl. zur ganzen Frage die sehr beachtenswerten Untersuchungen in Heinr. Rickert. Der Gegenstand der Erkenntnis. Einführung i. d. Transzendentalphilosophie, 2. Aufl., Tübingen u. Leipzig 1904, p. 11, 17 f., 30 f.

[2]) H. Rickert, Der Gegenstand der Erkenntnis, p. 57, 68 u. s. f.

Sowohl dem Realismus als dem Idealismus haftet übrigens in der herkömmlichen Fassung der Mangel an, die Frage nach der Art und Weise des Erkennens innerer Erlebnisse fast ganz zu vernachlässigen, und erst in neuester Zeit hat Meinong[1]) auch dieses Gebiet der Erkenntnistheorie in fruchtbarer Weise untersucht.

Eine ausführliche Auseinandersetzung mit dem Idealismus liegt nicht in der Absicht der vorliegenden Untersuchung, die auf realistischen Voraussetzungen ruht. Doch sei es uns gestattet, einige zentrale Bedenken an dieser Stelle zur Geltung zu bringen.

Den Evidenzbeweis, daß es keine reale Wirklichkeit außerhalb des Subjekts gebe, kann der Idealist ebensowenig liefern, als der Realist die Existenz derselben evident gewiß machen kann. Denn wenn es auch richtig wäre, daß der Erkennende die Schranke der intentionalen Vorstellungsgegenstände nicht überschreiten könne, so folgt daraus nicht im mindesten die Nichtexistenz einer äußeren Wirklichkeit, sondern höchstens ihre Unzugänglichkeit für das Urteil des Subjekts. Dagegen läßt sich zeigen, daß bei Vergleichung der beiderseitigen Wahrscheinlichkeiten die realistische These in außerordentlichem Vorteil steht. Zu ihren Gunsten spricht die Überzeugung des Unbefangenen von einem Bestehen einer realen Welt außerhalb des wahrnehmenden Bewußtseins, welcher Überzeugung auch der Idealist während des Wahrnehmens unterliegt. Dieses Faktum lädt die Beweislast, daß jene Überzeugung eine Täuschung bedeute oder wenigstens erkenntnistheoretisch unbegründet sei, auf die Schultern des Idealisten. Die wissenschaftliche Psychologie liefert eine Anzahl Unterscheidungsmerkmale des Psychischen gegenüber dem Physischen, deren Deutung dem Idealisten nur mit Hilfe von Analogien zur realistischen Auffassung möglich wird. Da nun auch das praktische Leben mit Einschluß der Technik unter der Voraussetzung einer nichtsubjektiven, in hinreichender Annäherung erkennbaren Außenwelt ungestört sich vollzieht, so wächst die Aufgabe des idealistischen Erklärens ins Unlösbare.

Daß die Konsequenz des Solipsismus für den Idealisten schließlich nicht abzuwenden ist, wurde des öfteren dargelegt. Der einzelne Mensch müßte es zuwege bringen, die ganze Welt und ihre gesetzmäßigen Verknüpfungen, die gewesenen Dinge, Vorgänge und Mitmenschen, ebenso wie die neu herantretenden, mittels

---

[1]) **Meinong**, Erfahrungsgrundlage unseres Wissens, insbesondere III. Abschnitt, § 9—16.

Phantasie aus sich zu erzeugen. Mit dem Denken des einzelnen entsteht und vergeht Raum und Zeit, Erdball und Menschheit. Daß in dieser Forderung eine überwältigende Unwahrscheinlichkeit liegt, welche erkenntnistheoretisch größte Bedeutung besitzt, kann auch kein Parteimann leugnen. In der Tat versucht fast jeder Idealist seine Lehre so zu wenden, daß für die Erkenntnispraxis das realistische Verhalten aufrecht bleibt und nur für die Theorie Geltung besitze, womit ein kontradiktorischer Gegensatz zwischen Praxis und Theorie eingeführt ist, der jedenfalls eine Instanz gegen die grundlegenden Gesichtspunkte bedeutet.

Wir halten dafür, daß auch jene Gestaltung der Immanenzlehre, welche ein unpersönliches allgemeines Bewußtsein an die Stelle des Einzel-Ich setzt, unvermeidlich in einen Solipsismus — allerdings mit erweitertem ipse — münden muß, es sei denn, daß jenes allgemeine Bewußtsein bloß einen begrifflichen Rahmen abgibt, innerhalb welchem die Wirklichkeit ihre realistische Stellung zum erkennenden Einzelsubjekt beibehält. Jener Rahmen ist aber in diesem Falle durchaus entbehrlich.

91.

Formen des Realismus. Innerhalb des kritisch-empiristischen Realismus unterscheiden wir zwei erkenntnistheoretische Varianten, die Grundthese des direkten Erkennens der äußeren Realität und die Grundthese des indirekten Erkennens der Außenwelt.

α) These des direkten Erkennens der äußeren Realität. Nach dieser These gibt es eine reale Außenwelt, welche direkt erkennbar ist. Die Bewußtseinsinhalte (Vorstellungen und Urteile), welche auf Physisches gehen, haben als Wahrnehmungsgegenstände die realen Dinge und Vorgänge der Außenwelt selbst. Die Existentialurteile der äußeren Wahrnehmung, welche Vermutungsevidenz besitzen, erfassen somit die Existenz, die Beschaffenheitsurteile die qualitativen Bestimmtheiten der Realität, und zwar mit der Einschränkung, daß die Sinnesqualitäten nicht den Dingen und Vorgängen eignen. In der Realität sind vielmehr Schwingungen und sonstige molekulare Verfassungen vorhanden, auf welche die Psyche mit Farben. Tönen, Härten ... reagiert. Die Sinnesqualitäten kommen somit nur den Wahrnehmungsinhalten als Determinationen zu.

Die innere Wahrnehmung geht gleichfalls direkt auf die Realität, indem der Wahrnehmungsgegenstand eben das tatsächlich vorhandene oder stattfindende psychische Erlebnis ist.

Die Schwierigkeiten, welche die These des direkten Erkennens
der äußeren Realität belasten, sind unseres Erachtens folgende. Bezeichnen wir das Übergreifen der Erkenntnis auf das außerhalb des
Subjekts Liegende mit Transzendenz, so transzendiert die Lehre des
direkten Erkennens jedenfalls im beträchtlichen Ausmaße, indem
sie ohne weitere Begründung behauptet, daß das Vorhandensein
eines Denkinhaltes die Existenz des darin erfaßten Dings verbürge.
Die Sinnesqualitäten aber müssen lediglich in die Denkinhalte ge-
schoben werden, da sie den Dingen selbst nicht zukommen.

Nun ist es aber offenbar sinnlos, anzunehmen, daß die Vorstellungen und Urteile der Wahrnehmung als solche rot, tönend,
hart . . . seien, was die Frage aufzwingt, welches Etwas eigentlich
diese Qualitäten besitze? Oder besteht unser gesamtes Erkennen des
Physischen, von der Existenz der Dinge abgerechnet, aus Sinnestäuschungen? Diese Überlegungen leiten uns zur anderen Auffassungs-
variante über, die wir oben ins Auge faßten.

β) These des indirekten Erkennens der äußeren Realität. Dieser These zufolge gibt es eine reale Außenwelt, die
indirekt erkennbar ist. Die Bewußtseinsinhalte, welche auf Physisches
gehen, haben die Erscheinungen zum unmittelbaren Objekt; die
Phänomene als Wahrnehmungsgegenstände sind jedoch nicht die
realen Dinge und Vorgänge der Außenwelt selbst, sondern funktional zugeordnete psychische Zeichen der Realität. (Standpunkt des erkenntnistheoretischen Parallelismus.) Die Existenz von
realen Dingen und Vorgängen hat sein Zeichen in dem Gegebensein
jener Wahrnehmungsgegenstände; die Beschaffenheiten der Realität
entsprechen den Qualitäten, Intensitäten, räumlich-zeitlichen Bestimmtheiten der erscheinenden Wahrnehmungsgegenstände. Die Sinnesqualitäten Farbe, Ton, Härte . . . bedeuten Beschaffenheiten der
Phänomene als Wahrnehmungsgegenstände und sind als solche von
bestimmten Zuständen und Zustandsänderungen der Außenwelt funktional abhängig, deren Art (z. B. als elektromagnetische Wellen)
die Naturforschung zu beschreiben strebt. Ein Versuch der näheren
algebraischen Feststellung jener funktionalen Zuordnung ist in
Fechners psychophysischer Formel zu erblicken.

Auf die Frage des Skeptikers, warum überhaupt die Existenz einer
realen Außenwelt behauptet wird, ist im Sinne unserer Lehre mit
dem Hinweis auf den Satz vom Grunde zu antworten. Das Sich-
einstellen der Wahrnehmungsgegenstände hat einen zureichenden
Grund; da das Subjekt nicht selbst diese Gegenstände durch Phantasie

hervorbringt (wie der psychische Befund beweist), so muß ihr Vorhandensein auf etwas anderes, das nicht Subjekt ist, nämlich die reale Außenwelt, zurückweisen. Dies bekräftigt der Sachverhalt, daß sich das äußerlich Wahrgenommene dem Subjekt aufzwingt und nicht willkürlich ins Bewußtsein rufen läßt[1]).

Die Überzeugung von der Korrespondenz der Beschaffenheiten der Realität mit zugeordneten Merkmalen des Wahrnehmungsgegenstandes gründet sich auf die praktische Bewährung unserer äußeren Erfahrung. Das auf solche Erfahrung zurückgehende Wissen ermöglicht uns physisch und psychisch zu leben, Wissenschaft zu treiben, die Natur in der Technik zu beherrschen. Wären die Wahrnehmungsmerkmale nicht gewissermaßen eindeutige Zeichen der realen Beschaffenheiten, so bliebe diese praktische Bewährung schlechterdings unverständlich[2]). Mit dem Auftreten von Sinnestäuschungen steht im Zusammenhange, daß hinsichtlich der realen Beschaffenheit des Physischen niemals Evidenz der Gewißheit, sondern nur Wahrscheinlichkeitszuversicht dargeboten ist. Besonderer

---

[1]) Damit soll natürlich nicht gesagt sein, daß der Wahrnehmende jedesmal einen expliziten Kausalschluß vom erscheinenden Gegenstande auf das Objekt der äußeren Wirklichkeit vollziehe. Die hier vorliegende Begründung stellt lediglich eine erkenntnistheoretische Abwehr der idealistischen Skepsis gegen den kritischen Empirismus dar. Ein Skeptiker, der die Anwendbarkeit des Kausalprinzips und sogar der Abhängigkeitsrelation auf die Beziehung eines Subjektiven zu einem Nichtsubjektiven — worin eine Transzendenz liegt — leugnen wollte, würde durch die These des direkten Erkennens kaum leichter zu widerlegen sein.

Die Ansicht, daß der Beweis für die Existenz einer realen Außenwelt aus einem Kausalschlusse von der Empfindung auf einen Empfindungserreger geschöpft werden müsse, wurde bekanntlich wiederholt von Helmholtz geäußert. Ihm schloß sich in der Hauptsache Zeller an, in der Studie Über die Gründe unseres Glaubens an die Realität der Außenwelt (Vortr. u. Abhandl., 3. Sammlung, 1884). Zur Problemgeschichte vgl. auch Rudolf Eisler, Üb. Urspr. u. Wesen d. Glaubens an die Existenz d. Außenwelt, Vierteljahrsschr. f. wiss. Phil., Bd. 1898, und desselben Buch Das Bewußtsein der Außenwelt, Leipzig 1900.

[2]) Vgl. hiezu Karl Uphues, Grundlehren der Logik. Nach Rich. Shutes Discourse on truth. Breslau 1883. „Das Vernunfterkennen oder Denken im engeren Sinne hat nur insofern Gültigkeit und Wahrheit, als es den Menschen tatsächlich mit seinen wechselnden Lebensbedingungen in Übereinstimmung bringt, als das durch dasselbe geleitete Anpassungsstreben des Menschen von Erfolg gekrönt ist". p. IV und 271. — Daß wir dieser These nur hinsichtlich der empirischen Erkenntnis zustimmen können, wurde dargelegt. Nach desselben Verfassers Psychologie des Erkennens, Leipzig 1893, 1. Bd., p. 99, ist das Erkennen „vor allem auf das Transzendente gerichtet". Uphues unterscheidet besonders scharf zwischen Bewußtsein als Merkmal aller Bewußtseinsvorgänge und Bewußtsein als Reflexion, durch die wir ein Wissen von jenen Vorgängen gewinnen; letztere Reflexion ist

Hervorhebung bedarf der Sachverhalt, daß der naive Empirist die
sinnlichen Qualitäten den realen Dingen selbst beilegt, während abweichend davon der kritische Empirist den realen Dingen lediglich
die den Qualitäten korrespondierenden Zustände und Zustandsänderungen zuspricht.

Meinong formuliert seinen erkenntnistheoretischen Standpunkt hinsichtlich
der Eigenschaften unter Ablehnung der kausalen Deutung der Wahrnehmung
folgendermaßen: Es „bedeutet die Aussage, daß mir etwas grün erscheint, durchaus nicht, daß das Betreffende in mir eine Wahrnehmungsvorstellung oder ein
Urteil oder was sonst immer hervorruft, sondern daß mir im Erscheinungs-
gegenstand, dem Phänomen, etwas vorliegt, das am Erkennen
eines anderen Gegenstandes, eben des Erscheinenden, des Noumens,
wie man gegensätzlich sagen mag, beteiligt ist. Es hätte keinen Sinn, etwas
Erscheinung zu nennen, dem man zugleich jede Erkenntnisdignität absprechen
wollte ... Den phänomenalen Bestimmungen o'_1, o'_2 etc. (erscheinenden Eigenschaften) stehen ... noumenale Bestimmungen $\bar{o}_1$, $\bar{o}_2$ etc. (Eigenschaften der
Dinge selbst) gegenüber, von denen eben evident ist, daß zwischen ihnen die
nämlichen Vergleichungsrelationen gelten wie zwischen den o'". Vgl. Erfahrungsgrundlagen, § 19, S. 94. Ferner: „Sofern äußere Aspekte Halbwahrnehmungen
sind, haben sie, respektive ihre Inhalte sonach die bedeutsame Eigenschaft,
zugleich zwei Objekte zu besitzen, ein phänomenales und ein
noumenales. Der Fehler dessen, was man oft den ‚naiven Realismus‘ genannt hat, wäre im Hinblick hierauf dahin zu präzisieren, daß das phänomenale
Objekt äußerer Aspekte als noumenales behandelt, anders ausgedrückt, daß für Voll-
wahrnehmung genommen wird, was nur Halbwahrnehmung ist." Ebda., § 20, S. 98.

Die Unterscheidung von Gegenstand und Ding vertritt namentlich auch
Höfler, indem er sagt: „Der dreigliedrigen Reihe, Akt, Inhalt, Gegenstand ...
scheint sich mir trotz allem und allem als viertes Glied der Begriff ‚Ding‘ an-
schließen zu müssen." Vgl. Zur gegenwärtigen Naturphilosophie, Berlin 1904,
S. 92, Anm.

Daß unsere erkenntnistheoretische These bestes Zusammenstimmen mit einigen früheren Feststellungen zeigt, sei noch in Kürze
gezeigt. Wir hatten das Bezeichnende der physischen Erscheinungen
darin gefunden, daß bei ihnen eine Beziehung zu etwas mitgegeben
sei, das nicht das erlebende Subjekt selbst ist. Eben diese Beziehung
ist es, welche im äußeren Wahrnehmungsurteil zum Ausdruck gelangt, dessen Beglaubigung in dem geschilderten Abhängigkeitsver-
halten des Realen zum Subjekt liegt.

auf immanente, die Wahrnehmung auf transzendente Gegenstände gerichtet. Ebda.,
p. 289. Damit steht im Zusammenhange, daß U. ein Gegenstandsbewußtsein (mit
Beziehung auf ein vom Bewußtsein Verschiedenes, z. B. von Empfindungen) und
ein Zustandsbewußtsein (ohne diese Beziehung, z. B. von Gefühlen) unterscheidet.
Wichtige Beiträge zu dieser Problemgruppe verdanken wir auch C. Siegel,
Zur Psychologie und Theorie der Erkenntnis, Leipzig 1903.

Und wenn wir an anderer Stelle von einem „Index“ des Wahrnehmungsurteiles sprachen, so meinten wir damit das Unterscheidungsmoment, welches in der Richtung des äußeren Wahrnehmungsurteils auf etwas, das nicht das erlebende Subjekt ist, besteht, während das innere Wahrnehmungsurteil auf das Subjekt selbst gerichtet erscheint.

Zur Vervollständigung der hier versuchten Lehre sei uns gestattet, auf die Erkenntnis der inneren Erlebnisse vergleichend zu charakterisieren. Wir glauben die Anschauung vertreten zu dürfen: Es gibt eine reale Innenwelt, welche hinsichtlich der Existenz und der Beschaffenheit direkt erkennbar ist. Die inneren Wahrnehmungsgegenstände sind die realen psychischen Zustände und Abläufe selbst, nicht etwa Zeichen von diesen. (Standpunkt der erkenntnistheoretischen Identität.) Die Existenz der inneren Erlebnisse und ihre Beschaffenheit in dem Ausmaße, als sie ohne Erinnerungselement erfaßt wird (die absolute Beschaffenheit), ist mit Evidenz der Gewißheit erkennbar. Die relative Beschaffenheit, welche beim Vergleiche zweier diskreter Zustände, beziehungsweise Abläufe oder zweier Teilzustände, beziehungsweise Abläufe bewußt wird, ist wegen des unumgänglichen Anteils von Erinnerung mit Wahrscheinlichkeit erkennbar[1]). Die Wahrscheinlichkeit der relativen Beschaffenheitsurteile wächst mit der zeitlichen Nähe der Erlebnisse, auf die das Beschaffenheitsurteil geht.

Eine vermittelnde Fundierung des Existential- wie auch des Beschaffenheitsurteils der inneren Wahrnehmung durch einen Kausalschluß besteht nicht, da hier Wahrnehmungsgegenstand und Realität schlechthin dasselbe sind. Daß das hier geschilderte Verhalten des Subjekts beim inneren Wahrnehmen gleichfalls durch die praktische Bewährung verifiziert ist, bedarf wohl keiner näheren Ausführung. Nicht nur, daß selbstverständlicherweise auf Grund einer derartigen Erkenntnis der eigenen Zustände und Abläufe das physische und psychische Leben ungestört abläuft und eine Wissenschaft der Psychologie möglich ist, erhält auch die Überzeugung von der Determiniertheit des Willens mit ihren entscheidend wichtigen Konsequenzen ihre gesicherte erkenntnistheoretische Unterlage.

Die These von der indirekten Erkenntnis der äußeren Realität schließt ein transzendentes Element ein, indem sie ein Übergreifen vom psychischen Wahrnehmungsgegenstande auf das physische Ding

---

[1]) Vgl. Meinong, Erfahrungsgrundlagen, III., § 9.

und den physischen Vorgang bedingt. Allein diese Transzendenz im
sparsamsten Ausmaße steht, wie wir gezeigt zu haben hoffen, im
allererheblichsten wissenschaftlichen Vorteil zur Gegenthese des
absoluten Idealismus, der zwar immanent bleibt, aber auf ein Begreifen des Physischen im Weltbilde verzichten muß. Wenn auch
der absolute Idealismus nicht mit Evidenz der Gewißheit widerlegt werden kann, sondern nur mit Wahrscheinlichkeit hohen
Grades, so ist er doch mit vollem logischen Rechte — eben dem
der Priorität des Wahrscheinlichen vor dem Unwahrscheinlichen —
zu verwerfen.

Wir haben damit unseren kritischen Realismus mit Absicht
durch ausschließlich theoretische Argumente zu rechtfertigen gesucht, zu welchen wir auch die Erklärbarkeit der praktischen Bewährung des Glaubens an die äußere Wirklichkeit im Wege
realistischer Erwägung rechnen dürfen. Zu diesem Rüstzeug von
Argumenten gesellen sich jedoch noch alle die wichtigen biologischen Erwägungen, welche in den Satz sich verdichten lassen,
daß Lebenswille und Realitätsglaube untrennbar verknüpft seien.
Die ernsthafte Überzeugung, daß dem Ich kein wirkliches ex-
ternes Nicht-Ich entgegenstehe, würde den Willen bis zur völligen
Abulie lähmen. Dem Wechsel der Sinneseindrücke, namentlich
aber dem Auftreten von Widerständen gegen die somatische Bewegung, stünde das Subjekt mit einem Mangel an Begreifen
gegenüber, der jedes willkürliche rezeptive und transitive Anpassen unterbinden müßte. Nicht mit Unrecht haben daher Rickert
und vor ihm Dilthey in der emotionalen Seite des Seelenlebens
ihre wirksamsten Gründe für den Realismus gesucht und gefunden.

W. Dilthey hat in seiner Abhandlung „Beiträge zur Lösung der Frage
vom Ursprung unseres Glaubens an die Realität der Außenwelt und seinem Recht“
(Sitzungsber. d. Akad. d. Wiss. z. Berlin, Jahrg. 1890, p. 977—1021) seinen Stand-
punkt folgendermaßen präzisiert: „Ich erkläre den Glauben an die Außenwelt
nicht aus einem Denkzusammenhang, sondern aus einem in Trieb, Wille und
Gefühl gegebenen Zusammenhang des Lebens, der dann durch Prozesse, die den
Denkvorgängen äquivalent sind, vermittelt ist“ (a. a. O., p. 982). Aus den Trieben,
Gefühlen, Volitionen „scheint mir die Unterscheidung von Selbst und Objekt,
Innen und Außen zu entspringen“ (p. 983). Gegen Ed. Zeller macht Dilthey
geltend: „Ich nehme an, daß wir nicht durch Unterordnung unter die Konzeption
der Ursache ein Außen im Denken konstruieren: uns ist vielmehr in den Er-
fahrungen der Hemmung und des Widerstandes die Gegenwart einer
Kraft oder Ursache gegeben, die wir dann als eine äußere, von uns getrennte
auffassen müssen“ (p. 1018).

92.

Zur positivistischen Erkenntnistheorie. Der Versuch einer Überwindung des Gegensatzes Physisch-Psychisch und des damit zusammenhängenden Widerstreites zwischen realistischer und idealistischer Erkenntnistheorie liegt im Empiriokritizismus von R. Avenarius vor. Nach Avenarius ist die Grundlage der empirischen Philosophie das Gegebene oder Vorgefundene ohne metaphysische Zutat. Solche Zutaten seien aber die durch die Introjektion (d. h. durch ein künstliches Hineinverlegen) verschuldeten. Auf fehlerhafte Introjektion geht es zurück, wenn die Philosophen aus dem Vorgefundenen (der Welt) ein Vorgestelltes (Vorstellung des Menschen) gemacht und somit das der reinen Erfahrung Gegebene in eine Welt außerhalb des Vorstellens und eine zweite introjizierte Welt im Bewußtsein zerlegt haben. Eine weitere Introjektion liegt darin, daß seelische Zustände in die Umgebung (und zwar entweder in die unbelebte Umgebung oder in andere Menschen) hineinverlegt werden[1].

Die Unterscheidung von Psychisch und Physisch stellt sich dem Empiriokritizisten als ein Truggebilde dar, denn psychisch ist eine Erfahrung nur insofern, als sie von „einer bestimmten Änderung des Systems C (des Zentralnervensystems) abhängig ist“[2]. Da im Sinne dieser Behauptung das sogenannte Psychische lediglich Physiologisches ist, entfällt der Anlaß, ein eigenartiges Gebiet seelischer Erscheinungen anzunehmen[3].

Wir glauben Avenarius in aller Kürze folgendes entgegenhalten zu sollen: Wir finden tatsächlich psychische Erscheinungen als für sich charakterisierte Klasse in uns vor und müssen dieses Gegebene als Gebiet der Erfahrung so gut hinnehmen, wie eine Bewegung von Uhrzeigern oder eine Nervenzelle. Mit unvergleichlicher Bestimmtheit wissen wir von unserem Kummer und Vergnügen, unseren Zweifeln und Entschlüssen; wir wissen aber nur indirekt aus den Mitteilungen fremder Physiologen von den Änderungen des Systems C. Welche physiologischen Erscheinungen

---

[1] Avenarius, Der natürliche Weltbegriff, namentlich p. 26, 150.

[2] Avenarius, Bem. zum Begr. des Gegenstandes der Psychologie, Vierteljahrsschr. f. w. Phil., 19. Bd., p. 1, 16; Weltbegriff, S. 16.

[3] In dieser Behauptung liegt das Zentrum des Positivismus seit seinen Anfängen. Wie sehr sich im übrigen die heutigen Thesen dieser philosophischen Richtung von ihren historischen Ausgangspunkten entfernt haben, mag aus Paul Barths vortrefflichem Artikel „Zum hundertsten Geburtstage von August Comte“ in der Vierteljahrsschr. f. w. Phil., Leipzig 1898, ersehen werden.

übrigens den Gefühlen und Willensakten, den Urteilen und Schlüssen
und allen sonstigen inneren Erlebnissen entsprechen, ist noch immer
zum Hauptteile unbekannt. Wollte man aber annehmen, daß es
zwar Gefühle, Wollungen, Denkvorgänge ... gebe, aber nur als
gleichartige Erfahrungsbestandteile neben Bäumen, Straßen, Mitmenschen ..., so hieße das einen Tatbestand von seltener Klarheit
verleugnen, nämlich den Befund, daß wir Gefühle, Wollungen ...
als unsere eigenen Erlebnisse erkennen, Bäume, Straßen ... hingegen als etwas uns Gegenüberstehendes erfassen und danach behandeln. Auch der naive Mensch, auf den sich Avenarius beruft,
wird einen gedachten und einen wirklichen Taler verschieden finden,
aber nicht aus dem Grunde, weil der gedachte Taler von einer Änderung des Zentralnervensystems abhängig ist, sondern weil das eine
Phänomen mit einer Beziehung zu seinem Subjekt, das andere mit einer
Beziehung zu etwas außerhalb seines Subjekts ausgestattet ist. Daran
ändert der Umstand nichts, daß der naive Mensch diese Verschiedenheit nicht beschreiben kann und auch nicht gewohnt ist, die Aufmerksamkeit seinen inneren Zuständen und Vorgängen zuzuwenden.
Daß aber selbst das Tier die physischen und psychischen Phänomene
nicht als gleichartige Erfahrungen hinnimmt, zeigt der nächstbeste
Hund, wenn er den vorgestellten Herrn nun auch als leibhaftigen sucht.

Eine positivistische Erkenntnistheorie birgt ferner der moni-
stische Phänomenalismus von Ernst Mach. Auch für Mach
ist die Grundlage der empirischen Wissenschaft das Gegebene, nämlich die Elemente[1]). Das Gegebene, das Vorhandene oder der Befund
hat als Elemente Farben, Töne, Drücke ..., Räume, Zeiten, die in
ihrer Abhängigkeit von Umständen innerhalb der Leibesgrenze
„Empfindungen", außerhalb derselben „physische Tatsachen" heißen,
aber im Grunde identische Erfahrungsinhalte sind. Gefühle, Affekte,
Stimmungen sind weniger analysierte Empfindungen von besonderer
Erscheinungsweise, Willenshandlungen nur Ausdruck automatischer
Reaktionen innerhalb der Empfindungen[2]). Gleichwohl erkennt Mach
die Introspektion als Erkenntnisquelle an und fordert, daß Selbstwahrnehmung und physiologische Analyse Hand in Hand arbeiten sollen[3]).

---

[1]) Mach, Die Analyse der Empfindungen, 4. Aufl., Jena 1903, Einleitung;
derselbe, Erkenntnis und Irrtum, Leipzig 1905, p 6.

[2]) Erkenntnis und Irrtum, p. 20, 24, 60.

[3]) Erkenntnis und Irrtum, p. 452. Die positivistische Theorie der Forschung
behandelt Mach ebenda, p. 3, 162 ff., 270 ff., mit großem Scharfblick und erstaun-
licher Universalität.

Auch lehnt er den extremen Solipsismus, auf den Avenarius' Grundlehren notwendig führen, mit Entschiedenheit ab. Zur Kennzeichnung der Machschen Theorie ist die Beifügung erforderlich, daß seine Schilderung der Elemente in der ersten Auflage der Analyse der Empfindungen (erschienen 1886) mehr den psychologischen Charakter hervortreten läßt, während die spätere Schrift über Erkenntnis und Irrtum (1905) die physiologische Beschreibung zur Hauptsache macht. Die Frage nach der Art der Verschiedenheit des Physischen und Psychischen hat Mach in mehreren Versionen beantwortet.

Nach der älteren kann „das Ich so erweitert werden, daß es schließlich die ganze Welt umfaßt", d. h. alle Elemente einschließt. Der Körper und das Ich sind nur relativ beständige Komplexe von Elementen, Physisch und Psychisch bedeuten dasselbe, nur hinsichtlich anderer Abhängigkeiten betrachtet. „Eine Farbe ist ein physikalisches Objekt, sobald wir z. B. auf ihre Abhängigkeit von der beleuchteten Lichtquelle achten; achten wir aber auf ihre Abhängigkeit von der Netzhaut, so ist sie ein psychologisches Objekt, eine Empfindung. Nicht der Stoff, sondern die Untersuchungsrichtung ist in beiden Gebieten verschieden" [1].

Anders stellt sich die Verschiedenheit nach einer neueren Formulierung Machs: „Die Gesamtheit des für alle im Raum unmittelbar Vorhandenen mag das Physische, dagegen das nur einem unmittelbar Gegebene, allen anderen aber nur durch Analogie Erschließbare, vorläufig als das Psychische bezeichnet werden. Die Gesamtheit des nur einem unmittelbar Gegebenen wollen wir auch dessen (engeres) Ich nennen" [2].

Der geistvoll durchdachten Machschen Lehre glauben wir folgende Gesichtspunkte entgegenstellen zu müssen. Sinnliche Elemente, die auf Organe des Leibes (z. B. die Netzhaut) bezogen werden, gelten der modernen Philosophie als physiologische, nicht als psychologische Daten. Die Verschiedenheit der Untersuchungsrichtung genügt daher als Merkmal, um Physik und Physiologie auseinanderzuhalten, betrifft aber nicht das Verhältnis der Gebiete der Physik und der Psychologie.

Die Wahrnehmungen eines Schmerzes und einer Zirkelspitze sind nicht verschieden, weil die Untersuchungsrichtungen andere sind, sondern weil die Phänomene beim Erleben mit differierendem

[1] Analyse d. E., 4. Aufl., p. 14.
[2] Erkenntnis und Irrtum, p. 6.

Charakter auftreten. Ob und wie wir auch die Elemente zu Komplexen vereinigen, nie werden wir einen Schmerz mit der Zirkelspitze zu einer komplexen Erscheinung (schmerzfühlende Zirkelspitze, spitziger Schmerz) zusammenfassen zu können, die Beschaffenheit der Elemente schließt dies einfach aus. Dagegen sind Schmerz und Willensakt, Zirkelspitze und Härte u. s. f. komplexionsfähige Elemente. Wenn wir nun das Gemeinsame komplexionsfähiger Elemente angeben sollen, so bleibt uns immer nur der Rekurs auf die psychische und physische Charakteristik übrig, nämlich die Beziehung zum erlebenden Subjekt und die Beziehung zur sogenannten Außenwelt. Dies gilt selbst für den Fall, als wir die gesamte Außenwelt in das Ich verlegen; im Ich stehen sich dann eben zwei Welten ohne gegenseitige Komplexionsfähigkeit gegenüber. Die spätere Lehre Machs, daß das Psychische das nur einem unmittelbar Gegebene sei, ist mit Vorbehalt als zutreffend zu bezeichnen, insofern als dieser eine mit Fug „Subjekt“ genannt werden darf. Wir möchten nur einwenden, daß sich angesichts der Machschen Dichotomie sofort die Frage ergibt, warum gewisse Phänomene nur von einem, andere aber von allen Subjekten wahrgenommen werden können. Der Grund hiefür kann doch nur in der Art der Erscheinungsgebiete liegen — was neuerlich auf den Gegensatz von Innen- und Außenwelt hinweist. Wir glauben aus diesen Überlegungen den sicheren Schluß ziehen zu dürfen, daß die äußeren Wahrnehmungsobjekte und die inneren Erlebnisse nur das gemeinsam haben, daß sie dem Subjekt gegeben sind oder daß sie von ihm vorgefunden werden; die Annahme ihrer Gleichartigkeit in dem Sinne, daß sie in beliebiger Mischung in existenzfähige Komplexe eintreten können, ist jedoch erfahrungswidrig.

Als einen Zweig des Positivismus mit idealistischer Wendung dürfen wir endlich auch die Immanenzphilosophie betrachten, welche in neuester Zeit u. a. von W. Schuppe, R. v. Schubert-Soldern und M. Kauffmann mit sehr beachtenswerten Argumenten verteidigt wird[1]). Die Immanenzphilosophie bezieht die Wahr-

---

[1]) Schuppe, Grundriß der Erkenntnistheorie und Logik, Berlin 1894; Schubert-Soldern, Grundlagen zu einer Erkenntnistheorie 1894; Kauffmann, Immanente Philosophie, I. Bd., Leipzig 1893; der Immanenzphilosophie nähert sich auch J. Rehmke, Außenwelt, Innenwelt u. s. w., Rektoratsrede, Greifswalde 1898, und Lehrb. d allg. Psychologie, Hamburg 1894.
Zur Formulierung des Problems selbst vgl. die klaren Ausführungen von Vikt. Kraft, Das Problem der Außenwelt, Art. im Arch. f. system. Philos., X Bd., Berlin 1904, p. 269, 312.

nehmungsinhalte auf Wahrnehmungsgegenstände, die in das Gebiet des Psychischen fallen (immanent bleiben), so daß ihre Erkenntnis keinerlei Transzendenz voraussetzt. Den Wahrnehmungsgegenständen wird Existenz beigelegt. Gegen die letztere These hat A. Meinong mit Recht eingewendet, daß Wahrnehmungsgegenständen, sofern sie als bloß gedachte Objekte genommen werden, niemals dieselbe reale Existenz, die man sonst den Dingen und Vorgängen der Außenwelt beilegt, zugesprochen werden dürfe[1]). Bloß gedachte Gegenstände haben nach Meinong Pseudoexistenz oder, wie wir zu sagen vorziehen würden, intentionales Sein. Der prinzipielle Ersatz der realen Existenz außerhalb des Subjekts durch ein immanentes Sein (beziehungsweise intentionales Sein) im Subjekt macht den Standpunkt der Immanenzphilosophie hinsichtlich der Außenwelt zum absoluten Idealismus und fordert, wie uns scheint, die gleichen Bedenken heraus, die wider den Solipsismus geltend gemacht werden können. Hinsichtlich der Innenwelt ist jedoch die Immanenzphilosophie durchaus im Rechte.

2. Das Denken als Erkennen des Physischen.

93.

Stufen des Erkennens von Physischem. Wir unterscheiden als Vorstufe dieses Erkennens die Empfindung, als Stufen des Erkennens selbst die Wahrnehmung, die Beobachtung, die Erfahrung, die wissenschaftliche Erfahrung und die empirische Wissenschaft. Diese Stufen stellen eine Skala von „niedriger — höher" dar nach dem Kriterium des Maßes, in dem Denkaktivität beteiligt ist. Beim Erkennen des Physischen finden wir in der Empfindung das vergleichsweise geringste, in der empirischen Wissenschaft das vergleichsweise beträchtlichste Maß intellektueller Tätigkeit eingeschlossen.

Äußere Empfindung ist lediglich das Vorfinden von etwas, das nicht das erlebende Subjekt ist, mit Hilfe eines Minimums unwillkürlicher Aufmerksamkeit. Ein Urteilsbestandteil kommt der reinen Empfindung nicht zu, doch ist allerdings ein Empfinden in dieser Isoliertheit nur ein theoretischer Grenzfall, da der dargebotene Empfindungsstoff bei hinreichender Bewußtseinshelligkeit stets vom Denken ergriffen und zur Wahrnehmung verarbeitet wird.

---

[1]) Meinong, Erfahrungsgrundlagen, IV. Abschnitt, § 17.

a) Das eigentliche Erkennen — wir beschränken uns zunächst auf die empirische Seite desselben — beginnt mit der **Wahrnehmung**. Die Wahrnehmung des Physischen entsteht aus der Empfindung durch Hinzutreten einer psychischen Aktivität, die wir nach gewissenhafter Erwägung **Auffassung** nennen wollen. In jeder Auffassung sind zwei psychologisch trennbare Bestandteile enthalten, ein Willensbestandteil — die Aufmerksamkeit — und ein Urteilsbestandteil — das Wahrnehmungsurteil. Dazu gesellt sich als Korrelat auf der Gefühlsseite das Wertgefühl, von dessen Berücksichtigung wir jedoch in diesem Zusammenhange absehen wollen.

Das sinnliche Aufmerken ist ein auf das klar und deutlich Bewußtmachen des Empfindungsstoffes gerichtetes Wollen und kann willkürlich oder unwillkürlich sein [1]).

Im äußeren Wahrnehmungsurteil, das wir genauer als „primäres Wahrnehmungsurteil anzusehen haben, wird der wahrgenommene Gegenstand als ein in der äußeren Wirklichkeit Gegebenes erfaßt; jedes Wahrnehmungsurteil ist daher ein bejahendes Existentialurteil. Der psychologische Befund lehrt uns, daß das **primäre** Wahrnehmungsurteil in der Regel implizit bleibt, d. h. in einem urteilsmäßigen Verhalten des Subjekts zum Objekt besteht, und nur unter besonderen Umständen (nach Zweifeln) zum expliziten Akt wird.

Diesem Urteil ist eine Art „Index“ eigen, demzufolge das Erfaßte entweder als etwas, das nicht das erlebende Subjekt ist (Bestandteil der Außenwelt), oder als etwas, das Zustand, beziehungsweise Ablauf des eigenen Subjekts ist (Bestandteil der Innenwelt), genommen wird.

Die hier gegebene Charakteristik ist eine streng induktiv gewonnene. Prüfen wir den Fall des Wahrnehmens eines Meteors als Vertreter vieler gleichartiger Instanzen, so finden wir zunächst, daß diese Wahrnehmung ein Empfindungselement als bedeutsamsten Bestandteil einschließt. Die Leuchtkraft, Farbe, Form, Bewegungsrichtung ... des Meteors sind Merkmale, die auf die Empfindung gehen. Eine äußere Wahrnehmung kommt aber erst zu stande, wenn diese Erlebnisse auf ein Gegebenes in der Außenwelt bezogen werden. Das Erkennen durch äußere Wahrnehmung besteht also im Wesen darin, daß das Empfundene als Zeichen von etwas Seiendem,

<hr>

[1]) Daß „unwillkürliche Aufmerksamkeit“ keine Contradictio in adiecto bedeutet, sondern lediglich auf das Fehlen einer Erwartungsvorstellung geht, habe ich in der Arbeit „Die Aufmerksamkeit als Willenserscheinung“, Wien 1897, p. 5, gezeigt.

das nicht das erlebende Subjekt ist, hingenommen wird. Eben dieses Verhalten drücken wir in der Benennung „primäres Wahrnehmungsurteil" aus. Als „sekundäres Wahrnehmungsurteil" gilt uns jenes, durch das wir dem als existent gesetzten Etwas die der Leuchtkraft, Farbe, Form ... des Meteors entsprechenden Beschaffenheiten zuschreiben, also eine Attribution von Bestimmtheiten[1]). (Hieran pflegen noch weitere Urteile, namentlich Relationsurteile, anzuknüpfen.)

Im einfachsten Falle des sozusagen reflexionslosen Wahrnehmens eines Meteors tritt, wie bemerkt, das primäre Wahrnehmungsurteil implizit auf, doch kann dieses Urteil auch explizite Form mit bewußt gedachtem Subjekt und Prädikat gewinnen, wenn nämlich der Zustand des Zweifels vorangeht. Unterbricht jemand unsere Wahrnehmung mit der Zwischenfrage, „bildest du dir nicht etwa ein, das Meteor zu sehen, während du in Wahrheit halluzinierst?" so kann die darauffolgende neuerliche Wahrnehmung mit dem vollentwickelten bewußten Urteil verknüpft auftreten, das, in Worte gekleidet, lauten würde: „Ich nehme wirklich etwas außer mir wahr." Dazu mag dann das sekundäre Urteil treten: „Das wahrgenommene Etwas hat die der Empfindung entsprechende Leuchtkraft, Farbe, Form ..." (Von der Kritik dieses letzteren Urteils durch die Erkenntnistheorie haben wir im vorigen Abschnitte gesprochen.) Mit dem Urteilsbestandteile der Wahrnehmung hängt es zusammen, wenn wir dieselbe als Stufe des Erkennens erklären und Inhalt und Gegenstand des Wahrnehmens unterscheiden. Der Inhalt ist durch das Empfindungselement gegeben, der Gegenstand durch die Beziehung auf etwas, das erfaßt wird; dieses Etwas ist ein Ding oder physischer Vorgang, welchem Existenz außerhalb des Denkens zugeschrieben wird. Den gesamten Prozeß begleitet die Aufmerksamkeit, welche ihn ganz oder teilweise in das Blickfeld des Bewußtseins rückt. Es bedarf wohl keiner weiteren Ausführung, daß die gleichen Tatbestände auch bei sonstigen Wahrnehmungen aufgezeigt werden könnten; wir dürfen deshalb den Satz als gesichert nehmen: Die äußere Wahrnehmung ist ein komplexer Akt, in welchem ein sinnlich Empfundenes aufgefaßt wird; die Auffassung schließt einen Willensbestandteil, die Aufmerksamkeit, und einen Denkbestandteil, das positive Existentialurteil, ein; im Existentialurteil wird das Empfundene auf ein Gegebenes außerhalb des Subjekts

---

[1]) Vgl. Kreibig, Über den Begriff „Sinnestäuschung" in der Zeitschr. f. Philos. u. phil. Kritik, Bd. 120, Leipzig 1902, p. 197 ff.

bezogen[1]). Alle diese Bestandteile sind jedoch nicht zeitlich getrennte Erscheinungen, sondern nur verschiedene für sich beachtete Seiten des zusammengesetzten Wahrnehmungsvorganges.

Was das Verhältnis des primären zum sekundären Wahrnehmungsurteil anlangt, so halten wir dafür, daß durch diese Namen im Grunde nur zwei verschiedene Seiten ein und desselben urteilenden Akts bezeichnet werden. Es ist wohl unmöglich, ein völlig qualitätsfreies Seiendes, d. h. etwas ohne irgend eine absolute Beschaffenheit zu erfassen. Die relative Beschaffenheit jedoch, deren Erfassen erneuerndes Denken voraussetzt, bedarf eines posterioren Urteils, welches nicht im Wahrnehmungsakte enthalten ist. Immerhin dürfen wir es für im Interesse einer klaren Beschreibung gelegen erachten,

---

[1]) Nicht selten schließt sich an die Auffassung beim Wahrnehmen eine Assimilation oder Kolligation reproduzierter Inhalte an; allein diese Prozesse sind gewiß nicht konstitutiv für die Wahrnehmung, da sonst das erstmalige Wahrnehmen und das Wahrnehmen völlig neuartiger Gegenstände unerklärlich bliebe.

Es dürfte nicht überflüssig sein, den hier nach reiflicher Erwägung gewählten Terminus „Auffassung" mit anderen verwandten Namen zusammenzustellen. Auffassung und Perzeption sind Namen mit identischem Inhalt; die aktive Natur der Perzeption wurde von Descartes, Locke (Ess. II., ch. 5) und Sully behauptet, während Wundt in der Perzeption eine Auffassung ohne den Bestandteil der Aufmerksamkeit erblickt. Für den Begriff Apperzeption liegen mehrere definitorische Fassungen vor. Kant versteht darunter die Einheit des Bewußtseins, welche die Bedingung ist, daß die Mannigfaltigkeit der Anschauungsdata zu einer Einheit verknüpft und erkannt wird. Die Einheit der Apperzeption liegt in dem „ich denke". Herbart hat dagegen die assimilierende Einverleibung eines neuen Inhaltes in bestehende verwandte Vorstellungskomplexe als Apperzeption bezeichnet. Eine dritte Variante lieferte Wundt. Die reine Apperzeption ist nach Wundt ein Wollen, „welches alle unsere inneren Wahrnehmungen zur Einheit verbindend ... als die letzte Bedingung aller einzelnen Wahrnehmungen vorauszusetzen ist". Syst. d. Philos., p. 413 f. In anderem Zusammenhange versteht Wundt unter Apperzeption „jenen psychologischen Vorgang, der nach seiner objektiven Seite in dem Klarerwerden eines bestimmten Bewußtseinsinhaltes, nach seiner subjektiven in gewissen Gefühlen besteht, die wir mit Rücksicht auf irgend einen gegebenen Inhalt als den Zustand der Aufmerksamkeit zu bezeichnen pflegen". Phys. Psych., 5. Aufl., I. Bd., p, 322. Bildlich bedeutet nach Wundt die Perzeption das Eintreten eines Inhaltes in das Blickfeld des Bewußtseins, die Apperzeption das Eintreten eines Inhaltes in den Blickpunkt des Bewußtseins. Die erste Definition Wundts lehnt sich offenkundig an Kants Begriff der Apprehension an. Kant hatte nämlich als Synthesis der Apprehension die „Zusammennehmung" des Mannigfaltigen zur Einheit der Anschauung verstanden. Vgl. die Artikelserie von F. Lüdtke, Kritische Geschichte des Apperzeptionsbegriffes, Philos. Wochenschrift, 9. Band, Berlin 1908, p. 28 ff.

wenn begrifflich primärer und sekundärer Bestandteil des Wahrnehmungsurteils in der Weise gesondert wird, wie wir es vorhin
getan haben.

b) Mit diesen Feststellungen ist auch die Erklärung der
nächsthöheren Stufe des Erkennens, der Beobachtung, begründet.
Auch die Beobachtung ist eine Wahrnehmung, jedoch mit einer
besonderen Art der Auffassung verbunden. Beobachte ich das Meteor,
so lenke ich meine willkürliche Aufmerksamkeit auf das Dargebotene,
wodurch die Fülle und die Differenzierung der zum Bewußtsein
gelangenden Empfindungsdaten (Qualität, Intensität, räumliche und
zeitliche Bestimmtheit) gesteigert wird. Das Beobachten ist somit
durch eine vergleichsweise beträchtlichere Beteiligung psychischer
Aktivität gekennzeichnet und stellt ein Wahrnehmen mit willkürlicher Aufmerksamkeit dar. Mit dem Ausdruck „Spannung"
der Aufmerksamkeit treffen wir die Intensität des Wollens, das auf
das Bewußtmachen des Gegebenen gerichtet ist, während „Konzentration" auf die Umfangsverengerung der in der Aufmerksamkeit
erfaßten Objekte geht; Spannung und Konzentration verhalten sich
funktional zueinander.

c) Das Erkennen gewinnt eine weitere höhere Stufe in der
äußeren Erfahrung. Der Name „Erfahrung" ist nicht eindeutig.
Im Sinne von „Erfahren, eine Erfahrung machen, empirisch erkennen" wird oft die Erfahrung mit der Einzelerkenntnis, die das
Subjekt auf dem Wege der Wahrnehmung gewinnt, identifiziert.
Wir geben jedoch der engeren Fassung den Vorzug, wonach Erfahren jenes Wahrnehmen ist, an das sich die verbindenden Funktionen des Assimilierens oder des Kolligierens knüpfen. Die Dinge
und Vorgänge der Außenwelt sind die Objekte der äußeren Erfahrung,
und aus dem Wahrnehmen dieser Objekte geht durch ein Verschmelzen oder ein Vereinigen mit reproduzierten Bestandteilen die
empirische Erkenntnis hervor. — Neben dieser Deutung des Namens
Erfahrung besteht eine zweite, die gleichfalls terminologisches Bürgerrecht besitzt; sie geht dahin, die Erfahrung oder den Erfahrungsschatz als das Ganze der in Erinnerungseinheiten festgehaltenen
Wahrnehmungen zu nehmen, wobei diese Einheiten durch Assimilation oder Kolligation gebildet sind. Augenscheinlich stehen sich
beide Bedeutungsvarianten so nahe, daß eine Schwierigkeit aus ihrem
Gebrauch promiscue nicht entstehen kann. Zur Vermittlung des
Zusammenhanges sei wiederholt, daß wir die Assimilation und
Kolligation als Formen der simultanen Erneuerung kennen gelernt

haben und diesbezüglich feststellten, daß beim Assimilieren oder
Verschmelzen von Inhalten keine Sonderung der Bestandteile statthabe, welche dem Kolligieren oder Vereinigen eigentümlich ist. Die
„Erfahrungseinheiten“, wie wir nunmehr kürzer sagen dürfen,
hängen im gereiften Denken zu umfassenderen Komplexen zusammen,
die gleichfalls die Natur von Assimilaten oder Kolligaten besitzen
können. Je nach der Entwicklungsgeschichte des betreffenden Intellekts hängen solche Einheiten unter sich und mit den übergeordneten mehr oder weniger innig zusammen — beim naiven
Menschen in vorwiegend loser Weise, beim idealen Philosophen in
systemgemäßer Festigkeit — stets aber stellt sich die Erfahrung als
ein Produkt des Wahrnehmens und des verbindenden Denkens dar.
Erfahrungseinheiten sind es vor allem, welche den Inhalt repräsentativer Vorstellungen und Zeichen bestimmen und damit die psychischen Voraussetzungen des Bildens von Allgemeinvorstellungen,
Allgemeinbegriffen und Sprachsymbolen liefern.

Erkenntnistheoretisch belangvoll ist das gegenseitige Verhalten
von bereits bestehenden Erfahrungskomplexen und neu eintretenden
Wahrnehmungserkenntnissen. Geht ein neu eintretender Wahrnehmungsinhalt mit einer vorhandenen Erfahrungseinheit ohne merkliche Hemmung eine Verbindung ein, so wird jener Inhalt „verstanden“, findet überdies die Zuordnung zu einer Allgemeinvorstellung
oder einem Allgemeinbegriff statt, so liegt ein „Begreifen“ vor. (Un-
wissenschaftlich Denkende glauben Neues zu begreifen, wenn auch
nur die Zuordnung zu einem ihnen bekannten Wortzeichen gelingt.)

Jeder neu erlebte Inhalt wird, wie sich leicht zeigen läßt, mit
dem bestehenden Erfahrungsschatz in der Weise verbunden, daß
nicht eine bloße Addition, sondern eine Umbildung durch Anpassung
erfolgt. (Nach Ernst Mach.) Im Komplex wird durch den unge-
hemmten Hinzutritt eines gewohnten Erkenntnisinhalts zu gleichartigen früheren Inhalten eben diese Gruppe von Erinnerungseinheiten
in ihrer Stellung zum ganzen Erfahrungsschatze verstärkt; wesentlich
neuartige Eindrücke können nicht ungehemmt verbunden werden
und lösen einen gleichsam revolutionären Umbildungsprozeß aus.
Daß auch der letztere Prozeß in einer Neubildung von Erinnerungseinheiten durch Vermittlung des verbindenden, trennenden und
urteilenden Denkens besteht, ließe sich jedoch unschwer aufzeigen.
Da eine Erfahrungseinheit aus gewohnten Erkenntnissen vermöge
zahlreicher früherer Assimilationen und Kolligationen einen relativ
festen inneren Zusammenschluß aufweist, der dem neueintretenden

fremdartigen Inhalt mangelt, so ist es begreiflich, daß die Anpassung
des Komplexes an den letzteren unter psychischen Widerständen,
und zwar im idealen Falle nach dem Prinzip des Minimums der
Änderung des Bestehenden erfolgt. In dieser Hinsicht weicht das
Verhalten des Laien von dem des Gelehrten auffallend ab. Während
der wissenschaftlich nicht Geschulte geneigt ist, auf Grund eines
wenig geprüften Falles sogleich eine weitgehende Umbildung (durch
Verallgemeinerung oder durch Statuierung einer Ausnahme) zu vollziehen, ist das Denken des strengen Forschers (wie Ernst Mach
ausführt) konservativ; die wissenschaftliche Erfahrung ist, zu ihrem
Heile, nicht der Spielball zufälliger Einzelwahrnehmungen, sondern
sucht mit minimalen Erweiterungen oder Verengerungen der Erfahrungseinheiten (dann auch der Begriffe und Regeln) das Auslangen zu finden.

Die Erfahrung entwickelt sich aber nicht nur durch rezeptive,
sondern auch durch transitive Anpassung, indem die hinzukommenden
Wahrnehmungserkenntnisse durch Assimilationen und Kolligationen
selbst wieder modifiziert werden. Hierin liegt nun freilich nicht
bloß ein Vorteil (Vervollständigen, Erleichtern, Beschleunigen des
Prozesses), sondern auch ein Mangel. Das wahrnehmende Erkennen
wird durch die Einflüsse des Erfahrungskomplexes befangen gemacht,
oft geradezu verfälscht, das in Wahrheit Neue und Wesentliche
bleibt unbeachtet, erdrückt von dem erwarteten Gewohnten. In dieser
Weise bildet sich die empirische Erkenntnis durch eine stetige
Wechselwirkung des Erfahrungsschatzes und der Zuwächse an
Wahrnehmungserkenntnissen.

Die große Wichtigkeit der hier angerufenen Fälle des Zusammenwirkens intellektueller Funktionen in der Erfahrung läßt es wünschenswert erscheinen, einige induzierende Beispiele nachzutragen. Daß
die als Säugetiere geltenden Tiere lebendige Junge gebären, haben
wir sehr oft erkannt und zu einer Erfahrungseinheit verarbeitet, die
in einem Begriff repräsentiert ist. Jedes weitere Säugetier wird der
Erfahrungseinheit ohne Hemmung assimiliert und sein Gebaren
mit ähnlichen Erkenntnissen kolligiert. (Nicht selten wird die Besonderheit eines wahrgenommenen Tieres übersehen oder mißdeutet
vermöge der Einwirkung gewohnter Anschauungen.) Wird uns jedoch das erstemal ein Schnabeltier gezeigt, das in allen Merkmalen
ein Säugetier ist, bis auf das eine, daß es Eier legt, so stehen wir
vor der Aufgabe, unsere Erfahrung durch Umbildung der neuen
Erkenntnis anzupassen. Der naive Mensch wird in einem solchen

Falle geneigt sein, eine neue Tierklasse zu bilden, der Naturforscher dagegen, den Erfahrungsbegriff des Säugetiers durch Aufhebung der Besonderung „gebärend" zu modifizieren oder aber in zwei untergeordnete Erfahrungseinheiten zu zerfällen.

Dieses einfache Beispiel scheint uns die Richtigkeit unserer allgemeinen Charakteristik deutlich darzutun. Wir sammeln Erfahrungen von Säugetieren durch einzelne Wahrnehmungen, die zu Erinnerungseinheiten verbunden werden; jede neue Erfahrung gleicher Art verschmilzt oder vereinigt sich ohne merkliche Hemmung mit dem erworbenen, begrifflich repräsentierten Schatze. Bei der Erkenntnis der Eigentümlichkeit des Schnabeltiers ergeben sich psychische Hemmungen, die Verbindung gelingt nicht ohne ein aktives Umbilden unserer Erfahrungseinheit und führt entweder zur Aufhebung einer gewohnten Determination oder zur Spaltung jener Einheit. Zugleich erfährt unser gesamter Komplex von Erfahrungseinheiten zoologischen Inhalts eine anpassende Modifikation, die sich auch auf die begriffliche und sprachliche Repräsentation erstreckt. Ein Kennzeichen wissenschaftlichen Vorgehens wird aber in der Tendenz gelegen sein, hiebei mit minimalen Umbildungen des Wissensbesitzes auszulangen.

Ein anderes Beispiel möge unsere Auffassung wirksam bekräftigen. Hat ein Forscher zahlreiche Einzelerkenntnisse des Inhaltes gewonnen, daß das Wasser bei 100° C zum Sieden gelange, so wird sich in ihm die Bildung einer Erfahrungseinheit vollziehen. Bei diesem Anlasse wird die Erfahrungseinheit in einer „Regel" Ausdruck finden. Eine Regel ist nichts anderes als ein repräsentatives Urteil, welches die für jeden einzelnen Fall gültigen Urteile durch ein allgemeines stellvertretend ersetzt. Beobachtet nun jener Forscher, daß in einem genau geprüften Falle das Wasser bei weniger als 100 Graden zum Sieden gelangte, so wird er auf dem Wege minimaler Umbildungen zu einer verengten Regel gelangen, derzufolge jene empirische Gleichförmigkeit nur für normalen Druck gelte. Der Laie wird vielleicht eine Ungenauigkeit der Temperaturmessung annehmen und so seine Wahrnehmungserkenntnis durch die Wirkung des Erfahrungskomplexes verfälschen. — Wie labil jedoch sogar Männer der Wissenschaft unerwarteten Eindrücken gegenüber sich zuweilen verhalten können, hat die anfängliche Diskussion über das Radium bewiesen, dessen zunächst rätselhafte Eigenschaften geachtete Fachleute bewogen, die wichtigen, mit anderen Erkenntnissen innig verbundenen Erfahrungssätze der Erhaltung des Stoffes und der Energie einfach über Bord zu werfen, statt die Möglichkeit einer minder kühnen Anpassung abzuwarten. — Krasser Versündigungen gegen das konservative Anpassungsprinzip der Wissenschaft machen sich die Spiritisten schuldig, wenn sie ihre Wahrnehmungen für ausreichend halten, um eine prinzipielle Umbildung der bestfundierten Erfahrungskomplexe über die Natur des Physischen zu begründen.

Wo immer aber eine Anpassung des Erfahrungsinhaltes, auch wenn er in Begriffen und Regeln repräsentiert ist, stattfindet, ist das trennende, verbindende und urteilende Denken in nachweisbaren Anteilen am Werke.

d) Ein gesteigertes Maß psychischer Aktivität ist für das Wesen der wissenschaftlichen Erfahrung kennzeichnend. An Stelle der fallweisen, nicht absichtlich herbeigeführten Wahrnehmungserkenntnis tritt die planmäßige, willkürlich aufmerksame Beobachtung mit ihrer relativ vollständigen und fein differenzierten Erfassung der Erfahrungsgegenstände. Gilt es eine Gleichförmigkeit innerhalb der physischen Vorgänge empirisch zu erkennen, so erweist sich das Experiment als wertvollstes Hilfsmittel. Indem der Experimentator ein möglichst lückenloses Wissen der Bedingungen des Eintretens einer physischen Erscheinung anstrebt, verringert er die der Beobachtung darzubietenden Dinge und Geschehnisse. Die so erhaltenen Erkenntnisse erweisen sich innerhalb des Anpassungsprozesses des Denkens als feste Stützpunkte. Beobachtung und Experiment steigern die Erfahrung zur Forschung.

e) In der empirischen Wissenschaft vom Physischen endlich vollendet sich das Erkennen durch die Ordnung des Wissensstoffes nach den Forderungen eines Systems[1]). Die in das System eingehenden Allgemeinvorstellungen und Regeln erhalten eine verschärfte und erweiterte repräsentative Geltung in Form von Allgemeinbegriffen und Gesetzen. In der Wissenschaft liegt der maximale Anteil psychischer Aktivität beschlossen, welche zur maximalen Konstanz des Erkenntnisinhaltes führt. Aber auch in der Wissenschaft sind im Grunde dieselben Erneuerungs-, Verarbeitungs- und Erkenntnisfunktionen am Werke, die dem naiven Denken eignen.

---

[1]) Die Wissenschaft von der Außenwelt (welche nach den Stoffgebieten in einzelne Naturwissenschaften zerfällt) hat die geordnete Beschreibung und Erklärung der physischen Phänomene zur Aufgabe. Die Beschreibung betrifft die Erscheinungsweise und den faktischen Zusammenhang der Erscheinungen untereinander; die Erklärung besteht im Nachweis der Abfolge nach dem Satze vom Grunde und in der Aufzeigung der Entwicklung.

Da ein absoluter Abschluß der empirisch-wissenschaftlichen Erkenntnis nicht besteht, so ergreift der Prozeß der Anpassung durch Umbildung alle Einzelwissenschaften, wenn auch im ungleichen Ausmaße[1]).

Wie sich aus dem ptolemäischen Weltbild das kopernikanische, das keplerische und das newtonische schrittweise entwickelt hat, ist oft und vortrefflich geschildert worden und in der Tat ist dieses großzügige Beispiel nicht ungeeignet, die Feinheiten des psychischen Prozesses beim Fortschreiten des wissenschaftlichen Erkennens aufzuzeigen. Noch lehrreicher erschiene uns eine solche Analyse bei den Stadien der Forschung über den Sauerstoff oder über die Entstehung der Gebirge.

3. Das Denken als Erkennen des Psychischen.

94.

Stufen des Erkennens von Psychischem. Es entspringt nicht einer oberflächlichen Analogie, sondern dem Wesen der Erkenntnis im allgemeinen, wenn wir auch auf psychischem Gebiete eine Vorstufe der inneren Empfindung oder des inneren Vorfindens und als Stufen des eigentlichen Erkennens die innere Wahrnehmung, die innere Erfahrung, die wissenschaftliche innere Erfahrung und die empirische Wissenschaft vom Psychischen bezeichnen. (Wir beschränken uns auch hier vorerst auf die Besprechung der empirischen Erkenntnisweise.)

Die innere Empfindung besteht — wenn wir sie in ihrer theoretischen Reinheit begrifflich fassen wollen — in dem Vorfinden von Zuständen und Abläufen im erlebenden Subjekt[2]). *a)* Alles bewußte

---

[1]) Eine überzeugende Darlegung dieses Prozesses verdanken wir Mach, Über Umbildung und Anpassung im naturwissenschaftlichen Denken, Rektoratsrede vom 18. Oktober 1883, Wien 1884. Vgl. namentlich die Bemerkungen über Galilei und Darwin, p. 3, 5; das Beispiel p. 7 f. Er gelangt hier zu der These: „Wenn wir in einem bestimmten Kreis von Tatsachen uns bewegen, so passen sich unsere Gedanken alsbald der Umgebung so an, daß sie dieselbe unwillkürlich abbilden." Ferner: „Die älteren Erfahrungsideen (die geläufigsten also) streben nach Selbsterhaltung; sie greifen in die neue Auffassung hinein und werden von der notwendigen Umwandlung ergriffen." Weitere Belege aus der Geschichte der Physik und Geometrie liefert Mach in Erkenntnis und Irrtum, Leipzig 1905, p. 162 ff.

[2]) Zur Geschichte und Kritik des Problems vgl. die vortreffliche Arbeit von Reininger, Kants Lehre vom inneren Sinn, Leipzig 1900.

innere Empfinden geht in das Erkennen ein, insofern es regelmäßig
mit einem Wissen um jene Inhalte verknüpft ist und dadurch zur
inneren Wahrnehmung wird. Wir dürfen gewiß auch bei psychischen Erlebnissen von einem komplexen Akt des Auffassens
sprechen, dessen Seiten ein Anteil unwillkürlicher Aufmerksamkeit
und ein positives primäres Wahrnehmungsurteil sind. (Das Korrelat
des Wertgefühles möge hier unberücksichtigt bleiben.) Das innere
Wahrnehmungsurteil wird in der Regel implizit sein, d. h. in einem
urteilsmäßigen Verhalten des Wahrnehmenden bestehen, ohne daß
es zu einer deutlichen Sonderung des Urteilsanteiles des Phänomens
kommt. Gleichwohl ist das Wahrnehmungsurteil für das Erkennen
des Psychischen konstitutiv, denn erst durch diesen Bestandteil
wird die Tatsache ausdrückbar, daß die inneren Erlebnisse nicht
bloß stattfinden, sondern als existierende Zustände oder Abläufe
des Subjekts genommen werden. Die Erscheinung des Schmerzes
finde ich nicht bloß vor, sondern ich nehme den Schmerz als etwas
real Seiendes, und zwar im eigenen Subjekt Gegebenes hin. Hier
liegt somit ein bejahendes evident-gewisses Existentialurteil mit
einem Index, der die Beziehung zum erlebenden Subjekt ist, vor.
Die gleichzeitige Erkenntnis, daß das Erlebte Schmerz (und nicht
etwa Lust) sei, bedeutet ein Beschaffenheitsurteil, welches, soweit es
sich um absolute Beschaffenheiten des Psychischen handelt, gleichfalls mit Gewißheitsevidenz ausgestattet ist und von dem zugehörigen
Existentialurteile nur begrifflich zum Zwecke klarer Beschreibung
unterschieden wird. Es ist einzuräumen, daß der naive Mensch beim
alltäglichen Erleben psychischer Zustände und Abläufe die Bestandstücke solcher Erscheinungen nicht sondert und sich wohl über
den Empfindungsanteil, aber keineswegs über das Urteilselement
deutliche Rechenschaft gibt; daraus ist selbstverständlich nicht
das Verbot abzuleiten, daß die Psychologie und Erkenntnistheorie in ihrer Analyse keinen Schritt weitergehen und die unter-
scheidbaren Seiten jener komplexen Erlebnisse nicht hervorheben
dürften. Übrigens fehlt es nicht an pathologischen Fällen, bei
welchen die inneren Wahrnehmungsurteile gewissermaßen explizite
Form annehmen. Bei Patienten, die an der sogenannten Verdopplung
des Ich leiden, und bei Gesunden, welche unter dem Einflusse einer
mächtigen Fremdsuggestion stehen, können wir seltsame Ausrufe
hören, in denen scheinbar ein Zweifel über das Vorhandensein
eigener Seelenverfassungen anklingt. Explizite Urteile kommen
jedesmal zu stande, wenn sich zwischen das Erleben eines Zustandes

oder Ablaufes und einen späteren Versuch, sich diese Erlebnisse zu
vergegenwärtigen, eine merkliche Zeitdifferenz legt, so daß die ursprüngliche Verfassung nur mehr in frischer Erinnerung gegeben
ist; allein ein daran anknüpfendes Fürwahrhalten betrifft keine Existenz oder absolute Beschaffenheit und zählt somit auch nicht mehr
als Wahrnehmungsurteil[1]).

Der Versuch, die innere Wahrnehmung in allen Stücken nach
Analogie der äußeren zu beschreiben, führt zu wichtigen abweichenden Feststellungen. Bei psychischen Erscheinungen
fallen nämlich Wahrnehmungsgegenstand und real
Existierendes in eins zusammen. Der erlebte Schmerz ist ein
Bewußtseinsinhalt, dessen Gegenstand dieses Phänomen selbst in
seiner Realität ist.

Bei der äußeren Wahrnehmung hatten wir den Gegensatz von
Subjekt und Objekt (was nicht das erlebende Subjekt selbst ist) vor-
gefunden; die beteiligten Urteile bezogen sich auf das Sein, eine
Beschaffenheit oder ein Beziehungsverhältnis der realen Wirklichkeit.

In welchem Sinne dürfen wir nun von einem Objekt, auf das
das innere Wahrnehmungsurteil geht, sprechen? Ist dieses Objekt
nicht das Subjekt selbst? Muß sich nicht das Subjekt gewissermaßen spalten, um sich selbst zu beurteilen, so daß das Kuriosum
entstünde, daß die eine Hälfte des Ich (das urteilende Ich), die
andere Hälfte (den Schmerzzustand) als existent setzt? Die Lösung
der Schwierigkeit liegt unseres Erachtens in dem Hinweis, daß im
komplexen Prozesse des inneren Wahrnehmens eine Empfindungsseite und eine Denkseite immanent verbunden sind, welche Seiten

---

[1]) Meinong hat in seinen Erfahrungsgrundlagen unseres Wissens, p. 72 f.
diesen Prozeß wohl als erster genau untersucht und vier Möglichkeiten statuiert.
Die erste Möglichkeit, symbolisiert durch $V\,I\,U$, entspricht der äußeren Wahr-
$$\underset{O}{}$$
nehmung, bei welcher ein Vorgestelltwerden (V), ein Inhalt (I), ein Gegenstand (O) und ein Urteil (U) vorhanden ist. Die zweite Möglichkeit ist dadurch
gegeben, daß beim inneren Wahrnehmen Inhalt und Gegenstand zusammenfällt.
so daß der Tatbestand $V o U$ zu konstatieren wäre. Noch einfacher ist die dritte
Möglichkeit „$o U$“, d. h. die Erfassung eines psychischen Gegenstands durch
ein Existenzurteil ohne die Bedingung des Vorgestelltwerdens. Auch die vierte
Möglichkeit, durch O ohne Zusatz symbolisiert, ist in der Psychologie vertreten
worden, nämlich das einfache Stattfinden der psychischen Erscheinung, ohne
Urteilsbestandteil.

Meinong entscheidet sich dahin, daß für das Wahrnehmen schlechthin
der dritte, für das Erfassen von Pseudoobjekten (z. B. einer Farbenqualität) der
zweite Fall realisiert sei.

der einheitlich erlebten Erscheinung lediglich von der psychologischen Forschung getrennt beachtet werden können und müssen[1]).

In einem einzigen Bewußtseinsakt, der jedenfalls zeitliche Dauer aufweist, findet das innere Wahrnehmen statt, das von der Empfindungsseite her das Bild des Schmerzes, der Wollungen ... von der Denkseite her das Bild des Existentialurteils darbietet. Es ist dies, wie wir früher bereits ausführten, im Grunde auch der Sachverhalt beim äußeren Wahrnehmen. Es wird nicht erst der Gegenstand der Außenwelt vorgestellt und im nachhinein als seiend gesetzt, sondern in dem zusammengesetzten Erlebnis der äußeren Wahrnehmung sind eben Empfindungsbestandteil und Urteilsbestandteil enthalten. Den psychischen Zustand oder den Ablauf als Materie eines Existentialurteils zu nehmen, hat daher nichts Widersinniges, sondern entspricht der komplexen Natur des Wahrnehmens. Damit löst sich zugleich die weitere Schwierigkeit, die im Aufmerksamkeitsbestandteil innerhalb der Auffassung des Psychischen gefunden werden könnte. Nicht geteilt wird das Ich, sondern am Ich wird wissenschaftlich zweierlei beachtet.

b) Die Möglichkeit einer unmittelbaren inneren Beobachtung in demselben Sinne wie bei der Erfassung des Physischen besteht bei psychischen Erlebnissen nicht. Während beim äußeren Wahrnehmen die Aufmerksamkeit zur Willkürlichkeit gesteigert werden kann und zu einem klareren und deutlicheren Bewußtwerden des Gegenstandes führt, zeigt die Analyse des inneren Wahrnehmens, daß der Versuch, einen psychischen Zustand oder Ablauf zu beobachten, zu einem Abschwächen oder Verschwinden dieser Inhalte führt, und zwar deshalb, weil das Einsetzen der willkürlichen Aufmerksamkeit an Vorstellungen gebunden ist, welche die Einheit des inneren Wahrnehmungsaktes sprengen. Setzen wir uns während eines Zornes die Aufgabe, diesen Affekt zu beobachten, so wird der Verlauf der Gemütsbewegung durch fremde Vorstellungen unterbrochen; damit ändert sich aber das Erlebnis selbst. Der Zorn schwächt sich ab und kann ganz schwinden[2]). Die willkürliche Auf-

---

[1]) Meinong führt aus, daß die hier erörterte Schwierigkeit ihre Bedeutung verliere, wenn man an der Tatsache der zeitlichen Dauer des Wahrnehmungsprozesses festhalte; nur auf dem mathematisch definierten Gegenwartspunkt entsteht die Frage, wie es möglich sei, das Sein eines psychisch Gegebenen zu beurteilen. (Über die Erfahrungsgrundlagen unseres Wissens, III., 9.)

[2]) Hier liegt auch die Wurzel des Hamlet-Problems. Im ersten Teile des Dramas versucht Hamlet zu beobachten, was er wohl tun werde — eben deshalb kommt er nicht zum Handeln selbst.

merksamkeit findet dann nur mehr Inhalte der äußeren Empfindung, nämlich physiologische Begleiterscheinungen als Objekt vor. Im Wege des Schließens können allerdings mittelbare Erkenntnisse hinsichtlich des nicht mehr zu beobachtenden Zustandes oder Ablaufes gewonnen werden.

Einer inneren Beobachtung ist scheinbar der Schmerz zugänglich; doch erweist eine nähere Prüfung, daß das Beobachtete in solchen Fällen die Leibesempfindungen sind, an die das Schmerzgefühl geknüpft ist.

Wenn wir aus diesen Gründen die Vollziehbarkeit einer unmittelbaren inneren Beobachtung in Abrede stellen, so müssen wir doch anderseits der Behauptung entgegentreten, daß dadurch die Möglichkeit einer wissenschaftlichen Psychologie aufgehoben werde. Aus inneren Wahrnehmungsdaten entsteht so gut eine Erfahrung wie aus Beobachtungsergebnissen; nur liefern eben Beobachtungen klarere und deutlichere Anschauungen, d. h. einen wertvolleren Stoff zur Verarbeitung.

c) Die innere Erfahrung — im Sinne von Erfahrung machen — besteht in einem Wahrnehmen, dessen Inhalt von den Funktionen des Assimilierens oder des Kolligierens ergriffen wird. Die einzelnen psychischen Zustände und Abläufe, die sich der Wahrnehmung darbieten, gehen durch ein Verschmelzen oder ein Vereinigen in Erinnerungseinheiten ein: der Inbegriff dieser Einheiten bildet die Erfahrung im Sinne von Erfahrungsschatz. Die Zusammenhänge der Erfahrungsassimilate und Kolligate sowie die wechselseitigen Anpassungsprozesse beim Neueintreten von Wahrnehmungsinhalten wurden bereits bei der Erörterung der Erkenntnis des Physischen beschrieben. Es sei nur noch an die Tatsache erinnert, daß die Inanspruchnahme des Hauptteiles des menschlichen Interesses durch äußere Objekte die Entwicklung einer reichen und gefestigten Erfahrung des psychischen Bereichs nachhaltig hemmt, weshalb auch die Psychologie mit einer gewissen Dürftigkeit an repräsentativen Vorstellungen und Sprachsymbolen zu kämpfen hat und vielfach auf bildliche Anleihen bei dem naturwissenschaftlichen Begriffsschatze angewiesen ist. d) So streng adäquat auch der einzelne Wahrnehmungsinhalt zur Auffassung gelangt, so schwierig gestaltet sich das Erfüllen der Forderung des „Verstehens" der Erlebnisse im Sinne der Wissenschaft. Fragen, wie die nach dem Wesen der Aufmerksamkeit, dem Verhältnisse von Motiv und Impuls, den Konstanten der Wertungsprozesse ..., bieten selbst der gegenwärtigen Psychologie trotz ihrer experimentalen Hilfsmittel und zahlreichen indirekten Wissensquellen die erheblichsten Schwierigkeiten dar. Das volkstümliche Denken und die Kultursprache haben auf diesem Gebiete der Gelehrsamkeit vergleichsweise wenig vorgearbeitet. Die wissenschaftliche innere Erfahrung, welche die fallweise, nicht absichtlich erzielten Wahrnehmungsdaten durch eine planmäßige, willkürliche Beobachtung vervollständigen und differenzieren soll, stößt auf die bereits geschilderten psychologischen Hemmnisse, so daß e) die Aufstellung eines Systems der empirischen Wissenschaft vom Psychischen erst im letzten Jahrhundert (nach Überwindung der spekulativen Wirrungen) gelungen ist. In prinzipieller Hinsicht ist die Überzeugung durchgedrungen, daß die Psychologie die geordnete Beschreibung und Erklärung der psychischen Erlebnisse eines Subjekts zur Aufgabe habe, wobei der Beschreibung das Aufzeigen der Erscheinungsweise und des tatsächlichen Zusammenhangs der Erscheinungen, der Erklärung dagegen die Nachweisung der Abfolge nach dem Satze vom Grunde und des Entwicklungsvorganges zufällt.

4. Das Denken als apriorisches Erkennen.

95.

Apriorisches Erkennen. Ein Erkennen ist apriorisch (im Gegensatze zum empirischen Erkennen), sofern das Urteil oder der Schluß, in welchen die Erkenntnis besteht, auf die Natur des Denkgegenstandes gegründet ist. Die apriorische Erkenntnis ist als Urteil oder regressiver Schluß von der Erfahrung unabhängig, obwohl die Vorstellungen, welche in das Urteil eingehen, und die Urteile der Schlußmaterie stets in irgend einer Weise aus Erfahrungselementen hervorgegangen sind. Apriorische Erkenntnisse haben notwendigen Charakter und sind mit Evidenz der Gewißheit ausgestattet.

Erkennbar überhaupt ist das Sein, die Beschaffenheit und das Beziehungsverhältnis von Gegenständen. Das Sein eines Objekts kann stets nur empirisch erkannt werden, nämlich durch ein Wahrnehmungsurteil oder ein auf Wahrnehmung durch progressive Schlüsse zurückgehendes Urteil. Die Beschaffenheit eines Gegenstandes ist gleichfalls bloß dem erfahrungsmäßigen Erkennen zugänglich, mag nun dieses Objekt ein Ding, Vorgang, Zustand, Ablauf oder aber ein bloßer Vorstellungsgegenstand sein.

Der Bereich des apriorischen Erkennens sind jedoch die Relationstatsachen, welche zwischen bestimmten Vorstellungs- oder Urteilsgegenständen bestehen. Der Gegenstand des apriorischen Urteils ist stets eine Beziehung zwischen deutlich erfaßten Vorstellungsgegenständen. Werden Wortvorstellungen in einem solchen Urteil verwendet, so ist dessen Apriorität an die Bedingung der Eindeutigkeit des Wortes oder Namens geknüpft. Eindeutig wird der Vorstellungsgegenstand durch ein Wort gedacht, wenn die relationsbegründenden Beschaffenheiten des Gegenstandes und nur diese allein in zugeordneten Bestandteilen des Wortvorstellungsinhaltes vertreten sind. Zu den durch Worte repräsentierten Vorstellungen, welche diese Forderungen voll erfüllen, gehören vor allem die wissenschaftlichen Begriffe; aber auch nicht an Namen geknüpfte, deutliche Vorstellungen physischer Objekte und deutliche Vorstellungen mit unanschaulichem Gegenstande können darunter zählen.

Der Gegenstand des apriorischen Schließens ist stets eine Grund-Folge-Beziehung zwischen der deutlich erfaßten Wahrheit, beziehungsweise Wahrscheinlichkeit von Urteilen: die Urteile selbst können hiebei sowohl apriorische als empirische sein.

Unsere zunächst vielleicht paradox anmutenden Aufstellungen seien nunmehr an konkreten Fällen überprüft, die als induzierende Instanzen gelten mögen.

a) Wissenschaftliche Begriffe mit Eindeutigkeit der Namen liefert uns beispielsweise die Geometrie.

Wenn Euklid seine Elemente mit 35 Definitionen des Punktes, der Linie und sonstiger Grundbegriffe beginnt und (nach Anführung dreier vermittelnder Forderungen) zur Aufstellung seiner 12 Axiome schreitet, so hat er damit die Grundlage für einen systemgemäßen Komplex mathematischer Urteile a priori herstellen wollen und auch in der Tat hergestellt. (In diesem Zusammenhange dürfen wir davon absehen, daß in seiner Liste das Archimedische Axiom der Stetigkeit fehlt und daß das Parallelenaxiom in anfechtbarer Überordnung zu den 11 übrigen Grundsätzen auftritt.) Der Sinn der Fundierung Euklids ist kein anderer als die Bildung einer Anzahl von Begriffen mit möglichst eindeutigen Namen, zwischen welchen die Axiome, d. h. unmittelbar evidente Relationsurteile bestehen. Alle weiteren Relationsurteile der Mathematik sind sodann im Wege deduktiver Schlüsse auf die Axiome zurückführbar und schöpfen aus dieser Tatsache nicht nur ihren mittelbar evidenten Charakter, sondern auch ihre Apriorität.

Den Axiomen 1 und 9 Euklids, nämlich „Was einem und demselben gleich ist, ist einander gleich“ und „das Ganze ist größer als sein Teil“ ist die Natur von Beziehungsurteilen zwischen eindeutigen Begriffen unverkennbar auf die Stirne geschrieben, aber auch alle anderen Grundsätze, welche spezielle Begriffe der Mathematik betreffen (etwa Axiom 12 „Zwei gerade Linien schließen keinen Raum ein“), haben Relationstatsachen zum Gegenstande[1]).

Es ist ebenso auch eine apriorische Erkenntnis, daß die Seiten des in einen Kreis eingeschriebenen gleichseitigen Sechseckes dem Radius jenes Kreises gleich sind. Hier ist der Gegenstand des Urteils a priori die Gleichheit der Sechseckseite mit dem Radius, wobei die im Urteil enthaltenen Wortvorstellungen, den Definitionen zufolge, eindeutig sind. Dieser Fall ist ein Beispiel des mittelbaren

---

[1]) Den neuesten Stand der Frage nach der Natur der geometrischen Axiome resümiert Dr. Gerstel in seinem Vortrage Über die Axiome der Geometrie“ (Wissensch. Beilage der Philos. Gesellsch. in Wien, Leipzig 1903, p. 96 ff.). Er gelangt nach fachwissenschaftlicher Begründung zu folgendem Schlusse:

„Wenn in den Axiomen von Punkt, Geraden, Ebenen, Winkeln, Abstand u. s. w. die Rede ist, darf nicht angenommen werden, daß eine anschauliche Vorstellung dieser räumlichen Dinge dadurch bezeichnet werden soll. Es sind lediglich Denkmarken, Begriffe, deren ganzer Inhalt die in den Axiomen ausgesprochenen Relationen sind. Man könnte statt Punkt, Gerade, Ebene ebensogut z. B. Element erster, zweiter, dritter Art sagen; mit Hilfe der Beziehungen, welche durch die Axiome zwischen diesen Begriffen hergestellt sind, kann auf formal logischem Wege das ganze Lehrgebäude errichtet werden“ (p. 106 f.).

Hinsichtlich der Arithmetik dürfen wir uns auf H. v. Helmholtz berufen, der in seiner Schrift „Zählen und Messen erkenntnistheoretisch betrachtet“ (Philos. Aufs. z. Zeller-Jubiläum, Leipzig 1877, p. 15 ff.) die Graßmannschen Axiome als begriffliche Relationen behandelt. Diese Axiome sind bekanntlich die folgenden fünf:

Ax. I. Wenn zwei Größen einer dritten gleich sind, sind sie unter sich gleich.

Ax. II. Assoziationsgesetz der Addition: $(a + b) + c = a + (b + c)$.

Ax. III. Kommutationsgesetz der Addition: $a + b = b + a$.

Ax. IV. Gleiches zu Gleichem addiert gibt Gleiches.

Ax. V. Gleiches zu Ungleichem addiert gibt Ungleiches.

Das sogenannte Graßmannsche Axiom ist eine Zusammenziehung von II. und III., nämlich $(a + b) + 1 = a + (b + 1)$. Vgl. hiezu Herm. Graßmann, Die Ausdehnungslehre, 1. Aufl., Leipzig 1844. 2. Aufl. 1878, und Robert Graßmann, Die Formenlehre oder Mathematik, Stettin 1872.

a priori mit mittelbarer Evidenz. Hilbert hat (in seiner Festschrift zum Gauß-Jubiläum) unwiderleglich nachgewiesen, daß auch ein Axiomensystem, welches den Aufbau der gesamten nichteuklidischen Geometrie begründet, ausschließlich Relationen zwischen Begriffen, die vorher eindeutig festgelegt wurden, zum Inhalte hat. Gerade die nichteuklidische Geometrie bildet einen Beweis, daß die Gegenstände der apriorischen Urteile der Mathematik lediglich Beziehungstatsachen sind, die auf Grund eindeutiger Begriffe in Urteilen erkannt werden.

Die wichtige Frage, wieso es komme, daß die mathematischen Begriffsurteile auch in der Welt der Dinge Gültigkeit beanspruchen, ist folgendermaßen zu beantworten: Soweit in der Welt der Dinge Gegenstände vorhanden sind, welchen fest zugeordnete Vorstellungsinhalte entsprechen, soweit gelten auch die daran sich knüpfenden Beziehungsurteile. Für die Wahrheit des Beziehungsurteiles a priori ist eben ganz gleichgültig, ob die Gegenstände der zugrundeliegenden Vorstellungen etwa reale Dreiecke aus Eisen, Graphit oder Lichtstrahlen oder bloß in der Phantasie vorgestellte Dreiecke sind, es ist ferner gleichgültig, wie sich die Dreiecke in allen sonstigen Merkmalen, die nicht in die Relation eingehen (Farbe, absolute Seitenlänge u. ä.), verhalten.

Bei Laien besteht die Neigung, gewisse Beziehungsverhältnisse mit Merkmalen zu verwechseln und etwa die Tatsache, daß die Hypotenuse größer als jede der Katheten ist, für eine Eigenschaft der ersteren zu halten, worin der Fachmann sofort ein Relationsfaktum erkennt. Was an Eigenschaften in der Geometrie in Betracht kommt, ist in den Definitionen festgelegt, welche die Begriffsgegenstände als Relationsfundamente konstituieren. Enthält der Begriffsinhalt die den Gegenstandsmerkmalen zugeordneten Bestandteile und nur diese, dann ist jener Gegenstand eindeutig gedacht und kann in das apriorische Beziehungsurteil eingehen. Zu einem unmittelbar a priori charakterisierten Urteile gelangen wir, wenn die erforderlichen Inhaltsbestandteile explizit vorgestellt werden, bedarf es jedoch vermittelnder Subsumtionen, um solche Bestandteile bewußt zu machen, so sprechen wir von mittelbarem a priori. Beide Stufen des a priori sind eben von der Erfahrung in dem Sinne unabhängig, daß die Relation ohne vorgängige Empirie in einem Urteil erfaßt wird, wenn auch die beteiligten Vorstellungen, mögen sie auch noch so abstrakter Natur sein, jedenfalls als repräsentative Gebilde aus Erfahrungen gewonnen sind.

Die apriorische Natur der in der Mathematik verwendeten
Syllogismen und der Sachverhalt, daß diese Schlüsse durchwegs
auf Beziehungen von Wahrheiten hinsichtlich gewisser Urteilsgegenstände ruhen, die durch Definitionen festgehalten werden, ist
allgemein anerkannt und bedarf keines besonderen Nachweises.

b) Apriorische Erkenntnisse bieten sich offenkundig auch dem
nichtmathematischen Denken in größter Anzahl dar; doch pflegt
bei nichtmathematischen Vorstellungen und Definitionen die Eindeutigkeit der Namen nicht so zuverlässig kontrollierbar zu sein.
Urteile von der Art Nota notae est nota rei ipsius, Sokrates muß
entweder lebend oder nichtlebend sein, die Tugend ist nicht grün,
die Töne a und e sind verschieden . . . sind apriorischen Charakters
und betreffen im Grunde Relationen zwischen deutlichen Vorstellungen.
Haben beispielsweise die Vorstellungsinhalte Tugend und Grün
solche Bestandteile, welche attributiv unverträglichen Gegenstandsmerkmalen entsprechen, so gelangt das Denken bei ihrem Zusammenbringen zu einem Urteil der Verschiedenheit, dem die Evidenz und
Notwendigkeit des a priori eignet. Gerät die Eindeutigkeit der fun-
dierenden Wortvorstellungen in Frage, so stellt sich auch die
Charakteristik des Urteils als eines apriorischen nicht ein. Wird geurteilt, As und Gis sind dieselben Tonstufen, Indigoblau ist von
Preußischblau verschieden, so ist ein solches Urteil nur für den
Kundigen, d. h. denjenigen, der die erforderlichen Inhaltsbestandteile zu denken in der Lage ist, a priori; für andere Personen bedeuten diese Gedanken entweder keine Urteile, weil das Moment
des Fürwahrhaltens fehlt, oder aber Urteile ohne Evidenz, mithin
auch ohne apriorischen Charakter. Die Eindeutigkeit des Namens
kann jedoch durch Vermittlung von Erfahrung nachträglich entstehen und dem Relationsurteil jenen Charakter zuwenden.

Apriorische Beziehungsurteile sind für einzelne Objekte der
physischen Welt gültig, sofern die Vorstellungsgegenstände fest zugeordnete Zeichen jener Dinge sind. Dieser indigoblaue Einband
und dieser preußischblaue Einband vor mir sind verschiedenfarbige
— ein solches Urteil ist a priori, wenn jeder Einband für sich so
vorgestellt wird, daß die Farbenqualititäten explizite Bestandstücke
des Vorstellungsinhaltes sind, wobei die Voraussetzung besteht, daß
auch die Einbände selbst als Dinge der physischen Welt eine
korrelate Verschiedenartigkeit besitzen. Da nun die erkenntnistheoretische Qualität des Vorstellens bei einzelnen Dingen der
Außenwelt nicht evident ist (die Verschiedenartigkeit der Färbung

könnte auf eine Sinnestäuschung zurückgehen), so zeigt es sich, daß das betreffende Beziehungsurteil nicht apriorisch charakterisiert sein muß, wie dies bei mathematischen Erkenntnissen der Fall ist. Die Denkpraxis wird freilich das Urteil „dieses Buch vor mir ist größer als sein Deckel" als unbedenklich apriorisch nehmen, dagegen dem Urteile „diese Zirbeldrüse ist das einzige unpaarige Organ des eben betrachteten Gehirns" überhaupt nicht apriorischen Charakter zuerkennen. Urteile über die Beschaffenheit von unmittelbar wahrgenommenen Dingen, Vorgängen, Zuständen, Abläufen sind zunächst empirischen Charakters; von diesen Erfahrungserkenntnissen kann zu apriorischen übergegangen werden, wenn das Ding und die Beschaffenheit deutlich vorgestellt und das Adäquatsein des gewonnenen Inhaltes bewußt wird. Das Attributionsurteil wird sodann von einem Beziehungsurteil abgelöst, das in seinem Gegenstande (dem Relationsfaktum) unabhängig von dem Einzelfalle der Wirklichkeit ist.

Daß außerhalb der Mathematik auch zahlreiche apriorische Schlüsse zur Fällung gelangen, darf nach dem soeben Gesagten für selbstverständlich gelten. Wenn etwa geschlossen wird, „kein Grundstoff ist durch Synthese herstellbar, der Diamant besteht lediglich aus einem Grundstoff, der Diamant kann also nicht synthetisch erzeugt werden", so ist dieser regressive und evidente Schluß, was das Folgen als solches anlangt, den strengsten algebraischen Ableitungen logisch ebenbürtig. Das zweite Urteil ist allerdings keine analytische Definition, sondern ein Erfahrungssatz, wodurch die Conclusio ein bloß wahrscheinliches Urteil wird. Allein die Erkenntnis, welche in dem durch die Subsumtionsbeziehung bedingten Fürwahrhalten des Schlußsatzes liegt, ist mit Gewißheit richtig und a priori.

96.

Bemerkung über die Denkgesetze. Das Denken als ein Geschehen wird von Gesetzen beherrscht, welche wir in formale oder logische und materiale oder psychologische einteilen; als eine für sich zu beschreibende Klasse der letzteren sehen wir die psychobiologischen oder genetischen Denkgesetze an.

a) Formale oder logische Denkgesetze sind Urteile a priori über notwendige Regelmäßigkeiten im Urteilen und Schließen, soweit dieselben durch die Denkgegenstände bedingt sind. Wir haben sie in früheren Abschnitten aufgezählt und zu ihnen die Ur-

teilsgesetze gerechnet, welche im Principium rationis sufficientis,
Principium identitatis, Principium contradictionis und Principium ex-
clusi tertii niedergelegt sind. Ferner gehören unter die formalen
Denkgesetze die verschiedenen Formen der Schlußgesetze.

b) Materiale oder psychologische Denkgesetze sind
allgemeine Urteile a posteriori über notwendige Regelmäßigkeiten
im Erneuern, Trennen, Verbinden, Urteilen und Schließen, soweit
diese Regelmäßigkeiten in den Denkinhalten gegeben sind. Auch
die hieher zu zählenden Gesetze der Erscheinungsweise der Denkfunktionen sind bereits hervorgehoben worden.

Das wichtigste und allgemeinste derartige Gesetz fanden wir
in der kausalen Bedingtheit der Denkfunktionen durch einen intellektuellen und einen emotionalen Faktor. Eine besondere Gruppe von
materialen oder psychologischen Gesetzen erblicken wir in den

c) psychobiologischen oder genetischen Denkgesetzen,
welche in Urteilen a posteriori über notwendige Regelmäßigkeiten
in der Entwicklung durch Anpassung auf dem Gebiete des Denkens
bestehen. Als bedeutungsvollste finden wir das Gesetz der zunehmenden Expansion (Wachsen des Besitzes an Vorstellungen
durch Wahrnehmen und Reproduzieren), das Gesetz der zunehmenden
Differentiation (Verdeutlichen durch trennendes Denken), das
Gesetz der Integration (Vereinfachen durch verbindendes Denken)
und das Gesetz der Rektifikation (Wachsen der Zahl wahrer
Urteile und richtiger Schlüsse durch natürliche Auslese). In diesen
allgemeinen Gesetzen sind auch die Erfahrungsregeln der gesteigerten
Ökonomie im repräsentativen Denken und der zunehmenden
Ordnung der Denkinhalte beschlossen.

Ähnliche Anpassungsgesetze beherrschen die Entwicklung der
repräsentativen Zeichen, namentlich die der Sprachsymbole. Die ins
einzelne gehende Ableitung und Darstellung der Denkgesetze liegt
außer unserer Absicht; nur dem Ökonomiegesetze, auf das wir uns
in dieser Arbeit oftmals berufen mußten, werden wir weiter unten
eine kurze eigene Erörterung zu widmen haben.

Wir glauben an dieser Stelle den Versuch einer rekapitulierenden Übersicht über die Voraussetzungen des Denkens überhaupt, sofern ihm
Erkenntniswert zukommen soll, wagen zu dürfen. Wenn wir recht sehen, bestehen
zwei Arten derselben, nämlich

a) Objektive Voraussetzungen, und zwar

1. Die Zugänglichkeit des Wirklichen: Zugänglich ist die Wirklichkeit, wenn die Denkgegenstände, welche den Denkinhalten entsprechen, ent-

weder selbst die Wirklichkeit (bei psychischen Gegenständen) oder wenigstens der Wirklichkeit fest zugeordnete Zeichen bilden (bei physischen Gegenständen).

2. Die Möglichkeit wahren und wahrscheinlichen Urteilens: Das objektiv Wahre, d. h. das Vorhandensein eines Tatbestandes in der Wirklichkeit, kann durch die mit Gewißheitsevidenz ausgestatteten Urteile erfaßt werden; das objektiv Wahrscheinliche, d. h. das Überwiegen der Bedingungen in der Wirklichkeit für das Vorhandensein eines Tatbestandes, ist durch Urteile mit Wahrscheinlichkeit erkennbar.

3. Gesetzlichkeit des Denkens, von der objektiven Seite betrachtet: Dieselbe Wirklichkeit muß im Subjekt bei gleicher Bewußtseinslage jederzeit die gleichen Urteile und Schlüsse auslösen.

b) Subjektive Voraussetzungen, und zwar

1. der Primat des Wahren, Wahrscheinlichen, Richtigen: Das Wahre, Wahrscheinliche, Richtige hat für das Denken allgemein und notwendig einen Wertvorzug im Vergleich zum Falschen, Unwahrscheinlichen, Unrichtigen.

2. Gesetzlichkeit des Denkens, von der subjektiven Seite betrachtet. Ein Subjekt muß bei gleicher Bewußtseinslage, gleichen Denkgegenständen gegenüber jederzeit dieselben Urteile und Schlüsse vollziehen. Die Denkgegenstände und die Bewußtseinslage sind die Bedingungen, der Vollzug bestimmter Urteile und Schlüsse das Bedingte; die hier vorliegende notwendige Regelmäßigkeit ist das Denkgesetz. Sofern das urteilende und schließende Denken gültigen Charakter für alle Menschen beansprucht, besteht als weitere Voraussetzung:

3. Übereinstimmung im Denken verschiedener Subjekte: Zwei Subjekte mit gleicher Bewußtseinslage (einschließlich der Dispositionen) müssen gleichen Denkgegenständen gegenüber dieselben Urteile und Schlüsse vollziehen.

97.

Zur Wesensbestimmung der Denkökonomie. Wir hatten bereits wiederholt Gelegenheit darauf hinzuweisen, daß das Denken von der biologischen Seite betrachtet ein rezeptives Anpassen des Intellekts an das physisch und psychisch Dargebotene bedeutet, wobei als Anpassungsziel die maximale Beherrschung dieses Dargebotenen anzusehen ist. Eine wichtige Seite dieses psychischen Verhaltens liegt in dem, was als Prinzip oder Gesetz der Ökonomie des Denkens — einem bereits terminologisches Bürgerrecht besitzenden Namen — bezeichnet zu werden pflegt.

a) In psychologischer Bedeutung ist Denkökonomie ein bestimmter Wertvorzug einer Denkweise im Vergleiche zu einer anderen. Um die Natur dieses Wertvorzuges klarzulegen, sei uns gestattet, zwei vergleichende Fälle schematisch darzustellen: α) Wenn in einem Denkinhalte zehn Denkgegenstände repräsentiert werden, so ist diese Denkweise relativ ökonomisch zu dem Falle, daß ein Denkinhalt nur einen Denkgegenstand ergreift; diese Ökonomie wächst mit der Anzahl von Denkgegenständen, die durch einen Inhalt erfaßt werden. Der Begriff Kegelschnitt gestattet mehr Kurven auf einmal zu denken als der Begriff Ellipse. (Ein solches Beispiel ließe sich auch für das Urteilen mit verschiedenem Geltungsbereiche gestalten.)

β) Wenn zehn Denkgegenstände in einem Denkinhalte erfaßt werden, so ist diese Denkweise ökonomischer als eine andere, bei welcher das Denken von zehn Denkgegenständen zehn Denkinhalte erforderte; diese Ökonomie wächst mit der Abnahme von Inhalten oder eigentlich mit der Abnahme des Reichtums an Inhaltsbestandteilen einer Vorstellung (auch eines Urteils). Es ist für bestimmte Verarbeitungszwecke ökonomischer, Rosen verschiedener Farben durch einen Rosenbegriff zu denken als durch zehn gesonderte Vorstellungen von Blumen.

Es entspricht nun erfahrungsmäßig einer Einrichtung unserer Psyche, daß der ökonomischeren Denkweise ein relativer Wertvorzug beigemessen wird, und zwar ein Wirkungswert im Hinblick auf die Förderung des intellektuellen Beherrschens der dargebotenen Mannigfaltigkeit. Dieses Beherrschen ist eine Anpassungserscheinung, die ein stetiges Wachsen aufweist. Fassen wir die dargelegten Sachverhalte zusammen, so ergeben sich folgende psychologische Definitionen: Denkökonomie ist vorhanden, wenn bei der Betätigung von Denkfunktionen die Denkgegenstände einem Maximum und die zugeordneten Denkinhalte einem Minimum genähert werden. Der ökonomischen Denkweise kommt ein Wertvorzug im Vergleiche zur nicht ökonomischen zu. (Prinzip der Denkökonomie.) Die Betätigung der Denkfunktionen führt mit notwendiger Regelmäßigkeit gegen das Ziel, ein Maximum von Denkgegenständen mit einem Minimum von Denkinhalten vorzustellen, zu beurteilen und in Schlüssen zu verarbeiten. (Psychobiologisches Gesetz der Denkökonomie.)

Jede Art von Denkfunktionen ist in verschiedener Weise an der Ökonomieleistung beteiligt. Im erneuernden Denken wird die Vorbedingung des ökonomischen Verarbeitens geschaffen, indem die früher durch Wahrnehmungserlebnisse oder Denken dargebotenen Gegenstände später in reproduzierten Vorstellungen vermittelt werden, worin die Voraussetzung des repräsentativen Vorstellens gelegen ist. Bedingung des ökonomischen Verarbeitens ist ferner das Trennen (sowohl das Zerlegen als das Ablösen und Ausschalten), durch welches der Stoff für die meisten Betätigungen der Verbindungsfunktion erst geschaffen wird.

In das zentrale Gebiet der Ökonomie führt das Zusammensetzen von Teilen, das Beifügen immanenter Bestimmtheiten und das repräsentative Einbeziehen, aus welchen Äußerungsformen des verbindenden Denkens Vorstellungen von immer größerer Allgemeinheit hervorgehen. Hierin liegt nun offenbar eine fortschreitende Erweiterung des Umfanges an repräsentativ gedachten Objekten, die in einem bestimmten Vorstellungsinhalte erfaßt werden, aber auch die stetige Abnahme des Reichtums der Vorstellungsinhalte an Bestandteilen. Die Synthesen und Abstraktionen entwickeln sich allmählich im Sinne der ökonomischen Maxima und Minima. Die Beibringung von charakteristischen Beispielen fällt leicht. In die wissenschaftlichen Allgemeinbegriffe der Zoologie, der Elektrizitätslehre, der Biologie wird allmählich eine immer größere Zahl von Denkgegenständen einbezogen, während anderseits durch fortschreitende Abstraktion die besonderen Bestandteile der repräsentativen Vorstellungen jener Disziplin für bestimmte Gegenstandsgruppen eine Verminderung erfahren. Im Funktionsbegriff hat beispielsweise die Mathematik alle Arten von Abhängigkeit, in der eine Größe zu einer bestimmten anderen stehen kann, zu einem umfassenden Inhalt vereinigt, der vorläufig für den Endpunkt der Ökonomie dieses Gebietes gelten darf.

Eine Fülle von sehr instruktiven Beispielen begrifflicher Ökonomie innerhalb der Entwicklung der Naturforschung hat Ernst Mach mitgeteilt. Daß an diesem Prozesse dem Urteilen und Schließen eine entscheidend bedeutsame Rolle zufällt, bedarf kaum eines ausdrücklichen Hinweises. Alles Bilden von Regeln und Gesetzen ruht auf diesen Funktionen und gerade in den Regeln und Gesetzen liegt eine hohe Stufe ökonomischen Auffassens der dargebotenen Mannigfaltigkeit von Vorgängen und Abläufen. Das Urteil, welches etwa in der Newtonschen Formel $A = \varepsilon \cdot \frac{M\,m}{r^2}$ liegt, bedeutet eine Beherrschung von Urteilsgegenständen im außerordentlichen Umfange mit einem Minimum von Urteilsinhalt. Ebenso haben die Schlüsse, welche unter Zugrundelegung des Entwicklungsgedankens in der Biologie vollzogen werden, ökonomischen Charakter, indem durch sie die Denkinhalte zum Zwecke des Begreifens und Verstehens der Erscheinungen in der organischen Welt eine wesentliche Verminderung erfahren. Wann und wo immer wissenschaftlich gearbeitet wird, aber auch im Gesamtbereiche des außerwissenschaftlichen Denkens führt die Ökonomie mittelbar zur Vereinfachung, Verknüpfung und Sicherung des Erkennens.

b) Die Denkökonomie entbehrt auch nicht einer hohen logischen Bedeutung. Der Wertgedanke, der die Logik beherrscht, nämlich die Bevorzugung dessen, was gegen das Maximum an Erkenntnis führt, verleiht dem Ökonomieprinzip einen Wirkungswert, der zur Aufstellung des normativen Ökonomiegesetzes die Grundlage abgibt: Die Denkfunktionen sollen planmäßig so betätigt werden, daß ein Maximum von Denkgegenständen mit einem Minimum von Denkinhalten vorgestellt, beurteilt und in Schlüsse verarbeitet wird. Die Darlegung des Wesens jener Planmäßigkeit gehört zu den wesentlichen Aufgaben jeder Logik.

Das Ökonomiegesetz hat die Philosophie ähnlich wie den Wertbegriff in der Nationalökonomie ausreichend geklärt vorgefunden, dann aber selbst in allgemeinere Form gebracht und psychologisch fundiert. Die erste Fassung des Gesetzes in der Volkswirtschaftslehre geht auf Adam Smith zurück und hat durch die Fachliteratur seither nur relativ geringe Umbildungen erfahren. Eine ziemlich verbreitete Formulierung hat Roscher zum Urheber: „Jede normale Wirtschaft ... ist darauf gerichtet, den höchsten persönlichen Nutzen mit dem geringsten Kostenaufwande zu erzielen[1]). Konkreter drückt sich Schönberg aus, wenn er von den Wirtschaften fordert, sie mögen „ihren Zweck mit dem möglichst geringen Opfer an Vermögen und Arbeitskraft erreichen". Jedenfalls soll dafür gesorgt werden, daß bei der Produktion möglichst mehr Werte gewonnen als konsumiert werden[2]). Die Fassungen in normativer und deskriptiver Form laufen bei den Nationalökonomen gleichberechtigt nebeneinander. Auch die Physik hat seit Galilei eine spezielle Gestalt des Ökonomiesatzes als Prinzip „des kleinsten Kraftmaßes" verwertet und in immer exakterer Weise definiert (Helmholtz, R. Mayer, Boltzmann)[3]), woran die Mathematik maßgebenden Anteil nahm. (Maupertuis' Euler, Lagrange, W. Hamilton, Gauß[4]).

---

[1]) Roscher, Grundlagen der Nat.-Ök., 17. Aufl., Stuttgart 1883, p. 21.

[2]) Schönberg, Handbuch der polit. Ökon., I. Bd., 2. Aufl., Tübingen 1885, p. 9. Vgl. ferner beispielsweise Schäffle, D. gesellsch. System, 3. Aufl., Tübingen 1873, I. Bd., p. 1, 2, 28; und F. B. W. Herrmann in d. Münch. gelehrt. Anz., III., p. 212.

[3]) Wie hoch beispielsweise Boltzmann dieses Prinzip einschätzte, geht aus seiner Erklärung hervor: „Man könnte das wichtigste Gesetz der Mechanik ungefähr dahin aussprechen, daß die Natur alles mit einem Minimum von Arbeitsaufwand leistet." Zwei Antrittsreden, Physikal. Zeitschrift, Leipzig 1903, p. 277. Ähnlich klingt Voltaires gelegentliche Bemerkung „La nature agit toujours par les voies le plus courtes". W. W., 26. Bd., Ausg. 1785—1830, I. p. 163.

[4]) Vgl. hiezu Helmholtz, Zur Geschichte des Prinzips der kleinsten Aktion, Sitzungsberichte der Berliner Akad. d. W., 1887.

Mit **Richard Avenarius** trat der Satz vom kleinsten Kraftmaße als grund-
legendes Prinzip in die Philosophie ein[1]) und wurde von seiner Schule (namont-
lich von Petzoldt, Willy, Carstanjen) in seiner Bedeutung für die allgemeine
Wissenschaftslehre mit sachlichem Nutzen interpretiert. Auch in der Psychologie
(James, H. Cornelius), Ethik (Simmel) und Ästhetik (Jäger) gelangten besondere
Gestaltungen des Ökonomiesatzes zu Ansehen. Avenarius' ursprüngliche Fassung
„Die Änderung, welche die Seele ihren Vorstellungen bei dem Hinzutritt neuer
Eindrücke erteilt, ist eine möglichst geringe", rückte noch die Ökonomie im Anpassen an neue Erfahrungsinhalte in den Vordergrund. Ernst Mach hingegen
erhob von vorneherein die Ökonomie zu einem leitenden Prinzip aller Wissenschaft überhaupt, indem er lehrte: „Die Ökonomie der Mitteilung und Auffassung
gehört zum Wesen der Wissenschaft. Die Wissenschaft kann ... selbst als eine
Minimumaufgabe angesehen werden, welche darin besteht, möglichst vollständig
die Tatsachen mit dem geringsten Gedankenaufwand darzustellen"[2]).

Petzoldt hat in kritischer Anknüpfung an Mach den Ökonomiegedanken
überprüft und ihn in zwei koordinierte Thesen zerlegt: Bei gegebenem Zweck
sind die kleinsten Mittel (Minimum), bei gegebenen Mitteln die größtmögliche
Leistung (Maximum) das Ziel des ökonomischen Arbeitens. Da die Ökonomie
jedoch nicht ohne die Grundlage einer subjektiven Zweckmäßigkeit verstanden
werden kann, sei sie für die objektive Beschreibung von Dingen und Vorgängen
nicht verwendbar. „Eindeutigkeit und Stabilität heben die Seiten der Wirklichkeit hervor, die für uns im Vordergrunde des Interesses stehen müssen"[3]). Gegen

---

[1]) **Avenarius**, Philosophie als Denken der Welt gemäß dem Prinzip des
kleinsten Kraftmaßes, Leipzig 1876. — Gelegentliche Erwähnungen findet das
Ökonomieprinzip bereits bei Locke, Essays o. h. u., III., 6, 30, und IV., 12, 3.

[2]) **Mach**, Die Mechanik in ihrer Entwicklung, 3. Aufl., Leipzig 1901, p. 5 und
461. — „Für den Handwerker und noch mehr für den Forscher wird die kürzeste,
einfachste, mit den geringsten geistigen Opfern zu erreichende Erkenntnis eines
bestimmten Gebietes von Naturvorgängen selbst zu einem ökonomischen Ziel", p. 6.
„Alle Wissenschaft hat Erfahrungen zu ersetzen oder zu ersparen durch Nach-
bildung und Vorbildung von Tatsachen in Gedanken, welche Nachbildungen
leichter zur Hand sind, als die Erfahrung selbst und dieselbe in mancher Beziehung vertreten können", p. 452. „Mathematik ist eine Ökonomie des Zählens.
Zahlen sind Ordnungszeichen, die aus Rücksicht der Übersicht und Ersparung
selbst in ein einfaches System gebracht sind", p. 457. — In ähnlicher Gedanken-
richtung bewegt sich Mach bereits in der Festrede vom Jahre 1882, „Die ökonomische Natur der physikalischen Forschung".

[3]) J. **Petzold**, Maxima, Minima und Ökonomie. Vierteljahrsschr. f. wiss.
Philos., 14. Bd., Leipzig 1890, p. 206 ff. Die zitierte Stelle p. 442. Für Petzoldt
ist das Prinzip der Stabilität (wie es Fechner zuerst angedeutet hat) wichtiger
als das der Ökonomie, die eben durch Stabilität zu begründen sei. „Die ökonomische Ordnung eines Systems von Begriffsreaktionen bedeutet nichts als eine
derartige Anordnung, die in den Beziehungen der einzelnen Begriffe zueinander
selbst und zu den sie auslösenden Empfindungs- und Vorstellungskomplexen eine
Bedingung für eine weitere Änderung nicht mehr findet" (vgl.
p. 417 ff.). Petzoldt sei daran erinnert, daß auch die Stabilität kein streng objektives Prinzip sein kann, da sie auf Anpassung zurückgeht, die wiederum auf

Petzoldt wäre einzuwenden, daß Eindeutiges und Stabiles eben selbst wieder als Maxima des Ökonomischen gefaßt werden dürfen und ohne diesen Ökonomiegedanken ihre Wertbedeutung für den Wissenschaftsbetrieb verlieren.

Eine sorgfältige und durch neue Gesichtspunkte bezeichnete Darstellung des Ökonomieprinzips hat W. Frankl geliefert, der in klarer Weise die Sparökonomie (geringste Handlung für eine bestimmte Leistung) und die Wirtschaftsökonomie (größte Leistung durch eine bestimmte Handlung) unterscheidet. Überall, wo Ökonomie vorliegt, liegt Zweckmäßigkeit vor, aber nicht umgekehrt. Einfachheit ist jedenfalls nicht identisch mit Ökonomie, die zwei Relationsfundamente fordert. Ökonomie des Denkens ist jene, „bei der am Denken gespart, beziehungsweise mit dem Denken gewirtschaftet wird"[1]).

Daß die künftige Psychologie und Logik von diesen Ansätzen aus noch manche bisher unbemerkte Eigentümlichkeiten der Ökonomie mit sachlichem Gewinn herauszuarbeiten in die Lage kommen wird, steht wohl außer Zweifel.

Zweckmäßigkeit im biologischen Sinne weist. Ist aber die Stabilität dennoch etwas objektiv Begründetes, dann ist es auch die Ökonomie, eben als eine Ordnung der Begriffe, die keine Änderung mehr fordert.

[1]) Wilhelm Frankl, Über Ökonomie des Denkens, IV. Abhandlung in Meinongs Untersuchungen zur Gegenstandstheorie und Psychologie, Leipzig 1904, p. 263 ff. Frankl unterscheidet nicht weniger als 9 verschiedene Gestaltungen des Ökonomiesatzes, und zwar die biologische, die psychologische, die erkenntnistheoretische der Induktion, die erkenntnistheoretische der Hypothesenbildung, die wissenschaftstheoretische, die methodologische (Wundt), die emotionale (Höfler), die werttheoretische und die didaktische.

Fünfter Abschnitt.

Bemerkungen über das Verhältnis der Logik zur Denkpsychologie und Erkenntnistheorie.

98.

Wesen der Logik. Die Wissenschaft, welche innerhalb der Philosophie der Gegenwart unter dem Namen „Logik" behandelt wird, setzt sich herkömmlicherweise aus prinzipiell verschiedenartigen Bestandteilen zusammen, deren Sonderung hiemit versucht werden soll.

a) Zunächst pflegt man in der Logik einen ansehnlichen Teil der Denkpsychologie zu erörtern, nämlich die Psychologie des Vorstellens (namentlich des begrifflichen), des Urteilens und Schließens, wozu meist auch die Erörterung der psychologischen Denkgesetze gesellt wird. Die Aufnahme eines derartigen Abschnittes in einer Darstellung der Logik entbehrt unseres Erachtens nicht der Berechtigung, wenn nämlich damit der Plan verwirklicht werden soll, diese Wissenschaft — ohne die einschlägigen psychologischen Kenntnisse vorauszusetzen — gewissermaßen mit einem Unterbau zu versehen[1]. Allein diesem Teile der Darstellung ist nur die Bedeutung einer Einleitung oder vorbereitenden Fundierung beizumessen, und wir glauben ein grundsätzliches Mißverständnis darin erblicken zu müssen, jene deskriptive Vorstufe für die ganze Logik zu halten und als solche zu behandeln.

Die Psychologie ist, wenn wir richtig sehen, jene Wissenschaft, welche die Beschreibung und Erklärung der psychischen Erlebnisse eines Subjekts, wie sie die Erfahrung in der inneren Wirk-

---

[1] Zur Vervollständigung der Beschreibung des Gebietes, das die psychologische Seite der Logik in jenem weiteren Sinne umspannt, wäre auch die Würdigung des physiologischen Korrelates erforderlich. Eine solche findet sich in dem Leitfaden d. Logik in psychologisierender Darstellung von **Adolf Stöhr**, Wien 1905, und zwar namentlich p. 1 ff., p. 94 ff.

lichkeit gegeben findet, zum Gegenstande hat, wobei sich die Beschreibung auf die Erscheinungsweise und die Zusammenhänge, die Erklärung auf die kausale Abfolge und die Entwicklung jener Erlebnisse bezieht. Ein Teil der Psychologie beschäftigt sich nun allerdings mit den Begriffen, Urteilen und Schlüssen, allein nur unter dem Gesichtspunkte, was die Wirklichkeit eines Subjekts, und zwar eines induktiv gebildeten „Normalsubjekts" darbietet. Die Ökonomie eines Begriffes und die Richtigkeit eines Urteils oder Schlusses, also gerade das logisch Belangvolle, fällt außerhalb der beschreibenden und erklärenden Psychologie, ebenso wie die Fragen nach dem Erkenntniswerte der Begriffe, der Wahrheit der Urteile, der logischen Berechtigung von Schlußakten. Die Logik ist eben kein Kapitel der Psychologie, wenn auch das Material, mit welchem sich die Logik beschäftigt, zuerst durch Psychologie bekannt wird[1]). An diesem Material beachtet nämlich die Logik ausschließlich die gegenständliche oder objektive Bedeutung, die nach der Abstraktion von der inhaltlichen oder subjektiven Seite von selbst zutage tritt.

b) Der Logik wird ferner in der Regel ein Hauptstück der Erkenntnistheorie einverleibt. Erkenntnistheorie ist die Wissenschaft, welche zur Aufgabe hat, das Wesen und die Erkennbarkeit der materialen Wahrheit und Wahrscheinlichkeit der Urteile zu bestimmen. Außerdem enthält die Erkenntnistheorie als vorbereitende Untersuchung die Analyse der Quellen oder der Herkunft unserer Erkenntnisse überhaupt.

Was Wahrheit und objektive Wahrscheinlichkeit ist, wird zwar für den Psychologen wie auch für den Logiker von größtem Interesse sein, allein bei dem Versuche der Lösung jener Frage genügt weder die Beschreibung und Erklärung des psychologischen Befundes noch die Aufzeigung der Grundlagen für die formale Richtigkeit von Urteilen und Schlüssen; es wird bei der Bestimmung von Wahrheit und Wahrscheinlichkeit vielmehr von einer Relation zu handeln sein, bei welcher eines der Fundamente nur metaphysisch zu fassen ist, möge nun die Antwort die Transzendenz oder die Immanenz des

---

[1]) Über die einschlägige Diskussion und die Literatur hiezu vgl. Palágyi. Die Logik auf dem Scheidewege, Leipzig 1903, und dessen Schrift Der Streit der Psychologisten und Formalisten in der Logik, Leipzig 1902. Als Psychologisten sind in diesem Belange u. a. Hume, Bain, Brentano, Lipps, Jerusalem zu nennen, denen als Formalisten Kant, Herbart, Bolzano, Sigwart, Riehl, Husserl gegenüberzustellen wären. Wundt nimmt eine vermittelnde Stellung ein. Mehr ins Erkenntnistheoretische ist die Auffassung der Logik bei J. St. Mill, Volkelt, Schuppe und Cohen gewendet.

letzteren verkünden. Für den praktischen Betrieb der Logik wird es immerhin nicht zu umgehen sein, daß in ihrem Bereiche auch einiges Erkenntnistheoretische zur Sprache kommt, wofern nur das Bewußtsein von der damit gegebenen Grenzverschiebung wach bleibt. Vielfach wird jedoch der Logik — und dagegen werden sachliche Bedenken geltend zu machen sein — die Metaphysik zum großen Teile geradezu einverleibt, so daß ein wissenschaftliches Zwittergebilde ohne eindeutige Forschungsrichtung entsteht. Wenn aber die Metaphysik die Wissenschaft darstellt, welche das Seiende außerhalb der Erfahrung mit der Wirklichkeit innerhalb der Erfahrung zu einem einheitlichen Ganzen zu verschmelzen strebt, so ist sie gegen die Logik mit ihrer prinzipiellen Abstraktion von dem Sein oder Nichtsein ihrer Gegenstände streng abzuscheiden.

c) Nicht frei von Zweifeln ist die Frage, ob die Methodik und Heuristik, welche regelmäßig als Bestandteile der Logik abgehandelt werden, dieser selbst — bei schärfster Begrenzung ihres Gebietes — zuzuteilen sind oder nicht vielmehr einer Wissenschaftslehre, der die Probleme der Wesensbestimmung, Ordnung und Entstehung der Wissenschaften anheimzustellen wären. Doch scheint uns so viel außer Diskussion zu stehen, daß der weitere Begriff der Logik auch die Methodik und die Heuristik rechtmäßig umspannt, soweit diese Teildisziplinen unter Absehen vom spezifisch Psychologischen zur Behandlung gelangen.

d) Mit besonderen Schwierigkeiten ist die Bestimmung des Verhältnisses der Logik zur Gegenstandstheorie im Sinne Meinongs verknüpft. Wenn wir Meinongs Gedankengang richtig auffassen, so wäre unter Gegenstandstheorie die apriorische Wissenschaft von den Gegenständen des Denkens schlechthin ohne Rücksicht auf ihr Sein oder Nichtsein zu verstehen[1]. Hienach fiele die Logik ohneweiters in das Gebiet der Gegenstandstheorie. Allein diese Subsumtion, die auch Meinong nicht vollzieht, wäre nach

---

[1] Unseres Erachtens kann über ein Sein oder eine Beschaffenheit nicht apriorisch geurteilt werden, wohl aber über Relationen zwischen Seins- und Beschaffenheitsbestimmungen. — Meinong macht darauf aufmerksam, es könne a priori gesagt werden, daß ein rundes Viereck nicht existiere, womit wenigstens eine Aussage über ein Nichtsein in die Gegenstandstheorie fiele. Vielleicht besagt jedoch jenes Urteil innerhalb der Gegenstandstheorie nicht mehr, als daß zwischen dem wirklichen Rundsein eines Gegenstandes und dem wirklichen Viereckigsein desselben die Relation der Unverträglichkeit der Beschaffenheiten bestehe. Daß ein Gegenstand mit unverträglichen Merkmalen nicht existieren könne, wäre dann ein Urteil der Metaphysik oder der Erkenntnistheorie.

unserer Meinung voreilig, denn der Gegenstandstheorie ist, wie auch der Erkenntnistheorie, der Wertgedanke fremd, während es gerade ein solcher ist, der den Charakter der Logik grundsätzlich mitbestimmt[1]. Die Logik ist nämlich offenkundig eine praktische Wissenschaft, welche von dem Zweck getragen ist, ein Maximum an Erkenntnis zu vermitteln. Die Erkenntnis erfolgt aber durch wahre und wahrscheinliche Urteile sowie durch gewiß und wahrscheinlich richtige Schlüsse, bei deren Zustandekommen scharf bestimmte Begriffe eine wesentliche Voraussetzung abgeben.

<h2 style="text-align:center">99.</h2>

e) Unsere Betrachtung hat uns endlich zu der engsten Umfangsbestimmung der Logik übergeleitet, welche gewöhnlich mit dem Namen reine Logik bezeichnet wird. **Reine Logik ist die praktische Wissenschaft, welche in Lehrsätzen und Gesetzen jene formalen Beschaffenheiten und Beziehungen der Begriffe, Urteile und Schlüsse feststellt, welche zu einem Maximum an Erkenntnis der Denkgegenstände hinführen.** Dieses Maximum im Sinne der reinen Logik würde erreicht sein, wenn die gefällten Urteile und vollzogenen Schlüsse ausnahmslos richtige oder höchstwahrscheinlich richtige würden, worin eben der Anteil der Logik an der Erlangung von Erkenntnis (die aus material wahren und wahrscheinlichen Urteilen und Schlüssen besteht) zu erblicken ist. Dazu kommt, daß die Verwirklichung jenes

---

[1] Meinong spricht sich über das Wesen der Logik wie folgt aus: „Was allein, so viel ich sehe, einen Gesichtspunkt abgibt, unter dem sich ... Logik und Erkenntnistheorie in natürlicher Weise auseinanderhalten lassen, ist der so altbekannte Gegensatz des praktischen und theoretischen Interesses. Der Betrieb der Logik geht ja tatsächlich zunächst darauf zurück, daß Wissen Wert hat und so ein zu seiner Herbeischaffung und Vermehrung zielendes Tun auf sich zieht. Man kann aber vom Erkennen auch handeln ganz ohne Rücksicht darauf, daß das, was man da betrachtet, Wert hat und daß es durch diese Betrachtung unter günstigen Umständen gefördert werden könnte. Auch dann treibt man nicht etwa bloß Psychologie, weil man unvermeidlich von dem mithandeln muß, worauf das Erkennen als auf das zu Erfassende gerichtet ist: in diesem Falle bewegt man sich eben auf dem Boden der Erkenntnistheorie." — Über die Stellung der Gegenstandstheorie im System der Wissenschaften, 3. Art. in der Zeitschr. f. Philos. und ph. Kr., Bd. 130, 1907. p. 14. — Itelson, der sonst einen sehr verwandten Standpunkt vertritt, übersieht das Wertmoment in der Logik. Vgl. dessen Vortrag auf dem intern. Kongr. f. Phil. 1904 in Genf (Revue de Metaphys. 1904, p. 1038).

Maximums von der Vollkommenheit der Begriffe, welche in die Urteile und Schlüsse eingehen, wesentlich mitbedingt ist.

Im ökonomischen Charakter der Wissenschaft überhaupt liegt beschlossen, daß auch die reine Logik bei der Erfüllung ihrer Aufgabe das größte Maß inneren Zusammenhangs und systematischer Ordnung der Bestandteile herzustellen strebt. Wenn der praktische Charakter der Logik von manchen Autoren (z. B. Beneke) durch ihre Bezeichnung als „Kunstlehre" ausgedrückt wird, so ist dem entgegenzuhalten, daß die Betätigung des in der Logik Gelehrten nicht gut als „Kunst" bezeichnet werden dürfte, da hiebei weder die Phantasiefunktion ausschlaggebend beteiligt ist, noch auch das Vollbrachte ein Kunstwerk bedeuten kann. Die Bezeichnung „normative Wissenschaft" würde anderseits eine Contradictio in adiecto einschließen, da eine Wissenschaft zwar durch einen praktischen Zweck näher determiniert sein kann, aber niemals einen Komplex von Befehlen und Verboten zum Inhalte hat. Wohl aber hat es einen wohlberechtigten Sinn, aus einer praktischen Wissenschaft (Logik, Ethik, Ästhetik . . .) ein „Normensystem" abzuleiten, das den Zweck als gegeben behandelt und die Befehle, beziehungsweise Verbote, welche in der Richtung der Verwirklichung jenes Zweckes liegen, entwickelt.

100.

Wenn wir mit diesen Aufstellungen im Rechte sind, so würde sich die Gliederung aller menschlichen Gedankensysteme etwa folgendermaßen gestalten:

I. Wissenschaften.

A. Theoretische, und zwar *a)* solche mit vorausgesetzt wirklichen Gegenständen (Naturwissenschaften, Geisteswissenschaften), *b)* solche mit Gegenständen, bei welchen von der Frage der Wirklichkeit prinzipiell abstrahiert wird (Gegenstandstheorie, worunter die Mathematik), *c)* theoretische Philosophie, welche die letzten Ergebnisse der theoretischen Einzelwissenschaften zu einem einheitlichen Weltbilde zusammenschließt.

B. Praktische, und zwar *a)* solche mit vorausgesetzt wirklichen Gegenständen (Autopathik, Ethik, Soziologie, Ästhetik . . . . als Wissenschaften), *b)* solche mit Gegenständen, bei welchen von der Frage der Wirklichkeit prinzipiell abstrahiert wird (reine Logik), *c)* praktische Philosophie, welche die letzten Ergebnisse der praktischen Einzelwissenschaften zu einem einheitlichen Weltbilde zusammenschließt.

II. Normensysteme.

A. Auf Erkenntnis fundierte (Hygienik, Morallehre, Politik, Kunsttheorie ... in imperativer Form, auch eine sogenannte normative Logik).

B. Auf Glauben fundierte (Religion, mit Einschluß der religiösen Morallehre ...). Daß hier die Reihenfolge in keiner Weise eine werttheoretische Rangordnung zum Ausdruck bringen will, braucht wohl nicht besonders versichert zu werden. (Nach der Gefühlsbedeutung für die Menschheit würde beispielsweise die Religion an der Spitze der Übersicht zu stehen kommen.)

Mit dem vorstehenden Gliederungsversuch haben wir unsere Anschauung von der Stellung der Logik innerhalb der Wissenschaften und Normensysteme im allgemeinen gekennzeichnet. Für die Aufgabe der vorliegenden Arbeit ist es jedoch von Belang, speziell das Verhältnis der Logik zur Denkpsychologie (welche zu den Geisteswissenschaften zählt) noch näher darzulegen, was umsomehr geboten erscheint, als sich die Denkpsychologie gleichfalls mit Begriffen, Urteilen und Schlüssen zu beschäftigen hat. Im Sinne der einleitenden Ausführungen dieses Kapitels würde sich für diese Frage folgende schematische Gegenüberstellung ergeben:

Psychologie	Logik
der Begriffe, Urteile und Schlüsse:	der Begriffe, Urteile und Schlüsse:
1. Es wird die Wirklichkeit der behandelten Erlebnisse als solche eines konkreten (einzelnen oder idealen) Subjekts vorausgesetzt.	1. Es wird von der Wirklichkeit der behandelten Erlebnisse und vom erlebenden Subjekt prinzipiell abstrahiert.
2. Es wird der Inhalt des Bewußtseins beim begrifflichen Vorstellen, Urteilen und Schließen beschrieben und erklärt, und zwar ohne Rücksicht auf einen praktischen Zweck der Betätigung dieser Funktionen.	2. Es wird das Formale an den Begriffen, Urteilen und Schlüssen aufgezeigt, und zwar mit Rücksicht darauf, welche formalen Beschaffenheiten und Beziehungen zu einem Erkenntnismaximum führen.

3. Es werden Lehrsätze und
Gesetze des psychologischen Zustandes und Ablaufes beim begrifflichen Vorstellen, Urteilen
und Schließen erfahrungsmäßig
induziert.

3. Es werden Lehrsätze und
Gesetze hinsichtlich der logischen
Beschaffenheiten und Beziehungen
der Begriffe, Urteile und Schlüsse
aus der Natur der darin gedachten
Gegenstände nach apriorischem
Verfahren deduziert.

Der Punkt 3 auf dem Gebiete des Logischen zeigt, daß die
reine Logik in unserem Sinne derzeit und wohl immer ein Ideal
darstellt, welches nur in Annäherungen durch möglichste Ausschaltung entbehrlicher psychologischer Gesichtspunkte und Hervor-
kehrung der objektiven oder gegenständlichen Seite an den Funktionen und Gebilden des Denkens verwirklicht werden kann. In der
Richtung dieser Bestrebung war es gelegen, wenn wir in unserer
bisherigen Darstellung bemüht waren, den psychologischen und den
logischen Standpunkt sorgfältig zu sondern. Wir definierten beispielsweise:

Psychologisch:

1. Der Begriff ist eine unanschauliche Vorstellung mit repräsentativem Charakter, deren Inhaltsbestandteile das Subjekt beim
wiederholten Denken relativ unverändert beibehält.

2. Das Urteil ist ein Bewußtseinsinhalt, in dem ein bestimmter
Tatbestand als objektiv vorhanden
gedacht wird.

3. Der Schluß ist ein psychischer Akt, in welchem ein Urteil
mit dem Bewußtsein für wahr
gehalten wird, daß dieses Fürwahrhalten von dem Fürwahrhalten
anderer Urteile bedingt wird.

Logisch:

1. Der Begriff ist eine Vorstellung mit repräsentativem Charakter, deren Inhalt durch die
relative Konstanz der Bestandteile
ausgezeichnet und an ein festes
Symbol gebunden ist. (Bei wissenschaftlichen Begriffen sind die
Inhaltsmerkmale denkökonomisch
besondert.)

2. Das Urteil ist ein Satz,
durch den ein bestimmter Tatbestand als objektiv vorhanden
ausgedrückt wird.

3. Der Schluß ist eine Abfolge
von Urteilssätzen, bei der das
Wahr- oder Wahrscheinlichsein
eines Urteilssatzes durch das
Wahr- oder Wahrscheinlichsein
anderer Urteilssätze bedingt wird.

Wenn wir in dieser Weise die inhaltliche und die gegenständliche Seite der einzelnen Denkfunktionen tunlichst scharf herauszuarbeiten versuchten, so wollen wir doch mit jenen sogenannten exakten Logikern nicht zusammengeworfen werden, welche deshalb, weil es einige Beziehungen von Gegenständen gibt, die sich in algebraähnlichen Formeln darstellen lassen, auf die psychologisierende Untersuchung der Begriffe, Urteile und Schlüsse mit Geringschätzung herabsehen und von einer apriorischen Konstruktion mittels abstrakter Zeichen ohne sorgsame psychologische Grundlegung das Heil der logischen Forschung erhoffen. Wir sind uns des Faktums voll bewußt, daß der Inhalt und mit diesem der Umfang der Begriffe, daß ferner das Wesen und die Formen des Urteilens und des Schließens zunächst psychologisch durchforscht und geklärt sein müssen, bevor die Abstraktionen der reinen Logik ihren Anfang nehmen können. Es ist ebenso falsch, die Logik für ein Kapitel der Denkpsychologie, als die Psychologie der logischen Funktionen für ein unexaktes Tappen nach dem, was die wahre Logik unmittelbar enthüllt, hinzustellen. Hier gilt wieder einmal das Wahrwort des alten Hesiod: Νήπιοι οὐδ' ἴσασιν ὅσῳ πλέον ἥμισυ παντός.

Namenregister.

Ameseder 24, 199 A.
Apelt 202 A., 246, 249,
   255, 257, 259.
Aristoteles 16, 119 A.,
   122, 135 A., 186, 249,
   256, 259.
Aristoteliker 222.
Avenarius 13, 119 A.,
   263, 275, 304.

Baco 48, 254, 257.
Bain 67, 159, 190, 307 A.
Barth Paul 275 A.
Bayne 193.
Beneke 186, 192, 243 A.,
   252, 310.
Bergmann 166.
Berkeley 49, 67.
Bernouilli Jakob 152 A.,
   258 A.
Boltzmann 303 A.
Bolzano 23, 136 A.,
   145 A., 152, 163,
   167 A., 196 f., 199,
   246, 258 A., 307 A.
Boole 193.
Brentano 17, 21, 137 A.,
   159, 162, 163, 165,
   194 f., 199, 249, 307 A.

Carstanjen 304.
Cohen 307 A.
Comte 275 A.
Condillac 49, 127, 190.

Cornelius H. 17, 67,
   111 A., 112 A., 163,
   304.
Czuber 152 A.

Descartes 16, 49, 119 A.,
   120, 282 A.
Destutt de Tracy 186.
Dilthey 274.
Drobisch 17, 189.
Duns Scotus 122.

Ebbinghaus 83.
Ehrenfels 86, 111 A. f.
Eisler Rudolf 45, 48, 83,
   129, 246 A., 271 A.
Enoch 166, 196.
Erdmann Benno 17, 23,
   146, 165, 174 A.,
   178 A., 188, 230,
   247 A., 257, 260.
Euklid 294 f.

Fichte 110 A.
Frankl Wilhelm 305.
Fries 152 A., 246.

Galilei 257, 303.
Geiger 21, 52.
Gerstel 295 A.
Glogau 159.
Gneisse 251.
Graßmann Herm. und
   Rob. 295 A.

Hamilton 84, 193.
Hartmann Ed. v. 152 A.,
   154.
Hegel 15 A., 16, 46, 49,
   189, 222.
Helmholtz 17, 109 A.,
   271, 295 A., 303 A.
Herbart 14, 16, 21, 19,
   127, 163, 188, 307 A.
Hering 56.
Herrmann F. B. W. 303 A.
Hilbert 296.
Hillebrand 162, 163, 166,
   194 f., 236 A., 216,
   249 A.
Hobbes 17, 49, 82, 191.
Höffding 17, 84 A., 85,
   128 A., 188.
Höfler 23, 24, 39, 43,
   47, 74, 84, 111 A.,
   112 A., 128 A., 141 A.,
   150 A., 153 A., 168 A.,
   171, 179 A., 241,
   217 A., 272.
Hoppe 260.
Horwicz 85.
Humboldt W. v. 52.
Hume 49, 67, 116, 119 A.,
   120, 122, 127, 158,
   257, 307 A.
Husserl 307 A.

Jäger 304.
James 17, 67, 107 A.,
   164, 190, 304.

Sachregister.